INVENTAIRE

DES

SCEAUX DE LA PICARDIE

RECUEILLIS DANS LES DÉPÔTS D'ARCHIVES

MUSÉES ET COLLECTIONS PARTICULIÈRES DES DÉPARTEMENTS

DE LA SOMME, DE L'OISE ET DE L'AISNE

OUVRAGE ACCOMPAGNÉ DE HUIT PLANCHES PHOTOGLYPTIQUES

PAR

G. DEMAY

ARCHIVISTE AUX ARCHIVES NATIONALES

PARIS

IMPRIMÉ PAR AUTORISATION DU GOUVERNEMENT

À L'IMPRIMERIE NATIONALE

———

M DCCC LXXV

INVENTAIRE

DES

SCEAUX DE LA PICARDIE

INVENTAIRE

DES

SCEAUX DE LA PICARDIE

RECUEILLIS DANS LES DÉPÔTS D'ARCHIVES

MUSÉES ET COLLECTIONS PARTICULIÈRES DES DÉPARTEMENTS

DE LA SOMME, DE L'OISE ET DE L'AISNE

OUVRAGE ACCOMPAGNÉ DE HUIT PLANCHES PHOTOGLYPTIQUES

PAR

G. DEMAY

ARCHIVISTE AUX ARCHIVES NATIONALES

PARIS

IMPRIMÉ PAR AUTORISATION DU GOUVERNEMENT

À L'IMPRIMERIE NATIONALE

—

M DCCC LXXV

PRÉFACE.

L'ouvrage que je soumets aujourd'hui au jugement du public contient, en deux fascicules séparés, la description des sceaux recueillis dans les anciennes provinces de l'Artois et de la Picardie.

Il a été conçu et exécuté sur le plan de l'*Inventaire des sceaux de la Flandre*, auquel il fait suite et sert de complément. De même que le travail sur la Flandre a fait connaître non-seulement les sceaux flamands, mais encore les sceaux de toute provenance conservés dans les diverses archives de ce pays, l'*Inventaire des sceaux de l'Artois et de la Picardie* donne, avec les monuments sigillographiques relatifs aux deux provinces, ceux que des relations extérieures y ont amenés. Pour que la conformité soit plus complète entre les deux ouvrages, et afin d'éviter la confusion, j'ai laissé subsister le vieux style des dates, qu'il eût été cependant facile de ramener au calendrier grégorien, les difficultés que j'avais rencontrées en Flandre ne se produisant pas ici. Les sceaux déjà inventoriés ont été éliminés. Enfin, comme dans l'Inventaire des sceaux de la Flandre, les tables serviront d'errata.

Les recherches concernant l'Artois embrassent, avec les archives départementales du Pas-de-Calais, les archives communales et hospitalières d'Arras, les archives communales et ecclésiastiques de Saint-Omer, les collections publiques conservées dans les musées de l'une et l'autre ville, les collections particulières de M. Le Gentil à Arras et de MM. Deschamps de Pas, Albert Legrand et Lefèvre du Prey à Saint-Omer.

Pour l'inventaire des sceaux de la Picardie, j'ai dépouillé les archives départementales de l'Oise, le bureau des pauvres de Beauvais, — les archives départementales de la Somme, les archives communales et hospitalières d'Amiens, ainsi que les collections du musée de la ville, — les archives départementales de l'Aisne, les archives communales et hospitalières de Laon et de Chauny. L'inventaire de la Picardie s'est encore enrichi de sceaux dont je dois la communication à l'obligeance de MM. Mathon et Delaherche à Beauvais, de MM. Mallet, Goze, Rembaut, Mennechet, de Calonne, et Boca, archiviste de la Somme à Amiens, de MM. le comte Caffarelli, Hidé, et Matton, archiviste de l'Aisne à Laon. En réunissant dans un même groupe tous les sceaux appartenant aux dépôts de l'Oise, de la Somme et de l'Aisne, j'ai un peu dépassé les limites géographiques de la Picardie. On me pardonnera, je l'espère, d'avoir donné plus que le titre du livre ne promettait.

Les planches me dispenseront de m'étendre sur le détail des types. Elles suffiront à montrer la

grande variété des sceaux et la délicatesse de leur gravure, surtout lorsque celle-ci s'applique à
représenter des attributs de professions ou de métiers.

Mais je ne puis m'empêcher d'appeler l'attention sur un fonds des plus curieux et qui semble devoir
donner à mon inventaire un intérêt particulier. Je veux parler des archives des anciens comtes d'Artois.
Toute l'histoire publique et privée de ces grands feudataires pendant cent cinquante ans se trouve là.
Le fonds, dont les plus anciens documents remontent à 1243, est composé de plus de 50,000 pièces
et de 3,000 rouleaux. Les chartes encore munies de leurs sceaux y abondent, et l'on peut presque
dire que chaque acte de l'existence de cette puissante maison, qui débute dans le pays par de vastes
acquisitions, apporte à la sigillographie de véritables trésors. Quelques exemples en fourniront la
preuve : A Saint-Omer, en 1306, les gens du commun accusent l'échevinage de mauvaise adminis-
tration, une collision éclate et la comtesse Mahaut, choisie pour arbitre, est obligée d'intervenir à
main armée. Une foule de chevaliers et d'écuyers, mandés pour cette chevauchée, nous offrent leurs
sceaux suspendus aux quittances de leurs gages. — En 1299, les gens de l'évêque de Cambrai
lèvent un cadavre dans la juridiction du comte d'Artois; 1,000 hommes d'armes vont aussitôt sommer
l'évêque d'abandonner ses injustes prétentions, et sont amenés dans cette circonstance à apposer
leurs sceaux aux acquits de leur solde. — Le favori de la comtesse d'Artois, le prévôt d'Aire, est
comblé de biens par elle; des sceaux attestent les libéralités dont il est l'objet. — Pour chaque année
on possède des récépissés d'aumônes où sont appendus les sceaux des abbayes, des hôpitaux, des
tables des pauvres, des confréries. — Des comptes scellés relatent la construction des châteaux et
quelquefois leur décoration : Pierre de Bruxelles, artiste de Paris, vient à Conflans peindre à l'huile
une galerie et y retracer les principaux épisodes de la vie du comte d'Artois. Un autre peintre,
Laurent de Boulogne, est chargé des embellissements du château d'Hesdin. — Le service de l'hôtel
se trouve représenté presque en entier par les sceaux : depuis les grands dignitaires, valets, gardes
des lettres, physiciens, aumôniers, jusqu'au fou de la comtesse. Ce dernier accompagne son signet
d'un badinage poétique « . . . en quel tesmoignage, je qui ne sui pas sage ai scelée ceste page de
« mon seel à fourmage. » Comme on le pense bien, la vénerie et la fauconnerie ne sont pas oubliées.
— De nombreux titres scellés proclament la générosité de la comtesse Mahaut : hanaps, aiguières,
fermaux, ceintures, baudriers, bassinets, harnais de bras, hoquetons brodés, calices, crosses,
ciboires émaillés, étoffes précieuses sont donnés à profusion. — Des sceaux de charpentiers, de
couvreurs, de maçons, nous font comme assister à la réparation des châteaux; l'approvisionnement
de ces petites forteresses nous a valu des sceaux de châtelains, de sergents d'armes, de soudoyers.
— Les baillis scellent les dépenses des fréquents déplacements des comtes, etc. etc.

Sous le titre *Hôtel des comtes d'Artois*, j'ai institué une catégorie spéciale où sont entrés tous
les sceaux ayant trait à l'organisation de la maison de ces feudataires.

Je n'ai rien voulu dire de la technique des sceaux, mais je ne dois pourtant pas omettre de citer
un mode de scellé très-rare, qui s'est présenté deux fois seulement dans le cours de mes recherches.
Deux actes de Godefroi, évêque d'Amiens (1105), conservés dans l'abbaye du Gard, présentent leur
sceau suspendu au milieu de la pièce. La charte de fondation de l'abbaye d'Auchy, en 1079, par
Humbert, évêque de Térouane, affecte la même particularité.

Je mentionnerai aussi les soins pris par les religieux du Gard et de Froidmont pour assurer la
durée de leurs sceaux. Il ne sera peut-être pas inutile de faire connaître les procédés de conserva-

tion qu'on employait dans ces deux abbayes. Chaque sceau y est revêtu d'une enveloppe, en feutre doux et épais, ouverte par le bas; l'épaisseur de l'étoffe isole et protége la cire, la fente permet de l'examiner facilement et sans violence.

Je ne saurais terminer ces courtes considérations sans offrir le témoignage de ma gratitude aux archivistes dont j'ai visité les dépôts. Leur intelligent concours a rendu ma tâche moins laborieuse. Je dois m'acquitter de la même dette envers les collectionneurs qui m'ont ouvert si libéralement leurs trésors.

Que M. Derenémesnil, chef des travaux à l'Imprimerie nationale, veuille également recevoir mes remercîments des soins qu'il a apportés à l'exécution si difficile de ce livre.

M. Alfred Maury, directeur général des Archives nationales, voudra bien aussi agréer l'expression toute particulière de ma reconnaissance pour le bienveillant appui qu'il n'a cessé de me prêter.

Quelques érudits ont manifesté le regret de ne pas voir figurer, en tête de l'inventaire des sceaux de la Flandre, une étude sur la sigillographie. Cette monographie, telle que je la comprenais, ne pouvait y trouver place, et j'avais dû la réserver pour en faire l'objet d'une publication spéciale. Toutefois, pour répondre en une certaine mesure aux vœux qui m'ont été exprimés, j'ai détaché de ce travail, pour l'insérer ici, le chapitre concernant les pierres gravées que l'on rencontre quelquefois sur les sceaux. Ce chapitre ne s'y trouvera pas tout à fait déplacé, une bonne partie de nos intailles provenant de l'Artois et de la Picardie.

DES PIERRES GRAVÉES EMPLOYÉES DANS LES SCEAUX DU MOYEN ÂGE.

Les sceaux ménagent quelquefois à ceux qui les étudient de véritables surprises. On voit tout à coup l'imagerie sigillaire, abandonnant les emblèmes usités au moyen âge, laissant de côté blason, légendes pieuses, architecture gothique, chevalerie, revenir brusquement aux temps mythologiques de la Grèce, ou encore évoquer les traits des empereurs de l'ancienne Rome.

La petite proportion des personnages représentés, le fini, le poli de l'exécution, trahissent un travail pratiqué sur une matière beaucoup plus dure que les métaux réservés d'ordinaire à la fabrication des matrices. La pureté du dessin, la grandeur du style, un modelé magistral, font remonter la date de quelques-unes de ces œuvres aux belles époques de l'art antique. Enfin des traces de sertissure prouvent que l'on a sous les yeux des empreintes de pierres gravées qui ont été employées à sceller des actes.

L'attention une fois éveillée, si l'on pousse plus avant les recherches, on ne tarde pas à s'apercevoir que l'antiquité n'a pas seule une part dans le concours prêté par la glyptique à la sigillographie. De nouvelles sources sont découvertes, de nouvelles provenances reconnues. Certaines empreintes de pierres gravées retracent des sujets chrétiens; d'autres offrent des symboles se rattachant à l'obscure doctrine des gnostiques; il en est d'autres encore qui semblent être les produits d'un art encore cultivé en Occident.

Entre les empreintes de pierres gravées reproduites par les sceaux, quelques-unes sont en creux

A.

et dues par conséquent à l'application d'une pierre travaillée en relief, d'un camée. Mais la plupart forment saillie et doivent leur origine à des intailles.

Tantôt la pierre gravée constitue seule tout le sceau; telle serait l'empreinte laissée par un chaton de bague. Tantôt, et c'est le cas le plus fréquent, elle est enchâssée dans une bande de métal sur laquelle est gravée la légende. D'autres fois, le champ est occupé par un assemblage de plusieurs pierres : sur les sceaux des foires de Champagne, 1267, 1292, 1322, l'écu est accosté de deux intailles; les sceaux de Hugues IV, duc de Bourgogne, 1234; de Jean de Joinville, le chroniqueur, 1255, portent trois pierres dans le champ; le contre-sceau de Thibaud le Posthume, comte de Champagne, en 1234, se compose de quatre intailles. Dans un nombre assez restreint de sceaux, la pierre, simple accessoire, occupe seulement une étroite place du champ, comme au sceau équestre du même Thibaud le Posthume, où l'on remarque, sous le ventre du cheval, un petit Centaure. On rencontre aussi des exemples de pierres encastrées dans le corps de la légende : sur les sceaux et les contre-sceaux de Denis et d'Alfonse, rois de Portugal, 1318, 1325, quatre intailles divisent la légende en portions égales.

L'étude de ces pierres, qui constituent à elles seules un sceau ou qui en deviennent une partie intégrante, invite à rechercher les rapports pouvant exister entre elles et le possesseur. On est également porté à se demander quelles raisons purent déterminer leur emploi.

Au nombre des motifs qui me paraissent expliquer la présence des pierres gravées dans les sceaux, je placerai : le luxe, l'ostentation, la satisfaction résultant de la possession de matières précieuses et rendues plus précieuses encore par le travail; un goût artistique qui devait être parfois assez élevé, puisqu'il faisait accepter une Vénus toute nue par l'abbaye de Jumiéges ou une Léda par l'archidiacre de Soissons, si l'usage de ces deux intailles n'était pas l'effet de l'ignorance la plus naïve; l'habitude qu'avaient les premiers chrétiens d'associer au petit nombre d'emblèmes de leur foi ceux que la tradition païenne leur avait transmis, les transformant tantôt au moyen de la légende, tantôt par des retouches matérielles. C'est ainsi que sur le contre-sceau de Nicolas, abbé de Saint-Étienne de Caen, une Victoire ailée est accompagnée de ces mots : *Ecce mitto angelum meum*, de même que, sur le contre-sceau du chapitre de Saint-Pierre et Saint-Julien du Mans, une intaille grecque, un cavalier poursuivant une biche, est entourée de la légende : *Capite vulpes parvulas*, tandis que des Victoires deviennent des anges par l'addition d'une croix, et des cavaliers antiques des saints Georges par une retouche ajoutant une lance et un dragon. Le symbolisme a contribué aussi pour sa part à l'usage des pierres. Des personnages du prénom de Jean ont été amenés à se servir d'intailles représentant des aigles par allusion à l'aigle de saint Jean : témoins les sceaux de Jean de Préaux, en 1210; de Jean, abbé d'Auchy, 1219; de Jean de Tour, trésorier de l'ordre du Temple, 1295. Il faut encore tenir compte de la mode du temps, alors que calices, crosses, chasubles, reliquaires, coffrets, couvertures de livres étaient recouverts de pierres fines. On doit surtout ranger au nombre des principaux motifs qui ont déterminé l'emploi des pierres gravées les propriétés curatives, les vertus surnaturelles attribuées aux gemmes pendant tout le moyen âge. Leur pouvoir était à cette époque estimé capable de contre-balancer même le jugement de Dieu. Dans un combat judiciaire à Cassel, du 20 février 1396, on fait jurer aux champions qu'ils n'ont sur le corps ni reliques, ni écrits, ni *pierres* ou autres choses en lesquelles ils aient plus de confiance que dans leur droit.

Si maintenant nous interrogeons les légendes qui enchâssent les pierres, non-seulement elles ne fourniront pas le moindre éclaircissement sur les relations que nous voudrions établir, mais encore leur lecture nous révélera quelquefois d'étranges contradictions.

Les pierres gravées ici mentionnées appartiennent pour la plupart à des types ecclésiastiques, et l'inscription qui les entoure consiste d'ordinaire dans la formule bien connue *Sigillum secreti, Secretum meum, Custos sigilli, etc.*, ou bien elle indique le nom et les qualités du personnage qui scelle. Mais il arrive parfois qu'elle emprunte un texte sacré, une maxime, qui, tout en s'adaptant à la qualité du possesseur, contraste singulièrement avec la nature du sujet représenté. Je citerai quelques exemples : Sur le contre-sceau de Nicolas, abbé de Saint-Maur-des-Fossés, 1245, autour d'un triomphe de Silène, on lit : *Gratia Dei sum id quod sum.* Une Minerve au contre-sceau de Guillaume, commandeur d'Estrépigny au xiie siècle, a pour légende : *Servus sum pauperum.* Une autre Minerve au contre-sceau de Raoul, abbé de Saint-Corneille de Compiègne, est accompagnée de *Spiritus Domini super me.* Sur le contre-sceau du chapitre de Noyon, 1209, un grylle, dans la composition duquel entre une tête silénique, est entouré des premiers mots de la salutation angélique : *Ave Maria gracia plena.* Ailleurs on rencontre un vers léonin, mais il n'a trait qu'à l'authenticité de l'acte. Jean Mancel, trésorier de l'église de Warwick, 1259, emploie une tête de Trajan, avec le vers : *Qualis sit mittens, signat imago nitens.*

Les sceaux laïques ne nous renseignent pas davantage, tout en offrant de semblables oppositions. Omphale nue, la massue d'Hercule sur l'épaule, au contre-sceau de Frédéric III, roi de Sicile, 1306, nous dit : *Inicium sapiencie timor Domini.* Une Omphale se voit encore au sceau de Guillaume Flote, 1326; elle a pour légende ce texte tiré de l'évangile de saint Jean : *Et verbum caro factum est.*

Un autre genre d'intérêt me paraît se rattacher à l'étude de ces empreintes de pierres gravées. D'abord les actes datés auxquels elles sont appendues leur donnent un certificat d'ancienneté, une authenticité incontestable; en d'autres termes, on est sûr que leur origine est antérieure à la date de la pièce qui les porte. De plus, elles nous révèlent des types encore ignorés, ou augmentent, en multipliant les variétés, le nombre des sujets déjà connus. Elles sont appelées surtout à jeter quelque lumière sur une question qui garde encore bien des obscurités. Je veux parler de la gravure en Occident pendant le moyen âge. Au xive siècle, le fait est incontestable, l'Occident avait ses graveurs de pierres fines. Nos comptes témoignent formellement de leur existence. Cette nouvelle suite sigillographique nous apporte, à ce qu'il semble, des œuvres qui pourraient faire remonter cet art dans nos pays à une date plus reculée, et établir un lien plus étroit, une succession moins interrompue entre les pierres anciennes et celles du xive siècle. Mais je ne me sens pas une autorité suffisante pour aborder cette question d'histoire de l'art, et je me contente d'apporter des éléments pouvant servir à la solution du problème.

Les considérations qui précèdent m'ont engagé à dresser l'inventaire des pierres gravées contenues dans les sceaux, sans me laisser arrêter par certaines difficultés que je ne dois pas laisser ignorer. Les empreintes sont quelquefois loin de posséder la netteté des pierres qu'elles représentent. La cire qui nous les a transmises date de plusieurs siècles, et a été exposée dans ce long intervalle à bien des accidents et par conséquent à des déformations. De là des tâtonnements dans l'identification des sujets figurés, et sans doute des erreurs pour lesquelles je sollicite d'avance, de la part des érudits, l'honneur d'une rectification.

Je me suis aidé, dans ce travail, de nos collections publiques, et plus particulièrement du riche Cabinet des médailles et antiques de la Bibliothèque nationale, où j'ai plutôt abusé qu'usé de la bienveillance des conservateurs et des employés chargés de ce département. Je citerai souvent le catalogue de M. Chabouillet. J'ai consulté aussi les nombreux ouvrages à figures, et, toutes les fois que j'ai cru saisir des analogies, je renvoie à ces autorités.

Le nombre des pierres gravées relevées dans les sceaux, défalcation faite des empreintes trop frustes ou trop incomplètes, s'élève à trois cent soixante-sept, dont trois cent soixante-deux intailles et cinq camées. Leur inventaire a été divisé en cinq groupes :

1° Pierres antiques, comprenant les sujets religieux et héroïques, les scènes de mœurs et usages, les bustes, les animaux et les fruits, les grylles;

2° Iconographie romaine;

3° Pierres chrétiennes;

4° Pierres gnostiques;

5° Pierres paraissant devoir être attribuées au moyen âge.

Des planches accompagnent le texte. Ne pouvant donner toutes les pierres, j'ai dû faire un choix parmi les pièces antiques; mais je reproduis toutes les pierres chrétiennes, toutes les pierres attribuées au moyen âge et toutes celles dont je n'ai pu réussir à déterminer le sujet.

PIERRES GRAVÉES.

I. — PIERRES ANTIQUES.

SUJETS RELIGIEUX ET HÉROÏQUES.

1. JUPITER SÉRAPIS, barbu, le modius sur la tête. Buste à gauche.

Intaille à un diplôme de Charlemagne, du 8 mars 812; Arch. nat. anc. Coll. n° 16. — Haut. 25 mill. larg. 18.

Cf. Chabouillet, *Cab. des Ant.* n°° 1411, 2017 et suiv. — J. Overbeck, *Griechische Kunstmythologie II*, Gemmentafel IV; — Millin, *Pierres gravées inédites*, pl. LII; — Musée du Louvre, sculpture antique.

2. JUPITER. Buste à droite.

Intaille au sceau de Leonardo Frescobaldi, marchand florentin, 1516; Arch. nat. anc. Coll. n° 11745. — Haut. 11 mill. larg. 9.

Cf. J. Overbeck, *Griech. Kunstmyth.* II, Gemmentafel I.

3. JUPITER. Buste lauré à droite.

Intaille au sceau de Bertaud Jobelin, lieutenant du bailli de Cotentin, 1345; Arch. nat. anc. Coll. n° 5116. — Haut. 13 mill. larg. 11.

Voy. la note du numéro précédent.

4. JUPITER. Buste à droite.

Intaille au contre-sceau de Laurent, abbé de Saint-Lomer de Blois, 1226; Arch. nat. anc. Coll. n° 8552. — Diamètre 11 mill.

Voy. la note du n° 2.

5. JUPITER. Buste à droite; au-dessous, l'aigle; à droite et à gauche, une enseigne romaine.

Intaille au contre-sceau de Guillaume, comte de Glocester, XII° siècle; Arch. nat. anc Coll. n° 10137. — Haut. 17 mill. larg. 14.

Cf. Gori, *Thesaurus gemmarum*, t. I, pl. XIX et LXXXII; le même, *Museum florentinum*, t. I, pl. LIV, fig. 9 à 11, et pl. LV, fig. 2; — Gorlæus, *Dactyliotheca*, t. I, fig. 122; — *Pierres gravées* du prince Caraffa Noya, pl. VI; — colonel Leake, *Fitzwilliam museum*, pl. I, fig. 24.

6. JUPITER. Buste à droite.

Intaille, d'un travail barbare, au sceau de Jean Doing de Boumy d'Aire, chanoine de Lille, 1266; Arch. nat. sceaux de la Flandre, n° 6447. — Diam. 19 mill.

Cf. Chabouillet, *Cab. des Ant.* n° 1418.

7. JUPITER AMMON. Buste à droite.

Intaille au sceau de Guillaume de la Mora, sergent du roi, 1270; Arch. nat. anc. Coll. n° 5348. — Haut. 12 mill. larg. 10.

Cf. Chabouillet, *Cab. des Ant.* n° 1433; — J. Overbeck, *Griechische Kunstmythologie II*, Gemmentafel IV.

8. JUPITER assis sur un trône, de face, tenant un sceptre; à ses pieds et à droite, l'aigle.

Intaille au contre-sceau d'Alain de Dinan, seigneur de Vitré, XII⁰ siècle; Arch. nat. anc. Coll. n° 3922, et sceaux de la Normandie, n° 16173. — Haut. 15 mill. larg. 12.

Cf. Chabouillet, *Cab. des Ant.* n° 1419; — Voy. le Cabinet des méd. de la Bibl. nat. — J. Overbeck, *Griech. Kunstmyth. II*, Gemmentafel II; — Worlidge, *Ant. gems*, t. I, pl. XXXIII[1].

9. Isis avec le modius sur la tête. Buste à droite; devant le visage, un caducée ou un serpent enroulé autour d'une tige.

Intaille au contre-sceau d'André Polin, prieur des Hospitaliers, 1247; Arch. nat. sceaux de l'Artois, n° 2850. — Haut. 13 mill. larg. 11.

10. Isis avec le modius sur la tête. Buste à droite.

Intaille au signet du vicaire général de Guillaume d'Estouteville, archevêque de Rouen, 1473; Arch. nat. sceaux de l'Île de France, n° 664. — Haut. 18 mill. larg. 16.

11. Isis Fortune. Tête à droite.

Intaille au contre-sceau de l'abbaye de Saint-Martin de Pontoise, 1216; Arch. nat. anc. Coll. n° 8340. — Haut. 14 mill. larg. 9.

Voy. au Cabinet des Ant. collection de Janzé, n° 48.

12. Mars. Buste à droite, barbu, casqué.

Intaille au sceau de Jacques de Brafle, professeur en lois, 1000, Arch. nat. sceaux de l'Artois, n° 2571. — Haut. 12 mill. larg. 11.

Cf. Chabouillet, *Cab. des Ant.* n° 1435.

13. Mars. Buste à droite, barbu, casqué, la chlamyde sur l'épaule.

Intaille au sceau de Jacques de Donze, prévôt de Notre-Dame de Bruges, 1298; Arch. nat. sceaux de la Flandre, n° 5647. — Haut. 23 mill. larg. 19.

Voy. H. Schuermans, *Bullet. des comm. roy. d'art et d'archéol.* 11⁰ année, 7 et 8, page 360.

14. Mars debout, de face, casqué, appuyé sur son bouclier, armé d'une lance.

Intaille au sceau d'un baron anglais, 1259; Arch. nat. anc. Coll. n° 10099. — Haut. 10 mill. larg. 8.

15. Mars debout, casqué, appuyé sur son bouclier, armé d'une lance.

Intaille au contre-sceau de Jacques, abbé de Saint-Pierre-sur-Dive, 1280; Arch. nat. anc. Coll. n° 9063. — Haut. 14 mill. larg. 10.

16. Mars combattant, debout, casqué, tenant son bouclier devant lui, la lance en avant.

Intaille au contre-sceau de Guillaume, évêque d'Avranches, XII⁰ siècle; Arch. nat. anc. Coll. n° 6488. — Haut. 13 mill. larg. 10.

17. Mars debout, casqué, vêtu d'une chlamyde, appuyé sur sa lance, portant une statuette de la Victoire; à ses pieds, son bouclier.

Intaille au sceau de Simon Wasselin, homme du château de Saint-Omer, 1305, 1311; Arch. nat. sceaux de l'Artois, n° 993. — Haut. 17 mill. larg. 13.

18. Mars debout, casqué, la chlamyde sur l'épaule, appuyé sur sa lance, tenant un objet en forme de M au bout d'une tige.

Intaille au contre-sceau de l'abbaye de Saint-Florent de Saumur, 1264; Arch. nat. anc. Coll. n° 8407. — Haut. 15 mill. larg. 11.

19. Mars debout, à gauche, casqué, vêtu d'une chlamyde, appuyé sur sa lance.

Intaille aux sceaux de Denis et d'Alfonse, rois de Portugal, 1318, 1325; Arch. nat. anc. Coll. nᵒˢ 11576, 11577. — Haut. 14 mill. larg. 6.

20. Apollon. Buste lauré à droite.

Intaille au sceau de Guillaume l'Archevêque, seigneur de Partenay, 1366; Arch. nat. anc. Coll. n° 3169. — Haut. 16 mill. larg. 12.

Cf. Chabouillet, *Cab. des Ant.* n° 1455.

21. Apollon. Buste lauré à droite.

Intaille au contre-sceau de Henri II, évêque de Bayeux, 1164-1205; Arch. nat. sceaux de la Normandie, n° 15768. — Haut. 11 mill. larg. 9.

22. Apollon. Buste à droite.

Intaille au contre-sceau de Jean, comte de Mortain, frère de Richard Cœur-de-Lion, 1193; Arch. nat. anc. Coll. n° 900. — Haut. 12 mill. larg. 9.

Cf. Chabouillet, *Cab. des Ant.* n° 1453.

23. Apollon. Buste lauré à droite.

Intaille au sceau de Gautier de Poligny, valet de chambre du roi, 1303; Arch. nat. sceaux de l'Artois, n° 1992. — Haut. 9 mill. larg. 7.

24. Apollon. Buste lauré à droite. Dans le champ, une branche de laurier.

Intaille au sceau d'un clerc des comptes, 1388; Arch. nat. anc. Coll. n° 4447. — Haut. 11 mill. larg. 8.

Cf. Chabouillet, *Cab. des Ant.* n° 1453.

25. Apollon, debout à droite, lançant des flèches.

Intaille au sceau des foires de Champagne, 1267; Arch. nat. sceaux de la Flandre, n° 4891. — Haut. 12 mill. larg. 10.

26. Apollon Sauroctone, debout, nu, appuyé à la branche d'un laurier. Un lézard grimpe sur le tronc de l'arbre.

Intaille au signet de l'official de Térouane, 1302; Arch. nat. sceaux de la Picardie, n° 1124. — Haut. 12 mill. larg. 9.

Voy. Millin, *Pierres gravées inédites*, pl. V; — Musée du Louvre, sculpture antique.

[1] Les planches de l'ouvrage de Worlidge sont groupées en petits fascicules, et chaque planche du groupe porte le même numéro d'ordre. On devra donc se tenir en garde contre cet arrangement et consulter toute la série des gravures marquées d'un même chiffre.

27. Apollon Delphien, debout, appuyé sur son arc; à droite, le trépied. Dans le champ, des sigles effacés.

Intaille au sceau d'Ives de Chaumont, 1239; Arch. nat. sceaux de la Picardie, n° 240. — Haut. 15 mill. larg. 13.

28. Apollon nu, debout, jouant de la lyre? Derrière le dieu, une colonne.

Intaille au sceau de Robert Binet, bourgeois de Bayeux, 1288; Arch. nat. sceaux de la Normandie, n° 16047. — Haut. 13 mill. larg. 10.

C'est la pose ordinaire donnée aux muses seules; voy. Stosch, *Pierres antiques gravées*, pl. XLV; — Bracci, *Ant. incisori*, t. II, pl. LXXXVIII; — *Pierres gravées* du prince Caraffa Noya, pl. VIII; — Wicar, *Galerie de Florence*, t. II, pl. 125.

29. Génie ailé d'Apollon, debout près de la lyre posée sur une colonne.

Intaille au contre-sceau de Simon, abbé de la Réal, 1303; Arch. nat. sceaux de la Normandie, n° 16534. — Haut. 12 mill. larg. 10.

30. Génie ailé d'Apollon, assis, jouant de la lyre.

Intaille au contre-sceau de Notre-Dame d'Arras, 1200; Arch. nat. sceaux de la Flandre, n° 6022. — Haut. 15 mill. larg. 11.

31. Génie ailé, assis, tenant un objet difficile à déterminer, peut-être un instrument de musique.

Intaille au sceau d'Adam d'Aire, orfévre, 1299; Bibl. nat. titres scellés de Clairamb. reg. 3. — Diam. 10 mill.

Cf. au Cabinet des Ant. collection de M. de Luynes : Éros citharède.

32. Génie ailé, assis, de profil à droite. Fragment.

Intaille au sceau de Gui de Dampierre, 1249; Arch. nat. anc. Coll. n° 1991. — Haut. 9 mill. larg. 7.

33. Esculape debout, s'appuyant sur le bâton autour duquel s'enroule le serpent, tenant un coq? Derrière le dieu, une colonne.

Intaille au contre-sceau de Jourdain de Sauqueville, XIIIᵉ siècle; Arch. nat. sceaux de la Normandie, n° 14512. — Haut. 11 mill. larg. 9.

34. Pégase.

Intaille au sceau de Jacques Manin, échevin de Bourbourg, 1304; Arch. nat. anc. Coll. n° 4078. — Haut. 9 mill. larg. 11.

Cf. Chabouillet, *Cab. des Ant.* n° 1799, 1800; — Michel Ange, *Gem. antiques*, pl. CLVII.

35. Pégase.

Intaille au sceau de Simon d'Airaines, chanoine d'Angers, 1261; Arch. nat. anc. Coll. n° 7720. — Haut. 11 mill. larg. 14.

Voy. la note du numéro précédent.

36. Diane? Buste lauré à gauche.

Intaille au sceau de Carloman, 769; Arch. nat. anc. Coll. n° 14. — Haut. 29 mill. larg. 25.

37. Diane chasseresse, l'arc et le carquois sur l'épaule. Buste à droite.

Intaille au contre-sceau de Raoul III, vicomte de Beaumont, 1211; Arch. nat. anc. Coll. n° 828. — Haut. 19 mill. larg. 15.

Cf. Chabouillet, *Cab. des Ant.* n° 1498; — Gori, *Mus. florent.* t. I, pl. LXVII, fig. 1 à 6; — Gorlæus, *Dactyliotheca*, t. I, fig. 153.

38. Diane chasseresse, debout, l'arc à la main, prenant une flèche dans son carquois; à ses pieds, un chien qui court.

Intaille au deuxième contre-sceau de Louis le Jeune, 1176; Arch. nat. anc. Coll. n° 37. — Haut. 23 mill. larg. 17.

39. Minerve avec le casque surmonté d'un cimier, l'égide devant la poitrine. Buste à droite.

Intaille au sceau de Gautier, archidiacre d'Anvers, 1305; Arch. nat. sceaux de la Flandre, n° 6112. — Haut. 17 mill. larg. 12.

Cf. Chabouillet, *Cab. des Ant.* n° 26 à 35, 1503 à 1512. — Voy. Bracci, *Ant. incisori*, t. I, pl. XXIX : Minerva salutifera; — Gori, *Mus. florent.* t. I, pl. LX et LXI; — Stosch, *Pier. ant.* pl. X et XIII; — Maffei, *Gem. ant.* t. II, pl. LXIV à LXVII.

40. Minerve avec le casque surmonté d'une aigrette et l'égide. Buste à droite.

Intaille au contre-sceau de Gui, prieur de Coincy, 1287; Arch. nat. anc. Coll. n° 9504. — Haut. 17 mill. larg. 10.

Pour cette Minerve et les suivantes, voy. la note du numéro précédent.

41. Minerve avec le casque surmonté d'une aigrette. Buste à droite.

Intaille au sceau de Geoffroi de Charny, 1354; Arch. nat. sceaux de la Flandre, n° 702, et anc. Coll. suppl. n° 528. — Haut. 15 mill. larg. 12.

42. Minerve casquée, avec l'égide. Buste à gauche.

Intaille au sceau de Jean Pilli, marchand florentin, 1516; Arch. nat. anc. Coll. n° 11749. — Haut. 12 mill. larg. 11.

43. Minerve? Buste à droite.

Intaille au contre-sceau de Gillon de Caen, évêque de Coutances, 1247; Arch. nat. anc. Coll. n° 6590. — Haut. 13 mill. larg. 11.

44. Minerve avec le casque à aigrette, armée d'un bouclier et de deux javelots. Buste à droite.

Intaille au signet de l'official de Térouane, 1326; Arch. nat. anc. Coll. n° 7062. — Haut. 12 mill. larg. 9.

45. Minerve avec le casque surmonté d'une aigrette. Buste à droite.

Intaille au signet de l'official de Rouen, 1268, 1284; Arch. nat. anc. Coll. n° 7061, et sceaux de la Normandie, n° 14671. — Haut. 11 mill. larg. 9.

46. Minerve casquée, avec l'égide. Buste à droite.

Intaille au contre-sceau de Raoul, abbé de Saint-Corneille de Compiègne, 1239; Arch. nat. anc. Coll. n° 8661. — Haut. 15 mill. larg. 12.

47. Minerve avec le casque surmonté d'une aigrette, l'égide sur la poitrine. Buste à droite.

Intaille au sceau d'un baron anglais, 1259; Arch. nat. anc. Coll. n° 10097. — Haut. 11 mill. larg. 9.

48. Minerve casquée. Buste à gauche.

Intaille au sceau de Guillaume, commandeur d'Estrépigny, XII° siècle; Arch. nat. anc. Coll. n° 9911. — Haut. 9 mill. larg. 6.

49. Minerve avec le casque surmonté d'une aigrette, armée d'un javelot. Buste à gauche.

Intaille au signet d'un clerc de la chambre des comptes, 1398; Arch. nat. anc. Coll. n° 4449. — Haut. 13 mill. larg. 12.

50. Minerve casquée. Buste à droite.

Intaille au contre-sceau de Gautier, archidiacre d'Anvers, 1305; Arch. nat. sceaux de la Flandre, n° 6112. — Haut. 10 mill. larg. 8.

51. Minerve debout, casquée, armée d'un bouclier, tenant une petite Victoire.

Intaille au sceau de Sauval, doyen rural d'Amécourt, 1239; Arch. nat. anc. Coll. n° 7877. — Haut. 25 mill. larg. 13.

Pierre dont l'exécution barbare a son analogue dans une Fortune du Cabinet des Ant. sous le n° 1725.

52. Minerve debout, casquée, tenant une lance, la main sur son bouclier.

Intaille au contre-sceau du chapitre de Notre-Dame de Vernon, XIII° siècle; Arch. nat. sceaux de la Normandie, n° 17013. — Haut. 12 mill. larg. 9.

53. Minerve Apaturienne? La déesse, assise sur un trône, tient un enfant sur les genoux et paraît lui montrer un petit Génie ou une Victoire volant au-dessus de sa tête; à ses pieds, son bouclier.

Intaille au contre-sceau de Wautier, prévôt du chapitre de L....., 1241; Arch. nat. sceaux de l'Artois, n° 2402. — Haut. 18 mill. larg. 16.

La représentation de cette pierre, sans analogue connu, se prête à différentes interprétations. On peut y voir : Minerve présidant aux inscriptions des enfants dans les phratries d'Athènes, aux fêtes des Apaturies; ou l'adoption d'Erichtonius; ou bien encore une Rome nicéphore; ou plutôt Rome indiquant la Victoire à un de ses empereurs. — Voy. H. Schuermans, Bullet. des comm. roy. d'art et d'archéol. 11° année, 7 et 8, page 355. La pierre appartenait en 1227 à Gilles de Eversam, prévôt de Notre-Dame de Courtrai.

54. Méduse avec les ailes à la tête. Buste à droite.

Intaille au sceau de Jean Perceval, 1275; Arch. nat. anc. Coll. n° 3191. — Haut. 21 mill. larg. 18.

Cf. Chabouillet, Cab. des Ant. n°° 109, 116, 117, 1525, 1526; — Trés. de numism. myth. grecque, pl. XXVII, fig. 11, 12 et 13; — Bracci, Ant. incisori, t. II, pl. CIX.

Pour cette Méduse et les suiv. voy. Gori, Mus. florent. t. I, pl. XXXII et XXXIII; — Maffei, Gem. antich. t. II, pl. LXIX, t. IV, pl. XXVI à XXVIII; — Stosch, Pier. antiq. pl. LXV; — Natter, Méth. de graver, pl. XIII; — Worlidge, Ant. gems, t. II, pl. I, IX et XIV; — Wicar, Gal. de Florence, t. II, pl. 124.

55. Méduse avec les ailes à la tête. Buste de trois quarts.

Intaille au sceau de Jean de Thuin, pourvoyeur de l'hôpital de Sainte-Élisabeth de Valenciennes, 1353; Arch. nat. sceaux de la Flandre, n° 7568. — Haut. 17 mill. larg. 14.

Cf. Chabouillet, Cab. des Ant. n°° 110, 112; — voy. la note du n° 54.

56. Méduse, tête de face avec les ailes et la chevelure de serpents.

Intaille au contre-sceau de François de Monte-Fiascone, écolâtre de Cambrai, 1337; Arch. nat. sceaux de la Flandre, n° 6231. — Diam. 9 mill.

Cf. Chabouillet, Cab. des Ant. n° 1527; — Trés. de numism. myth. grecq. pl. XXVII, fig. 5, 7, 9; — voy. la note du n° 54.

57. Méduse, tête de face avec les ailes et les serpents.

Intaille au contre-sceau de Roger, abbé de Saint-Florent de Saumur, 1264; Arch. nat. anc. Coll. n° 9087. — Haut. 18 mill. larg. 13.

Voy. la note des n°° 54 et 56.

58. Aréthuse. Buste de trois quarts, les cheveux flottant sur les épaules, un collier autour du cou.

Intaille à un sceau secret du roi Jean, 1363; Arch. nat. anc. Coll. n° 61. — Haut. 12 mill. larg. 9.

Cf. J. Overbeck, Griech. Kunstmyth. II, Gemmentafel V, fig. n° 10, où une tête analogue est attribuée à la nymphe Io. — Consulter H. de Luynes, Études sur quelques types relatifs au culte d'Hécate. Après avoir reconnu le même type à Syracuse, à Larisse, etc., l'auteur l'appelle Aréthuse, Méduse, Cérès, Rhéa, etc., et finit par conclure que les têtes de face, les cheveux épars, appartiennent à un cycle de symboles telluriques. — Voy. Bracci, Ant. incisori, t. II, pl. LXIII : Isis.

59. Victoire? Buste lauré à droite.

Intaille au contre-sceau de Jean de Joinville, sénéchal de Champagne, 1255; Arch. nat. anc. Coll. suppl. n° 1181. — Haut. 13 mill. larg. 10.

60. Victoire ailée, conduisant un bige.

Intaille au sceau de Renaud II, comte de Gueldre, 1341; Arch. nat. anc. Coll. n° 10801. — Haut. 7 mill. larg. 13.

Cf. Chabouillet, Cab. des Ant. n°° 1543, 1544.

61. Victoire ailée, debout, érigeant un trophée soutenu par un génie.

Intaille au contre-sceau de Thibaud IV, comte de Champagne, 1236; Arch. nat. anc. Coll. n° 572. — Haut. 33 mill. larg. 23.

Voy. la Victoire de Brescia, au musée du Louvre. — On sait que les types des Victoires sont fréquents sur les médailles et les monnaies grecques et romaines.

62. Victoire ailée, debout, tenant une couronne.

Intaille au contre-sceau de Pierre, sous-chantre de Paris, 1215; Arch. nat. anc. Coll. n° 7652. — Haut. 15 mill. larg. 9.

63. Victoire ailée, debout, tenant une couronne.

Intaille au sceau de Vaast le Maire, bourgeois d'Arras, 1267; Arch. nat. sceaux de la Flandre, n° 4496. — Haut. 11 mill. larg. 9.

Cf. Chabouillet, Cab. des Ant. n°° 1534, 1537 à 1539.

64. VICTOIRE ailée, debout, tenant une couronne.

Intaille au contre-sceau de Nicolas, abbé de Saint-Étienne de Caen,
1282; Arch. nat. anc. Coll. n° 8574. — Haut. 12 mill. larg. 9.

Cf. Chabouillet, *Cab. des Ant.* n°° 1534, 1537 à 1539.

65. VICTOIRE ailée, debout, tenant une couronne.

Intaille au contre-sceau de l'abbaye de Saint-Riquier, 1275; Arch.
nat. anc. Coll. n° 8392. — Haut. 13 mill. larg. 12.

Cf. Chabouillet, *Cab. des Ant.* n°° 1534, 1537 à 1539.

66. VICTOIRE ailée, debout, tenant une couronne.

Intaille au contre-sceau de Raoul, abbé de Saint-Martin de Tournay, 1139, 1254; Arch. nat. anc. Coll. n°° 7614, 9134. —
Haut. 14 mill. larg. 10.

67. VICTOIRE ailée, debout tenant . . . . .; à ses pieds, un bouclier.

Intaille au contre-sceau de Robert Marmion, chevalier, XIII° siècle;
Arch. nat. sceaux de la Normandie, n° 16020. — Haut. 17 mill.
larg. 13.

68. VICTOIRE ailée, debout.

Intaille au sceau des foires de Champagne, 1332; Arch. nat. anc.
Coll. n° 4493. — Haut. 15 mill. larg. 11.

69. VICTOIRE ailée, debout, écrivant sur un bouclier posé sur
un autel.

Intaille au sceau d'Adam Esturion, homme du château d'Arras,
1244; Arch. nat. sceaux de l'Artois, n° 735. — Haut. 21 mill.
larg. 13.

70. VICTOIRE ailée, assise, écrivant sur un bouclier.

Intaille au contre-sceau du doyen de Saint-Quiriace de Provins,
1268; Arch. nat. anc. Coll. n° 7577. — Haut. 18 mill. larg. 15.

71. VICTOIRE ailée, assise à droite.

Intaille au sceau d'Ansel de Joinville, seigneur de Rinel, 1314;
Arch. nat. anc. Coll. n° 2491. — Haut. 11 mill. larg. 8.

72. VICTOIRE FORTUNE ailée, debout, tenant des épis.

Intaille au sceau de Mathieu Memento Mei, XIII° siècle; Arch. nat.
sceaux de la Normandie, n° 15954. — Haut. 12 mill. larg. 10.

Cf. Chabouillet, *Cab. des Ant.* n° 1535. — Voy. Maffei, *Gem. antich.* t. III,
pl. LXX, LXXIII; — Wicar, *Galer. de Florence*, t. I, pl. 37, 82.

73. VICTOIRE FORTUNE ailée, debout, casquée, tenant des épis;
à ses pieds, un gouvernail.

Intaille au contre-sceau d'Hilaire, abbé de Bourgueil-en-Vallée,
1194; Arch. nat. sceaux de l'Île de France, n° 846. — Haut.
13 mill. larg. 10.

Cf. Chabouillet, *Cab. des Ant.* n°° 1535, 1536. — Voy. la note du n° 72.

74. VÉNUS. Buste à gauche.

Intaille au contre-sceau de Henri, abbé de Saint-Vaast, 1195;
Arch. nat. sceaux de l'Artois, n° 2631, et sceaux de la Normandie,
n°. 15165. — Haut. 18 mill. larg. 17.

75. VÉNUS. Buste à droite. Fragment.

Intaille au sceau du vicaire général de l'archevêque de Rouen,
1389; Arch. nat. sceaux de la Normandie, n° 14377. — Haut.
147 mill. larg. 12.

Cf. Chabouillet, *Cab. des Ant.* n° 1547.

76. VÉNUS. Buste à droite.

Intaille au contre-sceau de Jean de Maubeuge, chanoine de Condé,
1299; Arch. nat. sceaux de la Flandre, n° 6425.—Haut. 10 mill.
larg. 8.

Cf. Chabouillet, *Cab. des Ant.* n° 1547.

77. VÉNUS. Buste à droite.

Intaille au sceau de Pierre de Montfort, 1263; Arch. nat. anc.
Coll. n° 10170. — Haut. 13 mill. larg. 10.

Cf. Chabouillet, *Cab. des Ant.* n° 1547.

78. VÉNUS. Buste couronné de myrte, à droite. Dans le champ,
une tige de myrte.

Intaille au contre-sceau de Guillaume de Champagne, archevêque de
Sens, 1176; Arch. nat. sceaux de l'Île de France, n° 861.—Haut.
19 mill. larg. 15.

Cf. la Vénus des monnaies de la famille Æmilia.

79. VÉNUS? Buste à gauche.

Intaille au sceau d'un général conseiller des aides, 1404; Bibl.
nat. titres scellés de Clairamb. reg. 20. — Haut. 10 mill. larg. 8.

80. VÉNUS ANADYOMÈNE. Buste à droite.

Intaille au sceau de Pierre de la Marlière, bailli de Saint-Omer,
1321; Arch. nat. sceaux de l'Artois, n° 1446. — Haut. 13 mill.
larg. 11.

Voy. le Cabinet des Médailles de la Bibl. nat.

81. VÉNUS nue, debout, le pied sur un rocher, tenant un
objet indistinct, peut-être un casque?

Intaille au sceau de Jean de Dijon, chapelain de madame de Valois,
1327; Bibl. nat. titres scellés de Clairamb. reg. 40. — Haut.
15 mill. larg. 10.

82. VÉNUS nue, debout, vue de dos, ajustant sa ceinture.

Intaille au sceau de Jean Gougeul, 1356; Bibl. nat. titres scellés
de Clairamb. reg. 54. — Haut. 13 mill. larg. 11.

83. VÉNUS sortant du bain, nue, debout, penchée, la main
sur ses vêtements? posés à terre.

Intaille au sceau d'Eudes de Saint-Germain, 1290; Arch. nat.
sceaux de l'Artois, n° 611. — Haut. 14 mill. larg. 11.

84. VÉNUS nue, debout. Fragment.

Intaille au contre-sceau de l'abbaye de Jumiéges, 1217; Arch. nat.
anc. Coll. n° 8253. — Haut. 35 mill. larg. 20?

85. VÉNUS nue, debout, appuyée à un arbre. Empreinte
fruste.

Intaille un sceau de Tédlin le Bas de Louviers, 1220; Arch. nat.
sceaux de la Normandie, n° 14758. — Haut. 24 mill. larg. 14.

86. Vénus Victrix, debout, à demi nue, tenant un casque, appuyée à une colonne.

Intaille au contre-sceau de Hugues IV, duc de Bourgogne, 1234; Arch. nat. anc. Coll. n° 469. — Haut. 15 mill. larg. 10.

Cf. Chabouillet, *Cab. des Ant.* n°ˢ 1553 à 1572. — Voy. Gori, *Mus. florent.* t. I, pl. LXXII, fig. 1 à 6; — Maffei, *Gem. ant.* t. III, pl. IV; — Gorlæus, *Dactyl.* t. II, fig. 73 et 219; — colonel Leake, *Gems in the Fitzwilliam museum*, pl. II, fig. 7.

87. Vénus Victrix, debout, nue, casquée, le bouclier au bras, la lance sur l'épaule, appuyée à un autel?

Intaille au contre-sceau du chapitre de Saint-Étienne de Limoges, 1317; Arch. nat. anc. Coll. n° 7196.—Haut. 15 mill. larg. 12.

Voy. la note du n° 86.

88. Vénus Victrix?, debout, nue, casquée, le bras droit appuyé sur une colonne et tenant une lance; à ses pieds, un petit autel.

Intaille au contre-sceau de Henri II, comte de Champagne, 1180-1197; Arch. nat. anc. Coll. n° 569. — Haut. 27 mill. larg. 18.

89. Vénus nue, assise, tenant un miroir?

Intaille au signet de Jean de Forgètes, official de Paris, 1308; Arch. nat. anc. Coll. n° 7058. — Haut. 7 mill. larg. 6.

Voy. Gori, *Mus. florent.* t. I. pl. LXXII, fig. 7 à 9; — Gorlæus, *Dactyloth.* t. II, fig. 166.

90. Vénus nue, assise sous un arbre, tenant un objet indistinct.

Intaille au contre-sceau de Frédéric, comte de Deux-Ponts, 1479; Arch. nat. anc. Coll. n° 11029. — Haut. 15 mill. larg. 10.

Voy. la note du n° 89.

91. Cupidon? Buste lauré à droite, l'arc et le carquois sur l'épaule.

Intaille au contre-sceau de Jean I°ʳ, duc de Lothier et de Brabant, 1269, 1283; Arch. nat. anc. Coll. n° 10300, et sceaux de la Flandre, n° 240. — Haut. 14 mill. larg. 13.

92. Mercure. Buste à droite, avec les ailerons.

Intaille au contre-sceau de Simon, abbé de Saint-Josse-sur-Mer, 1290; Arch. nat. anc. Coll. n° 9043.—Haut. 12 mill. larg. 11.

93. Mercure debout, coiffé du pétase, la chlamyde sur l'épaule, tenant le caducée et une bourse.

Intaille au contre-sceau de Barthélemy de Graincourt, abbé de Saint-Aubert de Cambrai, 1291; Arch. nat. sceaux de la Flandre, n° 6894. — Haut. 12 mill. larg. 10.

Cf. Chabouillet, *Cab. des Ant.* n°ˢ 1599 à 1604. — Voy. les Mercures debout dans Gori, *Mus. florent.* t. I, pl. LXX; — Mich. Ange, *Gem. ant.* pl. LXV à LXVII.

94. Mercure debout, coiffé du pétase, la chlamyde sur l'épaule, tenant le caducée et une bourse; à ses pieds, un coq.

Intaille au contre-sceau de Gui, prieur de Sainte-Marie d'Argenteuil, 1222; Arch. nat. anc. Coll. 9463. — Haut. 13 mill. larg. 10.

Voy. la note du n° 93.

95. Mercure debout, coiffé du pétase, la chlamyde sur l'épaule, tenant le caducée et une bourse.

Intaille au sceau de l'official de Lisieux, 1281; Arch. nat. anc. Coll. n° 7053. — Haut. 12 mill. larg. 9.

Voy. la note du n° 93.

96. Mercure debout, coiffé du pétase, la chlamyde sur l'épaule, tenant le caducée et une bourse.

Intaille au sceau de Thomas d'Évrecy, chevalier, 1222; Arch. nat. sceaux de la Normandie, n° 15703. — Haut. 13 mill. larg. 10.

Voy. la note du n° 93.

97. Mercure debout, coiffé du pétase ailé, la chlamyde sur l'épaule, tenant le caducée et une bourse.

Intaille au contre-sceau de Guillaume de Pince, trésorier de l'église de Rennes, XIII° siècle; Arch. nat. anc. Coll. n° 7712. — Haut. 10 mill. larg. 8.

Voy. la note du n° 93.

98. Mercure assis, la chlamyde sur l'épaule, le caducée et la bourse à la main.

Intaille au sceau de l'abbé de Montmorel, 1357; Arch. nat. sceaux de la Normandie, n° 16557. — Haut. 13 mill. larg. 10.

Cf. Chabouillet, *Cab. des Ant.* n°ˢ 1611 à 1614.

99. Proserpine Coré. Buste à droite.

Intaille au sceau de Hamon le Bouteiller, XII° siècle; Arch. nat. sceaux de la Normandie, n° 16174. — Diamètre, 25 mill.

On pourrait encore appeler Ariadne cette tête qui appartient au plus bel art de la Grèce.

Cf. *Numi veteres Italiæ:* Metapontum.

100. Nymphe. Buste à droite.

Intaille au sceau de François Freschobaldi, marchand florentin, 1516; Arch. nat. anc. Coll. n° 11740.— Haut. 12 mill. larg. 9.

101. Bacchus Pogon. Buste de face, couronné de lierre. Fragment.

Camée au sceau de Pépin le Bref, 753; Arch. nat. anc. Coll. n° 13. — Haut. 28 mill. larg. 20.

102. Bacchus couronné de lierre. Buste à droite.

Intaille au sceau de Nicolas du Bosc, évêque de Bayeux, 1391; Arch. nat. anc. Coll. n° 6502. — Haut. 12 mill. larg. 10.

103. Bacchus nu, couronné de pampres, tenant le thyrse d'une main et de l'autre une patère, assis sur un trône; à ses pieds, une panthère.

Intaille au contre-sceau de Robert de Vitré, 1161; Arch. nat. anc. Coll. n° 3928, et sceaux de la Normandie, n° 16158. — Haut.

13 mill. larg. 10. — D'autres pourraient voir, dans cette intaille, Cybèle, tourellée, tenant le sceptre et une patère, ayant à ses pieds un lion.

Cf. Chabouillet, *Cab. des Ant.* Cybèle, n° 1618.

104. **Éducation de Bacchus.** Le petit dieu à demi couché sous un arbre, étendant les bras vers Silène assis vis-à-vis de lui. Celui-ci tient le pedum et un vase.

Intaille au contre-sceau de Baudouin d'Avesnes, seigneur de Beaumont, 1276; Arch. nat. sceaux de l'Artois, n° 130. — Haut. 12 mill. larg. 11.

Voy. H. Schuermans, *Bullet. des comm. roy. d'art et d'archéol.* 11° année, 7 et 8, p. 356.

105. **Prêtre de Bacchus**, ou Bacchus lui-même?, debout, vêtu d'une tunique talaire, le thyrse sur l'épaule, tenant un vase chargé de raisins?

Intaille au sceau de Mile, sire de Noyers, 1325; Arch. nat. sceaux de la Flandre, n° 1405, — et au sceau d'Ansel de Joinville, 1335; Bibl. nat. tit. scel. de Clairamb. reg. 61. — Haut. 17 mill. larg. 9.

Voy. Gori, *Mus. florent.* t. I, pl. LXXXVII, fig. 3. — Maffei, *Gem. antich.* t. III, pl. XXXII; — Wicar, *Galer. de Florence*, t. II, pl. CI.

106. **Génie de Bacchus** sur une panthère.

Intaille au contre-sceau de Hugues IV, duc de Bourgogne, 1234; Arch. nat. anc. Coll. n° 469. — Haut. 9 mill. larg. 10.

Cf. Chabouillet, *Cab. des Ant.* n° 1636.

107. **Génie** sur une panthère en marche.

Intaille au contre-sceau de Guillaume, abbé de Saint-Jean de Sens, 1224; Arch. nat. anc. Coll. n° 9097. — Haut. 14 mill. larg. 15.

Voy. Maffei, *Gem. antich.* t. III, pl. XII.

108. **Ariadne?** Buste à droite.

Intaille au sceau de Nicolas le Flament, drapier de Paris, 1370; Bibl. nat. tit. scel. de Clairamb. reg. 47. — Haut. 13 mill. larg. 8.

109. **Triomphe de Silène.** Silène tenant le thyrse et une coupe, monté à rebours sur un âne qu'un faune tient par la tête.

Intaille aux contre-sceaux de Nicolas, de Jean d'Auxonne et de Pierre, abbés de Saint-Maur-des-Fossés, 1245, 1253, 1260; Arch. nat. anc. Coll. n° 9052 à 9054. — Haut. 14 mill. larg. 16.

110. **Pan.** Tête de face, barbue, avec deux cornes sur le front.

Intaille au sceau de Bernard Pilli, marchand florentin, 1516; Arch. nat. anc. Coll. n° 11748. — Haut. 12 mill. larg. 10.

111. **Bacchante.** Buste à droite, couronné de lierre.

Intaille au sceau d'un des gens des comptes, 1298; Bibl. nat. titres scellés de Clairamb. reg. 67. — Haut. 13 mill. larg. 11.

Cf. Chabouillet, *Cab. des Ant.* n° 1645, 1646.

112. **Bacchante** dans le délire de l'ivresse, dansant, la tête renversée, la poitrine saillante.

Intaille au sceau de Jean de Béthisy, 1227; Arch. nat. anc. Coll. n° 1811. — Haut. 14 mill. larg. 11.

Cf. Chabouillet, *Cab. des Ant.* n° 1648; — Mariette, *Traité des pier. grav.* t. II, pl. XLI. — Voy. Gori, *Mus. florent.* t. I, pl. LXXXVII, fig. 1, et pl. XCIII, fig. 5; — *Pierres gravées* du prince Caraffa Noya, pl. XXII.

113. **Bacchante** sur un âne, tenant une coupe.

Intaille au sceau de Guillaume Martel, 1205; Arch. nat. anc. Coll. n° 2722. — Haut. 11 mill. larg. 14.

114. **Faune.** Buste à droite.

Intaille au contre-sceau de Jean, abbé de Saint-Martin de Laon, 1278; Arch. nat. anc. Coll. n° 8789. — Haut. 16 mill. larg. 12.

Voy. H. Schuermans, *Bullet. des comm. roy. d'art et d'archéol.* 11° année, 7 et 8, p. 357.

115. **Faune** assis auprès d'une nymphe. Jupiter et Antiope?

Intaille au sceau de Pierre du Drach, sergent d'armes du roi, 1342; Bibl. nat. titres scellés de Clairamb. reg. 41. — Haut. 11 mill. larg. 10.

116. **Faune** ou Bacchant jouant avec un chevreau. Personnage debout, la nébride sur l'épaule, tenant d'une main le pedum et de l'autre une grappe de raisin qu'un chevreau s'efforce d'atteindre.

Intaille au sceau de Guillaume d'Amiens, chapelain de l'église de Reims, 1273; Arch. nat. anc. Coll. n° 8008. — Haut. 17 mill. larg. 14.

Cf. Chabouillet, *Cab. des Ant.* n° 1649. — Voy. un Faune à la grappe dans Gori, *Mus. florent.* t. I, pl. LXXXVIII, fig. 3, et pl. XCIV, fig. 3; — dans Gorlaeus, *Dactylioth.* t. I, fig. 61, et t. II, fig. 153.

117. **Faune** ou Bacchant courant, nu, la chlamyde flottante, coiffé du pétase, le pedum sur l'épaule, tenant . . . . .

Intaille au sceau d'Évrard de Barghes, chanoine de Lille, 1303; Arch. nat. sceaux de la Flandre, n° 6450. — Haut. 12 mill. larg. 10.

Cf. Chabouillet, *Cab. des Ant.* n° 1634.

118. **Faune** devant un autel de Priape?

Intaille au sceau de frère Aimar, templier de Paris, 1222; Arch. nat. anc. Coll. n° 9874. — Haut. 10 mill. larg. 15.

119. **Centaure.**

Intaille au contre-sceau de Pierre, évêque d'Albano, légat du Saint-Siége, 1250; Arch. nat. sceaux de la Flandre, n° 5777. — Diam. 12 mill.

Cf. Chabouillet, *Cab. des Ant.* n° 1680.

120. **Centaure** armé d'un arc, tirant une biche. Dans le champ, un arbre.

Intaille au sceau de Thibaud le Posthume, comte de Champagne, 1226; Arch. nat. anc. Coll. n° 572. — Haut. 11 mill. larg. 13.

121. Scène de Vendange. Génie ailé sur une panthère? traînant un char sur lequel est placée une corbeille. Fragment.

Intaille au sceau de Guillaume de Bouville, écuyer, 1302; Bibl. nat. titres scellés de Clairamb. reg. 19. — Haut. 10 mill. larg. 12.

122. Leucothée, déesse de la mer, les cheveux flottant sur les épaules. Buste à droite.

Intaille aux contre-sceaux de Pierre de Chamilly et de Mabile, femme de Gui de Chamilly, 1233, 1246 et 1269; Arch. nat. anc. Coll. n⁰ˢ 1696, 1699, et supp. n° 903. — Haut. 19 mill. larg. 17.

Cf. Chabouillet, Cab. des Ant. n⁰ˢ 1697, 1698. — Gori, Mus. florent. t. I, pl. LXXXV, fig. 1 à 3; — Worlidge, Ant. gems, t. II, pl. IV; — Maffei, Gem. antich. t. I, pl. LXXXII; — Gorlæus, Dactylioth. t. II, fig. 641.

123. Leucothée, déesse de la mer, les cheveux flottant sur les épaules. Buste à droite.

Intaille au sceau de Jean Chanteprime, doyen de Notre-Dame de Paris, 1410; Arch. nat. anc. Coll. n° 7568. — Haut. 13 mill. larg. 11.

Voy. la note du numéro précédent.

124. Néréide sur un triton ou sur un centaure marin.

Intaille au contre-sceau de Jean, abbé de Saint-Éloy de Noyon, 1287; Arch. nat. sceaux de la Flandre, n° 7137. — Haut. 11 mill. larg. 16.

Cf. Chabouillet, Cab. des Ant. n° 1701.

125. Néréide sur un cheval marin.

Intaille au sceau d'Eustache de Loudeham, clerc, 1222; Arch. nat. sceaux de la Normandie, n° 14390. — Haut. 17 mill. larg. 21.

Cf. Chabouillet, Cab. des Ant. n° 1699 et suiv. — Mariette, Pier. grav. ant. t. II, pl. XXXV.

126. Néréide sur un cheval marin.

Intaille au contre-sceau de Denis, roi de Portugal, 1318, et au sceau d'Alfonse IV, roi de Portugal, 1325; Arch. nat. anc. Coll. n⁰ˢ 11576, 11577. — Haut. 9 mill. larg. 12.

Voy. la note du numéro précédent.

127. Cheval marin à gauche.

Intaille au contre-sceau de la ville de Béthune, 1270 et 1380; Arch. nat. sceaux de la Flandre, n° 3874, et anc. Coll. n° 5514. — Haut. 10 mill. larg. 14.

Cf. Chabouillet, Cab. des Ant. n⁰ˢ 87 et 1702; — Maffei, Gem. antich. t. IV. pl. LXIV; — colonel Leake, Gems in the Fitzwilliam museum, pl. II, fig. 14.

128. Cheval marin à droite.

Intaille au sceau de Richard de Sourdeval, prêtre, xii° siècle; Arch. nat. anc. Coll. n° 7991. — Haut. 9 mill. larg. 13.

Voy. la note du numéro précédent.

129. Cheval marin à gauche.

Intaille au contre-sceau de Renaud, abbé de Saint-Florent de Saumur, 1250; Arch. nat. anc. Coll. 9086. — Haut. 11 mill. larg. 14.

Voy. la note du n° 127.

130. Cheval marin à gauche.

Intaille au sceau de Gilbert, prieur du Pecq, 1227; Arch. nat. anc. Coll. n° 9469. — Haut. 15 mill. larg. 18.

Voy. la note du n° 127.

131. Cheval marin à droite.

Intaille au contre-sceau de Jean, évêque de Chartres, 1311; Arch. nat. sceaux de l'Île de France, n° 692. — Haut. 9 mill. larg. 12.

Voy. la note du n° 127.

132. Cheval marin à gauche, aptère.

Intaille au contre-sceau d'Adam Silvain, chevalier, 1236; Arch. nat. sceaux de la Normandie, n° 16097. — Haut. 9 mill. larg. 12.

Voy. la note du n° 127.

133. Fleuve. Tête humaine, à cornes et à oreilles de taureau. Buste de face.

Intaille au sceau d'Alfonse d'Espagne, seigneur de Lunel, 1325; Arch. nat. sceaux de la Flandre, n° 858. — Haut. 8 mill. larg. 7.

Voy. A. Maury, Relig. de la Grèce ant. t. I, p. 162; — Millin, Galerie mytholog. t. I, fig. 811, et Pier. grav. inéd. pl. XLV; — Gori, Mus. florent. pl. LIV, fig. 8, et Thes. gemm. t. I, pl. LVIII.

134. Fortune debout, tenant d'une main une corne d'abondance et de l'autre deux épis; à ses pieds, un gouvernail.

Intaille au contre-sceau de Godefroi, abbé de Saint-Lucien de Beauvais, 1366; Arch. nat. sceaux de la Picardie, n° 1350. — Haut. 14 mill. larg. 12.

Cf. Chabouillet, Cab. des Ant. n° 1723 et suiv. — Voy. les Fortunes dans Gori, Mus. florent. t. I, pl. XCVIII, et Thes. gemm. t. I, pl. 125 à 129; — Maffei, Gem. antich. t. III, pl. LXX, LXXIII; — Gorlæus, Dactyl. t. I, fig. 5; — Wicar, Galer. de Florence, t. I, pl. XXXVII et LXXXII.

135. Fortune debout, tenant d'une main la corne d'abondance, et de l'autre . . . . .

Intaille au sceau de Geoffroi de Combray, 1202; Arch. nat. sceaux de la Normandie, n° 15674. — Haut. 16 mill. larg. 12.

Voy. la note du n° 134.

136. Fortune debout, tenant d'une main une corne d'abondance, et de l'autre un gouvernail?

Intaille au sceau de Gautier de Loudeham, chevalier, 1261; Arch. nat. sceaux de la Normandie, n° 14436. — Haut. 12 mill. larg. 10.

Voy. la note du n° 134.

137. Fortune assise, tenant d'une main une corne d'abondance, et de l'autre deux épis.

Intaille au contre-sceau de Hugues IV, duc de Bourgogne, 1234; Arch. nat. anc. Coll. n°469. — Haut. 13 mill. larg. 11.

138. Fortune assise, tenant d'une main une corne d'abondance, et de l'autre deux épis; à ses pieds, un gouvernail?

Intaille au contre-sceau de frère Léonard de Tibertis, prieur des

Hospitaliers de Venise, 1815; Arch. nat. anc. Coll. n° 11727.
—Haut. 15 mill. larg. 12.

Voy. Gori, *Thes. gemm.* t. I, pl. CXXXII; — Mich. Ange, *Gem. antiq.*
pl. CVI; — Wicar, *Galer. de Florence*, t. I, pl. X, XXXVII et LXXXII.

139. FORTUNE assise, tenant une corne d'abondance et un épi.

Intaille au contre-sceau de Gilbert, seigneur de l'Aigle, 1215;
Arch. nat. sceaux de l'Île de France, n° 4. — Haut. 14 mill.
larg. 9.

Voy. la note du n° 138.

140. BONUS EVENTUS (Emblème de). Deux mains jointes, surmontées d'un oiseau becquetant un épi et des fruits.

Intaille au sceau de Barthélemy Tristan *de Villa in Colle*, écuyer,
1269; Arch. nat. sceaux de la Picardie, n° 668.—Haut. 9 mill.
larg. 10.

Cf. Chabouillet, *Cab. des Ant.* n° 1742 à 1746.

141. DEUX CORNES D'ABONDANCE, réunies par un nœud. Entre
elles, dans le champ, un objet indistinct.—Haut. 11 mill.
larg. 14.

Intaille aux sceaux de Denis et d'Alfonse, rois de Portugal, 1318,
1325; Arch. nat. anc. Coll. n°s 11576, 11577.

142. ÉQUITÉ ou JUSTESSE MONÉTAIRE. Femme debout, appuyée
sur une haste (mesure de longueur), tenant des balances.

Intaille au contre-sceau de la cour du comte d'Anjou à Angers,
1293; Arch. nat. anc. Coll. n° 4502.— Haut. 13 mill. larg. 11.

Voy. Gori, *Mus. florent.* t. I, pl. XCIX, fig. 4 et 5; — Mich. Ange, *Gem.
antiq.* pl. LXXXII; — Gorlæus, *Dactyl.* t. II, fig. 78 et 635.

143. CONCORDE. Deux personnages debout, l'un casqué, se
donnant la main.

Intaille au contre-sceau de Bernard, abbé de Préaux, 1224; Arch.
nat. anc. Coll. n° 8966. — Haut. 11 mill. larg. 8.

Cf. les *Concordia augustorum, Trés. de numism. icon. rom.* pl. XXXIII,
fig. 4, pl. XLVI, fig. 3 et 4, pl. XLIX, fig. 10; — Gorlæus, *Dactyl.*
t. II, fig. 243.

144. CONCORDE. Deux personnages debout, se donnant la
main.

Intaille au contre-sceau de Thibaud le Posthume, comte de Champagne, 1234; Arch. nat. anc. Coll. n° 573. — Haut. 11 mill.
larg 10.

Voy. la note du numéro précédent.

145. HERCULE, la barbe en pointe, coiffé de la peau du lion
de Némée. Buste à gauche.

Intaille au sceau de Dominique de Canisaine, marchand florentin,
1516; Arch. nat. anc. Coll. n° 11737.— Haut. 13 mill. larg. 12.

146. HERCULE imberbe. Buste à droite.

Intaille au sceau d'un certain Philippe, dit le Voyer, 1275; Arch.
nat. anc. Coll. n° 6004. — Haut. 17 mill. larg. 13.

Cf. Chabouillet, *Cab. des Ant.* n°s 1752 à 1757; — Gori, *Dactyl. smith.*
t. I, pl. XXIII, et *Mus. florent.* t. I, pl. XXXIV, fig. 2, et pl. XXXV,
fig. 10 et 11.

147. HERCULE barbu. Tête de trois quarts.

Intaille au sceau de Jean de la Garde, lieutenant du trésorier des
guerres, 1359; Bibl. nat. titres scellés de Clairamb. reg. 51.—
Haut. 11 mill. larg. 7.

Cf. Wicar, *Galer. de Florence*, t. II, pl. CXXXIII.

148. HERCULE, tête barbue à droite.

Intaille au sceau de Prégent de Trélevez, chevalier, 1381; Arch.
nat. anc. Coll. n° 3763. — Haut. 10 mill. larg. 7.

Cf. Gori, *Mus. flor.* t. I, pl. XXXIV, fig. 9 à 12, et *Dactyl. smithiana*, t. I,
pl. XXV et XXVIII; — Worlidge, *Antiq. gems*, t. II, pl. I.

149. HERCULE étouffant le lion de Némée. Dans le champ, à
gauche, la massue.

Intaille au sceau de Guillaume de Mortemer, chevalier, 1224; Arch.
nat. sceaux de la Normandie, n° 13923. — Haut. 25 mill.
larg. 20.

Cf. Chabouillet, *Cab. des Ant.* n° 1762; — Gori, *Mus. florent.* t. I,
pl. XXXVI, fig. 9.

150. HERCULE combattant.

Intaille au sceau de l'abbé de Montmorel, 1342; Arch. nat. sceaux
de la Normandie, n° 16558. — Haut. 13 mill. larg. 10.

151. HERCULE debout, armé de la massue, portant sur son bras
la peau du lion de Némée.

Intaille au sceau de Richard de Véronne, physicien de Jeanne de
Bretagne, dame de Cassel, 1335; Arch. nat. sceaux de la Flandre,
n° 5714.— Haut. 17 mill. larg. 14.

152. HERCULE debout, appuyé sur la massue, les épaules cou-
vertes de la peau du lion de Némée.

Intaille au sceau de Gilbert de Kirketon, clerc, 1225; Arch. nat.
sceaux de la Normandie, n° 14394. — Haut. 16 mill. larg. 14.

153. TRIOMPHE D'HERCULE. Le fils de Jupiter debout sur un
lion couché, tenant suspendue par les quatre pieds la
biche du mont Cérynée, couronné par une Victoire.

Intaille au contre-sceau du sceau royal pour les juifs de Paris,
1206; Arch. nat. anc. Coll. n° 4495.—Haut. 18 mill. larg. 13.

154. HERCULE au repos, assis sur un rocher recouvert de la
peau du lion.

Intaille au contre-sceau de l'abbaye de Saint-Martin de Sées, 1268;
Arch. nat. anc. Coll. n° 8409.— Haut. 21 mill. larg. 19.

Cf. Chabouillet, *Cab. des Ant.* n° 2368; — Mariette, *Traité des pier. grav.*
t. II, pl. LXXXIV et LXXXV.

155. OMPHALE coiffée de la peau du lion. Buste à droite.

Intaille au contre-sceau du chapitre de Saintes, 1245; Arch. nat.
anc. Coll. n° 7317.— Haut. 17 mill. larg. 12.

Cf. Chabouillet, *Cab. des Ant.* n°s 1779 à 1783; — Gori, *Mus. florent.*
t. I, pl. XXXV, fig. 1 à 6; — Worlidge, *Ant. gems*, t. I, pl. XXXVI, et
t. II, pl. V; — Wicar, *Galer. de Flor.* t. II, pl. CLVI, CLXIV, CLXVI.
La même figure a été souvent appelée Hercule jeune. — On pourrait
encore voir, dans cette représentation, Alexandre en Hercule; voy. au
Cabinet des Ant. la médaille donnée par Napoléon III. — Voy. aussi
Antinoüs en Hercule, au Louvre, sculpture antique.

156. Omphale coiffée de la peau du lion. Buste à droite.

Intaille au sceau de Guillaume Flote, chevalier, 1346; Bibl. nat. titres scellés de Clairamb. reg. 48. — Haut. 13 mill. larg. 11.

Voy. la note du numéro précédent.

157. Omphale à demi-nue, marchant, couverte de la peau du lion de Némée, la massue d'Hercule sur l'épaule.

Intaille au sceau de Frédéric III, roi de Sicile, 1306; Arch. nat. anc. Coll. n° 11770. — Haut. 15 mill. larg. 9.

Cf. Chabouillet, Cab. des Ant. n° 1784; — Gori, Mus. florent. t. I, pl. XXXVIII, fig. 7 à 9; — Worlidge, Antiq. gems, t. I, pl. XXVI, et t. II, pl. XX; — Maffei, Gem. antich. t. II, pl. CI et CII; — Mich. Ange, Gem. antiq. pl. CXV; — Ogle, Coll. of gems, pl. XXXIX.

158. Omphale à demi nue, marchant, couverte de la peau du lion de Némée, la massue d'Hercule sur l'épaule.

Intaille au contre-sceau de Geoffroi, archidiacre de Paris, 1230; Arch. nat. anc. Coll. n° 7418. — Haut. 23 mill. larg. 15.

Voy. la note du numéro précédent.

159. Omphale à demi nue, marchant, couverte de la peau du lion de Némée, la massue d'Hercule sur l'épaule.

Intaille au sceau de Jean de Bailleul, chanoine de Saint-Martin d'Ypres, 1326; Arch. nat. anc. Coll. n° 10781. — Haut. 13 mill. larg. 10.

Voy. la note du n° 157.

160. Omphale à demi nue, marchant, couverte de la peau du lion de Némée, la massue d'Hercule sur l'épaule.

Intaille au sceau de Jean de Ribemont, clerc, 1294; Arch. nat. sceaux de l'Artois, n° 1969. — Haut. 20 mill. larg. 12.

Voy. la note du n° 157.

161. Omphale à demi nue, marchant, couverte de la peau du lion de Némée, la massue d'Hercule sur l'épaule.

Intaille au deuxième contre-sceau de l'abbaye de la Trinité de Fécamp, 1211; Arch. nat. anc. Coll. n° 8220. — Haut. 19 mill. larg. 12.

Voy. la note du n° 157.

162. Léda couchée. (Le cygne indistinct.)

Intaille au sceau d'André, archidiacre de Soissons, 1189; Arch. nat. anc. Coll. n° 7450. — Haut. 19 mill. larg. 24.

Cf. Gorlæus, Dactyl. t. I, fig. 21; — Mariette, Pier. grav. ant. t. I, pl. LXXI.

163. Les dioscures Castor et Pollux, debout, à demi nus, la chlamyde sur l'épaule, se tenant par la main.

Intaille au sceau d'Ansel de Joinville, sénéchal de Champagne, 1323, 1335; Arch. nat. anc. Coll. n° 308, et Bibl. nat. titres scellés de Clairamb. reg. 61. — Haut. 14 mill. larg. 10.

Cf. Chabouillet, Cab. des Ant. n°° 1786 à 1788.

164. Les dioscures Castor et Pollux, debout, à demi nus, la chlamyde sur l'épaule, appuyés chacun sur une lance.

Intaille au contre-sceau de l'abbaye de Saint-Étienne de Caen, 1282; Arch. nat. anc. Coll. n° 8168. — Haut. 11 mill. larg. 8.

Voy. la note du numéro précédent.

165. Castor dressant un cheval.

Intaille au contre-sceau de Philippe de Dreux, évêque de Beauvais, 1201; Arch. nat. anc. Coll. n° 6511. — Haut. 14 mill. larg. 19.

166. Ulysse? debout, le pied sur un rocher, le coude appuyé sur son genou, dans l'attitude de la persuasion.

Intaille au contre-sceau de Gui de Dampierre, 1249; Arch. nat. anc. Coll. n° 1991. — Haut. 16 mill. larg. 12.

167. Méléagre et Atalante. Fragment.

Intaille au sceau du prieur de Plympton en Devonshire, XIIIe siècle; Arch. nat. anc. Coll. n° 10250. — Haut. 16 mill. larg. 11.

Cf. Bracci, Ant. incis. pl. CXI; — Stosch, Pier. ant. grav. pl. LXVII.

168. Méléagre combattant un lion.

Intaille au contre-sceau de l'abbaye de Saint-Germer de Flay, 1234 et 1364; Arch. nat. sceaux de la Picardie, n° 1334, et anc. Coll. n° 8375. — Haut. 14 mill. larg. 20.

169. Deux Sphinx ailés, courant.

Intaille au contre-sceau d'Arnoul, évêque d'Amiens, 1237; Arch. nat. anc. Coll. n° 6442. — Haut. 11 mill. larg. 16.

170. Génie funèbre, ailé, debout, tenant un flambeau renversé.

Intaille au sceau de Nicolas, clerc, XIIe siècle; Arch. nat. sceaux de la Normandie, n° 17014. — Haut. 22 mill. larg. 15.

Cf. Chabouillet, Cab. des Ant. n°° 1711, 1712; — Gori, Mus. florent. t. I, pl. LXXIV, fig. 7.

MŒURS ET USAGES.

171. Sacrifice funéraire. Femme debout, tenant l'urne sépulcrale, devant un autel surmonté de la statue du Dieu.

Intaille au sceau de Mahaut, dame de Verchin, 1268; Arch. nat. sceaux de la Flandre, n° 1809. — Haut. 18 mill. larg. 10.

Cf. Camée du musée de Piombino: prêtresse d'Apollon sacrifiant devant la statue de ce Dieu; — Trés. de numism. galer. mythol. pl. XLVI, fig. 13; — Gori, Mus. florent. t. II, pl. LXXVI, fig. 4; — Wicar, Galer. de Florence, t. II, pl. CXXXVIII.

172. Sacrifice. Personnage debout, tenant une coupe et deux raisins? devant un autel.

Intaille au contre-sceau de Bernier, abbé de Saint-Symphorien de Beauvais, 1222; Arch. nat. sceaux de la Picardie, n° 1352. — Haut. 14 mill. larg. 12.

173. Adoration. Divinité dans un temple élevé sur des gradins et à toiture ronde comme celle des temples de Vesta; à droite, un adorant. Un arbre ombrage le monument.

Intaille au contre-sceau de Pierre de Hotot, chevalier, 1219; Arch. nat. sceaux de la Normandie, n° 15111. — Haut. 26 mill. larg. 19.

Cf. les monnaies de la Syrie: culte d'Astarté.

174. ADORATION. Guerrier debout, à gauche, armé d'un bouclier, touchant à un autel.

Intaille au contre-sceau de Jean de Journy, chevalier, 1305; Arch.
nat. sceaux de l'Artois, n° 384. — Haut. 15 mill. larg. 12.

Cf. Gorlæus, *Dactylioth.* t. II, fig. 63.

175. ADORATION. Personnage à droite, assis devant un autel.

Intaille au sceau d'Étienne l'Arbalétrier, 1340; Arch. nat. sceaux
de l'Artois, n° 1869. — Haut. 11 mill. larg. 12.

176. GUERRIER debout devant un autel, étendant le bras comme
pour prêter un serment; au pied de l'autel, son bouclier.

Intaille au contre-sceau de Jacques de Tournay, homme de la cour
de Mons, 1472; Arch. nat. sceaux de la Flandre, n° 3600. —
Diamètre, 13 mill.

177. DEUX GUERRIERS combattant. Celui de droite terrassé, appuyé sur le bras qui tient le bouclier.

Intaille aux contre-sceaux de Denis et d'Alfonse, rois de Portugal,
1318, 1325; Arch. nat. anc. Coll. n°ˢ 11576, 11577. — Haut.
13 mill. larg. 17.

178. GUERRIER casqué, chaussant ses cnémides.

Intaille au contre-sceau d'Alfonse, roi de Portugal, 1325; Arch.
nat. anc. Coll. n° 11577. — Haut. 11 mill. larg. 9.

179. PERSONNAGE nu, courbé, brisant avec le pied une branche
d'arbre dont il tient l'extrémité.

Intaille au sceau de Milon de Vaux, chanoine de Laon, 1241; Arch.
nat. sceaux de la Picardie, n° 1235. — Haut. 16 mill. larg. 13.

Cf. Chabouillet, *Cab. des Ant.* n° 1837.

180. PERSONNAGE assis sur une cliné.

Intaille au contre-sceau de l'abbé de Bonne-Espérance, 1315,
1328; Arch. nat. sceaux de la Flandre, n°ˢ 6875, 6876. — Haut.
13 mill. larg. 10.

Cf. *Trés. de numism. galer. myth.* pl. XVI, fig. 2.

181. DEUX PERSONNAGES nus, debout et vis-à-vis. Celui de
gauche, le pied sur un rocher, position ordinaire de Nep-
tune, et tenant, au-dessus d'un personnage plus petit, un
objet difficile à déterminer.

Intaille au contre-sceau de Guillaume de Tournebu, évêque de
Coutances, 1179-1202; Arch. nat. anc. Coll. n° 6588, et sceaux
de la Normandie, n° 16177. — Haut. 16 mill. larg. 15.

On serait tenté d'expliquer le sujet de cette pierre par un Faune jouant
de la flûte et un jeune Faune dansant. L'objet indéterminé serait une
outre.

182. PERSONNAGE assis sur un trône à dossier élevé et dont le
siége est soutenu par deux traverses en X, recevant des mains
d'un personnage debout (un esclave?) un vase couvert.
Dans le champ, entre les deux personnages, on distingue
un X et plus bas un I. Au bord, une inscription fruste.

Intaille au sceau de Foulques Painel, 1205, 1230; Arch. nat. anc.
Coll. n°ˢ 3146, 3147. — Haut. 24 mill. larg. 31.

Faut-il chercher dans cette intaille, d'une basse époque, l'image d'un
empereur auquel un vaincu présente le globe du monde, comme par
exemple dans les monnaies des Parthes après Septime-Sévère, ou bien
une représentation barbare de Cérès tenant la terre?

183. MÊME SUJET. Mais sans traces d'inscription.

Intaille au contre-sceau de Richard, évêque de Winchester, 1174-
1189; Arch. nat. sceaux de la Normandie, n° 16728. — Haut.
18 mill. larg. 23.

Voy. la note du numéro précédent.

184. MÊME SUJET. Entre les deux personnages, les lettres X et
I, l'une au-dessus de l'autre.

Intaille au contre-sceau de l'abbé de Saint-Étienne de Fontenay,
près Caen, 1271; Arch. nat. anc. Coll. n° 8724. — Haut. 12 mill.
larg. 16.

Voy. la note du n° 182.

185. PERSONNAGE assis de profil (le personnage des trois sujets
précédents, seul).

Intaille au contre-sceau de Pierre, abbé du Mont-Saint-Martin,
1264; Arch. nat. sceaux de la Flandre, n° 7125. — Haut. 22 mill.
larg. 15.

Voy. la note du n° 182.

186. RENCONTRE. Deux personnages debout, dans un maintien
respectueux, et, devant eux, une femme d'une plus grande
proportion, vêtue d'une longue robe.

Intaille au sceau de Servais, abbé de Montmorel, XIᵉ-XIIᵉ siècles;
Arch. nat. sceaux de la Normandie, n° 16180. — Haut. 24 mill.
larg. 14.

187. CAVALIER galopant à gauche.

Intaille au contre-sceau de Guillaume du Hommet, connétable de
Normandie, 1235; Arch. nat. anc. Coll. n° 324. — Haut. 17 mill.
larg. 21.

188. CAVALIER galopant à droite.

Intaille au sceau de Nicolas de la Londe, avant 1222; Arch. nat.
sceaux de la Normandie, n° 14750. — Haut. 20 mill. larg. 26.

189. CAVALIER à droite.

Intaille fruste au sceau d'Ansel de Joinville, seigneur de Rinel,
1314; Arch. nat. anc. Coll. n° 2491. — Haut. 14 mill. larg. 11.

190. AURIGE dirigeant un quadrige (Apollon dans son char
attelé de quatre chevaux?).

Intaille au contre-sceau de Thibaud de Falconnet, abbé de Luxeuil,
1300; Arch. nat. anc. Coll. n° 8813. — Haut. 14 mill. larg. 18.

Cf. Chabouillet, *Cab. des Ant.* n° 1866, et, pour Apollon, n° 1479 et suiv.
— Voy. des auriges dans Maffei, *Gem. antich.* t. IV, pl. XLIX à LI.

191. AURIGE conduisant un char à deux chevaux.

Intaille au contre-sceau de Guillaume de la Roche, seigneur de
Nolay, 1272; Arch. nat. anc. Coll. n° 3405. — Haut. 9 mill.
larg. 10.

192. Personnage à cheval sur un lion, lui déchirant la gueule.

Intaille au sceau de Guillaume de Ayreminne, chanoine de Warwick, 1325; Arch. nat. anc. Coll. n° 10241. — Diam. 16 mill.

193. Chasseur, le lagobolon sur l'épaule, portant une pièce de gibier suspendue à cet engin; à ses pieds, un chien assis.

Intaille au contre-sceau de Jacques de Saint-Aubert, chanoine de Tournay, 1294; Arch. nat. sceaux de la Picardie, n° 1251. — Haut. 10 mill. larg. 6.

194. Chasseur, le lagobolon sur l'épaule. Une pièce de gibier est suspendue à chaque extrémité de l'engin.

Intaille au sceau de Nicolas de Lintot, chevalier, 1302; Bibl. nat. titres scellés de Clairamb. reg. 65. — Haut. 15 mill. larg. 12.

Cf. Mich. Ange, *Gem. antiq.* pl. CXXXV.

195. Scène de chasse. Cavalier atteignant un cerf.

Intaille au contre-sceau du chapitre de Saint-Pierre et Saint-Julien du Mans, 1291; Arch. nat. anc. Coll. n° 7211. — Haut. 12 mill. larg. 16.

196. Chevrier debout, vêtu du cucullus, appuyé sur un bâton; près de lui, deux chèvres broutant les feuilles d'un arbuste.

Intaille au contre-sceau de Jean de Martrigne, abbé de Saint-Taurin d'Évreux, 1227; Arch. nat. anc. Coll. n° 8701. — Haut. 13 mill. larg. 12.

Cf. Chabouillet, *Cab. des Ant.* n° 1906; — Gorlæus, *Dactyl.* t. I, fig. 166.

197. Laboureur avec deux chevaux.

Intaille au sceau de Mathilde la Grosse, bourgeoise de Rouen, 1224; Arch. nat. anc. Coll. n° 4120. — Haut. 12 mill. larg. 16.

BUSTES.

198. Hippocrate. Buste à droite.

Intaille au contre-sceau de Barthélemy de Dreux, XIII° siècle; Arch. nat. anc. Coll. n° 2044. — Haut. 17 mill. larg. 14.

Voy. au Cab. des méd. les monnaies de Cos.

199. Éphèbe nu. Buste à droite.

Intaille au contre-sceau de Lambert II, évêque de Térouane, 1201; Arch. nat. anc. Coll. n° 6887. — Haut. 22 mill. larg. 17.

Voy. H. Schuermans, *Bullet. des comm. roy. d'art et d'archéol.* 11° année, 7 et 8, p. 354.

200. Éphèbe. Buste à droite.

Intaille au sceau de Hugues, chanoine de Cambrai, 1226; Arch. nat. sceaux de la Flandre, n° 6384. — Haut. 11 mill. larg. 7.

201. Buste de vieillard barbu à droite.

Intaille au sceau d'André de Florence, trésorier de Reims, 1328; Arch. nat. sceaux de la Flandre, n° 4867. — Haut. 17 mill. larg. 13.

202. Buste de vieillard barbu à droite.

Intaille au contre-sceau de Nicolas de Luzarches, prévôt d'Auvers

dans l'église de Chartres, 1305; Arch. nat. anc. Coll. n° 7681. — Haut. 14 mill. larg. 11.

203. Buste de vieillard barbu à gauche.

Intaille au signet de Bureau de la Rivière, chambellan du roi, 1375; Arch. nat. anc. Coll. n° 250. — Haut. 7 mill. larg. 6.

204. Bustes conjugués à droite. L'un barbu, coiffé d'un bonnet, l'autre féminin.

Intaille au sceau de Jean de Berwick, chanoine de Warwick, XIII° siècle; Arch. nat. anc. Coll. n° 10242. — Haut. 16 mill. larg. 13.

205. Buste à droite, diadémé.

Intaille au sceau de Marguerite de Flandre, duchesse de Bourgogne, 1405; Arch. nat. sceaux de la Flandre, n° 104. — Haut. 14 mill. larg. 11.

206. Buste à gauche, diadémé.

Intaille au sceau de Robert de Pytering, chanoine de Warwick, 1302; Arch. nat. anc. Coll. n° 10243. — Haut. 14 mill. larg. 11.

207. Buste à gauche, diadémé.

Intaille au signet d'Eudes IV, duc de Bourgogne, 1338, et au contre-sceau d'Olivier le Fèvre, général trésorier des aides, 1364. Arch. nat. sceaux de l'Artois, n° 29, et sceaux de la Flandre, n° 5623. — Haut. 12 mill. larg. 10.

208. Buste de face.

Intaille au contre-sceau de Jean, abbé de Saint-Vincent de Léon, 1229; Arch. nat. sceaux de la Picardie, n° 1395. — Haut. 18 mill. larg. 12.

ANIMAUX ET FRUITS.

209. Lion couché.

Intaille au contre-sceau de Pierre, évêque de Chartres, 1181; Arch. nat. sceaux de l'Île de France, n° 854. — Haut. 19 mill. larg. 22.

210. Lion marchant à droite.

Camée au contre-sceau d'Eustache de Granville, 1214; Arch. nat. anc. Coll. n° 2316. — Haut. 16 mill. larg. 24.

Cf. Chabouillet, *Cab. des Ant.* n° 181, 182.

211. Lion courant à droite.

Intaille au contre-sceau de Simon de Montfort, comte de Leicester, 1211; Arch. nat. anc. Coll. n° 708. — Haut. 10 mill. larg. 13.

212. Lion marchant à droite.

Intaille au contre-sceau de Simon de Montfort, comte de Leicester, 1211; Arch. nat. anc. Coll. n° 708. — Haut. 9 mill. larg. 11.

213. Lion marchant à droite.

Intaille au sceau de Richard Gireult, curé de Montebourg, 1453; Arch. nat. sceaux de la Normandie, n° 16393. — Haut. 10 mill. larg. 13.

214. Lion marchant à gauche.

Intaille au sceau de Richard de Fontenay, XIII° siècle; Arch. nat. anc. Coll. n° 2212. — Haut. 12 mill. larg. 17.

215. Lion marchant à gauche.

Intaille au contre-sceau de Guillaume de Pute-Monnoie, 1232; Arch. nat. anc. Coll. n° 3327. — Haut. 9 mill. larg. 14.

216. Lion marchant à droite. Dans le champ, deux étoiles et un croissant.

Intaille au contre-sceau de Gautier, chambrier de France, 1203, et au contre-sceau d'Ursion de Méréville, xii° siècle; Arch. nat. anc. Coll. n° 232, et n° sceaux de l'Île de France, n° 706. — Haut. 16 mill. larg. 21.

217. Lion ou Panthère marchant à gauche.

Intaille au sceau d'Alard de Saint-Aubert, 1351; Arch. nat. sceaux de la Flandre, n° 2212. — Haut. 11 mill. larg. 12.

218. Lion courant à droite.

Intaille au contre-sceau de l'Hôtel-Dieu de Montmorillon, 1385; Arch. nat. anc. Coll. n° 9965. — Haut. 8 mill. larg. 11.

219. Lion debout à droite, entre deux arbres.

Intaille au contre-sceau de l'abbaye de la Sainte-Trinité de Fécamp, 1204; Arch. nat. anc. Coll. n° 8220. — Haut. 13 mill. larg. 19.

Pierre dans le genre des gnostiques, représentant peut-être le signe du zodiaque.

220. Lion terrassant un taureau.

Intaille au sceau d'Arrigo dello Strego de Lucques, monnayeur, 1356; Arch. nat. sceaux de la Flandre, n° 5684. — Haut. 13 mill. larg. 13.

221. Lion saisissant une proie. Fragment.

Intaille au sceau de Hugues d'Amiens, archevêque de Rouen, vers 1148; Arch. nat. anc. Coll. n° 6361. — Haut. 15 mill. larg. 19.

222. Lion ou Sphinx? couché.

Intaille au sceau de Roger de Rupierre, 1266; Arch. nat. anc. Coll. n° 3489. — Haut. 11 mill. larg. 13.

223. Lion ou Sphinx? couché.

Intaille au sceau de Baude de Douayeul, bourgeois de Douai, 1244; Arch. nat. anc. Coll. n° 4091. — Haut. 15 mill. larg. 20.

224. Ours passant à droite.

Intaille au contre-sceau de Guillaume de Mortemer, chevalier, 1224; Arch. nat. sceaux de la Normandie, n° 13923. — Haut. 12 mill. larg. 16.

225. Taureau marchant à droite.

Intaille au contre-sceau de Jean de Joinville, sénéchal de Champagne, 1255; Arch. nat. anc. Coll. suppl. n° 1181. — Haut. 10 mill. larg. 13.

226. Taureau paissant, sous un arbre.

Intaille au contre-sceau de Gérard de Denain, chanoine de Saint-Géry de Cambrai, 1316; Arch. nat. sceaux de la Flandre, n° 6415. — Haut. 12 mill. larg. 14.

Cf. Chabouillet, *Cab. des Ant.* n° 1959 et suiv.

227. Taureau marchant à droite.

Intaille au sceau de Guillaume de Moret, maître des Hospitaliers de Paris, 1257; Arch. nat. anc. Coll. suppl. n° 20. — Haut. 9 mill. larg. 10.

Voy. H. Schuermans, *Bull. des comm. roy. d'art et d'archéol.* 11° année, 7 et 8, p. 359.

228. Taureau marchant à gauche.

Intaille au contre-sceau de Hugues d'Amiens, archevêque de Rouen, 1154; Arch. nat. anc. Coll. n° 6362. — Haut. 9 mill. larg. 11.

229. Deux vaches, l'une debout, l'autre couchée.

Intaille au sceau d'un baron anglais, 1259; Arch. nat. anc. Coll. n° 10096. — Haut. 10 mill. larg. 14.

Cf. Chabouillet, *Cab. des Ant.* n° 1970; — Michel Ange, *Gem. antiq.* pl. CLXXII.

230. Cerf couché.

Intaille au sceau d'Étienne de Rue, xiv° siècle; Arch. nat. sceaux de la Flandre, n° 7678. — Haut. 7 mill. larg. 9.

231. Mouton? sur la proue d'un vaisseau.

Intaille au sceau de Jacquemart de Villers, valet de la comtesse d'Artois, 1303; Arch. nat. sceaux de l'Artois, n° 2243. — Haut. 13 mill. larg. 11.

Le sujet rappelle l'anneau de famille de Galba : un chien sur la proue d'un vaisseau.

232. La Louve allaitant Romulus et Rémus.

Intaille au contre-sceau d'Adam Esturion, homme du château d'Arras, 1244; Arch. nat. sceaux de l'Artois, n° 735. — Haut. 9 mill. larg. 14.

Cf. Chabouillet, *Cab. des Ant.* n°° 1529, 1530; — Gori, *Mus. florent.* t. II, pl. XIX, fig. 1 et 2; et pl. LIV, fig. 1 à 5; — Maffei, *Gem. antich.* t. IV, pl. V; — Gorlæus, *Dactyl.* t. I, fig. 1.

233. Lévrier saisissant un lièvre.

Intaille au sceau de Jean le Breton, pelletier et bourgeois de Paris, 1301; Arch. nat. sceaux de l'Artois, n° 1314. — Haut. 11 mill. larg. 14.

234. Chien de garde à droite.

Intaille au contre-sceau de Guillaume Midis, abbé de Saint-Aubert de Cambrai, 1231; Arch. nat. sceaux de la Flandre, n° 6895. — Haut. 9 mill. larg. 10.

235. Aigle.

Intaille aux contre-sceaux de Jean et de Pierre de Préaux, 1210, 1303; Arch. nat. anc. Coll. n° 3304, et sceaux de la Normandie, n° 15177. — Haut. 14 mill. larg. 11.

236. Aigle, les ailes déployées.

Intaille au contre-sceau de Hugues V, abbé de Saint-Denis, 1196; Arch. nat. anc. Coll. n° 9016. — Haut. 11 mill. larg. 13.

237. Aigle, les ailes déployées.

Intaille au contre-sceau de Jean II, abbé d'Auchy, 1219, 1231; Arch. nat. anc. Coll. n°° 8500, 8501. — Haut. 11 mill. larg. 10.

238. Aigle triomphale tenant la couronne dans son bec.

Intaille au sceau de Jean du Tour, trésorier de l'ordre du Temple à Paris, 1295; Arch. nat. anc. Coll. n° 9872. — Haut. 11 mill. larg. 8.

Cf. les aigles sur les cippes funéraires au musée du Louvre, sculpt. antiq. — Chabouillet, *Cab. des Ant.* n⁰ˢ 1979, 1981; — Maffei, *Gem. antich.* t. IV, pl. XXXIV; — Gorlæus, *Dactyl.* t. I, fig. 91 et 129.

239. Aigle triomphale sur un autel, portant une couronne dans son bec.

Intaille au contre-sceau de Richard, abbé de Lire, 1224; Arch. nat. anc. Coll. n° 8797. — Haut. 16 mill. larg. 12.

Voy. la note du numéro précédent.

240. Aigle au repos.

Intaille au sceau de Guillaume Pointel, 1211; Arch. nat. sceaux de la Normandie, n° 13945. — Haut. 9 mill. larg. 12.

241. Aigle ou Oiseau de vol de profil, liant un lièvre.

Intaille au contre-sceau de maître Raimond, arbalétrier du roi, xiii° siècle; Arch. nat. anc. Coll. n° 5344. — Haut. 7 mill. larg. 9.

242. Aigle prenant l'essor.

Intaille au contre-sceau de Richard III, évêque d'Avranches, 1179; Arch. nat. anc. Coll. n° 6486. — Haut. 9 mill. larg. 7.

243. Aigle dévorant un serpent.

Intaille au contre-sceau de Gérard de Basoches, évêque de Noyon, 1223; Arch. nat. anc. Coll. n° 6746. — Haut. 18 mill. larg. 14.

244. Deux oiseaux posés vis-à-vis l'un de l'autre, la tête contournée, tenant chacun à leur bec un fleuron.

Intaille au contre-sceau de Thomas de Ham, connétable de Tripoli, 1228; Arch. nat. sceaux de l'Artois, n° 14. — Haut. 9 mill. larg. 13.

Le dessin des oiseaux assigne à cette pierre une origine orientale.

245. Deux oiseaux posés vis-à-vis l'un de l'autre, sur le bord d'un vase à deux anses.

Intaille au contre-sceau de Jacques de Dinan, archidiacre de Térouane, 1240; Arch. nat. anc. Coll. n° 7456. — Haut. 12 mill. larg. 10.

246. Deux corbeaux posés vis-à-vis l'un de l'autre, becquetant dans un vase.

Intaille au contre-sceau de Robert Corbet, xiii° siècle; Arch. nat. sceaux de la Normandie, n° 15884. — Haut. 11 mill. larg. 15.

Représentation parlante : corbeaux par allusion à Corbet.

247. Crocodile.

Intaille au contre-sceau de Robert, comte de Dreux, 1184; Arch. nat. anc. Coll. n° 720. — Haut. 10 mill. larg. 13.

Cf. Chabouillet, *Cab. des Ant.* n° 2203.

248. Grappe de raisin.

Intaille au contre-sceau du prieur de Saint-Arnoul de Crépy, 1256; Arch. nat. sceaux de la Picardie, n° 1461. — Haut. 7 mill. larg. 5.

GRYLLES.

249. Têtes de Jupiter et de Io réunies.

Intaille au sceau de Dreux de Cardeuil, chanoine de Noyon, 1211; Arch. nat. anc. Coll. n° 7772. — Haut. 15 mill. larg. 13.

Pour tous les grylles, cf. Gori, *Mus. florent.* t. I, pl. XLVI à LI; — Gorlæus, *Dactyl.* t. II, fig. 299 à 323.

250. Tête de Minerve au casque orné d'une aigrette et finissant par derrière en une tête silénique.

Intaille au sceau de Mathieu le Gros, maire de Rouen en 1199 et 1200; Arch. nat. sceaux de la Normandie, n° 14402. — Haut. 15 mill. larg. 13.

251. Tête de Minerve au casque orné d'une aigrette et se terminant par derrière en une tête silénique.

Intaille au contre-sceau du chapitre de Noyon, 1209 à 1462; Arch. nat. anc. Coll. n° 7243, et sceaux de la Picardie, n⁰ˢ 1154, 1155. — Haut. 17 mill. larg. 14.

Voy. H. Schuermans, *Bull. des comm. roy. d'art et d'archéol.* 11° année, 7 et 8, p. 358.

252. Buste de Minerve coiffée d'un casque à visière ornée d'une tête silénique et finissant par derrière en tête socratique.

Intaille au contre-sceau de Raoul, abbé de Saint-Corneille de Compiègne, 1239, et de Raoul, abbé de Gorbie, 1247; Arch. nat. anc. Coll. n° 8661, et sceaux de la Picardie, n° 1370. — Haut. 16 mill. larg. 12.

253. Buste de Minerve coiffée d'un casque à visière ornée d'une tête silénique.

Intaille au sceau de Leonardo Freschobaldi, marchand florentin, 1516; Arch. nat. anc. Coll. n° 11744. — Haut. 13 mill. larg. 9.

254. Buste de Minerve coiffée d'un casque à visière décorée d'une tête silénique.

Intaille au contre-sceau de Hélie, abbé de Sainte-Colombe de Sens, 1212; Arch. nat. anc. Coll. n° 9106. — Haut. 14 mill. larg. 12.

255. Tête virile, imberbe, laurée, et tête socratique réunies.

Intaille au sceau de Mathurin Rogier, gouverneur d'Artois, 1364; Arch. nat. sceaux de l'Artois, n° 1824. — Haut. 14 mill. larg. 12.

256. Têtes de femme et de Silène réunies.

Intaille au sceau de Raimond de Salgis, maître des requêtes de l'hôtel, 1341; Arch. nat. anc. Coll. n° 4419. — Haut. 15 mill. larg. 12.

257. Deux visages grotesques réunis et semblant former une représentation phallique.

Intaille au sceau de Richard de Kolm, chanoine d'York, 1402; Arch. nat. anc. Coll. n° 10245. — Haut. 9 mill. larg. 7.

258. Tête de femme réunie à deux têtes siléniques.

Intaille au contre-sceau de Geoffroi de Joinville, sire de Vaucouleurs, 1299; Arch. nat. anc. Coll. n° 2494. — Haut. 14 mill. larg. 17.

259. Têtes de femme, de Faune et d'Hercule réunies sur un seul buste.

Intaille au sceau d'un seigneur nommé Henri Philippe, xive siècle; Arch. nat. anc. Coll. n° 3203. — Haut. 10 mill. larg. 8.

260. Trois têtes de Faune? réunies.

Intaille au contre-sceau de Raoul Haton, panetier de France, 1289; Arch. nat. anc. Coll. n° 285. — Haut. 10 mill. larg. 9.

261. Masque grotesque à trois visages.

Camée au sceau de Henri Piquart, bourgeois de Londres, 1360; Arch. nat. anc. Coll. n° 10213. — Haut. 7 mill. larg. 9.

262. Masque à cinq visages faunesques, virils, barbus.

Intaille au petit sceau de Thibaud IV, roi de Navarre, 1245; Arch. nat. anc. Coll. n° 11373. — Haut. 13 mill. larg. 11.

263. Masque à cinq visages.

Intaille au contre-sceau de Pierre de Villaines, 1362; Arch. nat. sceaux de l'Île de France, n° 1032. — Haut. 10 mill. larg. 8.

264. Grylle à six visages, dont les trois principaux féminins et les trois autres siléniques.

Intaille au contre-sceau de Bernard et de Nicolas, abbés du Mont-Saint-Éloy, 1315 et 1326; Arch. nat. sceaux de l'Artois, n° 2688, 2689. — Haut. 17 mill. larg. 14.

265. Personnage sans torse, un genou en terre; la tête prend naissance à la partie supérieure des cuisses.

Intaille au sceau de Raoul Aubry, homme de fief du chapitre de Lille, 1320; Arch. nat. sceaux de la Flandre, n° 2963. — Haut. 14 mill. larg. 10.

266. Tête d'aigle combinée avec deux têtes siléniques.

Intaille au contre-sceau de Raoul de Torote et de Robert de Milan, évêques de Verdun, 1238, 1264; Arch. nat. anc. Coll. n° 6927, et sceaux de la Flandre, n° 5967. — Haut. 9 mill. larg. 13.

267. Tête d'aigle combinée avec une tête silénique et une tête de Bacchus.

Intaille au signet de l'official de Bayeux, 1411; Arch. nat. sceaux de la Normandie, n° 16283. — Haut. 8 mill. larg. 11.

268. Grue ou Cigogne dont le corps est formé de deux masques faunesques adossés. Dans le champ, des rameaux.

Intaille au contre-sceau de Denis de Sens, doyen de Sens, 1317; Arch. nat. anc. Coll. n° 7593. — Haut. 10 mill. larg. 8.

269. Grappe de raisin, formée de deux masques barbus réunis.

Intaille au contre-sceau de Jean, abbé de Sept-Fontaines, 1185; Arch. nat. anc. Coll. n° 9109. — Haut. 14 mill. larg. 11.

II. — ICONOGRAPHIE ROMAINE.

270. Jules-César. Buste lauré à gauche.

Intaille au sceau d'Amiot Arnaud, procureur du duc de Bourgogne, 1386; Arch. nat. sceaux de la Flandre, n° 5727. — Haut. 10 mill. larg. 9.

Voy. le Cab. des méd. de la Bibl. nat. — *Trés. de numism. icon. rom.* pl. II.

271. Jules-César. Buste à droite.

Intaille au sceau d'un général, conseiller des aides, 1374; Bibl. nat. titres scellés de Clairamb. reg. 34. — Haut. 14 mill. larg. 9.

272. Octavie, femme de Marc-Antoine; peut-être Livie? Buste lauré à droite.

Intaille au contre-sceau de Roger, sous-chantre de Chartres, 1221; Arch. nat. anc. Coll. n° 7632. — Haut. 15 mill. larg. 13.

Voy. le Cab. des méd. de la Bibl. nat. — *Trés. de numism. icon. rom.* pl. III, fig. 5, et pl. IV, fig. 12 et 13.

273. Auguste jeune. Buste à droite, revêtu du paludamentum.

Intaille au sceau de Pépin le Bref, vers 751; Arch. nat. anc. Coll. n° 12. — Haut. 18 mill. larg. 12.

Cf. *Trés. de numism. icon. rom.* pl. IV, fig. 4.

274. Auguste. Buste lauré à droite. Peut-être Domitien?

Intaille au sceau de Pépin Ier, roi d'Aquitaine, 829; Arch. nat. anc. Coll. n° 18. — Haut. 13 mill. larg. 9.

Voy. le Cab. des méd. de la Bibl. nat. — *Trés. de numism. icon. rom.* pl. IV à XI.

275. Néron. Buste lauré à droite.

Intaille au sceau de Thomas Morus, 1525; Arch. nat. anc. Coll. n° 10172. — Haut. 15 mill. larg. 12.

Voy. le Cab. des méd. de la Bibl. nat. — *Trés. de numism. icon. rom.* pl. XI, XVI, XVII.

276. Othon? Buste à droite.

Intaille au sceau de Pierre de Chevreuse, maître d'hôtel du roi, 1374; Bibl. nat. litr. scell. de Clairamb. reg. 34. — Haut. 9 mill. larg. 7.

Voy. le Cab. des méd. de la Bibl. nat.

277. Titus. Buste lauré à droite.

Intaille au sceau de Girolamo Freschobaldi, marchand florentin, 1518; Arch. nat. anc. Coll. n° 11742. — Haut. 9 mill. larg. 7.

Voy. le Cab. des méd. de la Bibl. nat. — *Trés. de numism. icon. rom.* pl. XX à XXII.

278. Julie, fille de Titus. Buste à droite.

Intaille au signet de l'official de Cambrai, 1403; Arch. nat. sceaux de la Flandre, n° 5989. — Haut. 13 mill. larg. 10.

Voy. le Cab. des méd. de la Bibl. nat.

279. Domitia? Buste à droite.

Intaille au signet de Marguerite de Flandre, femme de Philippe le Hardi, duc de Bourgogne, 1382; Arch. nat. sceaux de l'Artois, n° 36. — Haut. 13 mill. larg. 9.

Voy. le Cab. des méd. de la Bibl. nat.

280. Trajan. Buste à droite.

Intaille au signet de l'official de Cambrai, 1357; Arch. nat. sceaux de la Flandre, n° 5986. — Haut. 13 mill. larg. 11.

Voy. le Cab. des méd. de la Bibl. nat. — *Trés. de numism. icon. rom.* pl. XXV à XXIX.

281. Trajan. Buste lauré à gauche.

Intaille au contre-sceau de Jean Mancel, trésorier de l'église de Warwick, 1259; Arch. nat. anc. Coll. n° 10244. — Haut. 20 mill. larg. 16.

Voy. la note du n° 280.

282. Hadrien. Buste à droite.

Intaille au contre-sceau de Hugues de Chevincourt, abbé de Saint-Riquier, 1231; Arch. nat. sceaux de la Picardie, n° 1422.— Haut. 14 mill. larg. 12.

Cf. *Trés. de numism. icon. rom.* pl. XXVIII et suiv.

283. Hadrien. Buste lauré à gauche.

Intaille au sceau de Louis III de Germanie, roi de Saxe, 878; Arch. nat. anc. Coll. n° 10881. — Haut. 26 mill. larg. 19.

Voy. le Cab. des méd. de la Bibl. nat. — *Trés. de numism. icon. rom.* pl. XXVIII à XXXI.

284. Antonin. Buste à gauche.

Intaille au sceau de Jean de Sainte-Aldegonde, bourgeois de Saint-Omer, 1301; Arch. nat. sceaux de l'Artois, n° 1990. — Haut. 25 mill. larg. 17.

Pour tous les Antonin, voyez le Cab. des méd. de la Bibl. nat. — *Trés. de numism. icon. rom.* pl. XXXII, XXXIII.

285. Antonin. Buste à droite.

Intaille au contre-sceau de Jean de Sours, chevalier, 1260; Arch. nat. anc. Coll. n° 3645. — Haut. 16 mill. larg. 12.

286. Antonin. Buste lauré à droite.

Intaille au sceau de Louis III l'Aveugle, empereur d'Occident, 924; Bibl. nat. fonds de Cluny. — Haut. 25 mill. larg. 19.

287. Antonin. Buste lauré à gauche, revêtu du paludamentum.

Intaille au sceau de l'abbaye de Chaumont, 1215; Arch. nat. sceaux de la Picardie, n° 1316. — Haut. 36 mill. larg. 26.

288. Antonin. Buste lauré à droite.

Intaille au signet de l'official de Rouen, 1442, 1427; Arch. nat. sceaux de la Normandie, n° 15078, 15080. — Haut. 12 mill. larg. 9.

289. Antonin. Buste diadémé à droite, revêtu du paludamentum.

Intaille au sceau d'Edgard, roi d'Angleterre, 960; Arch. nat. anc. Coll. n° 9996. — Haut. 26 mill. larg. 20.

290. Antonin? Buste diadémé à droite.

Intaille au sceau d'Offa, roi des Merciens, 790; Arch. nat. anc. Coll. n° 9995. — Haut. 30 mill. larg. 28.

291. Antonin? Buste barbu à droite.

Intaille au sceau de Jean de la Salle, homme de la salle de Lille, 1291; Arch. nat. sceaux de la Flandre, n° 2749. — Haut. 14 mill. larg. 10.

292. Marc-Aurèle. Buste à droite.

Intaille au sceau de Charlemagne, 774; Arch. nat. anc. Coll. n° 15. — Haut. 26 mill. larg. 20.

Voy. le Cab. des méd. de la Bibl. nat. — *Trés. de numism. icon. rom.* pl. XXXIV à XXXVIII.

293. Marc-Aurèle ou Lucius Verus. Buste barbu à droite. Dans le champ, une inscription fruste.

Intaille au contre-sceau de Roger de Rosoy, évêque de Laon, 1185; Arch. nat. anc. Coll. n° 6633. — Haut. 12 mill. larg. 9.

294. Lucius Verus. Buste à gauche.

Intaille au sceau de Louis de Royre, doyen d'Herment, 1260; Arch. nat. anc. Coll. n° 7539. — Haut. 21 mill. larg. 15.

Voy. le Cab. des méd. de la Bibl. nat. — *Trés. de numism. icon. rom.* pl. XXXVI, XXXVII.

295. Lucius Verus et Commode enfant. Bustes vis-à-vis, accompagnés des trois lettres C, B, M. Fragment.

Intaille, qui devait contenir trois bustes, au sceau de Jean de Froidmont, chanoine de Cambrai, 1266; Arch. nat. sceaux de la Flandre, n° 6396. — Haut. 13 mill. larg. 18.

Il est impossible de faire concorder les initiales avec les types des personnages représentés. Celui de Lucius Verus étant très-connu, les lettres doivent avoir une tout autre signification. M. E. Récamier, dont la collection renferme plusieurs plombs analogues à l'intaille ci-dessus, les considère comme des marques de la douane romaine.

296. Commode jeune. Buste à droite.

Intaille au sceau de Robert de Beaumanoir, 1408; Bibl. nat. titres scellés de Clairamb. reg. 12. — Haut. 12 mill. larg. 10.

297. Commode. Buste lauré à droite.

Intaille au sceau de Louis le Débonnaire, 816; Arch. nat. anc. Coll. n° 17. — Haut. 25 mill. larg. 19.

Voy. le Cab. des méd. de la Bibl. nat. — *Trés. de numism. icon. rom.* pl. XXXV à XXXVII.

298. Julie et Septime-Sévère. Bustes vis-à-vis l'un de l'autre.

Intaille au sceau de Thierri de Brederode, 1298; Arch. nat. sceaux de la Flandre, n° 651. — Haut. 17 mill. larg. 20.

Cf. Maffei, *Gem. ant.* t. I, pl. XLVIII. — Voy. le Cab. des méd. de la Bibl. nat. — *Trés. de numism. icon. rom.* pl. XLI à XLIV.

299. Caracalla imberbe. Buste lauré, à droite, revêtu du paludamentum.

Intaille au sceau de Raoul Recuchon de Boisrobert, 1222; Arch. nat. sceaux de la Normandie, n° 14748. — Haut. 32 mill. larg. 18.

Voy. le Cab. des méd. de la Bibl. nat. — *Trés. de numism. icon. rom.* pl. XLII à XLIV.

300. Julie et Caracalla. Bustes vis-à-vis.

Intaille au sceau d'Amauri et de Roger le Gros, frères, bourgeois de Rouen, fin du xiiᵉ siècle; Arch. nat. sceaux de la Normandie, n° 14403. — Haut. 8 mill. larg. 10.

Voy. le Cab. des méd. de la Bibl. nat.

301. Alexandre-Sévère. Buste lauré, à droite, avec le paludamentum.

Intaille au sceau de Lothaire Iᵉʳ, 843; Arch. nat. anc. Coll. n° 20. — Haut. 23 mill. larg. 19.

Voy. le Cab. des méd. de la Bibl. nat. — *Trés. de numism. icon. rom.* pl. XLVI, XLVII.

302. BALBIN. Buste à droite, couronne radiée, revêtu du paludamentum.

Intaille au sceau de Jacques Froissart, chanoine d'Avranches, 1365; Bibl. nat. titres scellés de Clairamb. reg. 50. — Diam. 11 mill.

Voy. le Cab. des méd. de la Bibl. nat.

303. JULIEN II en SÉRAPIS. Buste à gauche.

Intaille au sceau de Jean Guignesoye, écuyer, 1415; Arch. nat. anc. Coll. n° 2332. — Haut. 9 mill. larg. 7.

Voy. le Cab. des méd. de la Bibl. nat.

304. Buste à gauche.

Camée au sceau de Charles le Chauve, 846; Arch. nat. anc. Coll. n° 22. — Haut. 44 mill. larg. 37.

305. Buste lauré, à droite, revêtu de paludamentum.

Intaille au sceau de Charles le Chauve, 843; Arch. nat. anc. Coll. n° 21. — Haut. 27 mill. larg. 19.

306. Buste lauré, à droite, revêtu de paludamentum.

Intaille au sceau de Charles le Chauve, 877; Arch. nat. anc. Coll. n° 26. — Haut. 29 mill. larg. 25.

307. Buste lauré, à droite, revêtu du paludamentum.

Intaille au sceau de Charles le Simple, 951; Arch. nat. anc. Coll. n° 29. — Haut. 29 mill. larg. 22.

Le profil busqué de cette tête, qui ne rappelle en rien l'antiquité, n'est pas sans analogie avec le profil de la précédente.

308. Buste lauré, à gauche, revêtu du paludamentum.

Camée au sceau de G. doyen d'Ernée, XIIIᵉ siècle; Arch. nat. sceaux de la Normandie, n° 16163. — Haut. 23 mill. larg. 17.

309. Buste lauré, à droite.

Intaille au sceau de Guillaume Julien, orfévre du roi, 1298; Bibl. nat. titres scellés de Clairamb. reg. 62. — Haut. 13 mill. larg. 11.

III. — PIERRES CHRÉTIENNES.

310. DEUX ANGES debout, nimbés, vis-à-vis l'un de l'autre, tenant une croix latine. Dans le champ en haut, on croit distinguer le mot JOHANNES.

Intaille au contre-sceau de Jean III et de Jean IV, comtes de Vendôme, 1220, 1230; Arch. nat. anc. Coll. n° 987, 988. — Haut. 23 mill. larg. 15.

311. ABBESSE debout, coiffée en voile, crossée, tenant un livre.

Intaille au contre-sceau de l'abbaye de la Trinité de Caen, 1221, et au contre-sceau de Béatrix, abbesse de cette même abbaye, 1271; Arch. nat. sceaux de la Normandie, n° 15929, et anc. Coll. n° 9193. — Haut. 17 mill. larg. 15.

312. ABBESSE debout, en voile, crossée, tenant un livre?

Intaille au deuxième contre-sceau de l'abbaye de la Trinité de Caen, 1251; Arch. nat. sceaux de la Normandie, n° 15929. — Haut. 16 mill. larg. 12.

313. SAINT-PIERRE et SAINT-PAUL. Bustes en face l'un de l'autre, séparés par une croix.

Intaille au contre-sceau de Jean, évêque de Dublin, 1197; Arch. nat. sceaux de la Normandie, n° 16086. — Haut. 17 mill. larg. 20.

314. AGNUS DEI, à droite.

Intaille au sceau d'Évrard de la Rive, bourgeois de Rouen, 1228; Arch. nat. sceaux de la Normandie, n° 14693. — Haut. 14 mill. larg. 16.

315. AGNUS DEI, à gauche.

Intaille au sceau de Thomas de Lampernesse, 1226; Arch. nat. anc. Coll. n° 2525. — Haut. 13 mill. larg. 16.

316. SAINT MICHEL pesant une âme. Le saint debout, ailé, de profil à droite, tenant une balance; à ses pieds, le défunt assis.

Intaille au sceau de Chrétien, chanoine d'Amiens, 1210; Arch. nat. sceaux de la Picardie, n° 1220. — Haut. 21 mill. larg. 13.

317. PERSONNAGE debout, de profil à droite, tenant une croix. Dans le champ, une croisette.

Intaille au contre-sceau du chapitre de Tournay, 1257, 1283, 1374; Arch. nat. sceaux de la Flandre, n° 6084, et anc. Coll. nᵒˢ 7340, 7341. — Diam. 17 mill.

318. TÊTE D'ÉVÊQUE, de face, mitrée et nimbée.

Intaille au contre-sceau d'Alfonse, évêque de Zamora, 1392; Arch. nat. anc. Coll. n° 11362. — Haut. 9 mill. larg. 10.

319. ÉVÊQUE mitré. Buste de face.

Intaille au contre-sceau de la commanderie de Saint-Antoine de Viennois à Paris, 1489; Arch. nat. anc. Coll. n° 9946. — Haut. 16 mill. larg. 13.

320. CROSSE tenue par un bras; elle est munie du sudarium.

Intaille au contre-sceau de Marie, abbesse de Marquette, 1409; Arch. nat. sceaux de la Flandre, n° 7265. — Haut. 13 mill. larg. 10.

321. LA VIERGE assise sur un trône d'architecture, nimbée, tenant l'enfant Jésus nimbé et un fleuron?

Intaille au contre-sceau de l'ordre des Hospitaliers teutoniques, 1286; Arch. nat. anc. Coll. n° 9952. — Haut. 6 mill. larg. 5.

Pierre très-remarquable en ce sens qu'elle est la reproduction fidèle de la Vierge représentée à la face du sceau. L'acte est passé à Acre, dans le palais de l'archevêque de Tyr.

322. LA VIERGE assise sur un lion? couché, nimbée, tenant l'enfant Jésus nimbé.

Intaille au sceau d'Isabelle de Bourbon, veuve de Griffon, seigneur de Montagu, 1378; Arch. nat. anc. Coll. n° 1502. — Haut. 8 mill. larg. 7.

323. LE CHRIST. Buste de face.

Intaille au sceau de Nicolas ..... général conseiller des aides, 1371; Arch. nat. anc. Coll. n° 5369. — Haut. 9 mill. larg. 8.

324. TÊTE DU CHRIST, de face, nimbée du nimbe crucifère.

Intaille au signet d'un des gens des comptes du roi, 1415; Bibl. nat. titres scellés de Clairamb. reg. 3. — Haut. 12 mill. larg. 9.

325. TÊTE DU CHRIST, de face.

Intaille au signet d'un général conseiller des aides, 1374; Bibl. nat. titres scellés de Clairamb. seg. 34. — Haut. 9 mill. larg. 7.

326. PIÉTÉ. Un pélican sur son nid, nourrissant ses petits de son sang.

Intaille au sceau de Richard, évêque de Winchester, garde du sceau privé de Henri VII, 1507; Arch. nat. sceaux de la Flandre, n° 5968. — Haut. 12 mill. larg. 10.

327. SAINT GEORGES à cheval, marchant à gauche, armé d'une croix, frappant le dragon. Dans le champ, une croisette.

Intaille au contre-sceau de Jean de Faye, archevêque de Tours, 1210; Arch. nat. anc. Coll. n° 6413. — Haut. 13 mill. larg. 16.

328. SAINT GEORGES à cheval, frappant le dragon.

Intaille au signet de l'official de Cambrai, 1362; Arch. nat. sceaux de la Flandre, n° 5987. — Haut. 15 mill. larg. 12.

329. SAINT GEORGES à cheval, frappant le dragon. Dans le champ, en lettres gothiques : Joret Lari.

Intaille au signet de Joret Layr, receveur du comté de Montfort, 1415; Arch. nat. anc. Coll. n° 5404. — Haut. 15 mill. larg. 10.

330. CAVALIER (saint Maurice?) paraissant couvert d'une armure de mailles ou treillissée, portant une croix, galopant à droite.

Intaille au contre-sceau de Gilles de Hallu, chevalier, 1237; Arch. nat. anc. Coll. n° 2350. — Diam. 18 mill.

331. SAINT PAUL? tête de trois quarts, à droite, barbue, à longs cheveux.

Intaille au contre-sceau de Garin, abbé de la Couture au Mans, XIII° siècle; Arch. nat. anc. Coll. n° 8819. — Haut. 14 mill. larg. 11.

332. SAINTE CATHERINE, debout, couronnée, tenant une palme. A ses pieds, la roue.

Intaille au signet de Digne Responde, procureur du duc de Bourgogne, 1386; Arch. nat. sceaux de la Flandre, n° 5728. — Haut. 9 mill. larg. 7.

333. VICTOIRE transformée en ange. Ange debout, nimbé, tenant une croix.

Intaille au sceau de Nicolas du Donjon, 1240; Arch. nat. sceaux de la Normandie, n° 1469o. — Haut. 12 mill. larg. 9.

334. VICTOIRE transformée en ange. Ange debout, nimbé, tenant une croix.

Intaille au sceau d'un seigneur anglais, 1263; Arch. nat. anc. Coll. n° 10101. — Haut. 14 mill. larg. 11.

335. VICTOIRE transformée en ange. Ange debout, nimbé, foulant aux pieds le dragon qu'il frappe du bâton d'une croix.

Intaille au sceau de Jean de Flainville, chanoine de Rouen, 1262; Arch. nat. sceaux de la Normandie, n° 14862. — Haut. 14 mill. larg. 12.

IV. — PIERRES GNOSTIQUES.

336. ABRAXAS PANTHÉE à tête de coq, armé du bouclier et du fouet, les reins ceints d'un tablier, et, pour jambes, des serpents. Au-dessous, le mot grec ΑΒΡΑΣΑΣ écrit au rebours.

Intaille au sceau secret de Marguerite de Flandre, 1285; Arch. nat. sceaux de la Flandre, n° 165. — Haut. 16 mill. larg. 12.

Pour tous les abraxas, cf. Gori, *Thes. gemm.* t. I, pl. CLXXXIX à CXCIII; — Gorlæus, *Dactyl.* t. I, fig. 183, et t. II, fig. 137, 331 à 344, 404; — Matter, *Hist. crit. du gnost. atlas;* — Montfaucon, *Antiq. expliq.* t. II, 2° partie, livre III.

337. ABRAXAS PANTHÉE à tête de coq, armé du bouclier et du fouet, les reins ceints d'un tablier, et, pour jambes, des serpents.

Intaille au contre-sceau de Louis le Jeune, 1174; Arch. nat. anc. Coll. n° 37. — Haut. 21 mill. larg. 14.

338. ABRAXAS PANTHÉE à tête de coq, armé du bouclier et du fouet, les reins ceints d'un tablier, et, pour jambes, des serpents.

Intaille au contre-sceau de Rotrou, archevêque de Rouen, 1168-1184; Arch. nat. anc. Coll. n° 6363, et sceaux de la Normandie, n° 14387. — Haut. 16 mill. larg. 12.

339. ABRAXAS PANTHÉE à tête de coq, armé du bouclier et du fouet, le tablier autour des reins, et, pour jambes, des serpents.

Intaille au sceau de Marie, dame de la Ferté, XII° siècle; Arch. nat. sceaux de la Picardie, n° 311. — Haut. 22 mill. larg. 18.

340. ABRAXAS PANTHÉE à tête de coq, armé du bouclier et du fouet, le tablier autour des reins, et, pour jambes, des serpents. Dans le champ près de la tête, le carré mystique et un signe planétaire.

Intaille au contre-sceau de l'ordre du Temple, 1214 et 1235; Arch. nat. anc. Coll. n° 9860, 9861. — Haut. 15 mill. larg. 13.

341. DEUX PERSONNAGES; celui de droite, le seul à peu près distinct, est debout, la persée sur la tête, revêtu d'une longue robe, tenant une fleur à la main.

Intaille au sceau de Guillaume de Lohéac, XIII° siècle; Arch. nat. anc. Coll. n° 2604. — Haut. 20 mill. larg. 15.

V. — PIERRES PARAISSANT DEVOIR ÊTRE ATTRIBUÉES AU MOYEN ÂGE.

342. BUSTE à droite, les cheveux courts, revêtu du paludamentum.

Intaille au sceau de Conrad, roi d'Arles et de Bourgogne, 943; Bibl. nat. fonds de Cluny. — Haut. 12 mill. larg. 10.

343. BUSTE de face, à longs cheveux, vêtu d'une tunique. Dans le champ, à droite, une flèche empennée, la pointe en bas.

Intaille au sceau de Lothaire, roi de France, 977; Arch. nat. anc. Coll. suppl. n° 24. — Haut. 26 mill. larg. 35.

La tête paraît appartenir à la tradition mérovingienne.

344. Buste à gauche, le front ceint d'une bandelette, les cheveux ramenés en arrière et noués à leur extrémité; un collier autour du cou.

Intaille aux sceaux de Gautier, chambrier de France, 1174, 1203, et au contre-sceau de Pierre de Nemours, évêque de Paris, 1211; Arch. nat. anc. Coll. n°ˢ 231, 232, 6785. — Haut. 28 mill. larg. 20.

Cette pierre semble due à l'imitation d'une ancienne sculpture égyptienne. Gautier, chambrier de France, l'avait transmise à son fils, Pierre de Nemours, évêque de Paris.

345. Buste à gauche, couronné.

Intaille au sceau de maître Guillaume de Bardenay, 1211; Arch. nat. anc. Coll. n° 8046. — Haut. 8 mill. larg. 5.

346. Buste à droite, les cheveux courts.

Intaille au sceau de Clémence, dame de Sauqueville, 1237; Arch. nat. anc. Coll. suppl. n° 834. — Haut. 12 mill. larg. 9.

347. Cavalier au gonfanon, galopant à gauche. Dans le champ, un sigle ressemblant à deux N au rebours et conjuguées.

Intaille aux contre-sceaux de Raoul III de Nesle et de Jean, comtes de Soissons, 1115, 1262; Arch. nat. anc. Coll. n° 1011, et sceaux de la Picardie, n° 37. — Haut. 13 mill. larg. 17.

348. Cavalier au gonfanon, galopant à gauche. Dans le champ, le sigle H.

Intaille au sceau de Pierre de Longueville, fin du XIIᵉ siècle; Arch. nat. sceaux de la Normandie, n° 14095.—Haut. 14 mill. larg. 17.

349. Cavalier au gonfanon, galopant à droite.

Intaille au contre-sceau de Henri d'Apremont, 1331; Arch. nat. anc. Coll. n° 6928. — Diam. 16 mill.

350. Chevalier armé d'une épée, sur un cheval couvert d'une housse.

Intaille au contre-sceau de Bérenger Guillaume de Montclar, 1306; Arch. nat. anc. Coll. n° 2893. — Haut. 6 mill. larg. 5.

351. Personnage à mi-corps, tête nue, barbu, revêtu d'une chlamyde, armé d'une massue? et d'un bouclier orné d'un mufle de lion.

Deux intailles, semblables, au sceau des foires de Champagne, 1292; Arch. nat. anc. Coll. n° 4492. — Haut. 16 mill. larg. 11.

352. Buste de trois quarts, à gauche, revêtu de la chlamyde.

Intaille au sceau de Foulques de D.... 1350; Arch. nat. sceaux de l'Artois, n° 2916. — Haut. 16 mill. larg. 10.

353. Buste de femme, de trois quarts, à gauche, en chaperon?

Intaille au sceau de Henri, duc de Lancastre, 1352; Arch. nat. anc. Coll. n° 10156. — Diam. 7 mill.

354. Les lettres I, R, F (Johannes, rex Francie) surmontées d'une couronne.

Intaille au cachet du roi Jean pour les lettres missives, 1362; Arch. nat. anc. Coll. n° 62. — Haut. 11 mill. larg. 11.

355. Tête de roi, de face, couronnée, à longs cheveux et à barbe.

Intaille au contre-sceau du secret de Charles V, 1371; Arch. nat. anc. Coll. n° 67, et Bibl. nat. titres scellés de Clairamb. reg. 17. — Haut. 10 mill. larg. 9.

356. Buste de femme, à gauche, les cheveux tressés.

Intaille au signet de Jean, duc de Bretagne, comte de Montfort, etc. 1387; Bibl. nat. titres scellés de Clairamb. reg. 48. — Fragment de 13 mill.? de diamètre.

357. Buste de femme, de face (Isabeau de Bavière?), les cheveux nattés sur les joues.

Intaille au signet de Charles VI, 1388; Arch. nat. anc. Coll. n° 71. — Haut. 13 mill. larg. 7.

358. Buste de femme, de trois quarts, coiffée d'un chapeau d'orfèvrerie.

Intaille au signet de Jean de Pressy, receveur général des aides d'Artois, 1404; Arch. nat. sceaux de l'Artois, n° 1881. — Haut. 11 mill. larg. 9.

359. Buste d'enfant, à gauche.

Intaille au signet de Guillaume de Tignonville, chambellan du roi et prévôt de Paris, 1406; Arch. nat. sceaux de l'Île de France, n° 919. — Haut. 10 mill. larg. 8.

360. Buste d'enfant, à gauche.

Intaille au signet d'un greffier de la prévôté de Paris, 1410; Arch. nat. anc. Coll. n° 4475. — Haut. 9 mill. larg. 7.

361. Buste d'enfant, à gauche.

Intaille au signet de Henri du Juch, chambellan et maître d'hôtel du roi, 1417; Bibl. nat. titres scellés de Clairamb. reg. 62. — Haut. 10 mill. larg. 8.

362. Buste d'enfant, à gauche.

Intaille au signet d'un greffier de la prévôté de Paris, 1420; Arch. nat. anc. Coll. n° 4478. — Haut. 8 mill. larg. 6.

363. Minerve casquée. Buste à gauche.

Intaille à un cachet de Louis de Bourbon, prince de Condé, sans date; Arch. nat. sceaux de l'Île de France, n° 943. — Haut. 12 mill. larg. 10.

364. Lion héraldique rampant, au lambel.

Intaille au contre-sceau de Jean de Chalon, sire d'Arlay, 1301; Arch. nat. anc. Coll. n° 1680. — Haut. 8 mill. larg. 7.

365. Lion héraldique rampant.

Intaille au signet de Marguerite de France, veuve de Louis Iᵉʳ, comte de Flandre, 1367; Arch. nat. sceaux de l'Artois, n° 56. — Haut. 8 mill. larg. 7.

366. Lion héraldique passant à gauche.

Intaille au sceau de John Russell, 1546; Arch. nat. anc. Coll. n° 10192. — Haut. 10 mill. larg. 13.

367. Semé de croisettes.

Intaille à une bague d'Amédée VI, comte de Savoie, 1369; Arch. nat. anc. Coll. n° 11652. — Haut. 13 mill. larg. 9.

INVENTAIRE

DES

SCEAUX DE LA PICARDIE.

SCEAUX LAÏQUES.

PREMIÈRE SÉRIE. — SCEAUX DES SOUVERAINS.

DOGES DE VENISE.

1   **FRANÇOIS DONATO.**

1545-1553.

Bulle de plomb ronde, de 3a mill. — Communiquée par M. Delaherche, à Beauvais.

Dans le champ, sur six lignes :

FRAN — CISCVS — DONATO — DEI GRA DVX — VENETIAR — ETC.

(Franciscus Donato, Dei gratia dux Venetiarum, etc.)

Revers : Saint Marc remettant au doge l'étendard ducal.

FRAN............ATO .....M . VENETVS

(Franciscus Donato. — Sanctus Marcus Venetus.)

Sceau détaché.

---

2   **PASCAL CICONIA.**

1585-1595.

Bulle de plomb ronde, de 3a mill. — Communiquée par M. Delaherche, à Beauvais.

Dans le champ, sur six lignes :

PASCA — LIS. CICO — NIA. DEI — GRA : DVX — VENETIAR — ET.

(Pascalis Ciconia, Dei gratia dux Venetiarum, etc.)

Revers : Saint Marc remettant au doge l'étendard ducal.

PASC. CICONIA. DVX. — S. M. VENET.

(Pascalis Ciconia, dux. — Sanctus Marcus Venetus.)

Sceau détaché.

ROI DE NAPLES.

3   **ROBERT,**

Fils de Charles II le Boiteux, comte de Provence. — 1309-1343.

Bulle de plomb ronde, de 4o mill. — Communiquée par M. Delaherche, à Beauvais.

Écu semé de France, au lambel de quatre pendants, qui est Anjou-Sicile.

✱ : B : ROBTI : DEI GRA : IERLM : ET........ REG'

(Bulla Roberti, Dei gratia Jerusalem et Sicilie regis.)

Revers : Les quatre pals d'Aragon.

✱ COMITIS PUINCIE ET FORC ET DNI AUIN

(Comitis Provincie et Forcalquerii et domini Avinionensis.)

Sceau détaché.

IIᵉ SÉRIE. — SCEAUX DES GRANDS DIGNITAIRES.

4　　　　　GUI DE NESLE,
Sire de Mello et de Guignemicourt, maréchal de France. — 1350.
Sceau rond, de 55 mill. — Arch. de la Somme; abbaye du Gard.

Personnage à cheval, galopant à gauche, sur champ fretté; le bouclier et la housse portant un semé de trèfles à deux bars adossés. — Légende détruite.

Amortissement de terres situées à Guignemicourt, Cléry et la Ferrière. — 8 juin 1350.

5　　　　　　CHARLES,
Comte de Nesle, chambellan du roi. — 1481.
Sceau rond, d'environ 45 mill. — Arch. de l'Oise; chapitre de Noyon.

Écu tiercé en pal : au 1, fascé de .....; au 2, écartelé de fleurs de lys et d'hermines à la bande brochant sur le tout; au 3, un lion à la bande sur ..... Sur le tout un écusson parti de 2 coupé de 1 : au 1 et 6, palé de six pièces; au 2 et 4, deux lions léopardés l'un sur l'autre; au 3 et 5, semé de trèfles à deux bars adossés; penché, timbré d'un heaume couronné, supporté par deux aigles. — Légende détruite.

Hommage d'un fief sis à Buverchy. — 24 mars 1481.

6　　　　JEAN DE SOISSONS,
Seigneur de Moreuil, chambellan du roi. — 1488.
Sceau rond, de 45 mill. — Arch. de la Somme; chapelains d'Amiens.

Écu semé de France au lion naissant, penché, timbré d'un heaume cimé d'une tête de lion entre deux vols, supporté par un lion à dextre, par un lévrier ? à sénestre.

Seel je ... de soussons seigneur de : moreul
(Seel Jehan de Soissons, seigneur de Moreul.)
Amortissement de la terre du Castel. — 27 novembre 1488.

7　　　　　JEAN DE RIVERY,
Seigneur de Villers-le-Bretonneux, chambellan du roi. — 1498.
Sceau rond, de 42 mill. — Arch. de la Somme; chapitre d'Amiens.

Écu portant trois pals de vair au franc canton, timbré d'un heaume cimé d'une tête de dogue, supporté par un dogue à dextre, par un griffon à sénestre.

Seel jehan de rivery
(Seel Johan de Rivery.)
Le chapitre d'Amiens est mis en possession de la terre de Vauvillers. — 22 mars 1498.

8　　　　　JEAN DE CLÉRY,
Vicomte de Leon et de Mouchy, chambellan du roi. — 1499.
Sceau rond, de 44 mill. — Arch. de la Somme; chapitre d'Amiens.

Écu à la fasce, écartelé de trois tourteaux à la bordure, timbré d'un heaume cimé d'un lion naissant. supporté à dextre par un lion, à sénestre par .....

Seel · jehan · de · ..... seigneur · de · clari
(Seel Jehan de ..... seigneur de Clari.)
Le chapitre d'Amiens est mis en possession de la terre de Vauvillers. — 28 avril 1499.

IIIᵉ SÉRIE. — GRANDS FEUDATAIRES, AVOUÉS ET VIDAMES.

GRANDS FEUDATAIRES.

BLOIS.

9　　　　　　LOUIS,
Comte de Blois et de Clermont. — 1202.
Sceau rond, de 72 mill. — Arch. de l'Oise; abbaye de Froidmont.

Le comte à cheval, vêtu d'une cotte de mailles; heaume carré à visière; le bouclier plain.

✠ SIGILL · LVDOVICI · COMITIS · BLES · Z · CLARIMONT ·
(Sigillum Ludovici, comitis Blesensis et Clarimontensis.)
Confirmation de l'acensement d'un bois. — 1202.

10　　　　　CATHERINE,
Comtesse de Blois et de Clermont. — 1208.
Sceau ogival, de 84 mill. — Arch. de l'Oise; abbaye de Froidmont.

La comtesse debout en robe ajustée, tresses pendantes, tenant un sceptre de la main droite, un oiseau sur le poing.

✠ SIGILL : RA....NE : BLES : ET :
CLAROMONTIS : COMITISSE

(Sigillum Katerine, Blesensis et Claromontis comitisse.)

Confirmation de l'acquisition d'un héritage au Grandmesnil. —
1208.

BOULOGNE.

11   JEANNE,

Fille de Philippe, comte de Boulogne et de Clermont. — 1251.

Sceau ogival, d'environ 80 mill. — Arch. de l'Oise; Saint-Leu-d'Esserent.

Dame debout, un faucon sur le poing; dans le champ :
à dextre des roses, à sénestre un lion. — Légende détruite.

CONTRE-SCEAU : L'écu de France au lambel de cinq
pendants, et celui de Châtillon, trois pals de vair sous un
chef, opposés par le chef. — Sans légende.

Fondation de son anniversaire à Saint-Leu-d'Esserent. — Décembre 1251.

BOURGOGNE.

12   PHILIPPE LE BON,

Duc de Bourgogne. — 1485.

Grand sceau rond, de 110 mill. — Communiqué par M. Boca,
archiviste de la Somme.

Le duc à cheval, armé de son épée, coiffé d'un bassinet cimé d'une fleur de lys. Le pourpoint, le bouclier,
la housse et le poitrail du cheval aux armes de Bourgogne de la seconde race; dans le champ, semé de fusils
de la toison d'or : les écus d'Artois, de Bourgogne-Comté
et de Namur.

s · Pḥılıppı · ʔeı · gracıa · Burgunʔıe · lotḥarıngıe ·
Brabancıe · et · lymburgıe . Ducıs · Flanʔrıe ·
Artḥeſıı . Burgunʔıe · palatını · ḥanonıe ·
ḥollanʔıe · ʒellanʔıe · et · namurcı · comıtıs ·
Sacrı · Imperıı · marcḥıonıs · œ · ʔnı · frıſıe ·
ʔe . ſalınıs · ʒ · maḥlınıa ·

(Sigillum Philippi, Dei gracia Burgundie, Lotharingie, Brabancie et Lymbur-
gie ducis, Flandrie, Arthesii, Burgundie palatini, Hanonie, Hollandie,
Zellandie et Namurci comitis, Sacri Imperii marchionis ac domini Fri-
sie, de Salinis et Mahlinia.)

CONTRE-SCEAU : L'écu de France à la bordure, écartelé
du bandé de six pièces à la bordure parti d'un lion; sur
le tout l'écusson de Flandre; timbré d'un heaume à volet
cimé d'une fleur de lys, supporté par un lion accroupi;
accompagné à dextre de l'écu de Bourgogne-Comté, à
sénestre de celui de Namur, et en pointe de l'écu d'Ar-

tois. Dans le champ, les fusils de la Toison d'or. — Sans
légende.

Amortissement, au profit de l'Hôtel-Dieu de Valenciennes, de «l'héritage» de Berlaimont à Saint-Saulve. — Arras, août 1435.

13   ANTOINE,

Bâtard de Bourgogne. — Après 1476.

Sceau rond, de 48 mill. — Musée d'Amiens.

L'écu de Bourgogne moderne, écartelé de Bourgogne
ancien parti d'un lion; sur le tout, le lion de Flandre, au
filet mis en barre brochant sur le tout; penché, timbré
d'un heaume cimé d'une chouette, supporté par deux
griffons.

S · : antḥoıne · baſtart · ʔe . bourgoıngue ·
conte · ʔe · la · rocḥe ·

(Seel Anthoine, bastart de Bourgoingne, conte de la Roche.)

Surmoulage de la matrice originale conservée à Berne.

CLERMONT-EN-BEAUVOISIS.

14   ROBERT,

Comte de Clermont. — 1269-1318.

Sceau rond, de 74 mill. — Musée d'Amiens.

Type équestre; le bouclier et la housse semés de
France à la bande brochant.

S' ROBERTI : FIL.. REGIS : FRANCORVM ·
COMITIS : CLARIMONTIS

(Sigillum Roberti, filii regis Francorum, comitis Clarimontis.)

CONTRE-SCEAU : Dans une rose gothique, l'écu semé
de France à la bande.

✠ CONTRAS' · ROBERTI · FILII · REG ·
FRANCOR'

(Contrasigillum Roberti, filii regis Francorum.)

Sceau détaché.

DAMMARTIN.

15   AUBRI,

Comte de Dammartin. — 1185.

Sceau rond, de 65 mill. — Arch. de l'Oise: Saint-Martin-au-Bois.

Le comte à cheval, coiffé d'un heaume à timbre arrondi; le bouclier portant quatre fasces.

✠ SIGILL ALBRICI COMITIS DAMNIMARTINI

(Sigillum Albrici, comitis Damnimartini.)

CONTRE-SCEAU : Un lion passant.

✳ S · A · COM · DAMNIMARTINI

(Secretum Albrici, comitis Damnimartini.)

Accord au sujet des droits et coutumes des bourgeois de Dammartin. — 1185.

16   **JEAN DE TRIE,**

Fils de Mathieu, comte de Dammartin, chevalier. — 1265.

Sceau rond, de 55 mill. — Arch. de l'Oise; abbaye de Froidmont.

Type équestre; le bouclier et la housse à la bande
componée.

✳ S⁹. IOHANNIS DE TRIA MILITIS

(Sigillum Johannis de Tria, militis.)

Contre-sceau : Écu à la bande componée.

✳ SECRETVM MEVM

(Secretum meum.)

Rachat de neuf mines de terre près la forêt de Hez. — Septembre
1265.

JOIGNY.

17   **ADRIEN DE SAINTE-MAURE,**

Comte de Joigny et seigneur de Beaulieu. — 1498.

Sceau rond, de 38 mill. — Arch. de la Somme; chapitre d'Amiens.

Écu écartelé : au 1, une fasce; au 2, un lion; au 3,
burelé au lion ?; au 4, semé de trèfles à deux bars adossés; sur le tout, trois fleurs de lys au bâton brochant mis
en bande; penché, timbré d'un heaume couronné et cimé
d'un buste de femme couronnée entre deux vols, supporté par deux cerfs.

Seel adrien de sainte manre

(Seel Adrien de Sainte Maure.)

Ratification de l'achat du fief de Vauvillers. — 14 février 1498.

LANCASTRE.

18   **JEAN,**

Fils du roi d'Angleterre, duc de Lancastre, de Guienne, comte de Derby
et sénéchal d'Angleterre. — 1392.

Sceau rond, de 60 mill. — Arch. de la Somme; chapitre d'Amiens.

Le champ parti d'un écartelé de France et d'Angleterre au lambel de trois pendants chargés sur le tout,
et d'un écartelé d'un château et d'un lion.

s : 1oɧis : filu : regis : anglie : ducis : aq.... :
z : lanc : com : derb : liuc : z : lepc : senescalli :
anglie

(Sigillum Johannis, filii regis Anglie, ducis Aquitanie et Lancastrie,
comitis Derbie, Lincolnie et Leycestrie, senescalli Anglie.)

Donation au chapitre d'Amiens d'un *chief d'or avesque un chapelet
sur icel*, pour servir de reliquaire à la tête de saint Jean. — 9 avril
1392.

LORRAINE.

19   **ROBERT,**

Frère de Mathieu, duc de Lorraine. — 1148-1176.

Sceau rond, de 58 mill. — Communiqué par M. Mallet, à Amiens.

Dans le champ, une aigle armée d'une épée.

∽IG·ILLVM · ROBERTI · FRATRIS · DVCIS ·
MATHEI ·

(Sigillum Roberti, fratris ducis Mathei.)

Surmoulage.

20   **JEAN,**

Duc et marquis de Lorraine, seigneur de Boves. — 1385.

Sceau rond, de 38 mill. — Arch. de la Somme; abbaye de Saint-Fuscien.

Écu à la bande chargée des trois alérions de Lorraine,
penché, timbré d'un heaume couronné et cimé d'une
aigle, supporté à dextre par un griffon, à sénestre .....

.... LOTHOR Z MARCh....

(..... ducis Lothoringie et marchionis.)

Réunion de deux fiefs en un seul au profit de l'abbaye de Saint-
Fuscien. — 24 septembre 1385.

MEAUX.

21   **ADA,**

Vicomtesse de Meaux. — XIIᵉ siècle.

Sceau ogival, fruste, d'environ 70 mill. — Arch. de l'Oise;
prieuré de Collinance.

Dame debout. — Légende détruite.

Donation d'un terrage situé à Varennes. — Sans date.

MONTPENSIER.

22   **CATHERINE DE LORRAINE,**

Duchesse de Montpensier et d'Étampes, comtesse de Senlis. — 1580.

Sceau rond, de 80 mill. — Hospice de Beauvais, 57.

Écu parti : au 1, de France au bâton péri en bande;
au 2, parti de 3 et coupé de 1 dans l'ordre suivant : Hongrie, Naples, Jérusalem, Aragon, Anjou, Gueldre, Juliers et Bar, sur le tout du 2 de Lorraine; timbré d'une
couronne et entouré d'une cordelière.

CAT. ...E · DE · LORAINE · DVCHESSE · DE ·
MONPENCIER ·

Contre-sceau : Même disposition et mêmes armes qu'à la face. — Sans légende.

Catherine présente au roi, pour administrateurs de la maladrerie de Saint-Lazare, Raoul de Hateville, Claude de Dampierre et Nicolas Aucher, bourgeois de Beauvais. — Au château de Champigny, 8 février 1580; signé : Caterine de Lorrayne.

PONTHIEU.

23 IDA,
Comtesse de Ponthieu. — XII° siècle.
Sceau ogival, de 70 mill. — Arch. de la Somme; abbaye du Gard.

Dame debout, en manteau fermé.

SIGILLVM IDE COMITISSE PONTIVI
(Sigillum Ide, comitisse Pontivi.)

Jean, comte de Ponthieu, donne à cens à l'abbaye du Gard cinq charretées de terre à Valheureux. «Laudante Ida, matre mea.» — Sans date

24 JEAN,
Comte de Ponthieu, fils d'Ida, — XII° siècle.
Sceau rond, de 75 mill. — Arch. de la Somme; abbaye du Gard.

Le comte à cheval, portant le gonfanon; casque conique.

✵ SIGILLVM . . . . C. . . . .
Voyez le numéro précédent.

25 GUILLAUME,
Comte de Ponthieu et de Montreuil. — 1206.
Sceau rond, de 75 mill. — Hôpital de Beauvais, 3 ¹².

Type équestre, semblable au précédent.

✵ SIGILLVM WILLERMI C....IS . . . .
(Sigillum Willermi, comitis Pontivi et Mosterolii ?)

Don d'une rente de sel en faveur de l'hôpital Saint-Jean de Beauvais. — Abbeville, juillet 1206.

26 MATHIEU DE MONTMORENCY,
Comte de Ponthieu. — 1243-1250.
Sceau rond, de 80 mill. — Musée d'Amiens.

Le comte à cheval, coiffé du grand heaume; le bouclier et la housse à la croix chargée de cinq coquilles et cantonnée de seize alérions.

✵ SIGILLVM MATHEI COMITIS PONTIVI ET MOVSTEROLI
(Sigillum Mathei, comitis Pontivi et Mousteroli.)

Contre-sceau : Écu aux mêmes armes.

✵ CONTRA SIGILLVM
(Contra sigillum.)
Sceau détaché.

PONT-REMY.

27 ENGUERRAN,
Vicomte et sire de Pont-Remy. — 1274.
Sceau rond, de 60 mill. — Arch. de la Somme; chapelains d'Amiens.

Type équestre; le bouclier portant un plain sous un chef.

...NGERRANNI VICECOM ABB.....ILLG DÑI PON.........
(Sigillum Ingerranni, vicecomitis Abbatisville, domini Pontis Remigii.)

Contra sceau : Écu aux armes de la face.

✵ S' SECRETI
(Sigillum secreti.)

Ratification de la vente des dîmes de Wayans. — Novembre 1274.

ROUCY.

28 HUGUES,
Comte de Roucy et de Braine. — 1393.
Sceau rond, de 65 mill. — Arch. de l'Aisne; évêché de Laon.

Sur un champ orné de roses, le comte à cheval; le bouclier, la housse et la selle au lion. — Légende détruite.

Hommage des châtellenies de Montaigu, Pierrepont et Sissonne, fait à Jean de Roucy, évêque de Laon, son frère. — Montaigu, 2 novembre 1393.

29 JEAN,
Comte de Roucy, seigneur de Montmirail et de la Ferté-Gaucher. — 1474.
Sceau rond, d'environ 60 mill. — Arch. de l'Aisne; évêché de Laon.

Le comte à cheval, sur champ de roses; le bouclier et la housse au lion.

...han conte de rou.......
(Seel Jehan, conte de Roucı.....)

Dénombrement de la châtellenie de Montaigu. — 1er octobre 1474.

SAINT-POL.

30 ÉLISABETH,
Femme de Gaucher de Châtillon, comte de Saint-Pol. — 1214.
Sceau ogival, de 70 mill. — Arch. de la Somme; évêché d'Amiens.

Dame debout, en robe et en manteau.

................**COMITISSE SC̄I** .....

(..... comitisse sancti Pauli.)

CONTRE-SCEAU : Écu à trois pals de vair sous un chef.

SECRETVM MEVM

(Secretum meum.)

La comtesse et son mari ratifient la vente de la dîme de Tricourt. — Mars 1214.

---

31   JEAN DE CHÂTILLON,

Comte de Saint-Pol. — 1317-1344.

Sceau rond, de 60 mill. — Musée d'Amiens.

Dans une rose gothique, l'écu des Châtillon : trois pals de vair sous un chef, au lambel de cinq pendants.

......**RIS · DE · CASTELLIONE · COMIT**... · **S' · PAVLI**

(Sigillum Johannis de Castellione, comitis Sancti Pauli.)

Sceau détaché.

---

32   MARIE,

Comtesse de Saint-Pol. — XIII° siècle.

Sceau ogival, de 80 mill. — Musée d'Amiens.

Dans une niche gothique, la comtesse en robe et en manteau vairé, tenant une branche fleurie. A dextre, l'écu des Châtillon, brisé d'un lambel à cinq pendants; à sénestre, un écu échiqueté au franc canton d'hermines.

...**ILLV̄ MARIE COMITISSE SANCTI PAVL**

(Sigillum Marie, comitisse Sancti Pauli.)

CONTRE-SCEAU : Écu parti de Châtillon au lambel de cinq pendants, et d'un échiqueté au franc canton d'hermines.

❋ : **SIGILLVM : SECRETI : MEI :**

(Sigillum secreti mei.)

Sceau détaché.

SOISSONS.

---

33   IVES,

Comte de Soissons, seigneur de Nesle. — 1172.

Sceau rond, de 70 mill. — Arch. de la Somme; abbaye de Prémontré.

Le comte à cheval, marchant au pas, coiffé d'un casque à timbre arrondi; le bouclier portant trois fasces ou un fascé de six pièces. — Légende détruite.

L'abbaye de Prémontré est confirmée dans ses possessions du comté de Soissons et de la seigneurie de Nesle. «Cum appositione sigilli «Cononis, nepotis et successoris nostri. 1172, indictione 5. epacta 23, «concurrente 6.»

---

34   CONON,

Neveu d'Ives, comte de Soissons. — 1172.

Sceau rond, de 75 mill. — Arch. de la Somme; abbaye de Prémontré.

Conon à cheval, marchant au pas, vêtu d'une cotte à longues manches; casque conique à nasal.

❋ **CONO : DE : P......NTE**

(Cono de Petreponte ?)

Voyez le numéro précédent.

---

35   RAOUL,

Comte de Soissons. — 1183.

Sceau rond, d'environ 75 mill. — Arch. de l'Oise; abbaye de Chaalis.

Type équestre; casque à timbre arrondi, bouclier portant un lion passant à la bordure.

❋ **SIGILL.....................ENSIS**

(Sigillum Radulfi, comitis Suessionensis.)

CONTRE-SCEAU : Écu au lion passant à la bordure.

❋ **S. RADVLFI COMITIS SVESSIONS'**

(Secretum Radulfi, comitis Suessionensis.)

Confirmation de droits sur une maison à Thorigny. — 1183.

---

36   ADÈLE,

Femme de Raoul, comte de Soissons. — 1183.

Sceau rond, en cuvette, de 60 mill. — Arch. de l'Oise; abbaye de Chaalis.

La comtesse à cheval, le manteau attaché sur l'épaule gauche, un oiseau sur le poing.

❋ **SIGILLVM ...IDIS FILIE COMITIS ROBERTI**

(Sigillum Aelidis, filie comitis Roberti.)

Voyez le numéro précédent.

---

37   JEAN,

Comte de Soissons, seigneur d'Amboise. — 1262.

Sceau rond, de 80 mill. — Arch. de l'Aisne; évêché de Laon.

Type équestre; le bouclier et la housse au lion passant à la bordure.

❋ **S' IO.........VESSION : ......I : AMBA...**

(Sigillum Johannis, comitis Suessionensis, domini Ambasie.)

CONTRE-SCEAU : Intaille représentant un cavalier au galop.

❋ **SECRETVM : MEVM : SIT : ILLI**

(Secretum meum sit illi.)

Compromis entre le comte et Guillaume, évêque de Laon, pour la délimitation de leurs seigneuries. — Octobre 1262.

VERMANDOIS.

38 **RAOUL,**

Comte de Vermandois. — 1146.

Sceau rond, en cuvette, de 70 mill. — Arch. de la Somme;
abbaye de Prémontré.

Le comte à cheval, vêtu d'une cotte de mailles, coiffé
d'un casque conique à nasal; bouclier à ombilic et paraissant porter des fasces. — Légende détruite.

Règlement d'un différend entre les prémontrés et Gérard de Ilam,
touchant les moulins de Hamel. — «1146, epacta 6, indictio 9, con-
«currens 1.»

AVOUÉS ET VIDAMES.

39 **GUERMOND DE PICQUIGNY,**

Vidame d'Amiens. — 1178-1186.

Sceau rond, de 70 mill. — Musée d'Amiens.

Le vidame à cheval, vêtu de mailles, coiffé du casque
à nasal.

✠ SIGILLVM ⚬ WERMOVNDI ⚬ VICEDOMINI ⚬
PĪCONII

(Sigillum Wermoundi, vicedomini Pinconii.)

Sceau détaché.

40 **GÉRARD DE PICQUIGNY,**

Vidame d'Amiens. — 1190.

Sceau rond, de 52 mill. — Arch. de la Somme; abbaye du Gard
et musée d'Amiens.

Le vidame à cheval, armé de la lance, coiffé d'un
casque conique à nasal.

✠ SIG · GERARDI · PINCONII ·

(Sigillum Gerardi Pinconii.)

Droit de pêche «cum una navicula» et rente annuelle de deux mille
harengs octroyés à l'abbaye du Gard. — 1190.

41 **ENGUERRAN DE PICQUIGNY,**

Vidame d'Amiens. — 1199.

Sceau rond, d'environ 65 mill. — Arch. de la Somme;
abbaye du Gard.

Type équestre; casque carré, bouclier échiqueté au
chef de vair.

✠ SIG · EN.................

(Sigillum Engerranni .....)

CONTRE-SCEAU : Écu échiqueté au chef de vair. — Sans
légende.

Pierre de Picquigny, oncle d'Enguerran, baille à cens à l'abbaye du
Gard la terre de la Vicogne. Au nombre des témoins : «Hugo, bajulus
«qui tunc temporis sigillum portabat.» — 1199.

42 **ENGUERRAN DE PICQUIGNY,**

Vidame d'Amiens. — 1215.

Sceau rond, de 65 mill. — Arch. de la Somme; abbaye du Gard
et musée d'Amiens.

Type équestre; casque carré, bouclier échiqueté au
chef de vair.

✠ S' ÊGERRANDI DE PINQVEGNI VIDAM DE
ĀBIAN'S

(Sigillum Engerrandi de Pinquegni, vidam de Ambianis.)

CONTRE-SCEAU : Écu échiqueté au chef de vair. — Sans
légende.

Don d'une portion des dîmes de Saleux, Salouel et Clairy. — Août
1215.

43 **GIRARD DE PICQUIGNY,**

Vidame d'Amiens. — 1234.

Sceau rond, d'environ 60 mill. — Arch. de la Somme; chapitre d'Amiens

Type équestre. — Légende détruite.

CONTRE-SCEAU : Écu fascé de six pièces à la bordure.

.....RADI DOMINI PINCĿ....

(Secretum Giradi, domini Pinchonii.)

Le vidame vend à trois bourgeois d'Amiens les cens qu'il possédait
dans cette ville. — Décembre 1234.

44 **GIRARD DE PICQUIGNY,**

Vidame d'Amiens. — 1245.

Sceau rond, de 65 mill. — Arch. de la Somme; chapitre d'Amiens.

Le vidame à cheval; casque carré, le bouclier fascé
de six pièces à la bordure.

.....RDI ⚬ DŃI ⚬ PINCĿONII ⚬ VICEDO ⚬
AMBIAN.....

(Sigillum Girardi, domini Pinchonii, vicedomini Ambianensis.)

CONTRE-SCEAU : Écu fascé de six pièces à la bordure.

✠ S' · GIRARDI ⚬ DŃI ⚬ PINCĿONII ⚬

(Secretum Girardi, domini Pinchonii.)

Ratification d'un achat de terre à Waunast. — Février 1245.

45 **ENGUERRAN DE PICQUIGNY,**

Frère du vidame Girard. — 1267.

Sceau rond, de 30 mill. — Arch. de la Somme; chapitre d'Amiens

Écu fascé de six pièces à la bande brochant.

........ANI ⚬ D' · PINRIG · ·

(Sigillum Ingerrani de Pinkigni.)

Acquisition de rente sur le sesterage d'Amiens. — Janvier 1267.

46   AGNÈS,

Dame du Fay, femme d'Enguerran de Picquigny. — 1267.

Sceau ogival, de 45 mill. — Arch. de la Somme; chapitre d'Amiens.

Une fleur de lys fleuronnée, accompagnée du soleil et de la lune en chef et de trois étoiles en pointe.

..AGNES : DAME · DV · FAI ·

(Seel Agnès, dame du Fai.)

Voyez le numéro précédent.

---

47   JEAN,

Seigneur d'Audenarde et de Picquigny, vidame d'Amiens. — 1252.

Sceau rond, de 70 mill. — Arch. de la Somme; évêché d'Amiens.

Type équestre; le bouclier et la housse portant un fascé de dix pièces à la bordure.

.....HANNIS : D..... : DE : AVDENARDE

(Sigillum Johannis, d..... de Audenarde.)

CONTRE-SCEAU : Écu fascé de six pièces à la bordure.

✳ CLAVIS SIGILLI

(Clavis sigilli.)

Ratification de l'acquisition de la dîme de Hangest. — 5 janvier 1252.

---

48   MATHILDE DE PICQUIGNY,

Vidamesse d'Amiens, femme de Jean d'Audenarde. — 1252.

Sceau ogival, de 62 mill. — Arch. de la Somme; évêché et musée d'Amiens.

La vidamesse debout, en robe et en manteau vairé, coiffée d'un mortier, un oiseau sur le poing.

✳ S'. MATILDIS : VICEDNE : .....ANIS DNE : PINCONII :

(Sigillum Matildis, vicedomine de Ambianis, domine Pinconii.)

CONTRE-SCEAU : Écu fascé de six pièces à la bordure.

✳ S' MALTIDIS

(Secretum Maltidis.)

Voyez le numéro précédent.

---

49   JEAN DE PICQUIGNY,

Vidame d'Amiens. — 1263.

Sceau rond, de 64 mill. — Arch. communales d'Amiens.

L'écu des Picquigny : fascé de six pièces à la bordure.

✳ S' IE.......R · DE · PINREGNI · VISDAME · DAMIENS

(Seel Jehan seigneur de Pinkegni, visdame d'Amiens.)

Ratification de l'acquisition par Saint-Ladre d'Amiens de deux parties des dîmes de Breilly. — 3 décembre 1263.

---

50   JEAN DE PICQUIGNY,

Vidame d'Amiens. — 1277.

Sceau rond, de 68 mill. — Arch. de la Somme; chapitre d'Amiens.

Le vidame à cheval; casque carré, le bouclier et la housse fascés de six pièces à la bordure.

S' · IEhAN : V..AME : DAMIENS : SIRE : DE : PINC. ENGNI :

(Seel Johan, vidame d'Amiens, sire de Pinckengni.)

CONTRE-SCEAU : Écu fascé de six pièces à la bordure.

✳ CONTRA : S'. IOhIS : DE : PINREN

(Contra sigillum Johannis de Pinkeni.)

Ratification d'une acquisition de biens à Neuville. — Mai 1277.

---

51   JEAN DE PICQUIGNY,

Vidame d'Amiens. — 1300.

Sceau rond, de 70 mill. — Arch. de la Somme; abbaye de Corbie et musée d'Amiens.

Le vidame à cheval, sur un champ semé de feuilles d'ache? Le bouclier et la housse fascés de six pièces à la bordure.

S'. IOhANNIS · VICE · DNI : AMBIA..........
..MINI : PINCONII :

(Sigillum Johannis, vice domini Ambianensis, domini Pinconii.)

CONTRE-SCEAU : Dans une rose gothique ornée de feuilles de chêne, l'écu des Picquigny, surmonté d'un petit château.

✳ 9TRA · S' : I · VICE : DNI · AMB'. DNI · PICON

(Contra sigillum Johannis, vice domini Ambianensis, domini Pinconii.)

Le vidame ajoute à un aveu déjà fourni à l'abbaye de Corbie deux fiefs qu'il avait omis de mentionner. — 16 novembre 1300.

---

52   RENAUD DE PICQUIGNY,

Vidame d'Amiens. — 1313.

Sceau rond, de 72 mill. — Arch. de la Somme; abbaye du Gard.

Le vidame à cheval; le bouclier, l'ailette, le trousse-quin de la selle et la housse aux armes des Picquigny.

S'. REGINALDI : VICE : DNI : AMBIAN : DNI : DE : PINQVONIO : MILITIS :

(Sigillum Reginaldi, vice domini Ambianensis, domini de Pinquonio, militis.)

CONTRE-SCEAU : Dans un encadrement trilobé, l'écu fascé de six pièces à la bordure.

✳ COTRA · S · R · VICE · DNI · AMBIAN · DN · DE · PIN......

(Contra sigillum Reginaldi, vice domini Ambianensis, domini de Pinquonio, militis.)

Réglementation de droits de justice et de pêche. — 4 mars 1313.

53   JEANNE D'EU,

Femme de Renaud de Picquigny. — 1313.

Sceau ogival, de 60 mill. — Arch. de la Somme; abbaye du Gard.

Dame debout, en robe et en manteau, un oiseau sur le poing. Dans le champ : à dextre l'écu de Picquigny, à sénestre l'écu d'Eu.

✳ S. IOhE : DE : AVGO : VIGEDRE : AMB : DRE : DE : PINGORIO

(Sigillum Johanne de Augo, vicedomine Ambianensis, domine de Pinconio.)

CONTRE-SCEAU : Écu fascé de six pièces à la bordure, parti d'un billeté au lion.

✳ CONTRA : S. IOHE : DE : AVGO :

(Contra sigillum Johanne de Augo.)

Voyez le numéro précédent.

54   GUÉRARD DE PICQUIGNY,

Chevalier, sire de Berchicourt, deuxième fils du vidame Jean. — 1312.

Sceau rond, d'environ 55 mill. — Arch. de la Somme; abbaye du Gard.

Type équestre; le bouclier, l'épaulière, la cotte du cavalier et la housse du cheval aux armes de Picquigny : fascé de six pièces à la bordure. Dans le champ, des grelots? ou des glands? — Légende détruite.

Reconnaissance d'une rente due à l'abbaye du Gard, consistant en deux muids de pur froment *pour faire* les *hoistes à canter* et quatre milliers de harengs. — 4 novembre 1322.

55   FERRI DE PICQUIGNY,

Sire d'Ailly, quatrième fils du vidame Jean. — 1330.

Sceau rond, de 25 mill. — Arch. de la Somme; chapitre d'Amiens.

Dans un quadrilobe, l'écu fascé d'hermines et de ..... de six pièces.

...FERRIGI DE PIRQVORIO .ILIT..

(Sigillum Ferrici de Pinquonio, militis.)

Fondation de l'anniversaire de son frère Guillaume de Picquigny, chanoine d'Amiens. — 25 octobre 1330.

56   BÉATRIX DE FALEVY,

Femme de Ferri de Picquigny. — 1330.

Sceau rond, de 25 mill. — Arch. de la Somme; chapitre d'Amiens.

Dans un encadrement gothique, orné d'animaux et d'oiseaux, un écu écartelé : au 1 et 4, fascé d'hermines et de ..... de six pièces à la bordure; au 2 et 3, burelé à la bande brochant sur le tout. — Sans légende.

Voyez le numéro précédent.

57   JEAN DE PICQUIGNY,

Sire de Saint-Ouen, chevalier, sixième fils du vidame Jean. — 1312.

Sceau rond, d'environ 30 mill. — Arch. de la Somme; évêché d'Amiens.

Écu fascé de six pièces à la bordure besantée? accosté de chimères. — Légende détruite.

Jean de Picquigny devient homme lige de l'évêque d'Amiens, pour la somme de 500 ll. — 5 novembre 1322.

58   MARGUERITE DE PICQUIGNY,

Damoiselle de la Ferté en Ponthieu, fille du vidame Jean, veuve de Mathieu de Roye. — 1342.

Sceau ogival, d'environ 60 mill. — Arch. de la Somme; évêché d'Amiens.

Dame debout, en robe et en manteau vairé, tenant de chaque main un écu...

...... GRITE ....

(Seel Marguerite .....)

Fondation d'une chapellenie à la Ferté en Ponthieu. — 4 décembre 1342.

59   JEAN DE ROUCY,

Sire de Picquigny, vidame d'Amiens. — 1326.

Sceau rond, de 45 mill. — Arch. de la Somme; chapitre d'Amiens.

Sur un champ fretté, écu au lion chargé à l'épaule d'un écusson effacé.

.... hARRI .... SIA ....

(Sigillum Johannis .....)

Réduction du fief de Gisonville à Revelles à un seul hommage. — Octobre 1326.

60   MARGUERITE DE PICQUIGNY,

Vidamesse d'Amiens, femme de Jean de Roucy. — 1326.

Sceau ogival, d'environ 65 mill. — Arch. de la Somme; chapitre d'Amiens.

Dame debout, en robe et en manteau, tenant à la main gauche une fleur de lys, accostée à sénestre de l'écu de Picquigny; sur champ fretté.

.... OVER... VIDA ....

(Seel Marguerite, vidamesse d'Amiens ....)

Voyez le numéro précédent.

61   GAUCHER DE NOYERS,

Sire de Picquigny, vidame d'Amiens. — 1385.

Sceau rond, de 22 mill. — Arch. de la Somme; abbaye du Gard.

Dans un encadrement trilobé, écu à l'aigle.

GAUChIER DE ROYERS ChLR

(Gauchier de Noyers, chevalier.)

Transport de rente sur le travers de Moliens. — 22 juillet 1335.

2

62   MARGUERITE DE PICQUIGNY,

Vidamesse d'Amiens, femme de Gaucher de Noyers. — 1335.

Sceau rond, de 28 mill. — Arch. de la Somme; abbaye du Gard.

Dans un encadrement gothique, quadrangulaire, orné d'oiseaux : un écu en losange parti de Noyers et de Picquigny, accompagné en chef d'un écu au lion, en pointe d'un écu à trois pals sous un chef, à dextre d'un écu à trois pals sous un chef chargé de..... à sénestre d'un billeté au lion.

...ITE DE.......I VIDAMMESSE DAMIENS?

(Seel Marguerite de Pinkegni, vidammesse d'Amiens.)

Voyez le numéro précédent.

63   JEAN DE PICQUIGNY,

Sire de Fluy, cousin de la vidamesse Marguerite 1re du nom. — 1350.

Sceau rond, de 25 mill. — Arch. de la Somme; abbaye du Gard.

Écu fascé de six pièces à la bordure, à la bande brochant sur le tout; penché, timbré d'un heaume à volet.

.... E · PINREGNI · CH.....

(Seel Jehan de Pinkegni, chevalier.)

Transport de rente sur le travers de Moliens. — 22 février 1350.

64   JEAN DE PICQUIGNY,

Sire de Fluy, chevalier. — 1354.

Sceau rond, de 25 mill. — Arch. de la Somme; abbaye du Gard.

Sur un champ fretté : l'écu de Picquigny brisé en chef d'une étoile, timbré d'un heaume cimé d'une tête de chien.

IEHAN · DE · PINQVEGNY · CHR

(Jehan de Pinkegni, chevalier.)

Acquisition du fief de Saint-Maulvis en Vimeu. — 13 juin 1354.

65   MARGUERITE,

Dame d'Ailly et de Picquigny, vidamesse d'Amiens. — 1392.

Sceau rond, de 44 mill. — Arch. de la Somme; chapitre d'Amiens.

Dans une niche gothique, la vidamesse debout, en robe et en manteau vairé, tenant un livre de la main gauche. A dextre, l'écu d'Ailly qui est au chef échiqueté; à sénestre, l'écu de Picquigny.

S. MARGVERITE : DAME : D : PI.......
....MESS. : ...IENS

(Seel Marguerite, dame de Pinquegny, vidamesse d'Amiens.)

Amortissement des terres de la Motte-Rivery. — 14 juillet 1392.

66   BAUDOUIN D'AILLY,

Dit Beaujois, fils de Marguerite. — 1385.

Sceau rond, de 30 mill. — Arch. de la Somme; abbaye du Gard.

Écu écartelé d'Ailly et de Picquigny, penché, timbré d'un heaume, supporté par deux lions.

...IOY. DALLI

(Baujoys d'Alli.)

Amortissement. — 12 juillet 1385.

67   BAUDOUIN D'AILLY,

Dit Beaujois, fils de Marguerite. — 1392.

Sceau rond, de 30 mill. — Arch. de la Somme; chapitre d'Amiens.

Écu au chef échiqueté, penché, timbré d'un heaume cimé d'une touffe de plumes, supporté par deux lions. Dans le champ, deux branches d'alisier.

BAVIOYS DALLY

(Beaujoys d'Ailly.)

Amortissement des terres de la Motte-Rivery. — 14 juillet 1392.

68   MARGUERITE DE PICQUIGNY,

Dame d'Ailly et de Fontaines, cousine de la vidamesse Marguerite d'Ailly. — 1379.

Sceau rond, de 25 mill. — Arch. de la Somme; chapitre d'Amiens.

Dans un trilobe, les écus accolés d'Ailly et de Picquigny, surmontés d'un M couronné.

...MAROVERI..........OVEGNI DAME.....

(Seel Marguerite de Pinquegni, dame d'Arli.)

Amortissement de fief à Oilaincourt. — 24 mars 1379.

69   JEAN D'AILLY,

Vidame d'Amiens, seigneur de Picquigny. — 1461.

Sceau rond, d'environ 50 mill. — Arch. de la Somme; Saint-Jean d'Amiens.

Écu aux branches d'alisier sous un chef échiqueté, penché, supporté par ..... — Légende détruite.

Abandon de droits sur une terre sise à Broutainnes. — 12 septembre 1461.

70   FRANÇOISE DE VUARTY,

Dame de Picquigny, mère du vidame Philibert-Emmanuel d'Ailly. — 1581.

Sceau ovale, de 40 mill. — Arch. de la Somme; baronnie de Picquigny.

L'écu d'Ailly, parti de Vuarty qui est à la bande losangée, entouré d'une cordelière. — Sans légende.

Présentation à l'une des six chapelles de la collégiale de Picquigny. — 22 avril 1581.

71   GÉRARD DE CLACY,

Vidame de Laonnois. — 1280.

Sceau rond, de 50 mill. — Arch. de l'Aisne; évêché de Laon.

Écu à quatre pals échiquetés sous un chef.

✻ S GERARDI VICE DNI DE LAVDVNESIO

(Sigillum Gerardi, vice domini de Laudunesio.)

CONTRE-SCEAU : Une clef.

✻ SECRETVM

(Secretum.)

Anselme, évêque de Laon, acquiert du vidame une partie de la censive et justice de Laon. — Avril 1230.

72   GÉRARD DE CLACY,

Vidame de Laonnois. — 1236.

Sceau rond, d'environ 60 mill. — Arch. de l'Aisne; évêché de Laon.

Type équestre. — Le bouclier aux pals échiquetés sous un chef.

............VNESIO

(......... de Laudunesio.)

CONTRE-SCEAU : Écu aux pals échiquetés sous un chef chargé d'un château?

✻ SECRETVM

(Secretum.)

Acquisition de la vicomté de Mons-en-Laonnois par Anselme, évêque de Laon. — Octobre 1236.

IVᵉ SÉRIE. — DIGNITAIRES DES GRANDS FEUDATAIRES.

73   WALERAN DE SOISSONS,

Chambellan du duc de Bourgogne. — 1452.

Sceau rond, de 45 mill. — Arch. de la Somme; chapelains d'Amiens.

Écu semé de France au lion naissant, penché, timbré d'un heaume cimé d'un dragon?

s · Walleia....... moreuil

(Seel Walleran, seigneur de Moreuil.)

Amortissement du fief de Castel. — 14 juin 1452.

74   COLART GOULLE,

Chevalier, seigneur de Moussures, d'Omécourt, etc., chambellan du duc de Bourgogne et son capitaine à Amiens. — 1468.

Sceau rond, de 30 mill. — Arch. de la Somme; évêché d'Amiens.

Écu à la croix ancrée, penché, timbré d'un heaume cimé d'une tête de cygne, supporté par deux lions.

s : colart goulle.......

(Seel Colart Goulle.......)

Lettres de non-préjudice au sujet d'un droit de pêche. — 4 octobre 1468.

Vᵉ SÉRIE. — SEIGNEURS.

75   ABBEVILLE (GIRARD D'),

Seigneur de Boubers. — 1237.

Sceau rond, d'environ 60 mill. — Arch. de la Somme; abbaye de Moreaucourt.

Type équestre. — Légende détruite.

CONTRE-SCEAU : Écu chargé de trois écussons.

........LLVM : SECRET .

(Sigillum secreti.)

Don d'une rente sur la grange de Domvast. — 1237.

76   ABBEVILLE (GIRARD D'),

Seigneur de Boubers. — 1285.

Fragment de sceau rond, d'environ 60 mill. — Arch. de la Somme; évêché d'Amiens.

Type équestre. Le bouclier et la housse chargés de trois écussons. — Légende détruite.

Fondation d'une chapellenie dans le manoir de Boubers. — 31 mars 1285.

77   ABLEIGES (MATHIEU D'),

Chevalier, — 1240.

Sceau rond, de 50 mill. — Arch. de l'Oise; abbaye de Chaalis.

Écu portant deux fasces accompagnées de trois besants ou trois tourteaux en chef.

✻ SIGILLVM : MAHVI DE DABLEIGES .·.

(Sigillum Mahui de Dableiges.)

Abandon de droits sur la terre des Nouvelles-Ruptures, près Guespelles. — Juillet 1240.

78   ADÉMAR (GIRAUD),

Seigneur de Monteil. — Fin du XIIIᵉ siècle.

Bulle de plomb ronde, de 40 mill. — Communiquée par M. Delaherche, à Beauvais.

Type équestre. Le bouclier et la housse bandés de six pièces. — Sans légende.

Revers : Dans le champ, en six lignes :

✠ B ✠ : GIRAVDI : ADEMARII : MILITIS : DÑI : MONTILII :

(Bulla Girsudi Ademarii, militis, domini Montilii.)

Sceau détaché.

___

79   ADÉMAR (HUGUES),

Seigneur de Monteil. — Fin du xiiiᵉ siècle.

Bulle de plomb ronde , de 4a mill. — Communiquée par M. Delaherche,
à Beauvais.

Type équestre, empreinte fruste. — Sans légende.

Revers : Dans le champ, en cinq lignes :

S : hVGONIS : ADZEMARII : DÑI : MOTILII :

(Sigillum Hugonis Adzemarii, domini Montilii.)

Sceau détaché.

___

80   AILLY-SUR-SOMME (JEAN D'),

Chevalier. — 1265.

Sceau rond, de 6o mill. — Arch. de la Somme; évêché d'Amiens.

Type équestre. Casque carré, le bouclier à la bordure
de . . . . .

✠ : S' : IOhANN . . . . DE ALLIACO :

(Sigillum Johannis, domini de Alliaco.)

Contre-sceau : Écu au chef de vair ou peut-être au
chef échiqueté.

✠ S' : IOhANNIS : DOMINI : DE : ALLIACO :

(Secretum Johannis, domini de Alliaco.)

Fondation d'une chapelle au château d'Ailly. — Septembre 1265.

___

81   AILLY-SUR-SOMME (JEAN D'),

xiiiᵉ siècle.

Sceau rond, de 5o mill. — Musée d'Amiens.

Type équestre. Le bouclier portant trois vannets?
sous un chef échiqueté à la bordure.

✠ SIGILLE IOhANNES DE AILLIACO

(Sigillum Johannes de Ailliaco.)

Sceau détaché.

___

82   AILLY-SUR-SOMME (ROBERT D'),

Chevalier. — Fin du xiiiᵉ siècle.

Sceau rond, de 65 mill. — Musée d'Amiens.

Type équestre. Le bouclier et la housse au chef échiqueté.

✠ S' ..BERTI · DALLI · MILITIS

(Sigillum Roberti d'Alli, militis.)

Contre-sceau : Écu au chef échiqueté.

___

✠ S'. ROETI · DALLI · MILITIS

(Secretum Roberti d'Alli, militis.)

Sceau détaché. — Ce Robert d'Ailly pourrait bien être le père ou
le mari de Marguerite d'Ailly, vidamesse d'Amiens.

___

83   AIRAINES (HENRI D'),

Chevalier. — 1247.

Sceau rond, de 75 mill. — Arch. de la Somme; abbaye du Gard.

Type équestre; casque carré, le bouclier chargé de
trois fasces.

✠ SIG . . . . ARENIS

(Sigillum . . . . de Arenis.)

Revers : Écu chargé de trois fasces. — Légende détruite.

Gautier Merles vend à l'abbaye du Gard une rente de blé et d'a-
voine. — Avril 1247.

___

84   ALLERÉ DE CHAUMONT

(GARIN-MICHEL).

126o.

Fragment de sceau ogival, d'environ 3o mill. — Arch. de l'Oise; abbaye
de Gomerfontaine.

Un agnus.

. . . . : . RIN .. LA : LERI .

(Seel Garin de la Lerie?)

Fondation de l'anniversaire d'Isabelle , sa femme. — 1260.

___

85   ALLONNE (JEAN D').

xivᵉ siècle.

Sceau rond, de 29 mill. — Communiqué par M. Mathon, à Beauvais.

Écu à la croix cantonnée de quatre merlettes, penché,
timbré d'un heaume cimé d'un faucon, soutenu à dextre
par une dame, à sénestre par un chien.

jehan dallonne

(Jehan d'Allonne.)

Sceau détaché.

___

86   ALTO MARISCO (JOHANNES DE),

Chevalier. — 1257.

Sceau rond, de 5o mill. — Hospice de Beauvais, 31.

Écu portant neuf oiseaux en orle.

✠ S'. IOhANNIS · DE · S . . . CO · DÑI ·
ORILITIS ·

(Sigillum Johannis, de S... co domini, militis.)

Acquisition au profit de Saint-Lazare de Beauvais, ratifiée par « Johannes de Alto Marisco, miles.» — Avril 1257.

87   AMIENS (BERNARD D'),

Seigneur de Renauville, chevalier. — 1226.

Sceau rond, de 58 mill. — Arch. de la Somme; Saint-Jean d'Amiens.

Type équestre. Le bouclier portant trois chevrons de vair, brisé d'un vivré en chef.

✠ SIGILLVM BERNARDI AMBIANEN

(Sigillum Bernardi Ambianensis.)

CONTRE-SCEAU : Écu à trois chevrons de vair (Amiens), brisé d'un vivré en chef.

✠ S' BERNARDI AMBIANE

(Secretum Bernardi Ambianensis.)

Ratification de la vente d'un bois sis à Hornast. — Mai 1226.

---

88   AMIENS (GILLES D'),

Seigneur d'Outrebois. — 1284.

Sceau rond, de 28 mill. — Arch. de la Somme; Saint-Jean d'Amiens.

Écu portant trois chevrons de vair, au franc canton chargé d'un lion? passant.

...GILLES · D · CAPS · SIR..........

(Seel Gilles de Canapes, sire ....)

Confirmation de dons octroyés par Pierre d'Amiens, son père. — Mars 1284.

---

89   AMIENS (JEAN D'),

Chevalier. — 1248.

Sceau rond, de 48 mill. — Arch. de la Somme; abbaye de Moreaucourt.

Écu chevronné de vair et de ...... de six pièces.

.......D AM.............

(..... de Ambianis.......)

Acquisition de rente sur le moulin de Flixecourt. — Août 1248.

---

90   AMIENS (THIBAUD D'),

Seigneur de Canaples, chevalier. — 1252.

Sceau rond, d'environ 70 mill. — Arch. de la Somme; évêché d'Amiens.

Type équestre. Le bouclier portant trois chevrons de vair, au franc canton fretté? — Légende détruite.

CONTRE-SCEAU : Écu à trois chevrons de vair, au franc canton..... — Légende détruite.

Fondation d'une chapelle à Canaples. — Avril 1252.

---

91   AMIENS (THIBAUD D'),

Seigneur de Canaples, écuyer. — 1288.

Sceau rond, de 40 mill. — Arch. de la Somme; évêché d'Amiens.

Écu portant trois chevrons de vair, au franc canton.

..G.......ENS : SIRE : DE ·..........

(Seel........ d'Amiens, sire de Canapes.) ·

Amortissement de terre à Halloy. — 31 mai 1288.

---

92   ANCRE (EUSTACHE D'),

Seigneur de Saint-Aubin. — 1436.

Sceau rond, de 55 mill. — Arch. de la Somme; abbaye du Gard.

Écu burelé de quatorze pièces, à deux bars adossés brochant sur le tout.

✠ : ....CII : DE : ENRRE : DÑI : SCI : AVBINI

(Sigillum Eustacii de Enkre, domini Sancti Aubini.)

Ratification d'une acquisition de terre à Saint-Aubin. — Mai 1436.

---

93   ANCRE (EUSTACHE D').

XIIIᵉ siècle.

Sceau rond, de 50 mill. — Musée d'Amiens.

Type équestre. Le bouclier burelé, à deux bars adossés brochant.

✠ SIGILLE EVSTACII · DE ENCRE :

(Sigillum Eustacii de Encre.)

Sceau détaché.

---

94 · ANCRE (EUSTACHE D'),

Seigneur de Ramigny et de Riencourt, chevalier. — 1309.

Sceau rond, de 24 mill. — Arch. de la Somme; chapitre d'Amiens.

Dans un encadrement gothique, écu burelé, à la bande chargée d'une merlette en chef.

S' .STAS.. .. NCRE CHL

(Seel Wistasse d'Encre, chevalier.)

Sentence au sujet de cours d'eau au Mesge. — Septembre 1309.

---

95   ANCRE (OTHON D'),

Seigneur de Louilly. — 1289.

Sceau rond, de 48 mill. — Arch. de la Somme; chapitre d'Amiens.

Écu burelé, à la bande brochant sur le tout.

...ILLVM : HO.........LI..

(Sigillum Hostonis ..... militis?)

CONTRE-SCEAU : Écu burelé à la barre (erreur du graveur, c'est à la bande qu'il faudrait) brochant sur le tout.

✠ SIGILLVM : SECRETI :   ·

(Sigillum secreti.)

Acquisition du fief de Fontenelles à Dury. — Avril 1289. .

---

96   ANCRE (PIERRE D'),

Écuyer. — 1392.

Sceau rond, de 22 mill. — Arch. de la Somme; chapitre d'Amiens.

Écu burelé, à la bande chargée de .....

..PIERRE DENORE ESG....

(Seel Pierre d'Encre, escuier.)

Renaud de Picquigny confirme au chapitre d'Amiens le don du fief de la Motte-Rivery. — 13 juillet 1392.

97   ANSEAUVILLIERS (GAUTIER D'),

Chevalier. — 1237.

Sceau rond, de 40 mill. — Arch. de l'Oise; abbaye de Froidmont.

Écu à la bande de fusées, accompagnée en chef d'une étoile.

✴ S' ....ERI DE ĀSAIΣ MILITIS

(Sigillum Galteri de Anseviler, militis.)

Raoul, Pierre et Gautier d'Anseauvilliers vendent à l'abbaye de Froidmont tous les droits et coutumes qu'ils avaient sur sa terre de Légnivilliers. — Juin 1237.

98   ANSEAUVILLIERS (PIERRE D'),

Chevalier. — 1237.

Sceau rond, de 55 mill. — Arch. de l'Oise; abbaye de Froidmont.

Écu portant un sautoir.

..............RI • DE • AN........

(Sigillum Petri de Ansouviler ?)

Voyez le numéro précédent.

99   ANSEAUVILLIERS (RAOUL D'),

Chevalier. — 1237.

Sceau rond, de 55 mill. — Arch. de l'Oise; abbaye de Froidmont.

Écu à la bande de fusées clouées.

✴ S' ....MILITIS DE ANSOVVILER

(Sigillum Radulfi, militis de Ansouviler.)

Voyez les numéros précédents.

100   APILLY (GOBERT D'),

Chevalier. — 1228.

Sceau rond, d'environ 55 mill. — Arch. de l'Oise; abbaye de Prémontré.

Écu à la croix chargée de cinq coquilles. — Légende détruite.

Transaction au sujet de droits d'usage «in nemore Episcopi.» — Janvier 1228.

101   AUBIGNY (GAUTIER D'),

Écuyer. — 1316.

Sceau rond, de 32 mill. — Arch. de la Somme; abbaye de Corbie.

Écu portant trois lions couronnés, au lambel de trois pendants chargés de.....

✴ SEEL : WAVTIER : DAVBIGNI •

(Seel Wautier d'Aubigni.)

Échange d'une maison et d'un manoir sis à Aubigny. — Février 1316.

102   AUBIGNY (ROBERT D'),

Écuyer. — 1421.

Sceau rond, de 25 mill. — Arch. de la Somme; chapelains d'Amiens.

Dans un encadrement gothique, écu portant trois lions couronnés au lambel de trois pendants. — Légende détruite.

Autorisation de placer des mores de fer en certains cours d'eau à Bonnay, accordée par l'abbaye de Corbie à Regnault de Soleville. — 31 mai 1421.

103   AUBROMETZ (ROBERT D'),

Chevalier. — 1248.

Sceau rond, de 55 mill. — Arch. de la Somme; abbaye de Corbie.

Écu à l'orle de merlettes, au franc canton.

✴ S : R' MILITIS DE AVBO2CMES DÑI
DE LAGA

(Sigillum Roberti, militis de Aubaremés, domini de Laca.)

L'abbaye de Corbie acquiert tous les biens possédés par ce seigneur dans la ville d'Ames. — 25 mai 1248.

104   AULNOIS (ADAM D'),

Seigneur d'Aulnois, écuyer. — 1275.

Sceau rond, de 42 mill. — Hôtel-Dieu de Laon.

Écu palé de vair? sous un chef chargé d'un lambel de cinq pendants.

✴ SIGILLVM ADE DE ALNETO

(Sigillum Ade de Alneto.)

Droit de pâture à Aulnois accordé à l'hôtellerie Notre-Dame de Laon. — Avril 1275.

105   AULNOIS (ADAM, SEIGNEUR D'),

Écuyer. — 1288.

Sceau rond, de 38 mill. — Hôtel-Dieu de Laon.

Écu portant trois pals sous un chef chargé d'un lambel de cinq pendants.

✴ S' ADAN DAVNOI SIGNEVR

(Seel Adan d'Annoi, seigneur.)

Acquisition de terre à Aulnois. — Août 1288.

106   AULNOIS (HECTOR, SEIGNEUR D').

1281.

Sceau rond, de 50 mill. — Hôtel-Dieu de Laon.

Écu portant un écusson en abîme accompagné de merlettes en orle.

✳ SIGILLVM : ҺЄGTORIS DЄ ALⱤЄTO

(Sigillum Hectoris de Alneto.)

Droit de construire un manoir à Aulnois, accordé à l'hôpital Notre-Dame de Laon. — Mars 1231.

107 AULNOIS (HECTOR D'),

Chevalier. — 1253.

Sceau rond, de 47 mill. — Hôtel-Dieu de Laon.

Écu portant un écusson en abîme accompagné de merlettes en orle.

..........GTORIS · DЄ · A.....

(Sigillum Hectoris de Alneto.)

Acquisition de terres à Aulnois. — Juillet 1253.

108 AULNOIS (RAOUL D').

1204.

Sceau rond, de 70 mill. — Hôtel-Dieu de Laon.

Écu à l'écusson en abîme accompagné de merlettes en orle.

✳ ....VⱤOI

(............, d'Aunoi.)

Donation de la dîme de Suzy. — Février 1204.

109 AUNAY (GAUTIER D'),

Chevalier. — 1221.

Sceau rond, de 55 mill. — Arch. de l'Oise; abbaye de Chaalis.

Écu plain sous un chef.

✳ SIG ....TO

(Sigillum Galteri de Alneto.)

Échange de terres «apud Soisiacum». — Novembre 1221.

110 AUNAY,

(JULIENNE, VEUVE DE GUILLAUME DE L').

1242.

Sceau ogival, de 60 mill. — Arch. de l'Oise; abbaye de Froidmont.

Une fleur de lys fleuronnée.

..IVLIAⱤЄ DA.. DЄ LAVⱤO.

(Seel Juliane, dame de l'Aunoi.)

Ratification d'une acquisition de terre. — Novembre 1242.

111 AUTEUX · (GÉRARD, SEIGNEUR DES),

Chevalier. — 1229.

Sceau rond, de 50 mill. — Arch. de la Somme, abbaye du Gard.

Écu à deux bandes.

✳ S' GЄRARᴅI · ᴅЄ · ALTARIBLS ·

(Sigillum Gerardi de Altaribls.)

Acquisition de terre à Busset. — Novembre 1229.

112 AUTEUX (GÉRARD, SEIGNEUR DES)

Et de Villers-Bocage, chevalier. — 1297.

Sceau rond, de 42 mill. — Arch. de la Somme; abbaye du Gard.

Écu à deux bandes.

✳ S' : GЄRARᴅ : DЄS : AVTЄVS : CҺЄVALIЄRS

(Seel Gérart des Auteus, chevaliers.)

CONTRE-SCEAU : L'écu à deux bandes.

✳ GOVⱤTRЄ SЄЄL

(Contre seel.)

Accord pour la justice des terres de Longueville. — La première semaine du mois d'avril 1297.

113 AUTEUX (HUGUES, SEIGNEUR DES)

Et de Villers-Bocage, chevalier. — 1256.

Sceau rond, de 45 mill. — Arch. de la Somme; abbaye du Gard.

L'écu à deux bandes.

✳ S' ҺVG'OⱤIS............S AVTЄVS

(Sigillum Hugonis............ des Auteus.)

Échange de droits. — Février 1256.

114 AUTEUX (HUGUES, SEIGNEUR DES)

Et de Villers-Bocage, chevalier. — 1319.

Sceau rond, de 38 mill. — Arch. de la Somme; abbaye du Gard.

L'écu à deux bandes.

✳ S' ҺVЄS : DЄZ : AVTЄVS :

(Seel Hues dez Auteus.)

Abandon de droits sur les esteules des terres de Longueville. — 17 juillet 1319.

115 AUTEUX (JEAN, SEIGNEUR DES)

Et de Villers-Bocage. — 1387.

Sceau rond, de 22 mill. — Arch. de la Somme; abbaye du Gard.

L'écu à deux bandes.

✳ SЄЄL · ...ⱤⱤ · S · DЄSSҺVTЄVS ·

(Seel Jehan, sire dess Auteus.)

Abandon de droits sur les esteules des terres de Longueville. — 12 juillet 1387.

116 AUTEUX (ROBERT, SEIGNEUR DES),

Chevalier. — 1209.

Sceau rond, de 50 mill. — Arch. de la Somme; abbaye du Gard.

Écu coticé.

✳ S' ROBЄRTI : DЄ : ÀLTARIBVS :

(Sigillum Roberti de Altaribus.)

Don d'une terre sise à Burbures. — Décembre 1209.

117   **AUXY (DREUX D').**

xiii° siècle.

Sceau rond, de 45 mill. — Musée d'Amiens.

Écu échiqueté, au lambel de trois pendants.

✷ S' MONSEGNOR : DRIVON : DAVSSI

(Seel monsegnor Drivon d'Aussi.)

Sceau détaché.

---

118   **AUXY (JEAN D'),**

Seigneur d'Auxy, chevalier. — 1275.

Sceau rond, de 45 mill. — Arch. de la Somme; évêché d'Amiens.

Écu échiqueté.

✷ ....MONSEGNEVR IE... ....SI

(Seel monsegneur Jehan d'Aussi.)

Acquisition des dîmes de Heuzecourt, de l'Alne et de Héliers. — 18 juin 1275.

---

119   **AVESNES (GOBERT D'),**

Écuyer. — 1319.

Sceau rond, de 25 mill. — Arch. de l'Aisne; abbaye de Saint-Vincent.

Écu portant un lion naissant, au filet en bande brochant.

S' GO..... DE AVESNES

(Seel Gobert ou sigillum Goberti de Avesnes.)

Dénombrement du fief d'Avesnes en Vermandois. — Mars 1329.

---

120   **AVESNES (HUGUES D'),**

Chevalier. — 1231.

Sceau rond, de 60 mill. — Arch. de la Somme; abbaye du Gard.

Type équestre. Bouclier illisible.

✷ SIGILL HVGONIS DE AVESNES

(Sigillum Hugonis de Avesnes.)

Contre-sceau : Écu portant trois fasces, à la bande brochant sur le tout.

✷ S' HVGONIS DE AVESNES

(Secretum Hugonis de Avesnes.)

Don de rente sur la grange d'Avesnes. — Octobre 1231.

---

121   **AVESNES (JEAN D'),**

Écuyer. — 1374.

Sceau rond, de 23 mill. — Arch. de l'Aisne; abbaye de Saint-Vincent.

Écu portant un lion naissant, au bâton en bande brochant sur le tout.

... IEHA .AVEN..

(Seel Jehan d'Avesnes.)

Dénombrement du fief d'Avesnes en Vermandois. — 12 août 1374.

---

122   **AVESNES (JEAN D'),**

Écuyer. — 1384.

Sceau rond, de 20 mill. — Arch. de la Somme; évêché d'Amiens.

Écu au bâton en bande accompagné de deux oiseaux, l'un en chef, l'autre en pointe.

S' IEHAN · D.....ES

(Seel Jehan d'Avesnes.)

Dénombrement du fief de Biencourt. — 1ᵉʳ juin 1384.

---

123   **BAILLEUL (HUGUES DE),**

Chevalier. — 1282.

Sceau en écu, de 35 mill. — Arch. de la Somme; évêché d'Amiens.

Écu portant un orle.

✷ S : DOMINI · HVGONIS · DE · BAI....L ·

(Sigillum domini Hugonis de Bailleul.)

Fondation d'une chapellenie en la ville de Longuemort. — 1282.

---

124   **BAILLON (ENGUERRAN DE).**

xiii° siècle.

Sceau rond, de 55 mill. — Musée d'Amiens.

Écu fretté portant un écusson en abîme, au lambel de cinq pendants sur le tout.

✷ SIGILLVM : INGERRAMNI : DE : BAAILLVN

(Sigillum Ingerramni de Baaillon.)

Sceau détaché.

---

125   **BAINS (JEAN DE),**

Écuyer. — 1281.

Sceau rond, de 38 mill. — Arch. de la Somme; chapitre d'Amiens.

Écu portant cinq châteaux ou plutôt cinq tournelles, rangées 2, 2 et 1.

✷ : S' : IEHAN : DE : BAINS :

(Seel Jehan de Bains.)

Acquisition des dîmes d'Arvillers. — Octobre 1281.

---

126   **BAINS (ROBERT, SIRE DE),**

Écuyer. — 1281.

Sceau rond, de 38 mill. — Arch. de la Somme; chapitre d'Amiens.

Écu portant cinq tournelles, au bâton en bande brochant.

✷ S' : ROBERT : DE : BAINS

(Seel Robert de Bains.)

Amortissement des dîmes d'Arvillers. — Octobre 1281.

127 BALEGNY (RENAUD DE),

Chevalier. — 1221.

Sceau rond, de 48 mill. — Arch. de la Somme; abbaye du Gard.

Écu à la bande accompagnée de six merlettes en orle.

✠ SIGILL · REGINALDI · DE · BALLENNI

(Sigillum Reginaldi de Ballenni.)

Donation d'une rente de vin. — 25 mars 1221.

128 BANTELEU (RICHARD DE).

1196.

Sceau ogival, de 50 mill. — Arch. de l'Oise; abbaye de Chaalis.

Écu à la fasce accompagnée de six oiseaux en orle.

✠ SIGILLVM : RICARDI DE BONTELLV

(Sigillum Ricardi de Bontellu.)

Don d'une masure sise à Hardilleval et d'une vigne à Argenteuil. — 1196.

129 BAUX (BERTRAND DE),

Seigneur de Camaret. — XIIIᵉ siècle.

Bulle de plomb ronde, de 40 mill. — Communiquée par M. Delaberche, à Beauvais.

Un huchet enguiché, au lambel de six pendants.

✠ S BTRNDI DE · BAVCIO DÑI CAMARETI

(Sigillum Bertrandi de Baucio, domini Camareti.)

REVERS : Une croix.

(Même légende qu'à la face.)

Sceau détaché.

130 BEAUCAMPS (JEAN DE).

1238.

Sceau rond, de 40 mill. — Arch. de la Somme; évêché d'Amiens.

Dans le champ : une fleur de lys accostée de deux étoiles.

✠ S. IOḫANNIS : DE BELLOCAMPO

(Sigillum Johannis de Bellocampo.)

Don de terre à Beaucamps en faveur de la léproserie du Quesne. — Mai 1238.

131 BEAUFORT (GILLES DE),

Sire de Souplicourt, écuyer. — 1321.

Sceau rond, de 30 mill. — Arch. de l'Oise; abbaye de Saint-Quentin.

Dans le champ : une fleur à six pétales surmontée d'une étoile.

✠ S'. GILLO DE BAVFOLT SIRE D' SOVPLIC' E' FTIE

(Seel Gillon de Baufort, sire de Souplicourt en partie.)

Confirmation d'une vente par lui faite au prieuré de Saint-Denis de Poix. — Février 1321.

132 BEAUFORT (SIMON DE).

1247.

Sceau rond, de 42 mill. — Arch. de la Somme; abbaye du Paraclet.

Dans le champ : une fleur de lys fleuronnée.

✠ S'. SIMONI · DE · BAVFORT ·

(Sigillum Simoni de Baufort.)

Acquisition de la dîme de Saint-Nicolas à Boves. — Juillet 1247.

133 BEAULEVRIER (SIMON DE),

Chevalier. — 1219.

Sceau rond, de 45 mill. — Hôpital de Beauvais, 50 ¹.

Écu à la croix échiquetée.

✠ .... : SIMONIS ....

(Sigillum Simonis .....)

Abandon de droits sur des prés situés à Beaulevrier. — 1219. «Regnante Philippo, venerabili rege Francorum.»

134 BEAUMONT (JEAN DE),

Chevalier — 1274.

Sceau rond, de 50 mill. — Arch. de l'Oise; abbaye de Chaalis.

Type équestre, le bouclier et la housse au gironné des Beaumont.

✠ : ....ALIER : DE BEAVMOVNT

(Seel Jehan, chevalier de Beaumount?)

Amortissement de rente. — Décembre 1274.

135 BEAUSSAULT (GUILLAUME DE),

Chevalier, seigneur de Breteuil. — 1258.

Sceau rond, de 30 mill. — Arch. de l'Oise; abbaye de Froidmont.

Écu au lion.

✠ S' GILLE DE BELLOSALTV MILITIS DÑI BRITVLII

(Sigillum Guillelmi de Bellosaltu, militis, domini Britulii.)

Ratification d'un don. — Octobre 1258.

136 BEAUSSAULT (GUILLAUME DE),

Chevalier, sire de Breteuil. — 1302.

Sceau rond, d'environ 50 mill. — Arch. de l'Oise; abbaye de Breteuil.

Type équestre; le bouclier et la housse à la croix cantonnée de seize alérions, au franc canton chargé d'une étoile à six rais ou d'une molette. Champ fretté. — Légende détruite.

Bail à ferme du droit de banerie à Oursetmaison et à Merle. — 1ᵉʳ septembre 1302.

3

137   BEAUVAL (JEAN DE),

Seigneur d'E-sartiaux en partie, écuyer. — 1429.

Sceau rond, de 25 mill. — Arch. de la Somme; abbaye du Gard.

Écu à trois gerbes, penché, timbré d'un heaume cimé d'une tête d'âne, supporté par deux hommes sauvages.

Ceel Iehan de Beauual

(Seel Johan de Beauval.)

Quittance de rente sur la maison de Menevillers. — 11 février 1429.

---

138   BEAUVOISIEN

(MATHILDE, FEMME DE PIERRE LE),

Chevalier. — 1257.

Sceau ogival, de 52 mill. — Hospice de Beauvais, 31.

Dans le champ : une fleur de lys.

✱ S' MAHAVT · FAME PIERES B.....VE CHEVA....

(Seel Mahaut, fame Pieres B.....ve, chevalier.)

Vente des quatre cinquièmes d'un champart sur la terre de Bois-Robert et donation de l'autre cinquième. — Avril 1257.

---

139   BELLOY (GARIN, SIRE DE),

1212.

Sceau rond, de 55 mill. — Arch. de la Somme; abbaye du Gard et musée d'Amiens.

Écu portant quatre bandes.

✱ SIGILE : WARINI : DE : BEELEI

(Sigillum Warini de Beelei.)

Don de la dîme de Plachy. — Avril 1212.

---

140   BERLETTE (GILLES DE),

Sire d'Oppy, écuyer. — 1304.

Sceau rond, de 25 mill. — Arch. de la Somme; évêché d'Amiens.

Écu portant un gironné de huit pièces, au lambel de cinq pendants.

✱ S' GILLON · SIG...VR DOVPI

(Seel Gillon, signeur d'Oupi.)

Rachat de bois situés à Oppy. — 4 décembre 1304.

---

141   BERNES

(MARGUERITE, FEMME DE CLAIR DE).

1277.

Sceau ogival, de 32 mill. — Arch. de l'Oise; Saint-Vincent de Senlis.

Une Piété (un pélican avec ses petits).

........MRG...... .AME CLEL DE FAIC...

(Seel ..... Marguerite, fame Clel de Faic...?)

Échange de terres et de revenus avec le curé de Fontaine-les-Corps-Nuds. — Juillet 1277.

---

142   BÉRONNE (JEAN DE),

Écuyer et sire de Béronne. — 1357.

Sceau rond, de 20 mill. — Arch. de l'Oise; abbaye de Froidmont.

Écu au lion contourné.

IEh DE BER

(Jehan de Béronne.)

Abandon de droits sur un pâturage à «Bequerel». — 27 juillet 1357.

---

143   BERTANGLE (ANDRÉ DE),

Seigneur de Hérissart, chevalier. — 1252.

Sceau rond, d'environ 55 mill. — Arch. de la Somme; chapitre d'Amiens.

Type équestre. Fragment de bouclier sur lequel on voit des tournelles. — Légende détruite.

Engagement au sujet d'une rente sur la grange de Hérissart. — Décembre 1252.

---

144   BERTANGLE (WALES DE),

Seigneur de Querrieux et de Hérissart, écuyer. — 1322.

Sceau rond, de 32 mill. — Arch. de la Somme; chapitre d'Amiens.

Écu portant cinq tournelles 2, 2 et 1.

..WALE DE BARTANGLE SIRE D' KIER....

(Seel Wale de Bartangle, sire de Kierrieu.)

Reconnaissance de rente sur la seigneurie de Hérissart. — Février 1322.

---

145   BERTEMIL (JEAN).

1364.

Sceau rond, de 20 mill. — Arch. de l'Oise; abbaye de Saint-Quentin.

Dans un cadre losangé, un écu au lion à la bordure endentée.

SEEL IEHAN BERTEMIL

(Seel Jehan Bertemil.)

Sentence confirmative de droits sur la justice d'un manoir à Montreuil-sur-Thérain. — 8 mars 1364.

---

146   BERTICHÈRES (PIERRE DE).

1222.

Sceau rond, de 20 mill. — Arch. de l'Oise; abbaye de Gomerfontaine.

Écu portant un écusson en abîme, au sautoir jumellé sur le tout.

✱ S : PETRI : DE BERTRICHRS

(Sigillum Petri de Bertrichères.)

Ratification d'un don. — Avril 1222.

147   BÉTHISY (JEAN DE),

Chevalier. — 1216.

Sceau rond, de 48 mill. — Arch. de la Somme; abbaye du Gard.

Écu portant trois doloires.

✠ SIGILL IOhIS DE BESTISI FILII PETRI QVOND' AMB PREPOSITI RGIS

(Sigillum Johannis de Bestisi, filii Petri, quondam Ambianensis prepositi regis.)

Jean de Béthisy confirme le don de la dîme de Vicogne à Valheureux, jadis octroyé par son père. — Septembre 1216.

148   BÉTHISY (RENAUD DE),

Chevalier. — 1210.

Sceau rond, de 55 mill. — Arch. de l'Oise; chapitre de Noyon.

Dans le champ : une fleur de lys.

✠ SIGIL..M RENALDI DE BESTISI

(Sigillum Renaldi de Bestisi.)

PREMIER CONTRE-SCEAU : Une tête de profil.

✠ SAORETV RENAVT

(Secretum Renaut.)

SECOND CONTRE-SCEAU : Buste de profil.

✠ RENAV

(Renau.)

Acquisition de terre à la Potière-Pesée. — Janvier 1210.

149   BÉTHISY

(ÉMELINE, VEUVE DE RENAUD DE).

1239.

Sceau ogival, de 60 mill. — Arch. de l'Oise; abbaye de Chaalis.

Dame debout, de profil, en robe serrée à la taille.

.......AMELINE : DOMINAM • DE h.........

(Sigillum Ameline, dominam de H.....)

Cession d'une vigne et d'un pré à Berneuil. — Mai 1239.

150   BIAUTÉ (JEAN),

Écuyer. — 1315.

Sceau hexagone, de 20 mill. — Arch. de la Somme; abbaye du Gard.

Une Piété (un pélican avec ses petits).

..EL • IEhAN • BIAVTE

(Seel Johan Biauté.)

Rachat de rente sur la grange d'Yseu. — 8 mars 1315.

151   BOIS-RENAUD (JEAN DU),

Écuyer. — 1262.

Sceau rond, de 38 mill. — Hospice de Beauvais, 25.

Écu portant une fasce accompagnée de six chiens? en orle.

S'. IOhAN DV BOS RENN...

(Seel Johan du Bos Rennaud.)

Amortissement. — 5 janvier 1262.

152   BOIS-RENAUD (LAURENT DU),

Chevalier. — 1227.

Sceau rond, de 44 mill. — Hospice de Beauvais, 25.

Écu portant une bande de losanges côtoyée de six merlettes en bande.

✠ S : LAV............S RENOIT

(Seel Laurent du Bois Renoit?)

Abandon de droits sur des fiefs appartenant à Saint-Lazare de Beauvais. — Mai 1227.

153   BOIS-RENAUD (LAURENT DU),

Chevalier. — 1235.

Sceau rond, de 38 mill. — Hospice de Beauvais, 25.

Écu portant une bande de losanges accompagnée de six merlettes en orle.

✠ S' • LAVRENCII • DE • BOS • RENOVT

(Sigillum Laurencii de Bos Renout.)

Confirmation de la vente d'un champart à Novers. — Juin 1235.

154   BONNEUIL (RENARD DE),

Écuyer. — 1282.

Sceau rond, d'environ 40 mill. — Arch. de l'Oise; abbaye de Chaalis

Écu semé de croisettes, à deux poissons adossés.

..........DE BOVNVE..

(Seel Renars de Bonnueil.)

Acquisition de rente sur la dîme de Fléchy. — Mai 1282.

155   BONNEUIL

(ALIX, FEMME DE RENARD DE).

1282.

Sceau ogival, de 54 mill. — Arch. de l'Oise; abbaye de Chaalis.

Dans le champ : un fer de cheval.

S' AELIDIS VXOR RENADI DE BONOLIO ARMIG...

(Sigillum Aelidis, uxoris Renadi de Bonolio, armigeri.)

Voyez le numéro précédent.

156   BOSQUEAULX (GUI DE),

Chevalier. — 1504.

Sceau rond, de 35 mill. — Arch. de l'Oise; chapitre de Noyon.

Écu à la bande chargée de trois coquilles, penché,

3.

timbré d'un heaume cimé d'une tête de cheval, supporté
à dextre par un loup, à sénestre par un lion.

Seel Guy de Bosqu.....

(Seel Guy de Bosqueaulx.)

Échange de terres. — 20 août 1504.

157 BOUBIERS (GAUTIER DE),
Chevalier. — 1230.

Sceau rond, de 50 mill. — Arch. de l'Oise; abbaye de Gomerfontaine.

. Écu portant un écusson en abîme accompagné de
merlettes en orle.

.......ILE · GALTERI............

(Sigillum Galteri .....)

Don de rente sur la grange du Héloy. — Juillet 1230.

158 BOUELLE
(BÉATRIX D'ÉNENCOURT, VEUVE D'AMILLE DE).
1286.

Sceau ogival, de 46 mill. — Arch. de la Somme; abbaye du Gard.

Dans le champ : une branche fleuronnée.

...........TRIS · DE · BOVELE ·

(Seel Beetris de Bouele?)

Rachat de rente sur la grange de Menevillers. — Février 1286.

159 BOUELLE
(JEAN, FILS DE BÉATRIX, VEUVE D'AMILLE DE).
1286.

Sceau rond, de 25 mill. — Arch. de la Somme; abbaye du Gard.

Dans le champ : deux épées.

❋ S' IEhA LE ..... DE BOVELE

(Seel Jehan le ..... de Bouele.)

Voyez le numéro précédent.

160 BOUGAINVILLE (RAOUL DE).
XIIIᵉ siècle.

Sceau rond, de 34 mill. — Musée d'Amiens.

Dans le champ : un chevron?

❋ S' · RAVOVL · DE · BOVGENVILE ·

(Seel Rauonl de Bougenvile.)

Sceau détaché.

161 BOUGAINVILLE (WARIN DE),
Chevalier. — 1249.

Sceau rond, de 45 mill. — Arch. de la Somme; abbaye du Gard.

Écu portant trois étoiles.

❋ S' MISIRE : WARI : ChIVALER :
DE BOVGENVILE

(Seel misire Warin, chivaler de Bougenvile.)

Don de rentes sises à Béthencourt et à Foucaucourt. — Juillet
1249.

162 BOULINCOURT (MARIE DE),
Fille de Raoul de Boulincourt, écuyer. — 1273.

Sceau rond, de 45 mill. — Arch. de l'Oise; Saint-Maurice de Senlis.

Écu plain.

..MAR.. E BOVL........

(..... Marie de Boulincourt.)

Ratification d'un acte de vente. — 18 avril 1273.

163 BOURBLEUSE (PIERRE DE LA)
OU DU PLESSIS.
1250.

Sceau rond, de 45 mill. — Arch. de l'Aisne; abbaye de Prémontré.

Écu portant une fasce au lambel de cinq pendants.

❋ SIGILLVM : PETRI : .....IN

(Sigillum Petri .....)

Rachat de rente sur la dîme de Germaine. — Juin 1250.

164 BOURGUEL (GILLES DU).
1411.

Sceau rond, de 25 mill. — Arch. de la Somme; abbaye du Paraclet.

Écu échiqueté à la bande chargée de trois coquilles,
penché, timbré d'un heaume, supporté par deux oiseaux.
— Légende fruste.

Sentence du prévôt de Montdidier au sujet d'une rente. — 23 mai
1411.

165 BOURGUILLEMONT (RENAUD DE),
Écuyer. — 1265.

Sceau rond, d'environ 40 mill. — Hospice de Beauvais, A.

Une étoile à six rais. — Légende détruite.

Rachat de rente par Saint-Lazare de Beauvais. — Novembre
1265.

166 BOURY (JEAN DE),
Chevalier. — 1230.

Sceau rond, de 50 mill. — Arch. de l'Oise; abbaye de Gomerfontaine.

Écu au croissant accompagné de six oiseaux en orle.

❋ SIGILLVM : IOhANNIS : DE BORRIS

(Sigillum Johannis de Borris.)

Don de rente sur la grange du Héloy. — Juillet 1230.

167   BOUTEILLER (GUILLAUME LE),

Sire de Chantilly et de Mouchy. — 1326.

Sceau rond, d'environ 55 mill. — Arch. de l'Oise; Saint-Martin-au-Bois.

Type équestre. Le bouclier et la housse portant cinq gerbes en croix. — Légende détruite.

Contre-sceau : Écu portant cinq gerbes en croix.

S' · G · . . . . VTGLR

(Secret Guillaume le Boutellier?)

Amortissement d'un cens sur une maison à Dammartin. — Octobre 1326.

168   BOUZINCOURT (GILLES DE),

Chevalier. — 1281.

Sceau rond, de 50 mill. — Arch. de la Somme; chapitre d'Amiens.

Écu à la fasce accompagnée de neuf coquilles en orle.

❋ S' · GGIDII · DÑI · DG · BOVSINCORT ·

(Sigillum Egidii, domini de Bousincort.)

Ratification de l'achat des dîmes d'Arvillers. — Octobre 1281.

169   BOVES (ENGUERRAN DE).

1212.

Sceau rond, de 55 mill. — Arch. de la Somme; abbaye de Saint-Fuscien.

Type équestre. Le bouclier fascé de vair et de . . . . . de six pièces. — Légende détruite.

Contre-sceau : Écu fascé de vair chargé de trois besants ou tourteaux en chef. — Sans légende.

Reconnaissance de droits sur le cens de Sains. — 1212.

170   BOVES (ENGUERRAN DE).

XIIIᵉ siècle.

Sceau rond, de 60 mill. — Musée d'Amiens.

Type équestre. Casque carré, le bouclier fascé de vair et de . . . . . de six pièces.

❋ SIGILLVM · IN . . . . . NI · DE BOVA

(Sigillum Ingeranni de Bova.)

Contre-sceau : Écu fascé de vair et de . . . . . de six pièces. — Sans légende.

Sceau détaché.

171   BOVES (ISABEAU, DAME DE),

De Rumigny et de Château-Portien. — 1260.

Sceau ogival, de 70 mill. — Arch. de la Somme; abbaye du Paraclet.

Dame debout, en robe et en manteau, portant un faucon sur le poing, coiffée d'un chapel.

. . . . . DG RVMIGÑS DG CAST PORTR . . . . .

(. . . . . de Rumignasio? de Castro Portriensi.)

Ratification d'une acquisition de biens à Démuin. — Juillet 1260.

172   BOVES (ROBERT DE),

Chevalier. — 1224.

Sceau rond, de 50 mill. — Arch. de la Somme; abbaye de Corbie.

Écu vairé, chargé de trois fasces.

❋ SG . . . VM · ROBGR . I · DG · BOVA

(Sigillum Roberti de Bova.)

Donation du droit de passage sur ses terres. — Janvier 1224.

173   BOVES (ROBERT, SEIGNEUR DE).

1225.

Sceau rond, de 50 mill. — Arch. de la Somme; Saint-Jean d'Amiens.

Écu fascé de vair et de . . . . . de six pièces.

S'. . . . . BOVA

(Sigillum Roberti, domini de Bova?)

Contre-sceau : Mêmes armes. — Sans légende.

Ratification de l'achat d'un terrage. — Décembre 1225.

174   BOVES (ROBERT, SEIGNEUR DE).

1239.

Sceau rond, de 65 mill. — Arch. de la Somme; abbaye du Paraclet et musée d'Amiens.

Type équestre. Casque carré; le bouclier portant une barre coticée par erreur du graveur; il faut une bande coticée.

S ROBGRTI · DOMINI · DG · BOVA

(Sigillum Roberti, domini de Bova.)

Contre-sceau : Écu à la bande coticée.

❋ SGCRGTVꟷ · ROBGRTI

(Secretum Roberti.)

Ratification d'une vente et d'un don de terres. — Juin 1239.

175   BRACHES (JEAN, AVOUÉ DE).

1309.

Sceau rond, de 25 mill. — Hospice Saint-Charles à Amiens.

Sur un champ fretté, un écu à la croix chargée de cinq coquilles.

❋ S' IGHAN AVOVG DG BRACH

(Seel Jehan, avoué de Brach.)

Sentence en faveur des religieux de Visigneux, au sujet de droits de pêche. — 3 mai 1309.

176   BRACHES (PIERRE DE).

1336.

Sceau rond, de 23 mill. — Arch. de la Somme; chapitre d'Amiens.

Écu à la croix chargée de cinq coquilles et accompagnée d'un oiseau au canton sénestre du chef. — Légende détruite.

Sentence du bailli de Vermandois, qui renvoie Mahieu de Doméliers devant la justice du chapitre d'Amiens, malgré la sauvegarde du
roi dont il jouissait. — 3o septembre 1336.

177   BRACHEUX (PIERRE DE),

Chevalier, sire de Merlemont. — 1284.

Sceau rond, de 3o mill. — Arch. de l'Oise; abbaye de Lannoy.

Écu portant trois fasces.

✶ S' PIERON · DE BRACEU

(Seel Pieron de Braceu.)

Autorisation donnée aux religieux de Briostel de pouvoir acquérir
des biens dans sa seigneurie. — Novembre 1234.

178   BRACHEUX (ROBERT DE).

1217.

Sceau rond, de 5o mill. — Hôpital de Beauvais, 51°.

Écu portant trois fasces.

✶ ....VM · RO..... · E BRAICEV

(Sigillum Roberti de Braiceu.)

Confirmation de l'abandon d'une rente. — Juillet 1217.

179   BRAIERS (JEAN).

1271.

Sceau rond, de 42 mill. — Arch. de la Somme; chapitre d'Amiens.

Dans le champ : une épée.

✶ S' IOhAN.. BRAIER

(Sigillum Johannis Braier.)

Acquisition de la dîme de Blanc-Fossé. — 1271.

180   BRAIERS

(ISABELLE, FEMME DE JEAN).

1271.

Sceau ogival, de 45 mill. — Arch. de la Somme; chapitre d'Amiens.

Dans le champ : une fleur de lys.

✶ S' DEMOISELE · ISABEL · ROVELEE

(Seel demoisele Isabel Rovelee.)

Voyez le numéro précédent.

181   BREILLY (COLART LE KIEN DE),

Écuyer. — 1267.

Sceau rond, de 3o mill. — Arch. communales d'Amiens.

Écu portant deux chiens, courant l'un sur l'autre,
contournés.

✶ S' CO....: LI : KEHS : DE BRE.I

(Seel Colart li Kens de Breli.)

Confirmation de l'achat des dîmes de Breilly au profit de Saint-
Ladre d'Amiens. — 28 octobre 1267.

182   BRIQUEMESNIL (JEAN, SIRE DE),

Écuyer. — 1291.

Sceau rond, de 25 mill. — Arch. de la Somme; abbaye du Gard.

Dans le champ : un lion contourné.

✶ S' IOhAN · DE · BRIKEMAILNIL

(Seel Jehan de Brikemailnil.)

Vente d'un fief sis au terroir de Saint-Maulvis. — Avril 1291.

183   BROGLIE (MARIE-THÉRÈSE DE).

1776.

Cachet ovale, de 22 mill. — Arch. de la Somme; évêché d'Amiens.

Deux écus accolés. Celui de Lameth à dextre : écartelé, au 1 et 4, une bande accompagnée de six croix recroisettées au pied fiché, mises en orle; au 2, trois maillets; au 3, un fretté..... L'écu de Broglie à sénestre :
un sautoir ancré. — Sans légende.

Nomination à la cure de Notre-Dame de Dourier. — 10 février
1776.

184   BROYES (JEAN DE).

x111° siècle.

Sceau rond, de 32 mill. — Communiqué par M. Mathon,
à Beauvais.

Écu à la bande accompagnée de six merlettes en orle,
penché, timbré d'un heaume cimé de plumes en éven-
tail, supporté par deux lévriers.

Sel · jehan · de · broies

(Sel Jehan de Broies.)

Matrice originale.

185   BRUCAMPS (JEAN MÉNIER DE),

Écuyer. — 1289.

Sceau rond, de 33 mill. — Arch. de la Somme; chapelains d'Amiens.

Écu au chevron de vair accompagné de trois maillets.

....hAN · MEIGNOIR

(Seel Jehan Meignoir.)

Acquisition des dîmes de Rastel à Gorenflos. — Décembre 1289.

186   BRUNVILLERS (BERTAUT DE),

Écuyer. — 1294.

Sceau rond, de 45 mill. — Arch. de l'Oise; abbaye de Froidmont.

Dans le champ : une étoile à six rais.

.............E BRVVILER

(..... de Brunviler.)

Engagement d'une vigne sise à Hermes. — Juin 1294.

187   BRUYÈRES (ÉTIENNE DE).

1232.

Sceau rond, de 40 mill. — Arch. de l'Oise; abbaye de Froidmont.

Dans le champ : une fleur de lys.

✶ ƎSTIVNƎ · DƎ · BRVƎRI · ·

(Estiune de Bruerie?)

Acquisition d'une terre à Bruyères. — Août 1232.

188   BRUYÈRES (HUGUES DE),

Chevalier. — 1238.

Sceau ogival, de 40 mill. — Arch. de l'Oise; abbaye de Froidmont.

Dans le champ : une main portant une branche d'ornement où sont perchés deux oiseaux.

✶ S' ɈVGONIS DƎ BRVRƎS

(Sigillum Hugonis de Brures.)

Échange d'une vigne. — Février 1238.

189   BUCY (ANSELME, SEIGNEUR DE),

Chevalier. — 1247.

Sceau rond, de 48 mill. — Arch. de l'Aisne; abbaye de Saint-Martin de Laon.

Écu échiqueté, chargé de trois pals.

✶ S' : ANSƎLMI : DÑI : DƎ : BVISSIATO

(Sigillum Anselmi, domini de Buissiato.)

Échange d'un terrage contre une moitié de moulin à vent sis entre Bucy-lès-Pierrepont et Clermont. — Juin 1247.

190   BUCY (AUBRI, SEIGNEUR DE).

1216.

Sceau rond, d'environ 58 mill. — Arch. de l'Aisne; abbaye de Saint-Martin de Laon.

Écu échiqueté, chargé de trois pals.

✶ SI . . . . ƎORI ·

Abandon de la dîme du bois de Forest en faveur du curé de Bucy-lès-Pierrepont. — 1216.

191   BUIERCOURT? (DREUX DE),

Chevalier. — 1280.

Sceau rond, d'environ 45 mill. — Arch. de la Somme; évêché d'Amiens.

Écu losangé?

. . . DRIƎVS . . . . ···

(Seel Drieus . . . . .)

Acquisition de la ville de Pierregot. — 6 mars 1280.

192   BULLES (HENRI TRICHERIE DE).

1237.

Sceau rond, de 42 mill. — Arch. de l'Oise; abbaye de Froidmont.

Dans le champ : une fleur de lys.

S'. . . ꝰRIS · TRIСɈƎRIƎL . . . . VS

(Seel Henris Tricheriel . . . . .)

Don de rente sur la grange du Ponchel. — Mars 1237.

193   BULLES (JEAN DE).

1274.

Sceau rond, de 35 mill. — Arch. de la Somme; chapitre d'Amiens.

Dans le champ : une molette.

✶ S' IƎɈAN · DƎ · BVLLƎS

(Seel Jehan de Bulles.)

Acquisition des dîmes d'Ailly. — 29 juillet 1274.

194   BULLES (MARGUERITE DE TAISNIL,

FEMME DE JEAN DE).

1274.

Sceau ogival, de 46 mill. — Arch. de la Somme; chapitre d'Amiens.

Dans le champ : une fleur de lys fleuronnée.

✶ S'. DƎMISƎLƎ · MARƎƎ · DƎ TAIꝏI ·

(Seel Demisele Marge de Tainni.)

Voyez le numéro précédent.

195   BULLES (MANASSÈS DE).

1205.

Sceau rond, de 50 mill. — Arch. de l'Oise; abbaye de Froidmont.

Écu portant deux fasces.

✶ SIƎILƎ · MAꝏASƎS DƎ . . . IS

(Sigillum Manases de Bulis.)

Confirmation d'une acquisition de rente. — 1205.

196   BULLES (MANASSÈS DE),

Sire de Blanc-Fossé, chevalier. — 1221.

Sceau rond, de 50 mill. — Hôpital de Beauvais, 69[1].

Écu à trois fasces accompagnées de tours crénelées mises en orle.

✶ SIƎILLVM · D . . . . NSƎRI · D' · BVLIS

(Sigillum domini? Manasseri de Bulis.)

Don de rente sur la grange de Blanc-Fossé. — Mars 1221.

197   BURIDAN (BAUDOUIN),

Sire de Dours, chevalier. — 1295.

Sceau rond, de 55 mill. — Arch. de la Somme; chapitre d'Amiens.

Écu portant un lion au lambel de quatre pendants.

. . . . ƏVALIƏR

(. . . . . chevalier.)

Droit de passage à Dours accordé au chapitre d'Amiens. — 31 août 1295.

---

198   BURY (WERRI DE).

1235.

Sceau rond, de 42 mill. — Arch. de l'Oise; abbaye de Froidmont.

Dans le champ : une étoile à huit rais.

✳ SIGILLVM · WƏRRI · DƏ · BVRI

(Sigillum Werri de Buri.)

Acquisition de rente dans la vallée Saint-Nicolas. — Mai 1235.

---

199   BUS (THIBAUD DU),

Écuyer. — 1242.

Sceau rond, de 35 mill. — Arch. de l'Oise; abbaye de Gomerfontaine.

Dans le champ : une fleur de lys.

✳ ꓢ TꓧƏOBALDI DƏ . . . .

(Sigillum Theobaldi de . . . . .)

Confirmation d'un don et d'une acquisition de terre à Boutencourt. — Août 1242.

---

200   CAIGNEUX (HUGUES DE),

Seigneur de Campeaux. — 1215.

Sceau rond, d'environ 52 mill. — Arch. de l'Oise; abbaye de Saint-Germer.

Écu fascé de vair, au sautoir brochant sur le tout. — Légende détruite.

Donation des deux parts de la dîme de Campeaux. — 1215.

---

201   CAIX (GILLES DE),

DIT DE L'AUNOY.

1248.

Sceau rond, de 32 mill. — Arch. de la Somme; abbaye du Paraclet.

Dans le champ : une fleur.

✳ ꓢ' GILLOꓧ DƏ ꓵAIꓢ

(Seel Gillon de Cais.)

Acquisition de terre à Caix. — Février 1248.

---

202   CAMBRON (JEAN DE),

Chevalier. — 1233.

Sceau rond, de 55 mill. — Arch. de la Somme; abbaye de Berteaucourt.

Écu portant trois fasces.

. . . . ꓢ DƏ CAMBR . . . .

(Sigillum Johannis de Cambron . . . . .)

Acquisition de rente sur la grange de Berteaucourt. — Mars 1233.

---

203   CAMBRON (WALON DE),

Chevalier. — 1219.

Sceau rond, de 34 mill. — Arch. de la Somme; abbaye du Gard.

Écu portant trois fasces.

✳ SIGILƏ ꟽALƏ · DƏ CAM · BRVN :

(Sigillum Wale de Cambrun.)

L'abbaye du Gard est autorisée à creuser un fossé pour amener l'eau de la Somme à la grange d'Yseu. — Mai 1219.

---

204   CAMBRONNE (SIMON DE),

Écuyer. — 1259.

Sceau rond, de 40 mill. — Arch. de l'Oise; chapitre de Noyon.

Écu à la fasce chargée de trois merlettes, accompagnée d'une étoile en chef.

✳ ꓢ · SIMON · DƏ · ꓵANBƏRONƏ · ƏRVIƏR

(Seel Simon de Canberone, ékuier.)

Confirmation d'un don. — Septembre 1259.

---

205   CAMPRÉMY (JEAN HELLE DE),

Écuyer. — 1310.

Sceau rond, de 30 mill. — Hospice de Beauvais, 39.

Dans le champ : une fleur de lys fleuronnée.

✳ ꓢ' IƏꟽƏꓧ LƏ ꓧƏLLƏ

(Seel Jehen le Helle.)

Abandon de droits sur les biens d'un bâtard situés dans son domaine. — Avril 1310.

---

206   CANDAS (ENGUERRAN DE).

XIIe siècle.

Sceau rond, de 65 mill. — Musée d'Amiens.

Écu fretté, sous un chef chargé de cinq coquilles.

✳ SIꓭILVM EꓠꓝƏRANNIS DE CANDAS

(Sigillum Engerannis de Candas.)

Sceau détaché.

---

207   CANDAS (ENGUERRAN DE),

Chevalier. — 1230.

Sceau rond, de 50 mill. — Arch. de la Somme; abbaye du Gard.

Écu à deux bandes.

✳ ꓢ INGƏRRAMI DV ꓵANDAS

(Sigillum Ingerrami du Candas.)

Confirmation d'un don de terre et de bois à Longueville. — Janvier 1230.

---

208   CANDAS

(ADÈLE, FEMME DE GUI DE),

Chevalier. — 1252.

Sceau ogival, de 55 mill. — Arch. de la Somme; abbaye de Corbie.

Sur un champ semé d'étoiles : dame debout, en robe

armoyée aux deux bandes de Candas (le graveur a mis des barres), un oiseau sur le poing.

> ✸ **S' ꓮGLI'OIS .... • BGGLOꝛ:**
>
> (Sigillum Aelidis ..... Beeloi.)

Transport de rente sur la grange de l'abbaye de Corbie à Guise. — 1ᵉʳ avril 1252.

---

209 CANDAVÈNE (ANSELME DE).

1162.

Sceau rond, de 65 mill. — Arch. de la Somme; abbaye du Gard.

Type équestre. Sur la housse du cheval, des gerbes.

> **...ILLVM • ꓮHSE.................**
>
> (Sigillum Anselmi .....)

Anselme se porte plége au sujet de la terre de Valheureux, donnée par son frère Gui à l'abbaye du Gard. Au nombre des témoins : « Domina Eustachia, uxor mea. » — 1162.

---

210 CANDAVÈNE (BAUDOUIN DE),

Seigneur de Beauval. — 1240.

Sceau rond, de 68 mill. — Arch. de la Somme; abbaye de Corbie.

Type équestre. Le bouclier et la housse portant cinq gerbes en croix.

> **S' BꓭLDVIHI CꓮꟽPDꓮVGIHG................**
>
> (Sigillum Balduini Campdaveine .....)

CONTRE-SCEAU : Écu à cinq gerbes en croix.

> ✸ **CONTRꓮS' DOꟽIHI BꓮLDVIHI**
>
> (Contrasigillum domini Balduini.)

Acquisition de terres situées à Rozet. — Avril 1240.

---

211 CANDAVÈNE (GUI DE),

Sire du Plessis, chevalier, châtelain de Corbie. — 1264.

Sceau rond, de 65 mill. — Arch. de l'Oise; chapitre de Noyon.

Écu d'hermines, au lion couronné.

> **...GVID............. ꓮVGHG CꓮSTGLꓮHI**
> **DG CORBIꓮ**
>
> (Sigillum Guidonis ...... avene, castelani de Corbia.)

CONTRE-SCEAU : Écu d'hermines, au lion couronné.

> ✸ **SIGILL' : SGCRGTI :**
>
> (Sigillum secreti.)

Quittance par suite d'un accord avec le chapitre de Noyon. — Janvier 1264.

---

212 CANDAVÈNE

(AGNÈS, FEMME DE GUI DE).

1264.

Sceau ogival, de 40 mill. — Arch. de l'Oise; chapitre de Noyon.

La Vierge à mi-corps, couronnée, tenant l'enfant

Jésus. En bas, sous une arcade gothique, une dame priant.

> **S' • ꓮGHG........GVY D' CꓮPDꓮVGH.**
>
> (Seel Agnès, femme? de Guy de Campdavène.)

Agnès renonce à ses droits sur des biens appartenant au chapitre de Noyon. — Janvier 1264.

---

213 CANDAVÈNE (HUGUES DE),

Seigneur de Beauval. — 1296.

Sceau rond, de 66 mill. — Arch. de la Somme; abbaye du Gard.

Type équestre. Casque carré, le bouclier portant des gerbes?

> ✸ **SIGILLVM : ⱶVGOHIS : CꓮHDꓮVꓮIHG**
>
> (Sigillum Hugonis Candavaine.)

CONTRE-SCEAU : Écu à cinq gerbes en croix.

> ✸ **CVSTOS SGCRGTI**
>
> (Custos secreti.)

Fondation de son obit. — Décembre 1296.

---

214 CANNY

(RAOUL FLAMENT, SIRE DE),

Écuyer. — 1294.

Sceau rond, de 46 mill. — Arch. de l'Oise; trésorerie du chapitre de Noyon.

Écu portant dix losanges, au lambel de cinq pendants.

> ✸ **RꓮOVL • FLꓮMGHC • SIGHGVR • .. CꓮVHI**
>
> (Raoul Flamenc, seigneur de Canni.)

CONTRE-SCEAU : Écu portant dix losanges, 4, 3, 2 et 1, au lambel de trois pendants.

> ✸ **SGCRGTꓦ • R • DCI • FLꓮMGHT**
>
> (Secretum Radulfi, dicti Flament.)

Amortissement. — Juillet 1294.

---

215 CANTRAINE (JEAN DE).

1273.

Sceau rond, de 40 mill. — Arch. de la Somme; évêché d'Amiens.

Écu au franc canton sénestre fretté, portant en chef à dextre une marmite à trois pieds.

> **... ...ꓮH DG ....IHHG**
>
> (Seel Jehan de Canteroinne.)

Acquisition des dîmes de Frohen. — Mars 1273.

---

216 CARDONOI (JEAN, SEIGNEUR DE).

1297.

Sceau rond, de 50 mill. — Arch. de l'Oise; abbaye de Froidmont.

Écu portant une aigle.

4

✻ ....RDONAI

(Sigillum Johannis, domini de Cardonai.)

Confirmation d'une rente de pain à Pierrepont. — 1207.

---

217 CAUFFRY (EUDES DE),

Chevalier. — 1218.

Sceau rond, de 50 mill. — Hôpital de Beauvais, 51 ᵇ.

Écu au lion passant couronné.

✻ SIGILLVO · ODONIS · DE · CҺAꝰFERI ·

(Sigillum Odonis de Chauferi.)

Donation de champart et de cens à Guignecourt, à Tillé et à Cauffry. — 1218.

---

218 CAUMONT (BAUDOUIN DE),

Sire de Plumoison, chevalier. — 1338.

Sceau rond, de 28 mill. — Arch. de la Somme; évêché d'Amiens.

Dans un encadrement quadrilobé et sur champ fretté, un écu semé de croisettes et chargé de trois étoiles. — Légende détruite.

Fondation d'une chapellenie à Plumoison. — 6 décembre 1338.

---

219 CAUMONT

(JEANNE, DAME DE QUESNOY, DE PLUMOISON, FEMME DE BAUDOUIN DE).

1338.

Sceau ogival, de 45 mill. — Arch. de la Somme; évêché d'Amiens.

Dame debout accostée de deux écus : à dextre semé de croisettes à trois étoiles; à sénestre de même, avec une bande brochant sur le tout.

....ҺANE · DE · RENNOꝰ ... DE · PLVMOIS..

(Seel Jehane de Kennoy .... de Plumoison.)

Voyez le numéro précédent.

---

220 CAUMONT (COLART DE),

′ Sire de Montorgueil, écuyer. — 1310.

Sceau rond, de 20 mill. — Arch. de la Somme; abbaye du Gard.

Écu semé d'étoiles, brisé d'une fleur de lys au canton sénestre du chef.

✻ Sꝰ GOLLARE · DE · MONEORGVL

(Seel Collart de Montorgul.)

Reconnaissance de droits sur une terre à Valheureux. — 24 mars 1310.

---

221 CEMPUIS (PIERRE DE),

Chevalier. — 1254.

Sceau rond, de 50 mill. — Arch. de l'Oise; abbaye de Saint-Paul.

Écu portant trois lions.

✻ ......LITIS ....PVIS

(Sigillum Petri, militis de ..... puis.)

Confirmation d'un don de rente à Cempuis et à Ville-en-Bray. — Juillet 1254.

---

222 CEMPUIS

(AGNÈS, FEMME DE PIERRE DE).

1254.

Sceau rond, de 45 mill. — Arch. de l'Oise; abbaye de Saint-Paul.

Dans le champ : une fleur de lys fleuronnée. — Légende détruite.

Voyez le numéro précédent.

---

223 CEMPUIS

(AGNÈS DES CHÊNES, VEUVE DE PIERRE DE).

1263.

Sceau ogival, de 60 mill. — Arch. de l'Oise; abbaye de Lannoy.

Dame debout, en robe et en manteau, tenant un fleuron à la main gauche.

..........AME DE GE.....DE .ILE EN BRA.

(Seel Agnès, dame de Ce..... et de Vile en Bray.)

Don de rente sur la grange de Ville-en-Bray. — Février 1263.

---

224 CENSIER (JEAN),

De Demenchecourt, écuyer. — 1269.

Sceau rond, de 38 mill. — Arch. de la Somme; Saint-Jean d'Amiens.

Écu au sautoir componé.

✻ Sꝰ IEҺAN LI GENSIERS DAVGI

(Seel Jehan li Censiers d'Auci.)

Ratification d'un don de terre à Demenchecourt. — 25 juillet ou 1ᵉʳ mai 1269.

---

225 CENSIER (BÉATRIX, FEMME DE JEAN).

1269.

Sceau ogival, de 45 mill. — Arch. de la Somme; Saint-Jean d'Amiens.

Dans le champ : une fleur de lys fleuronnée.

..DEMISELE B.......E DEMEGOVRT

(Seel demisele Beatris de Demecourt.)

Voyez le numéro précédent.

---

226 CERNAY (MAHAUT, DAME DE).

XIIIᵉ siècle.

Sceau ogival, de 52 mill. — Musée d'Amiens.

Dame debout, en robe et en manteau vairé, un oiseau sur le poing; à dextre, un écu à deux fasces accompagnées de huit merlettes en orle; à sénestre, écu portant une fasce.

✻ S' · MAḄAVT · DAMꬲ · Dꬲ · ꬲꬲRꬼAI · :

(Seel Mahaut, dame de Cernai.)

Matrice originale.

227 CESSOY (HUGUES DE).

1236.

Sceau rond, d'environ 50 mill. — Arch. de la Somme; abbaye du Paraclet.

Écu à la bande losangée. — Légende détruite.

Don de rente sur la grange de Cessoy. — Juillet 1236.

228 CHAMBLY (JEAN DE),

Dit Hideux. — 1293.

Sceau hexagone, de 18 mill. — Arch. de l'Oise; Saint-Martin-au-Bois.

Dans le champ : un chandelier accosté de deux coquilles.

✻ S' IꬲḄAꬼ ḄIDVS Dꬲ ꬲḄABLI

(Seel Jehan Hidus de Chambli.)

L'abbaye de Beaupré prend à cens une terre à Machecourt près Beaumont. — Juin 1293.

229 CHAMPAGNES (RENAUD DE),

Chevalier. — 1258.

Sceau rond, de 52 mill. — Arch. de l'Oise; abbaye de Froidmont.

Écu à la croix recercelée, au franc canton d'hermines portant une molette en cœur.

✻ S'. RꬲꬼIꬼALDI · Dꬲ · ꬲAMPAꬼIIS · MILITIS ·

(Sigillum Reginaldi de Campaniis, militis.)

Cession d'une terre à Bernes. — Octobre 1258.

230 CHANLE (RAOUL DE).

Chevalier. — 1301.

Sceau rond, de 45 mill. — Arch. de l'Oise; chapitre de Noyon.

Écu portant trois lions, à la bordure denchée.

SꬲꬲL RAOVL Dꬲ ꬲḄAꬼL.

(Seel Raoul de Chanle.)

Acquisition de la terre de Curchy. — Février 1301.

231 CHANLE

(MARIE, FEMME DE RAOUL DE).

1301.

Sceau ogival, de 40 mill. — Arch. de l'Oise; chapitre de Noyon.

Dame debout, un oiseau sur le poing.

SꬲꬲL MAROIꬲ ......RꬲꬼꬾOVRT

(Seel Maroie ....rencourt.)

Voyez le numéro précédent.

232 CHAON (THOMAS DE),

Seigneur de Toulis, chevalier. — 1250.

Sceau rond, de 45 mill. — Hôtel-Dieu de Laon.

Écu à la fasce accompagnée d'une étoile en chef et à dextre.

.. TḄOMꬲ MIL..........

(Sigillum Thome, militis ....)

Ratification d'un échange. — Décembre 1250.

233 CHAPELLE (GEOFFROI DE LA),

Chevalier. — 1233.

Sceau rond, de 55 mill. — Arch. de l'Oise; abbaye de Froidmont.

Écu à la bande. — Légende détruite.

Don d'un champart à Corneilles. — Juillet 1233.

234 CHARRON (PHILIPPE DE).

1220.

Sceau rond, de 50 mill. — Hôpital de Beauvais, 43°.

Écu portant un lambel de six pendants, à la bordure.

..IꬾILLVM : PḄILI.PI : Dꬲ : ꬾḄARR..

(Sigillum Philippi de Charron.)

Confirmation de la vente d'une vigne sise à Câtenoy. — Mars 1220.

235 CHÂTEAUNEUF

(GUILLAUME, SEIGNEUR DE)

Et de la Roche. — XV° siècle.

Sceau rond, de 65 mill. — Arch. de l'Oise.

Type équestre; le heaume à lambrequins cimé d'une tête d'aigle, le bouclier et la housse écartelés : au 1 et 4, une fasce; au 2 et 3, échiqueté chargé d'un huchet.

s : ꬾuillaume : feigneur : ꬴe : la : roche : et : ꬴe : chaftelneuf :

(Seel Guillaume, seigneur de la Roche et de Chastelneuf.)

Matrice originale.

236 CHÂTILLON (GAUCHER DE),

Seigneur de la Ferté-en-Ponthieu, chevalier. — 1342.

Sceau rond, de 52 mill. — Arch. de la Somme; évêché d'Amiens.

Type équestre sur champ fretté; le bouclier et la housse aux trois pals de vair sous un chef chargé de trois merlettes.

s : ꬾḄVꬾḄꬲR : Dꬲ : ꬾḄ......Sꬲꬾꬼ : Dꬲ : LA : FꬲRTꬲ : ꬲꬼ : PÓTI

(Seel Gaucher de Chasteillon, segneur de la Ferté-en-Pontieu.)

4.

Fondation d'une chapelle dans le château de la Ferté. — Octobre
1342.

---

237   CHÂTILLON (JEAN DE),

Chevalier, seigneur d'Yaucourt. — 1376.

Sceau rond, de 22 mill. — Arch. de la Somme; chapitre d'Amiens.

Écu à trois pals de vair sous un chef chargé de trois
merlettes, penché, timbré d'un heaume cimé d'une touffe
de plumes, supporté par deux lions.

IEHAN · DE · CHASTELION · CHLR

(Jehan de Chastelion, chevalier.)

Renonciation à un droit de champart à Bellencourt. — 27 mars
1376.

---

238   CHAUMONT (GAÇON DE),

Chevalier. — 1248.

Sceau rond, de 55 mill. — Arch. de l'Oise; abbaye de Gomerfontaine.

Écu à la croix de losanges.

.... **AVALIER**

(............. chevalier.)

Dotation de sa sœur Pétronille, religieuse de Gomerfontaine. — Juin
1248.

---

239   CHAUMONT (GUILLAUME DE),

Chevalier. — 1213.

Sceau rond, d'env. 65 mill. — Arch. de l'Oise; abbaye de Gomerfontaine.

Type équestre. Le cavalier coiffé d'un casque conique,
vêtu d'une cotte de mailles; bouclier à ombilic. — Légende détruite.

Don de la couture «del Pisseiz» à Montjavoult et d'un cens à Chaumont. — 1213.

---

240   CHAUMONT (IVES DE).

1239.

Sceau rond, de 30 mill. — Arch. de l'Oise; abbaye de Gomerfontaine.

Intaille ovale, représentant un personnage debout.

✱ S. IVONIS CALVIMONTN

(Sigillum Ivonis Calvimontensis.)

Ratification d'une acquisition de terres à Jaméricourt. — 6 novembre 1239.

---

241   CHAUMONT (MATHIEU DE),

Chevalier. — 1248.

Sceau rond, de 55 mill. — Arch. de l'Oise; abbaye de Gomerfontaine.

Écu burelé.

✱ S' ......MATHEI · DE · CHA....

(Sigillum domini? Mathei de Cha.....)

Ratification d'un don de terre à Montjavoult. — Mai 1248.

---

242   CHAUSSÉE (ANCOUL DE LA).

1229.

Sceau rond, de 45 mill. — Arch. de l'Oise; abbaye de Gomerfontaine

Dans le champ : une fleur de lys fleuronnée.

✱ S' ANCOVLFI.........

(Sigillum Ancoulfi ....)

Ratification d'un don. — Avril 1229.

---

243   CHAVERSY

(NEVELON, SEIGNEUR DE),

Chevalier. —1245.

Sceau rond, de 48 mill. — Arch. de l'Oise; abbaye de Chaalis.

Écu échiqueté.

✱ S NEVELO DE CHAVERCI

(Sigillum Nevelo de Chaverci.)

CONTRE-SCEAU : Écu échiqueté. — Sans légende.

Donation d'une maison située «in vico Parisiensi». — Décembre
1245.

---

244   CHEPOIX (JEAN DE),

Écuyer. — 1280.

Sceau rond, de 30 mill. — Arch. de la Somme; chapitre d'Amiens.

Écu portant cinq tournelles, au lambel de trois pendants.

✱ S' IEHAN DE CHEPOI ·

(Seel Jehan de Chepoi.)

Vente des dîmes du Mesnil-sur-Rocquencourt. — Mai 1280.

---

245   CHOISIAU OU CHOISEL (PIERRE),

Seigneur du Plessis près Senlis. — 1237.

Sceau rond, de 50 mill. — Arch. de l'Oise; abbaye de la Victoire.

Écu semé de fleurs de lys, à la barre.....

**✱ S' PETRI CHOISEL MILITIS ......
DE PLESSEIO**

(Sigillum Petri Choisel, militis, domini de Plesseio.)

Échange de rentes «au Pisseiz». — 14 janvier 1237.

---

246   CHOISIAU (PIERRE),

Sire de Chennevières. — 1300.

Sceau rond, de 45 mill. — Arch. de l'Oise; abbaye de Chaalis.

Écu semé de fleurs de lys, au sautoir.

.... **ARR..... D'·CHNEVIER ..**

(Seel Pierre Choysiau, chevalier, sire de Chennevières.)

Ratification d'un échange de terres. — Septembre 1300.

247   CLAROIS? (RAOUL DE).

1336.

Sceau rond, de 20 mill. — Arch. de la Somme; chapitre d'Amiens.

Écu fretté, au franc canton sénestre d'hermines.

..RAOVL DE LAR...

(Seel Raoul de ....)

Sentence du bailli de Vermandois qui renvoie Mahieu le Clerc de Doméliers devant la justice du chapitre d'Amiens, malgré la sauvegarde du roi dont il jouissait. — 3o septembre 1336.

248   CLERMONT (ANTOINE DE).

xxᵉ siècle.

Sceau rond, de 32 mill. — Communiqué par M. Mathon , à Beauvais.

Écu écartelé : au 1 et 4, deux clefs en sautoir; au 2 et 3, un fretté; penché, timbré d'un heaume cimé d'un vol.

s : anthoine ⋅ ⅋ ⋅ clermont

(Seel Anthoine de Clermont.)

Matrice originale.

249   CLERMONT (GERTRUDE D'AILLY,

VEUVE DE RAOUL DE?.

1287.

Sceau ogival, de 72 mill. — Arch. de l'Oise; abbaye de Froidmont.

Dame debout, en robe et en manteau, un oiseau sur le poing.

✻ SIG......GRTRVDIS DOMING DG ALLIAGO

(Sigillum Gertrudis , domine de Alliaco.)

Ratification d'une vente de terres faite à l'abbaye de Froidmont par Simon de Clermont, fils de Gertrude d'Ailly. — Mai 1237.

250   COCHEREL (BAUDOUIN DE),

Chevalier. — 1203.

Sceau rond, d'environ 60 mill. — Arch. de l'Oise; abbaye de Saint-Lucien.

Type équestre. Casque carré, le bouclier fruste. — Légende détruite.

Ratification d'un don de terre et de bois «apud Corcheles». — 1203.

251   COLBERT

(JEAN-FRANÇOIS, MAIGNELAY, ETC.).

1776.

Cachet ovale, de 25 mill. — Arch. de la Somme; évêché d'Amiens.

Écu à la guivre, surmonté d'une couronne, supporté par deux licornes. — Sans légende.

Présentation à la chapelle de son château de Lambercourt. — 20 novembre 1776.

252   CONCHIGNECOURT (RENAUD DE)

(DE COUSSINIÇOURT?),

Chevalier. — 1237.

Sceau rond, de 45 mill. — Arch. de l'Oise; abbaye de Froidmont.

Écu au sautoir cantonné de quatre courlis?

✻ S RALGNIARD ..CVVORLI

(Seel Ralgniard .... Cuvorli.)

Ratification de la vente d'une terre dite *Avesna de Imbercort*. — Décembre 1237.

253   CONTRE (RENAUD DE).

1260.

Sceau rond, de 45 mill. — Arch. de la Somme; évêché d'Amiens.

Dans le champ : une étoile à six rais.

✻ S. RGNAVS DG GONTRGS

(Seel Renaus de Contres.)

Acquisition de fief à Revelles. — Mars 1260.

254   CONTY (EUSTACHE, SIRE DE),

Chevalier. — 1261.

Sceau rond, de 65 mill. — Arch. de l'Oise; abbaye de Saint-Lucien.

Type équestre. Le bouclier et la housse plains, à la bordure.

Sⁱ. ႹGVSTAGႹII ⋅ DOMINI ⋅ D. ..NTGIO : MILIꟼ

(Sigillum Heustachii, domini de Conteio, militis.)

CONTRE-SCEAU : Écu plain, à la bordure.

✻ SIGILL ⋅ SGGRGTI ⋅

(Sigillum secreti.)

Ratification d'un transport de rente. — Juin 1261.

255   CONTY (JEAN DE).

Commencement du xıııᵉ siècle.

Sceau rond, de 75 mill. — Musée d'Amiens.

Personnage à cheval, coiffé d'un casque carré, couvert d'un bouclier paraissant fretté à la bordure, la cotte terminée en bas par de longues lanières.

SIGILL IOHႹႽႽIS DG GOႹTI

(Sigillum Johannis de Conti.)

Sceau détaché.

256   CONTY (JEAN DE),

Écuyer. — 1255.

Sceau rond, de 45 mill. — Arch. de l'Oise; abbaye de Saint-Lucien.

Écu semé d'étoiles, au lion couronné.

........DG GOႹ..

(............. de Conti.)

Ratification d'un échange. — 17 mars 1255.

257   CONTY (MANASSÈS DE).

1194?

Sceau rond, d'environ 52 mill. — Arch. de l'Oise; abbaye de Breteuil.

Type équestre. Le cavalier vêtu de mailles; casque à timbre arrondi et à nasal. — Légende détruite.

Manassès se porte plège au sujet d'une rente viagère. — Sans date; au haut de l'acte, 1194.

258   CONTY (ROBERT DE).

1190.

Sceau rond, de 60 mill. — Arch. de l'Oise; abbaye de Froidmont.

Type équestre. Casque conique à nasal, bouclier à ombilic.

✶ SIGILLVM ROBERTI DE CVNTI

(Sigillum Roberti de Cunti.)

Robert de Conty se porte plége au sujet d'une rente à Fournival. — 1190.

259   CONTY (THIBAUD DE).

XIIIᵉ siècle.

Sceau rond, de 60 mill. — Musée d'Amiens.

Écu portant trois pals, à la bordure.

✶ SIGILL · THEOBALDI · DE · CVNTI

(Sigillum Theobaldi de Cunti.)

Sceau détaché.

260   COQUEL (RAOUL),

De Fonches. — 1257.

Sceau rond, de 50 mill. — Arch. de la Somme; évêché d'Amiens.

Dans le champ : un coq.

... ADVL.. ... VEL

(Sigillum Radulfi Coquel.)

Vente du terrage de Rollot. — Septembre 1257.

261   COUCY

(ADÈLE, FEMME DE RAOUL, SEIGNEUR DE)

Et de Marie. — 1188.

Sceau ogival, de 70 mill. — Arch. de l'Aisne; abbaye de Saint-Vincent.

Dame debout, en robe et en manteau, à tresses pendantes, un oiseau sur le poing. -

✶ SIGILLVM AELI........COCIACI

(Sigillum Aelidis .... Cociaci.)

Abandon de droits sur les bois d'Erlon. — «Actum feliciter» 1188.

262   COUDUN (NICOLAS DE).

Chevalier. — 1227.

Sceau rond, d'environ 55 mill. — Arch. de l'Oise; abbaye de la Victoire.

Type équestre. Le bouclier portant une fasce, au lambel.

.... DVNO

(................. de Couduno.)

Ratification d'une acquisition de terre à Ivillers. — Avril 1227.

263   COUDUN (PIERRE SOULLART DE),

Chevalier. — 1304.

Sceau rond, de 32 mill. — Arch. de l'Oise; chapitre de Noyon.

Écu semé de .... à la fasce.

✶ S'. S..... DE COVDVN · CRR ·

(Seel Soullart? de Coudun, chevalier.)

Vente des biens que sa femme et lui possèdent à Gruny. - - Juin 1304.

264   COUDUN

(JEANNE, FEMME DE PIERRE SOULLART DE).

1304.

Sceau ogival, de 40 mill. — Arch. de l'Oise; chapitre de Noyon

Dame debout, un oiseau sur le poing, tenant à la main droite une fleur. A dextre et à sénestre, un écu à la fasce.

S'. MADAME · IEHA... DE · LONGVESS...

(Seel madame Jehanne de Longuessart?)

Voyez le numéro précédent.

265   COURCELLES (GAUTIER DE).

Chevalier. — 1265.

Sceau rond, de 35 mill. — Arch. de l'Oise; abbaye de Gomerfontaine.

Écu au croissant accompagné de six oiseaux, trois en chef et trois en pointe.

✶ S'. GALTERI · DE · COVRCE.....ITIS

(Sigillum Galteri de Courcellis, militis.)

Don de terres arables sises au Héloy. — Septembre 1265.

266   COURCELLES (JEAN DE).

XIIIᵉ siècle.

Sceau rond, de 43 mill. — Musée d'Amiens.

Dans le champ : une fleur de lys à fleurons.

✶ S' : IOHANNIS : NEPOTEM : DE : COV..HELES

(Sigillum Johannis Nepotem de Courcheles.)

Sceau détaché.

267   COURTISOT

(BÉATRIX, FEMME DE PERRON DE).

Chevalier. — 1292.

Sceau ogival, de 40 mill. — Arch. de l'Aisne; évêché de Laon.

Dame debout, en robe et en manteau vairé, tenant un fleuron de la main droite; à sénestre, un écu losangé.

✶ LE SEEL BYETRIS DAME DE CRAVDON

(Le seel Byetris, dame de Craudon.)

Confirmation de la vente de certains biens situés à Nouvion et à Laval. — Juin 1292.

268   CRAMOISY (GUILLAUME DE),

Écuyer. — 1363.

Sceau rond, de 25 mill. — Arch. de l'Oise; abbaye de Froidmont.

Écu billeté? au chef chargé d'une étoile à sénestre, penché, timbré d'un heaume cimé de .....

GVILE DE KRAMOISI

(Guillaume de Kramoisi.)

Confirmation de rente sur son manoir de Filerval. — 5 octobre 1363.

269   CRAON (JEAN DE),

Seigneur de Beaupreau. — 1416.

Sceau rond, de 35 mill. — Arch. de la Somme; chapelains d'Amiens.

Écu écartelé d'un losange et d'un lion au bâton en bande brochant, penché, timbré d'un heaume cimé d'une tête de loup, sur un champ fretté semé des lettres gothiques a et m.

. . . . . tehan : de : cra . . . . .

(. . . . . Jehan de Craon . . . .)

Son consentement à l'acquisition d'une terre située à Querrieux. — 1416.

270   CRAON

(GUYE, FEMME DE JEAN DE).

1416.

Sceau rond, de 32 mill. — Arch. de la Somme; chapelains d'Amiens.

Écu parti : au 1, un losangé coupé d'un lion couronné au bâton brochant; au 2, un plain sous un chef.

✶ Seel : Guie : d . . . . . y : dame : de : domart

(Seel Guie de . . . . dame de Domart.)

Voyez le numéro précédent.

271   CRÉPY (THIBAUD DE).

1167.

Sceau ogival, de 70 mill. — Arch. de l'Oise; abbaye de Chaalis.

Type équestre. Le cavalier, couvert de mailles, coiffé d'un casque conique à nasal, tient de la main gauche la bride et son bouclier retenu par une courroie passée en sautoir; de la main droite il brandit sa grande épée.

✶ SIGILLVM TEOBALDI DE CRESPEIO

(Sigillum Teobaldi de Crespeio.)

Don à métairie d'une vigne sise à Thorigny. — 1167. — Le sceau de Thibaud de Crépy est un des rares exemples d'un type équestre à forme ogivale.

272   CRESSONSACQ (ANSEL DE),

Chevalier. — 1263.

Sceau rond, de 50 mill. — Arch. de l'Oise; prieuré de Saint-Maurice.

Écu vairé, au lion couronné. — Légende détruite.

Acquisition par le roi saint Louis d'un revenu sur le travers de Maisons-sur-Seine. — Avril 1263.

273   CRESSONSACQ

(COLAYE, FEMME D'ANSEL DE).

1263.

Sceau ogival, de 60 mill. — Arch. de l'Oise; prieuré de Saint-Maurice.

Dame debout, en robe et en manteau vairé, un faucon sur le poing.

. . . . ORIS · DNI · ANSELLI · DE · CRESON . . . .

(. . . . . uxoris domini Anselli de Cresonessart.)

Voyez le numéro précédent.

274   CRÈVECŒUR (CLÉMENCE DE).

1236.

Sceau ogival, de 50 mill. — Arch. de l'Oise; abbaye de Froidmont.

Dame debout, en robe et en manteau, tenant un livre à la main gauche, coiffure carrée.

✶ S' CLENTIE VXORIS . . . .

(Sigillum Clementie, uxoris . . . .)

Ratification d'un don de terre à Hardivillers. — Mai 1236.

275   CRÈVECŒUR (ENGUERRAN DE).

Fin du XIIe siècle.

Sceau rond, de 55 mill. — Hôpital de Beauvais, 75¹.

Type équestre. Casque à timbre arrondi et à nasal; bouclier à ombilic.

✶ SIGILLVM INGERANNI DE CR. VECVER

(Sigillum Ingeranni de Crevecuer.)

Don d'une rente sur le grenier de Crèvecœur. — Sans date.

276   CRÈVECŒUR (JEAN DE),

Chevalier. — 1224.

Sceau rond, de 55 mill. — Hôpital de Beauvais, 51².

Écu fascé de six pièces, chargé de douze fleurs de lys en orle.

✶ SIGILLVM · IOHANNIS · DE · CREVECQ

(Sigillum Johannis de Crevequer.)

Confirmation d'une acquisition de terre à Tillé. — Mars 1224.

277   CRÈVECŒUR

(JEANNE DE DARGIES, FEMME DE JEAN DE).

1331.

Sceau ogival, de 40 mill. — Arch. de la Somme; abbaye du Paraclet.

Dame debout, un faucon sur le poing; accostée à dextre d'un écu chevronné; à sénestre, d'un écu portant des merlettes en orle. Dans le champ : deux rameaux.

....GLATFE DE DARG.. DEMOISEE DE GRIVEGV..

(Seel Jehanne de Dargies, demoiselle de Crivecuer.)

Confirmation d'une rente sur la terre de Proyart léguée à l'abbaye du Paraclet par Jean de Dargies, père de Jeanne. — Novembre 1331.

278   CRÈVECŒUR (JEAN DE),

Dit Flament, sire de Crèvecœur, chevalier. — 1400.

Sceau rond, de 32 mill. — Hôpital de Beauvais, 75 1.

Écu à trois chevrons, penché, timbré d'un heaume cimé, supporté par deux lions.

.......SEIGNNA..........

(........ seigneur......................)

Confirmation de rente sur la grange de Crèvecœur. — 10 juillet 1400.

279   CRÈVECŒUR (RÉNAUD DE).

1245.

Sceau rond, de 45 mill. — Hôpital de Beauvais, 49 W.

Écu fascé de six pièces, à douze fleurs de lys en orle, au lambel de quatre pendants.

✱ S' · RAINAVDI · DE GRIG...VER

(Sigillum Rainaudi de Crievecuer.)

Amortissement. — Février 1245.

280   CRÈVECŒUR (RENAUD DE),

Chevalier. — 1280.

Sceau rond, de 52 mill. — Hôpital de Beauvais, 51 W.

Écu fascé de six pièces, à douze fleurs de lys en orle.

..REINA.DI · DE GRIEVE....

(Sigillum Reinaldi de Crievecuer.)

CONTRE-SCEAU : Écu portant trois chevrons.

✱ S'. R : DE : GRIEVEGVER : M :

(Secretum Reinaldi de Crievecuer, militis.)

Reconnaissance de droits sur des terres à Tillé. — Novembre 1280.

281   CRÈVECŒUR (RENAUD DE).

Chevalier. — 1364.

Sceau rond, d'environ 50 mill. — Hôpital de Beauvais, 75 1.

Type équestre. Le bouclier, l'ailette et la housse portant trois chevrons. — Dans le champ : des feuillages.

REN........S GHR

(Seel Renaut .... chevalier.)

Confirmation de rente sur les greniers de Crèvecœur. — 17 avril 1364.

282   DARGIES

(IDA, FEMME DE GOBERT, CHEVALIER ET SIRE DE).

1288.

Sceau rond, de 28 mill. — Hôpital de Beauvais, 55 W.

Écu parti : au 1, des merlettes en orle; au 2, un lion au lambel.

✱ S'. HIDE · D.ME · DE · D.ROIS

(Seel Hide, dame de Dargis.)

Abandon de droits sur les hommes de la maison de Franc-Chastel. — Août 1288.

283   DARGIES (HUGUES DE),

Chevalier. — 1239.

Sceau rond, de 65 mill. — Arch. de l'Oise; abbaye de Froidmont.

Type équestre. Casque carré, le fourreau de l'épée attaché à droite; le bouclier à deux bars adossés.

✱ SIGILLVM : HVGONIS : DE : DARGIES

(Sigillum Hugonis de Dargies.)

Acquisition de biens à Cormeilles, Blanc-Fossé, etc. — Avril 1239.

284   DARGIES (HUGUES DE),

Sire de Blanc-Fossé, chevalier. — 1259.

Sceau rond, de 35 mill. — Arch. de l'Oise; abbaye de Froidmont.

Écu semé de croisettes au pied fiché à deux bars adossés, brisé d'un lambel de trois pendants.

✱ S'. HVGONIS DE ..GIES MILITIS

(Sigillum Hugonis de Dargies, militis.)

Confirmation d'une acquisition. — Décembre 1259.

285   DARGIES (JEAN DE),

Sire de Béthencourt, chevalier. — 1355.

Sceau rond, de 22 mill. — Arch. de l'Aisne; abbaye de Saint-Vincent.

Écu à huit merlettes en orle, penché, timbré d'un heaume à volet, supporté par deux lions.

.........HAN · DE · BE....GOVRT

(Seel Jehan de Béthencourt.)

Rachat de rente sur la dîme de Monceau. — 5 décembre 1355.

286   DARGIES (JEAN DE),

Sire de Blérencourt, chevalier. — 1409.

Sceau rond, de 30 mill. — Arch. communales de Chauny.

Écu portant des merlettes en orle, penché, timbré d'un heaume cimé d'un vol, supporté par des lions.

ıeɥau ħ ðar . . . . .

(Jehan de Dargies . . . .)

Sentence portant que les bêtes de boucherie doivent être esgardées et marquées avant d'être tuées. — 28 août 1409.

287   DARGIES (RENAUD DE),

Chevalier. — 1246.

Sceau rond, de 52 mill. — Arch. de l'Oise; abbaye de Froidmont.

Écu portant neuf merlettes en orle.

✠ **S· REꞂALDI ꞉ DE · DARGIES**

(Sigillum Renaldi de Dargies.)

Échange de droits dans la forêt du Gard, entre Hardivillers et Breteuil. — Août 1246

288   DÉMUIN (MANESSIER DE),

Chevalier. — 1242.

Sceau rond, de 45 mill. — Arch. de la Somme; abbaye du Paraclet.

Écu au chef chargé d'une fleur de lys issant.

. . . . .ES S' DE DEMVIN

(Seel Manassès, sire de Demuin?)

Acquisition de terre à Démuin. — Mai 1242.

289   DOMÉLIERS (JEAN DE),

Écuyer. — 1276.

Sceau rond, de 28 mill. — Arch. de la Somme; chapitre d'Amiens.

Écu portant une épée en bande.

✠ **S' IEɦAꞂ DE DOVMELIERS**

(Seel Jehan de Doumeliers.)

Acquisition de la mairie de Doméliers. — 27 novembre 1276.

290   DOMESMONT (PHILIPPE DE).

XIIIᵉ siècle.

Sceau rond, de 45 mill. — Musée d'Amiens.

Dans le champ : un dragon ailé terminé par des rinceaux.

✠ **S' PɦILIPI · DꞂI · DE · DOVMAIMOT**

(Sigillum Philipi, domini de Doumaimot.)

Sceau détaché.

291   DOMINOIS (GUILLAUME DE),

Chevalier. — 1286.

Sceau rond, de 40 mill. — Arch. de la Somme; chapitre d'Amiens.

Écu à la croix recercelée.

✠ **∽' GVILEI ꞉ DAMINOIS ꞉ MILITI.**

(Sigillum Guillelmi Daminois, militis.)

Rachat de rente sur la grange de Bertaucourt. — 11 avril 1286.

292   DONNEVAL (RENAUD DE).

1254.

Sceau rond, de 42 mill. — Arch. de l'Oise; collégiale de Saint-Thomas.

Écu vairé? à deux fasces.

✠ ꞉ S' . . .A . . DE DOꞂEVAL

(Seel Renaut de Doneval.)

Acquisition du quart de la dîme d'Orrouy. — Mars 1254.

293   DONQUEUR (GUILLAUME DE),

Chevalier. — 1351.

Sceau rond, de 28 mill. — Arch. de la Somme; chapitre d'Amiens

Écu au chevron, penché, timbré d'un heaume à volet cimé d'une tête d'âne ou de chameau.

. . . . .ıꞂE DE DOꞂQVQVRRQ

(Seel Guillaume de Donqueurre.)

Transaction au sujet de la justice d'une grange à Ferrière. — 23 mars 1351.

294   DOULLENS (GEOFFROI DE),

Seigneur de Barbure. — 1207.

Sceau rond, de 35 mill. — Arch. de la Somme; abbaye du Gard.

Écu portant deux barres. On a probablement voulu représenter deux bandes.

✠ **SIGILE ꞉ GAVFRIDI ꞉ DE DOVLEꞂS ꞉**

(Sigillum Gaufridi de Doulens.)

Acensement de terre à Longueville. — Juin 1207.

295   DOULLENS (GUI DE).

Commencement du XIIIᵉ siècle.

Sceau ogival, de 56 mill. — Musée d'Amiens.

Écu à deux bandes.

✠ **SIGILE ꞉ GVIDOꞂIS ꞉ DE ꞉ DORLEꞂS**

(Sigillum Guidonis de Dorlens.)

CONTRE-SCEAU : Dans le champ : une fleur de lys fleuronnée.

✠ **S' ꞉ DꞂI ꞉ DE ꞉ FROɦEꞂS**

(Secretum domini de Frohens.)

Sceau détaché.

5

296 DU (GUILLAUME DE),

Écuyer. — XVe siècle.

Sceau rond, de 20 mill. — Communiqué par M. Mallet, à Amiens.

Dans le champ : une quintefeuille.

S' GVILL DE DV ESCVIER

(Seel Guillaume de Du, escuier.)

Matrice originale.

297 ÉCRY (GÉRARD, SEIGNEUR D')

Et de Bétincourt. — 1231.

Sceau rond, de 60 mill. — Arch. de l'Aisne; abbaye de Saint-Martin de Laon.

Écu échiqueté, au chef chargé d'un lion à dextre.

✱ SI.......ARDI DE ECREIO

(Sigillum Gerardi de Ecreio.)

Contre-sceau : Écu échiqueté, au chef chargé d'un lion à dextre.

✱ SIGNVM GERARDI

(Signum Gerardi.)

Rachat de rente sur la grange de Tainville. — 1231.

298 ÉNENCOURT-LÉAGE (GIRARD D').

1217?

Sceau rond, de 36 mill. — Arch. de l'Oise; abbaye de Gomerfontaine.

Type équestre. Empreinte fruste.

✱ S' GIRAT .....CVRT·

(Seel Girat d'Ernencurt?)

Ratification d'un don. — « M̊ . CC̊ . VII̊ . X̊. »

299 ÉNENCOURT-LÉAGE (THIBAUD D'),

Chevalier. — 1270.

Sceau rond, de 25 mill. — Arch. de l'Oise; abbaye de Gomerfontaine.

Écu portant trois quintefeuilles, au franc canton, au lambel de cinq pendants sur le tout.

✱ S'. TIBAVT DERNANCRT · CHEVALL

(Seel Tibaut d'Ernancort, chevallier.)

« Theobaldus de Ernencuria Aquosa, arripiens iter in ultramarinas « partes, » donne à l'abbaye de Gomerfontaine la moitié d'une terre au Sablon et l'amortit. — Avril 1270.

300 ENGUILLAUCOURT

(JEAN RIBAUD D').

1248.

Sceau rond, de 45 mill. — Arch. de la Somme; abbaye du Paraclet.

Dans le champ : une fleur de lys.

✱ S. IEHAN DE ENGLIERCORT

(Seel Jehan de Englierort.)

Acquisition de terres à Enguillaucourt. — Avril 1248.

301 ÉPINE (PIERRE DE L').

1248.

Sceau rond, de 40 mill. — Arch. de l'Oise; abbaye de Froidmont.

Dans le champ : une étoile à huit rais.

✱ S. PIERE DE LESPINNE

(Seel Piere de l'Espinne.)

Don de rente. — Juin 1248.

302 ÉPINE-EN-BRIE (PIERRE DE L').

Chevalier. — 1266.

Sceau rond, de 35 mill. — Arch. de l'Oise; abbaye de Saint-Vincent de Senlis.

Écu portant trois fusées en fasce, au lambel de cinq pendants.

✱ S' PIERRE · DE · LESPINE · CHEVALIER

(Seel Pierre de l'Espine, chevalier.)

Rachat de rente à Blancmesnil. — 1266.

303 EPPEVILLE (JEAN CHOUIGNART D'),

Chevalier. — 1267.

Sceau rond, de 44 mill. — Arch. de la Somme; abbaye de Prémontré.

Écu portant des losanges mis en sautoir.

✱ S' IOIS CO....AR ..LI...

(Sigillum Johannis Couignar, militis?)

Rachat de rente sur le moulin d'Eppeville. — Mai 1267.

304 ESTRÉES (MARIE D').

XIIIe siècle.

Sceau ogival, de 58 mill. — Musée d'Amiens.

Dame debout, en robe et en manteau, tenant un fleuron de la main gauche; coiffure carrée.

✱ S. MARIE ... DE STRATIS

(Sigillum Marie, domine? de Stratis.)

Sceau détaché.

305 ESTRÉES (PIERRE, SEIGNEUR D').

Chevalier. — 1230.

Sceau rond, de 35 mill. — Arch. de la Somme; abbaye du Paraclet.

Écu à la fasce accompagnée de trois barres en chef.

✱ S' P.....ESTRE C.....

(Seel Pierre d'Estré, chevalier.)

Confirmation de rente sur la grange d'Estrées. — Mai 1230.

306 ESTRÉES (PIERRE, SEIGNEUR D'),

Chevalier. — 1308.

Sceau rond, de 40 mill. — Arch. de la Somme; abbaye du Paraclet.

Écu à la fasce accompagnée de . . . . . en chef.

✠ S' PETRI DESTRES MILITIS

(Sigillum Petri d'Estrés, militis.)

Son testament. — 6 novembre 1308.

307   FAUCOUCOURT (JEAN DE),

Écuyer. — 1282.

Sceau rond, d'environ 40 mill. — Communiqué par M. le comte Caffarelli, à Leschelles.

Écu portant un écusson en abime accompagné de trois étoiles, brisé d'un lambel de cinq pendants, à la bande componée brochant sur le tout.

. . . . . . FOVCOV . . . .

(Seel Jehan de Foucoucourt, escuier?)

Confirmation d'une rente sur le moulin du Val, au profit de l'abbaye de Bohéries. — Décembre 1282.

308 FAY (JEANNE, FEMME DE JEAN DU),

Chevalier. — 1256.

Sceau ogival, de 45 mill. — Arch. de l'Oise; abbaye de Gomerfontaine.

Dame debout, en robe et en manteau, un faucon sur le poing.

S' IEhANNE · DOMI . . DE · FA.

(Sigillum Jehanne, domine de Fai.)

Échange de biens. — Mai 1256.

309   FÈRE (MARIE, DAME DE LA).

1248.

Sceau rond, de 65 mill. — Arch. de l'Aisne; abbaye de Saint-Vincent.

Dame à cheval, allant au pas, en robe et en manteau, un oiseau sur le poing; coiffure carrée.

. . GILLVM ⦂ MARIE ⦂ DOOINE . . . .

(Sigillum Marie, domine Fare.)

Contre-sceau : Écu portant trois fasces de vair.

✠ SIGILLVO SEORETI

(Sigillum secreti.)

Échange d'une partie de la dîme de Beautor. — Octobre 1248.

310   FERRIÈRE (PIERRE DE LA).

XIII° siècle.

Sceau rond, de 30 mill. — Musée d'Amiens.

Écu fascé de six pièces, la fasce du chef chargée de trois merlettes.

✠ S' PETRI DE LA FERIERE

(Sigillum Petri de le Ferière.)

Sceau détaché.

311   FERTÉ (MARIE, DAME DE LA).

XII° siècle.

Sceau ovale, de 40 mill. — Musée d'Amiens.

Intaille représentant un abraxas.

✠ S' MARIE · DNG · DE LE FERTE

(Sigillum Marie, domine de le Ferté.)

Sceau détaché.

312   FIEFFES (GALEHAUT DE),

Sire de Ville, chevalier. — 1380.

Sceau rond, de 35 mill. — Arch. de la Somme; chapitre d'Amiens.

Écu à trois chevrons de vair, penché, timbré d'un heaume couronné et cimé, supporté par deux lions. — Légende détruite.

Abandon de droits sur la maison Boucard à Amiens. — Juin 1380.

313   FIEFFES (MARGUERITE, DAME DE).

1300.

Sceau ogival, de 50 mill. — Arch. de la Somme; chapitre d'Amiens.

Dame debout, en robe et en manteau vairé, tenant une fleur de lys à la main droite; accostée à dextre d'un écu à trois chevrons, à sénestre d'un écu au lion.

✠ S' MARGARETE · A . . . G · DE · FIEFFES

(Sigillum Margarete, a . . . . . e de Fieffes.)

Acquisition des dîmes, moulins, cens, justice et terres de Poulainville. — Novembre 1300.

314   FIEFFES (NICOLAS DE).

XIII° siècle.

Sceau rond, de 60 mill. — Musée d'Amiens.

Écu au lion.

✠ SIG . . . . IOOLES DE FIEFES

(Sigillum Nicoles de Fiefes.)

Sceau détaché.

315   FLAISSIÈRES (ENGUERRAN DE),

Écuyer. — 1310.

Sceau rond, de 22 mill. — Arch. de la Somme; chapitre de Noyon.

Écu portant cinq losanges en bande, au lambel de trois pendants.

✠ S' ENGERAN DE FLAISIERE

(Seel Engeran de Flaisière.)

Acquisition d'un manoir en la ville de Talmas. — Février 1310.

5.

316   FLAISSIÈRES (JEAN DE),

Écuyer. — 1343.

Sceau rond, de 25 mill. — Arch. de la Somme; abbaye de Corbie.

Écu portant des losanges en bande, au lambel de trois pendants.

✳ S' · IEHAN · D........

(Seel Jehan de Flaissières.)

Acquisition d'un fief à Rocquencourt. — 6 juillet 1343.

317   FLAMERMONT (ROBERT, SIRE DE).

1385.

Sceau rond, d'environ 35 mill. — Arch. de la Somme; évêché d'Amiens.

Écu portant un chef échiqueté, au lambel de trois pendants, timbré d'un heaume à volet. — Légende détruite.

Dénombrement de quatre fiefs situés à Oppy. — 1ᵉʳ septembre 1385.

318   FLAVY (RAOUL, SEIGNEUR DE).

1220.

Sceau rond, de 48 mill. — Arch. de l'Oise; abbaye de Prémontré.

Dans le champ : un dragon.

✳ · S' · RA..... .. FLAVI ·

(Sigillum Radulfi de Flavi.)

Acquisition de biens à Flavy. — 1220.

319   FLAVY

(MARGUERITE, FEMME DE RAOUL DE).

1220.

Sceau ogival, de 60 mill. — Arch. de l'Oise; abbaye de Prémontré.

Dame debout, en robe ajustée, tenant un fleuron à la main droite; tresses pendantes.

. ✳ · S' · MARGE · DO...E · DE · FLAVI ·

(Sigillum Marge, domine de Flavi.)

Voyez le numéro précédent.

320   FLOEVENT (ARNOUL).

1243.

Sceau rond, de 40 mill. — Arch. de la Somme; abbaye du Gard.

Dans le champ : une fleur de lys.

✳ S' ERNOVL FLOEVENT

(Seel Ernoul Floevent.)

Acquisition de cens à Abbeville. — Novembre 1243.

321   FLOKET (JEAN),

Écuyer. — 1292.

Sceau rond, de 30 mill. — Arch. de l'Oise; abbaye de Prémontré.

Écu portant un sautoir, au lambel de trois pendants.

✳ S' IEHA.S : FLOKES : ESCVIES

(Seel Jehans Flokes, escuiés.)

Rachat de rente sur sa maison de Bonneuil. — Octobre 1292.

322   FONTAINE

(THOMAS LE CORNU DE).

1263.

Sceau rond, de 46 mill. — Arch. de l'Oise; Saint-Maurice de Senlis.

Écu portant une bande, surmonté d'une fontaine?

S' THO.....ORNV MILITIS D. ...TANIS

(Sigillum Thome le Cornu, militis de Fontanis.)

Le roi saint Louis acquiert de Thomas de Fontaine la terre de Saint-Pathus. — Novembre 1263.

323   FONTAINE-LAVAGANNE (DREUX DE).

1205.

Sceau rond, de 55 mill. — Hospice de Beauvais, 31.

Écu portant trois losanges, au franc canton sénestre.

✳ SIGILLVM DROC........BVS

(Sigillum Droconis de Fontibus?)

Donation de biens sis dans le fief de Caigny à Villers-Saint-Barthélemy. — Mai 1205.

324   FONTAINES (EUSTACHE DE),

Sire de Long. — 1311.

Sceau rond, de 55 mill. — Arch. de la Somme; chapitre d'Amiens.

Écu chargé de trois écussons vairés.

.....TACI DE........D. LONGO

(Sigillum Eustaci de Fontanis, domini de Longo?)

Contre-sceau : Écu vairé.

✳ S' EVTAII DE FONTANI

(Secretum Eustaii de Fontanis.)

Sentence arbitrale au sujet d'une rente. — 5 février 1311.

325   FONTAINES (HUGUES DE).

XIIIᵉ siècle.

Sceau rond, de 50 mill. — Musée d'Amiens.

Type équestre. Casque conique à nasal, bouclier à ombilic.

✳ SIGILLVM HVGONIS DE FONTIBVS

(Sigillum Hugonis de Fontibus.)

Sceau détaché.

326 FONTAINES (HUGUES DE),

Chevalier, sire de Long. — 1232.

Sceau rond, d'environ 65 mill. — Arch. de la Somme; évêché d'Amiens.

Fragment de type équestre.

.............ƧONIS DE......

(..... Hugonis de .....)

CONTRE-SCEAU : Écu portant trois écussons vairés.

.....ETVM ME..

(Secretum meum.)

Confirmation d'un abandon de rente. — Avril 1232.

327 FONTAINES (JEAN DE),

. Chevalier. — 1248.

Sceau rond, de 60 mill. — Hospice de Beauvais, 31.

Écu portant cinq châteaux ou tournelles : 2, 2 et 1.

..........E IOhA. DE FONTEINNES.

(.....e Johan de Fonteinnes.)

Rachat de rente sur la grange de Bois-Robert. — 19 décembre 1248.

328 FONTAINES (LOUIS DE).

xiiᵉ siècle.

Sceau rond, de 30 mill. — Communiqué par M. Mathon à Beauvais.

Écu écartelé : au 1 et 4, un écusson de vair; au 2 et 3, un sautoir cantonné de quatre oiseaux?; penché, timbré d'un heaume à lambrequins.

Ƨ : loyſ : de : fontames

(Seel Loys de Fontaines.)

Matrice originale.

329 FORSEGNIES (BAUDOUIN DE),

Chevalier. — 1250.

Sceau rond, de 48 mill. — Arch. de l'Oise; abbaye de Lannoy.

Écu portant un écusson en abîme, au lambel de quatre pendants sur le tout.

Ƨ' BAL..INI DE FORSEGNIES

(Sigillum Balduini de Forsegnies.)

Confirmation des biens acquis par l'abbaye de Briostel, dans le domaine de Merlemont. — 29 septembre 1250.

330 FOUENCAMPS (ROBERT DE),

Chevalier. — 1239.

Sceau rond, de 55 mill. — Arch. de la Somme; abbaye de Saint-Fuscien.

Écu au chef chargé de trois étoiles.

.....DOMINI : DE : ....

(Sigillum Roberti, domini de Foukencans, militis?)

Cession d'un marais et d'une maison. — Juillet 1239.

331 FOULANGUES (GUILLAUME DE),

Chevalier. — 1219.

Sceau rond, de 48 mill. — Arch. de l'Oise; abbaye de Froidmont.

Écu coupé ou bien à un chef, à dix merlettes en orle brochant sur le tout.

✳ Ƨ' · DOMINI · WILLELMI · DE FVLLAGGIS ·

(Sigillum domini Willelmi de Fullaggis.)

Assignation de rente sur le moulin de Conflans. — Mai 1219.

332 FOUQUEROLLES (RAOUL DE).

1229.

Sceau rond, de 40 mill. — Arch. de l'Oise; abbaye de Froidmont.

Écu portant deux fasces accompagnées de huit merlettes en orle.

✳ Ƨ' RAVOVL D. FOVQVEROLES

(Seel Rauoul de Fouqueroles.)

Ratification d'un échange. — Février 1229.

333 FOURDRINOY

(HUGUES, SEIGNEUR DE),

Chevalier. — 1224.

Sceau rond, de 45 mill. — Arch. de la Somme; abbaye du Gard.

Écu portant trois fasces, au lambel de cinq pendants.

...IGILL hVGONIS..............

(Sigillum Hugonis .....)

Acquisition de la terre de Croy près Équenots. — Mai 1224.

334 FOURDRINOY (HUGUES DE),

Écuyer. — 1283.

Sceau rond, de 40 mill. — Arch. de la Somme; chapitre d'Amiens.

Écu fascé de six pièces, au lambel de cinq pendants.

✳ Ƨ' hVON × DE × ....NOI

(Seel Huon de Fourdinoi.)

Acquisition des terres de Revelles. — 10 avril 1283.

335 FOURDRINOY

(EUDELINE, FEMME DE HUGUES DE).

1284.

Sceau ogival, de 55 mill. — Arch. de la Somme; chapelains d'Amiens.

Dans le champ : une fleur de lys fleuronnée.

...EVDELINNE EƧ.....VN DE EOVRD....

(Seel Eudelinne, feme ...\un de Fourdrinoi.)

Acquisition des dîmes de Dreuil-sous-Molliens et de Saint-Leger. — Novembre 1284.

336   FOURNIVAL (MARIE DE),

VEUVE DE BAUDOUIN DE FOURNIVAL, LE JEUNE.

1258.

Sceau rond, de 26 mill. — Hospice de Beauvais, 25.

Dans le champ : un oiseau sur une branche.

✳ S' DĤE ƠARƏ DE FORĤIVAL

(Sigillum domine Marie de Fornival.)

Abandon de rente sur la grange de Noyers. — Mars 1258.

337   FRAMICOURT (RAOUL DE).

1261.

Sceau rond, de 48 mill. — Arch. de la Somme; évêché d'Amiens.

Écu portant cinq châteaux : 2, 2 et 1.

✳ S' RAOVL : DE ƠAĤTEĤIƠES

(Seel Raoul de Canteniges.)

Droit de nomination à la chapelle de Framicourt, donné à l'évêque d'Amiens. — Mai 1261.

338   FRAMICOURT

(MARIE, MÈRE DE RAOUL DE).

1261.

Sceau rond, de 45 mill. — Arch. de la Somme; évêché d'Amiens.

Dans le champ : une fleur de lys.

✳ S' DAĤE ĤARIE DE FRAĤIƠOVRT

(Seel dame Marie de Framicourt.)

Voyez le numéro précédent.

339   FRANCASTEL

(JEAN LE BLOND DE),

Écuyer. — 1277.

Sceau rond, de 35 mill. — Arch. de l'Oise; abbaye de Chaalis.

Dans le champ : une molette à six branches.

✳ S IOĤIS DE FRAN.....ƠRO

(Sigillum Johannis de Franco Castro.)

Acquisition du sixième de la dîme de Fléchy. — Avril 1277.

340   FRANCASTEL

(ALIX, FEMME DE JEAN LE BLOND DE).

1277.

Sceau ogival, de 55 mill. — Arch. de l'Oise; abbaye de Chaalis.

Dans le champ : une fleur de lys fleuronnée.

✳ S' : DAMOISELE AAEL.S LA FAME IEĤAN LE BLONT

(Seel Damoisele Aaelis, la fame Jehan le Blont.)

Voyez le numéro précédent.

341   FRANCASTEL

(JEAN LE CLERC DE),

Écuyer. — 1277.

Sceau rond, de 40 mill. — Arch. de l'Oise; abbaye de Chaalis.

Dans le champ : une molette à six branches.

✳ S' IOĤAN LE ƠLERS DOV FRANƠĤA...

(Seel Johan le Clers dou Franchatel.)

Acquisition du sixième de la dîme de Fléchy. — Avril 1277.

342   FRANCASTEL

(JEANNE, FEMME DE JEAN LE CLERC DE).

1277.

Sceau ogival, de 65 mill. — Arch. de l'Oise; abbaye de Chaalis.

Dans le champ : une fleur de lys fleuronnée.

✳ S'. DAMISELE · IEĤANE · LA · FEME · IEĤAN LE ƠLERT

(Seel damisele Jehane, la feme Jehan le Clert.)

Voyez le numéro précédent.

343   FRANCONVILLE

(RAOUL, SEIGNEUR DE),

Chevalier. — 1293.

Sceau rond, de 45 mill. — Arch. de l'Oise; abbaye de Froidmont.

Écu portant un emmanché de quatre pièces mouvant du chef.

S' RADVLFI DE FRANƠOVVILLE

(Sigillum Radulfi de Francouville.)

Confirmation de rente. — 1293.

344   FRIAUCOURT (JEAN DE),

Chevalier. — 1261.

Sceau rond, de 42 mill. — Arch. de la Somme; chapitre d'Amiens.

Écu portant une fasce à la bordure endentée.

..IEĤANS DE FRIEEO...

(Seel Jehans de Friecort.)

Acquisition de la dîme de Contalmaison. — Décembre 1261.

345   FROHEN (ALIX, DAME DE).

1273.

Sceau ogival, de 55 mill. — Arch. de la Somme; évêché d'Amiens.

Dame debout, en robe et en manteau, tenant un oiseau sur le poing; coiffure carrée à mentonnière.

..DĤE AE.........SINGĤEN

(Sigillum domine Aelidis ..... singhen.)

Acquisition des dîmes de Frohen. — Mars 1273.

346   FROHEN (ENGUERRAN DE),

Fils d'Aliz. — 1278.

Sceau rond, de 36 mill. — Arch. de la Somme; évêché d'Amiens.

Écu portant deux bandes, au franc canton dextre chargé d'une fleur de lys.

..ANGARE.S · DE FROANS

(Seel Angarens de Froans.)

Consentement donné à la vente de la dîme de Béthencourt. — Mars 1273.

---

347   FROIGNET (GIRARD).

1252.

Sceau rond, de 4o mill. — Hôpital de Beauvais, 49 M.

Écu portant trois lions couronnés, au lambel de cinq pendants.

✳ S...LLVM : GIRDI : ḫAVOT :

(Sigillum Girardi Havot.)

Amortissement. — Avril 1252.

---

348   GALOBIE (GUI),

Seigneur de Saint-Vaast-en-Chaussée, écuyer. — 1269.

Sceau rond, de 25 mill. — Arch. de la Somme; chapitre d'Amiens.

Dans le champ : une étoile à cinq rais.

✳ ....N GALOBIE

(....n Galobie.)

Don d'un fief à Rumigny, etc. — Décembre 1269.

---

349   GANNES (JEAN, SEIGNEUR DE),

Chevalier. — 1237.

Sceau rond, de 44 mill. — Arch. de l'Oise; abbaye de Froidmont.

Écu papeloné, portant quatre losanges en bande.

✳ S · IOḫENNIS · DE · GAVNES

(Sigillum Johennis de Gaunes.)

Confirmation d'une acquisition de terre à Légnivillers. — Septembre 1237.

---

350   GARD (PIERRE DU),

Écuyer. — 1517.

Sceau rond, de 28 mill. — Arch. de la Somme; chapitre d'Amiens.

Dans un encadrement gothique, écu portant trois oiseaux (trois oies?), à la bordure engrêlée, penché, timbré d'un heaume cimé d'une oie?

seel · pierre · du · g...

(Seel Pierre du Gard.)

Lettres de relief du fief de Blangy. — 4 septembre 1517.

---

351   GARGATE (RAOUL),

Chevalier. — 1297.

Sceau rond, de 38 mill. — Arch. de l'Oise; chapitre de Noyon.

Écu à la croix chargée de cinq coquilles, au lambel de quatre pendants.

S' ..... DE GARGAT.

(Seel Raoul de Gargate.)

Échange de terres. — Février 1297.

---

352   GAUCOURT (RAOUL DE),

Chevalier. — 1295.

Sceau rond, de 38 mill. — Arch. de la Somme; abbaye de Corbie.

Écu d'hermines, à deux bars adossés.

✳ S'. RAOVI · DV · PLAISIE CḫEVAE

(Seel Raoul du Plaisié, chevalier.)

Contre-sceau : Écu d'hermines, à deux bars adossés.

· ✳ S' RAOVE · DE · GAVCOVRT

(Secret Raoul de Gaucourt.)

Échange de biens à Vers, Chérisy, Bétancourt-l'Abbé et Bousencourt. — Juin 1295.

---

353   GAUCOURT (RAOUL DE),

Écuyer. — 1415.

Sceau rond, de 26 mill. — Arch. de l'Oise; chapitre de Noyon.

Écu d'hermines, à deux bars adossés, brisé d'un lambel de quatre pendants, penché, timbré d'un heaume cimé d'une tête de griffon; supporté à dextre par un griffon, à sénestre par .....

...... gaucourt

(Seel Raoul de Gaucourt.)

Acte de dessaisine d'un fief sis à Buverchy. — 28 mai 1415.

---

354   GHISTELLES (JEAN DE),

Chevalier. — 1366.

Sceau rond, de 24 mill. — Arch. de la Somme; chapitre d'Amiens.

Dans un encadrement trilobé, écu au chevron d'hermines accompagné de trois molettes.

...R. H.....ḫER GḫOB.....?

Procuration pour se dessaisir des terres de Rumaisnil. — 1ᵉʳ juin 1366.

---

355   GLAIGNES (JEAN DE),

Chevalier. — 1244.

Sceau rond, de 54 mill. — Arch. de l'Oise; abbaye de Chaalis.

Écu échiqueté, au lambel de cinq pendants.

✸ S⁷ IOhANNIS · MILITIS · DG · GLANA

(Sigillum Johannis, militis de Glana.)

Don d'une vigne située à Glaignes. — Mars 1944.

356   GLIMONT (ADAM, SEIGNEUR DE),

Chevalier. — 1226.

Sceau rond, de 40 mill. — Arch. de la Somme; abbaye du Paraclet.

Écu portant un sautoir.

✸ SIGILL A.. DG .....

(Sigillum Ade de .....)

Acquisition de terre. — Avril 1226.

357   GLIMONT (RAOUL, SEIGNEUR DE),

Chevalier. — 1295.

Sceau rond, de 40 mill. — Arch. de la Somme; évêché d'Amiens.

Écu semé de fleurs de lys, à la fasce.

✸ S. RAOV. .. GLIMOVNT ·

(Seel Raoul de Glimount.)

Fondation d'une chapelle dans le cimetière de Glimont. — Juin 1295.

358   GLISY (JEAN DE),

Seigneur d'Énencourt, écuyer. — 1423.

Sceau rond, de 24 mill. — Arch. de la Somme; chapitre d'Amiens.

Écu portant cinq fusées en bande, au franc canton sénestre. — Légende fruste.

Prise de possession d'une terre à Énencourt. — 1ᵉʳ août 1423.

359   GODESSART (RAOUL DE),

Écuyer. — 1264.

Sceau rond, de 35 mill. — Arch. de l'Oise; abbaye de Froidmont.

Dans le champ : un croissant surmonté d'une étoile.

✸ S⁷ RAOVL · DG GODGChART

(Seel Raoul de Godechart.)

Ratification de l'acquisition d'un bois à Gouy. — 17 décembre 1264.

360   GOINCOURT (PIERRE DE),

Écuyer. — 1271.

Sceau rond, de 38 mill. — Hospice de Beauvais, 31.

Dans le champ : une étoile à six rais ou une molette.

✸ ...IG... ... .OI...RT

(Seel Pierre de Goincourt?)

Amortissement. — Juillet 1271.

361   GOULLES (JEAN),

Sire d'Omécourt et de Bois-Guillaume, chevalier. — 1350.

Sceau rond, de 24 mill. — Arch. de la Somme; abbaye du Gard.

Écu à la croix recercelée.

S⁷ IGhAN GOVLLG SI.....PADGGL

(Seel Jehan Goulle, si..... Padeel.)

Amortissement d'un manoir à Guignemicourt. — 28 juin 1350.

362   GOULLES

(JEANNE D'OMÉCOURT, FEMME DE JEAN).

1350.

Sceau rond, de 20 mill. — Arch. de la Somme; abbaye du Gard.

Écu parti : au 1, la croix recercelée; au 2, une bande accompagnée de six coquilles, trois en chef, trois en pointe.

IGhNG D.....hRDG G D' BOS

(Jehanne d.......... .arde et de Bos.)

Voyez le numéro précédent.

363   GRANDVILLIERS (THIBAUT DE).

1309.

Sceau rond, de 35 mill. — Hospice Saint-Charles à Amiens.

Écu portant deux fasces, accompagnées de neuf ...? en orle.

.......GRANVIL...

(..... Granviller.)

Sentence en faveur des religieux de Visigneux, à qui les habitants de Tartigny disputaient des droits de pêche. — 3 mai 1309.

364   GRATEPANCHE (GUILLAUME DE),

Sire de Ferrières, écuyer. — 1312.

Sceau rond, de 40 mill. — Arch. de la Somme; chapitre d'Amiens.

Dans le champ : une étoile à cinq rais.

S⁷ ꓯIOLLAMG? DG GRAGG......

(Seel Wiollame de Gratepanche.)

Abandon de droits sur un fief à Louvrechies. — Juin 1312.

365   GRATEPANCHE (HAWIS DE).

1293.

Sceau rond, de 35 mill. — Arch. de la Somme; chapitre d'Amiens.

Dans le champ : une étoile à six rais, cantonnée de six points.

✸ S⁷ hAOVIS LG HOROꓤANDG

(Seel Haovis le Normande.)

Acquisition de la dîme de Gratepanche. — Mai 1293.

366   GROSSERVE (JEAN DE),

Chevalier. — 1255.

Sceau rond, de 45 mill. — Arch. de l'Oise; abbaye de Saint-Lucien.

Écu portant deux oiseaux perchés chacun sur une tige.

✸ .....ḶANS DOV GORSSOIVRᴇ

(Seel Jehans dou Gorssoivre.)

Échange de terres à Grandvilliers. — 17 mars 1255.

---

367   GROSSERVE (JEAN DE),

Chevalier. — 1261.

Sceau rond, de 45 mill. — Arch. de l'Oise; abbaye de Saint-Lucien.

Écu portant deux fasces accompagnées de trois oiseaux en chef.

✸ Sʼ IOḶA,,,S : DE GROSSASILVA : .....

(Sigillum Johannis de Grossasilva, militis.)

Acquisition de rente à Grandvilliers. — Juin 1261.

---

368   GUIGNECOURT (GUILLAUME DE),

Chevalier. — 1248.

Sceau rond, d'environ 40 mill. — Arch. de l'Oise; abbaye de Saint-Vincent.

Écu fretté. — Légende détruite.

Ratification d'un legs en faveur de Saint-Laurent-au-Bois. — Juin 1248.

---

369   GUISE (BOUCHARD, SEIGNEUR DE)

Et de Lesquielles. — 1155.

Sceau rond, de 52 mill. — Arch. de l'Aisne; Saint-Martin de Laon.

Type équestre. Le cavalier, coiffé d'un casque conique à nasal, est presque entièrement couvert par son écu.

✸ SIGNVꝎ • BVRCḶARꝋI DE GVSIA

(Signum Burchardi de Gusia.)

Cession de terres arables, de prés et de divers autres droits. — 1155.

---

370   GUIVRY

(MAHAUT, DEMOISELLE DE).

XIIIᵉ siècle.

Sceau ogival, de 45 mill. — Communiqué par M. Delattre, à Cambrai.

Dame debout, en robe et en manteau, un faucon sur le poing, tenant une fleur de la main droite. A dextre, un écu à la fasce accompagnée en chef d'un lion passant; à sénestre, une fasce accompagnée de deux étoiles.

S MEḶAVT : DEMOIZELLE DE GVIVERI

(Seel Mehaut, demoiselle de Guiveri.)

Matrice originale.

371   HALLENCOURT (HENRI DE),

Sire de Famechon, écuyer. — 1277.

Sceau rond, de 35 mill. — Arch. de la Somme; chapitre d'Amiens.

Écu portant une bande coticée.

✸ Sʼ. ḶENRI • DE ḶALENCOR :

(Seel Henri de Halencor.)

Acquisition de fief. — 30 mars 1277.

---

372   HALLOY (ENGUERRAN DE),

Écuyer. — 1284.

Sceau rond, de 24 mill. — Arch. de la Somme; abbaye du Gard.

Dans le champ : une molette à six branches.

✸ Sʼ ēGᴇRRAVꝛS DV ḶALOI

(Seel Engerrauns du Baloi.)

Rachat de rente sur la grange de Longueville. — 12 février 1284.

---

373   HALLOY (EUSTACHE DE),

Chevalier. — 1231.

Sceau rond, de 40 mill. — Arch. de la Somme; abbaye du Gard.

Écu portant un sautoir, les deux branches du chef liées par un trait.

✸ S. ᴇVSTASII DE ḶALOI

(Sigillum Eustasii de Haloi.)

Abandon de droits sur des terres à Longueville. — Mai 1231.

---

374   HALLOY (PIERRE DE).

XIIIᵉ siècle.

Sceau rond, de 33 mill. — Musée d'Amiens.

Dans le champ : une molette à cinq branches.

✸ Sʼ. PIᴇRᴇ • DE • ḶALOI •

(Seel Piere de Haloi.)

Sceau détaché.

---

375   HAM (EUDES, SEIGNEUR DE).

1177.

Sceau rond, en cuvette, de 55 mill. — Arch. de l'Oise; abbaye de Prémontré.

Eudes à cheval, allant au pas, coiffé d'un casque à timbre arrondi et à nasal; bouclier à ombilic, portant les trois croissants de Ham.

✸ • SIGILᴇ • ꝊOMIꝛI • OꝊOꝛIS • ꝊE • HAꝎ •

(Sigillum domini Odonis de Ham.)

• Donation d'un bois situé à Golancourt. — 1177.

6

376   HAM (JEAN, SEIGNEUR DE).

1263.

Sceau rond, de 63 mill. — Arch. de la Somme; abbaye de Corbie.

Type équestre. Casque carré; le bouclier portant trois croissants.

..IO........AMĒSIS

(Sigillum Johannis ..... Hamensis.)

Contre-sceau : Écu à trois croissants.

✼ SƏGRƏTVO : IOhĪS

(Secretum Johannis.)

Accord au sujet des pâturages de Margelles. — Juillet 1263.

377   HAM (OUDART, SEIGNEUR DE),

Écuyer. — 1292.

Sceau rond, de 50 mill. — Arch. de l'Oise; abbaye de Prémontré.

Écu portant trois croissants.

✼ S' · OVDA.. ......VR · DƏ · hƏM

(Seel Oudart, seigneur de Hem.)

Contre-sceau : Écu portant trois croissants.

✼ S' VOVDAR : DƏ : hƏM

(Secret Voudar de Hem.)

Rachat de rente sur la maison de Bonneuil. — Octobre 1292.

378   HAM (OUDART, SEIGNEUR DE),

Écuyer. — 1313.

Sceau rond, de 45 mill. — Arch. de l'Oise; abbaye de Prémontré.

Écu à trois croissants. — Légende détruite.

Délimitation de la justice de Bonneuil. — 20 juillet 1313.

379   HAMÉGICOURT (RENAUD D'),

Écuyer. — 1244.

Sceau rond, de 48 mill. — Arch. de l'Aisne; abbaye de Saint-Vincent.

Écu palé, à trois fasces brochant sur le tout.

S' R. NAVT .Ə SISI

(Seel Renaut de Sisi.)

Rachat de rente sur la ferme de Méchambre. — Avril 1244.

380   HAMEL (JEAN, SIRE DE)

Et de Conty, chevalier. — 1394.

Sceau rond, de 30 mill. — Arch. de la Somme; abbaye du Gard.

Écu portant trois lions couronnés à la bordure engrêlée, penché, timbré d'un heaume couronné et cimé d'un lion à queue fourchue; supporté par deux lions.

S' Ih S' D' hAMƏL Ə5 DƏ GONƏY

(Seel Jehan, sire de Hamel et de Conty.)

Accord au sujet de droits de pâture à Menevillers. — 24 juillet 1394.

381   HANGARD (HENRI DE),

Seigneur d'Enguillaucourt. — 1248.

Sceau rond, de 45 mill. — Arch. de la Somme; abbaye du Paraclet.

Écu portant trois doloires.

✼ S' · hƏNRIS · DƏ · hANGARƏ :

(Seel Henris de Hangart.)

Amortissement de terre à Enguillaucourt. — Avril 1248.

382   HANGEST (AUBERT DE),

Sire de Genlis. — 1304.

Sceau rond, de 60 mill. — Arch. de l'Oise; chapitre de Noyon.

Type équestre. Le bouclier et la housse à la croix chargée de cinq coquilles.

S' ALBƏRTI DƏ hAN... ....TIS D͠NI DƏ GƏNLI

(Sigillum Alberti de Hangest, militis, domini de Genli.)

Contre-sceau : Écu à la croix chargée de cinq coquilles.

✼ SƏGRƏ · AVBƏRT · DƏ · h͠AGƏST

(Secré Aubert de Hangest.)

Amortissement de terre à Sommette. — Octobre 1304.

383   HANGEST (AUBERT DE),

Sire de Huqueville, chevalier. — 1356.

Sceau rond, de 40 mill. — Arch. de l'Oise; chapitre de Noyon.

Dans un encadrement gothique, écu à la croix chargée de cinq coquilles, cantonnée d'un oiseau à dextre et en chef.

.....RT ....SIG.......TͣL...

(Seel Aubert de Hangest, signeur de .. Tal...?)

Accord au sujet de rentes sur le manoir de la Tablette. — Juin 1356.

384   HANGEST (PIERRE DE),

Écuyer. — 1411.

Sceau rond, de 24 mill. — Arch. de la Somme; abbaye du Paraclet.

Écu portant trois bandes au lambel de trois pendants, penché, timbré d'un heaume cimé d'une tête de femme, supporté par deux lions. — Légende fruste.

Sentence du prévôt de Montdidier au sujet d'une rente. — 23 mai 1411.

385   HANGEST (PIERRE DE)

De la Monnaie. — 1411.

Sceau rond, de 24 mill. — Arch. de la Somme; abbaye du Paraclet.

Dans un trilobe, un écu échiqueté, accosté de deux lions, soutenu par un homme sauvage.

.. PIERRE DE HA..EST

(Seel Pierre de Hangest.)

Voyez le numéro précédent.

---

386   HAPPENCOURT

(MARGUERITE, DAME D').

xv⁰ siècle.

Sceau rond, de 22 mill. — Communiqué par M. Matton, archiviste
de l'Aisne.

Écu parti : au 1, une croix ancrée; au 2, un écusson
en abîme.

✳ S' MAROVERITE DE HAPENCOVR

(Seel Marguerite de Hapencour.)

Matrice originale en argent.

---

387   HATEREL (HUGUES),

Chevalier. — 1216.

Sceau rond, de 38 mill. — Arch. de la Somme; évêché d'Amiens.

Écu au chef d'hermines.

✳ SIGILL HVGONIS HATEREL

(Sigillum Hugonis Haterel.)

La léproserie du Quesne acquiert le terrage de Riommes. —
1216.

---

388   HAVET (HUGUES),

Chevalier. — xiii⁰ siècle.

Sceau rond, de 45 mill. — Arch. de la Somme; abbaye du Gard.

Écu fretté.

✳ S'. HVES · HAVET · CHEVALIER

(Seel Hues Havet, chevalier.)

Sceau détaché.

---

389   HAVET (HUGUES),

Écuyer. — 1271.

Sceau rond, de 38 mill. — Arch. de la Somme; chapitre d'Amiens.

Écu portant deux bars adossés, au lambel de cinq
pendants.

✳ S' HVES · HAVES · DESCARTIAVS

(Seel Hues Haves des Cartiaus.)

Acquisition de la dîme de Blanc-Fossé. — Mai 1271.

---

390   HAVET (JEAN),

Écuyer. — 1271.

Sceau rond, de 38 mill. — Arch. de la Somme; chapitre d'Amiens.

Dans le champ : une molette à six branches.

✳ S'. IEHAN · DES · SARTAVS

(Seel Jehan des Sartaus.)

Voyez le numéro précédent.

---

391   HAVET

(ISABELLE, SŒUR DE HUGUES ET DE JEAN).

1271.

Sceau ogival, de 40 mill. — Arch. de la Somme; chapitre d'Amiens.

Dans le champ : une fleur de lys fleuronnée, accostée de deux croissants.

✳ S'. DEMISELE · ISABEL · DESCARTIAVS

(Seel demisele Isabel des Cartiaus.)

Voyez les numéros précédents.

---

392   HAYE (JEAN DE LA).

1481.

Sceau rond, de 27 mill. — Arch. de la Somme; célestins d'Amiens.

Écu écartelé : au 2, trois losanges en pal; au 4, trois
besants ou tourteaux; penché, timbré d'un heaume à
lambrequins.

seel ichau.......

(Seel Jehan.....)

Dénombrement des fiefs de Bresles et de Bailleu-sur-Thérain. —
Juin 1481.

---

393   HAYS (ARNOUL)

De Lœuilly. — 1257.

Sceau rond, de 34 mill. — Arch. de la Somme; chapelains d'Amiens.

Dans le champ : une étoile à huit rais ou une molette.

✳ S' ERNOVS.....S GE LVLLI

(Seel Ernous.....e de Lulli.)

Acquisition de la dîme de l'Aleu près Taisnil. — Juillet 1257.

---

394   HEILLY (MAHIEU DE),

Sire de Heilly, chevalier. — 1346.

Sceau rond, de 45 mill. — Arch. de la Somme; abbaye de Corbie.

Écu portant quatre ou cinq fusées en bande, la première chargée d'une étoile. — Il ne reste plus de la légende que DE HAI (de Hailly).

Contre-sceau : Écu portant des fusées en bande, penché, timbré d'un heaume couronné à volet, sur champ
fretté.

S' MATIEV · SIRE......CHE ?

(Seel Matieu, sire..... chevalier.)

Transaction touchant la justice du bois Saint-Laurent et la pêcherie
d'un fossé. — 31 janvier 1346.

395 HERCHIES (JEAN DE),

Écuyer. — 1253.

Sceau rond, de 45 mill. — Arch. de l'Oise; abbaye de Saint-Just.

Écu à la fasce vivrée, accompagnée de sept merlettes, quatre en chef et trois en pointe.

✱ S IEHAN D............

(Seel Jehan de .....)

Bail à ferme de biens à Wavignies. — Juin 1253.

396 HESTRUS (WAUTIER DE),

Chevalier. — 1311.

Sceau rond, de 23 mill. — Arch. de la Somme; abbaye de Corbie.

Écu à la fasce vivrée, brisé d'un lambel de trois pendants.

✱ SEL WAVTIER DE HETRVS

(Sel Wautier de Hétrus.)

Acquisition des manoirs de Hamelet, de Fouilloy et de Vers. — Août 1311.

397 HEUDEBIERS (ENGUERRAN),

Écuyer. — 1268.

Sceau rond, de 40 mill. — Arch. de la Somme; chapitre d'Amiens.

Écu à la fasce, brisé d'un lambel de cinq pendants.

✱ S' ENGERAN HEVDEBIER DE VAVS

(Seel Engeran Heudebier de Vaus.)

Acquisition du terrage et de la seigneurie du fief de Fontenelles à Dury. — Octobre 1268.

398 HEZ (ANSOULD DE),

Damoiseau. — 1263.

Sceau rond, de 45 mill. — Arch. de l'Oise; abbaye de Froidmont.

Dans le champ : une étoile à six rais ou une molette.

✱ S' ANSOVT · DE HES ·

(Seel Ansout de Hes.)

Acquisition de biens situés au Plessis-Billebaut. — Janvier 1263.

399 HEZ (GUILLAUME DE).

1263.

Sceau rond, de 40 mill. — Arch. de l'Oise; abbaye de Froidmont.

Dans le champ : une molette à six branches.

✱ S' · WILELOM · DE · HEES :

(Sigillum Wilelmi de Hees.)

Voyez le numéro précédent.

400 HEZ (JEAN DE),

Damoiseau. — 1263.

Sceau rond, de 44 mill. — Arch. de l'Oise; abbaye de Froidmont.

Dans le champ : une croix ancrée.

✱ S' IENHANS · DE HEZ ESCVIER

(Seel Jenhans de Hez, escuier.)

Acquisition du manoir de Plessis-Billebaut, près la forêt de Hez, vers Clermont. — Janvier 1263.

401 HEZ

(MANESSIER LE PAUVRE, SEIGNEUR DE).

1237.

Sceau rond, de 40 mill. — Arch. de l'Oise; abbaye de Froidmont.

Écu portant un échiqueté sous un chef de vair, au lambel de trois pendants.

✱ S' · MANASERII · DE · HES

(Sigillum Manaserii de Hes.)

Confirmation de l'acquisition d'un pré. — Février 1237.

402 HEZ (THOMAS DE HOUDAINVILLE,

FILS DE MANESSIER DE),

Écuyer. — 1264.

Sceau rond, de 40 mill. — Arch. de l'Oise; abbaye de Froidmont.

Dans le champ : une croix ancrée.

✱ S'. TOVMAS : DE : HES

(Seel Toumas de Hes.)

Acquisition d'un bois et de revenus au Plessis-Billebaut. — Janvier 1264.

403 HIRSON (GOBERT D').

1276.

Sceau rond, de 40 mill. — Arch. de la Somme; abbaye de Corbie.

Écu fretté.

✱ S. GOBIERT DIRECON

(Seel Gobiert d'Ireçon.)

Reconnaissance de rente sur son héritage à Hervilly. — 29 septembre 1276.

404 HODENC (GILLES DE),

Chevalier. — 1235.

Sceau rond, de 60 mill. — Hospice de Beauvais, 39.

Écu portant une aigle.

✱ SIGILLVM : GILES : DE : HO..NC :

(Sigillum Giles de Hodenc.)

Contre-sceau : Dans le champ : une aigle.

✱ S' GIRES · DE · HODENC

(Secretum Gires de Hodenc.)

Ratification de l'acquisition d'une maison à Montreuil-sur-Thérain. — Juin 1235.

405 HODENC (SIMON DE).

1258.

Sceau rond, de 50 mill. — Arch. de l'Oise; abbaye de Froidmont.

Dans le champ : une étoile ou une molette.

✳ ·S· SIMON : DE : RONQVEROLES

(Seel Simon de Ronqueroles.)

Acquisition de terre. — Janvier 1258.

406 HOUSSOYE (HUGUES DE LA),

Chevalier. — 1281.

Sceau rond, de 44 mill. — Arch. de la Somme; chapitre d'Amiens.

Écu portant un chef, au lion brochant sur le tout.

✳ S' HVES · DE · LE · HOVSOIE

(Seel Hues de le Housoie.)

Acquisition des dîmes d'Arvillers. — Octobre 1281.

407 HOUSSOYE (PIERRE DE LA).

1336.

Sceau rond, de 25 mill. — Arch. de la Somme; chapitre d'Amiens.

Écu au lion, brisé d'une bande. — Légende détruite.

Sentence du bailli de Vermandois, qui renvoie Mahieu le Clerc de Doméliers devant la justice du chapitre d'Amiens, malgré la sauvegarde du roi dont il jouissait. — 30 septembre 1336.

408 HOUSSOYE (ROBERT DE LA),

Sire d'Yseu, écuyer. — 1310.

Sceau rond, de 25 mill. — Arch. de la Somme; abbaye du Gard.

Écu portant un chef, au lion brochant sur le tout.

S' ROB..........HOVSSOIE

(Seel Robert de la Houssoie?)

Renonciation à des prises faites par son sergent dans la maison de l'abbaye du Gard à Yseu. — 26 juillet 1310.

409 ÎLE

(ISABELLE, FEMME D'ANSEL DE L'),

Écuyer. — 1265.

Sceau ogival, de 45 mill. — Arch. de l'Oise; abbaye de Gomerfontaine.

Dans le champ : une fleur de lys.

S' DAMOISELE · ISABEL · DAME · DE BOVRRIS

(Seel damoisele Isabel, dame de Bourris.)

Amortissement de terres au Héloy. — Septembre 1265.

410 ÎLE (HUGUES DE L').

1235.

Sceau rond, de 40 mill. — Arch. de l'Oise; Saint-Vincent de Senlis.

Dans le champ : un croissant.

✳ ·S· : HVGONIS : .. MARINES

(Sigillum Hugonis de Marines.)

Ratification de la donation faite, à Marines, par Mathilde de Marines, dite *la Sénéchale*. — Juillet 1235.

411 ÎLE (JEAN DE L'),

Fils de Bernard de l'Île. — 1241.

Sceau rond, de 40 mill. — Arch. de l'Oise; abbaye de Froidmont.

Dans le champ : une molette?

✳ ·S· IEHAN DE LILLE

(Seel Jehan de l'Île.)

Don de rente sur la vigne de Caillouet. — Avril 1241.

412 JAMÉRICOURT

(GUILLAUME FAGUET DE).

1214.

Sceau rond, de 32 mill. — Arch. de l'Oise; abbaye de Gomerfontaine.

Dans le champ : une fleur de lys accompagnée d'un croissant et d'une étoile.

✳ SIGILLVM · GVILER.. .AGET

(Sigillum Gullelmi Faget.)

Confirmation de la vente de la forêt de « Crenne. » — Avril 1214.

413 JAMÉRICOURT

(GUILLAUME FAGUET DE),

Écuyer. — 1269.

Sceau rond, de 40 mill. — Arch. de l'Oise; abbaye de Gomerfontaine.

Dans le champ : une étoile à six rais.

✳ S' WILLAVME ..... DE GEMERICOVRT

(Seel Willaume ..... de Gemericourt.)

Amortissement de terre à Jaméricourt. — Février 1269.

414 JOUY-SOUS-THELLE

(ENGUERRAN TRENCHES DE).

Écuyer. — 1261.

Sceau rond, de 30 mill. — Arch. de l'Oise; abbaye de Froidmont.

Dans le champ : une étoile ou une molette.

✳ S' INGERAN · DE · IOI · ESCVIER

(Seel Ingeran de Joi, escuier.)

Échange de terre à Bernes. — Janvier 1261.

415 JUMELLES (JEAN DE),

Damoiseau. — 1256.

Sceau rond, de 35 mill. — Arch. de l'Oise; abbaye de Froidmont.

Écu bandé d'hermines et de ..... de six pièces.

✱ S' IOħANNIS DE IVMELES

(Sigillum Johannis de Jumeles.)

Confirmation d'une rente de froment à Francastel. — Breteuil, janvier 1256.

416 **JUMELLES**

(PIERRE LE VIEUX, SEIGNEUR DE),

Chevalier. — 1246.

Sceau rond, de 70 mill. — Arch. de l'Oise; abbaye de Froidmont.

Type équestre. Le bouclier bandé de six pièces.

✱ S' PET............ DE IVMELL PATNIS

(Sigillum Petri ..... de Jumellis Patnis.)

Contre-sceau : Écu bandé de six pièces.

✱ S' PETRI DE IVMELLIS

(Secretum Petri de Jumellis.)

Don de rente. — Mars 1246.

417 **JUMONT (JEAN DE),**

Sire de Quiéry, chevalier. — 1366.

Sceau rond, de 25 mill. — Hospice Saint-Charles à Amiens.

Écu portant trois lions couronnés, à la bande chargée de ..... brochant.

✱ S' ....MONT

(Seel ..... de Jumont.)

Reconnaissance de rente sur la grange de Quiéry.— 2 janvier 1366.

418 **KAHAYRE (JEAN DU)**

D'Origny, chevalier. — 1245.

Sceau rond, de 50 mill. — Arch. de l'Aisne; abbaye de Prémontré.

Écu portant une fasce.

✱ S'. IOħĀNIS · DEV ҞAħAIRE · MILITIS

(Sigillum Johannis deu Kahaire, militis.)

Acquisition de rente à Ferrières. — Mai 1245.

419 **LAIGNEVILLE**

(HOUDEBOURG, FEMME DE HUGUES DE).

1230.

Sceau ogival, de 45 mill. — Arch. de l'Oise; abbaye de Gomerfontaine.

Dame debout, en robe et en manteau, tenant une fleur de lys de la main gauche; coiffure à mentonnière.

✱ .....DEBOV.. DE LEIVILE ·

(Seel Houdebourg de Leiville.)

Don de rente sur la grange du Héloy. — Juillet 1230.

420 **LAITRE (PIERRE DE).**

1252.

Sceau rond, de 40 mill. — Arch. de l'Oise; abbaye de Saint-Martin-au-Bois.

Dans le champ : une molette à six branches.

✱ S' · PETR..........

(Sigillum Petri .....)

Don de rente sur la grange dimeresse de Noroy. — Juillet 1252.

421 **LAMBRES (JEAN DE),**

Chevalier. — 1271.

Sceau rond, de 40 mill. — Arch. de la Somme; abbaye de Corbie.

Écu portant une bande, au lambel de cinq pendants sur le tout.

✱ S' : IE.........BRES CEVALLIER

(Seel Jehan de Lambres, cevallier.)

Renonciation à des droits sur un manoir de Thiennes. — 5 mai 1271.

422 **LARCHEVÊQUE (HUGUES),**

Chevalier, sire de Montfort. — 1320.

Sceau rond, d'env. 38 mill. — Arch. de la Somme; abbaye du Paraclet.

Dans une rose gothique, écu burelé à la bande chargée en chef. La légende entourée d'un cordon d'ornements.

.........PI DÑI MONTIS F.....

(............ pi, domini Montisfortis.)

Confirmation de rente sur les moulins d'Ailly. — 28 juin 1320.

423 **LARCHEVÊQUE (ISABEAU DE NESLE,**

FEMME DE HUGUES).

1320.

Fragments d'un sceau ogival de 60 mill. — Arch. de la Somme; abbaye du Paraclet.

Dame debout, en robe et un manteau vairé, la tête couverte d'un voile. — Légende détruite.

Voyez-le numéro précédent.

424 **LARCHEVÊQUE (ISABEAU DE NESLE,**

DAME DE MONTFORT ET D'AILLY,

FEMME DE HUGUES).

1324.

Sceau ogival, de 60 mill. — Arch. de la Somme; abbaye du Paraclet.

Dame debout sur un champ fretté semé de trèfles, en robe et en manteau vairé, coiffée en voile, tenant une fleur de lys à la main droite; à dextre, un écu semé de trèfles à deux bars adossés; à sénestre, un burelé à la bande chargée.

..........SAB........HG........OR........

Confirmation de legs assignés sur les moulins d'Ailly par Raoul de
Clermont, connétable de France, son père. — 3o juillet 1324.

425   LAUCOURT (HUGUES DE),

Chevalier. — 1296.

Sceau rond, de 32 mill. — Arch. de la Somme; abbaye de Saint-Fuscien.

Écu à la bande de fusées, brisé d'un lambel de trois
pendants.

✳ S' ḶVG DG LOVGOVRT GSGVIGR

(Seel Hue de Loucourt, escuier.)

Acquisition de la dîme de Laucourt. — Février 1296.

426 LENGLANTIER (MARGUERITE DE).

XI° siècle.

Sceau rond, de 29 mill. — Communiqué par M. Vinois,
à Anizy-le-Château.

Écu parti : au 1, une fasce chargée de trois tourteaux
ou besants; au 2, trois tourteaux?, et sur le tout, en chef,
un oiseau.

✳ S MARGGRIĠG DG LGNGLANĠIGR

(Seel Marguerite de Lenglantier.)

Matrice originale.

427   LIBERMONT (GOBERT DE),

Chevalier. — 1260.

Sceau rond, de 70 mill. — Arch. de la Somme; abbaye de Prémontré.

Écu à la croix chargée de cinq coquilles. — Légende
détruite.

CONTRE-SCEAU : Écu à la croix chargée de cinq coquilles.

✳ S. GOBGRĠI MILITIS

(Secretum Goberti, militis.)

Rachat de rente sur les moulins de Hannau et d'Eppeville. —
3o décembre 1260.

428   LIÉRAMONT (ARNOUL DE).

1322.

Sceau rond, de 25 mill. — Arch. de la Somme; chapitre de Reims.

Écu portant deux léopards passant l'un sur l'autre, au
lambel de deux pendants.

.....NOVL DG LIRA.....

(Seel Arnoul de Liraumont?)

Sentence au sujet d'une maison à Ennemain. — 27 février 1322.

429   LIEUVILLERS (DREUX DE),

Chevalier. — 1258.

Sceau rond, de 45 mill. — Arch. de l'Oise; abbaye de Saint-Martin-au-Bois.

Écu portant trois doloires.

....DRIX DG ......

(Seel Drix de ....)

Don et amortissement de la dîme de Noroy. — Décembre 1258.

430   LIGNIÈRES (JACQUES DE).

1470.

Sceau rond, de 3o mill. — Arch. de l'Oise; abbaye de Froidmont.

Écu portant une bande, à une épée? en pal brochant
sur le tout, penché, timbré d'un heaume cimé, supporté par deux lions.

S : jacqus : ẋ : lignieres

(Seel Jacques de Lignières.)

Ratification de l'achat de deux vignes à Clermont. — 8 novembre
1470.

431   LIHUS (EUDES DE).

1206.

Sceau rond, de 65 mill. — Hôpital de Beauvais, 49¹.

Type équestre. Bouclier illisible.

........ODONIS.............

(Sigillum Odonis ....)

Ratification de dons en faveur de l'hôtellerie de Beauvais. — 1206.

432   LIHUS (HENRI DE),

Chevalier. — 1243.

Sceau rond, de 46 mill. — Hôpital de Beauvais, 49¹ˢ.

Écu coupé, à trois coquilles, deux en chef et une en
pointe.

S' ḶGNRICI · DG · LIḶVS

(Sigillum Henrici de Lihus.)

Don d'une terre. — Janvier 1243.

433   LIHUS (HENRI POLI DE),

Chevalier. — 1266.

Sceau rond. de 45 mill. — Hôpital de Beauvais, 49¹ˢ.

Écu portant un croissant accompagné de six merlettes, trois en chef et trois en pointe.

✳ ....CḶGVALIGR

(........................ chevalier.)

Donation d'un champart à Lihus. — Janvier 1266.

434   LIHUS (RENAUD DE),

Chevalier. — 1262.

Sceau rond, de 25 mill. — Hôpital de Beauvais, 49²¹.

Écu coupé, à trois besants ou tourteaux, deux en chef
et un en pointe.

✳ S' MESIRE · RENAVT · DE LIVS

(Seel Mesire Renaut de Lius.)

Confirmation d'une rente à Libus. — Février 1252.

---

435   LONGUEVAL (AUBERT DE),

Chevalier. — 1310.

Sceau rond, de 38 mill. — Arch. de la Somme; chapitre d'Amiens.

Écu bandé de vair et de . . . de six pièces, au lambel de trois pendants.

✳ S' · AVBERT · DE LONGHEVAL · CHER ·

(Seel Aubert de Longheval, chevalier.)

CONTRE-SCEAU : Aux armes de la face.

✳ S' AVBERT DE LONGVEVAL CHR

(Secret Aubert de Longueval, chevalier.)

Acquisition d'un manoir en la ville de Talmas. — Février 1310.

---

436   LUCHUEL (ROBERT DE),

Chevalier. — 1242.

Sceau rond, de 45 mill. — Arch. de la Somme; abbaye du Gard.

Écu au chef d'hermines.

S· ROBERTI · DE · LVCHEL · MILITIS

(Sigillum Roberti de Luchel, militis.)

Acquisition de terre «juxta Maram Rotundam». — Mars 1242.

---

437   MACQUELINES (JEAN DE),

Chevalier. — 1220.

Sceau rond, de 45 mill. — Arch. de l'Oise; abbaye du Parc-aux-Dames.

Écu fascé de six pièces, dont trois chargées de sautoirs.

✳ S· : IOHANIS DE MASRELINE

(Sigillum Johannis de Maskeline.)

Confirmation de rente à Macquelines. — Janvier 1220.

---

438   MAGNY (REGNIER DE).

1202.

Sceau rond, de 45 mill. — Arch. de l'Oise; abbaye de Prémontré.

Écu portant dix losanges, 3, 3, 3 et 1.

. ✳ SIGILLVM REINER. . . . ANIACO

(Sigillum Reineri de Maniaco.)

Ratification d'une vente. — Juin 1202.

---

439   MAIGNELAY (HUGUES, SEIGNEUR DE),

Chevalier. — 1237.

Sceau rond, de 55 mill. — Arch. de l'Oise; abbaye de Froidmont.

Écu portant une quintefeuille.

✳ · S. HVGONIS MILITIS .. DÑI
DE MANGHELERS

(Sigillum Hugonis, militis et domini de Manghelers.)

CONTRE-SCEAU : Dans le champ : une quintefeuille.

✳ S' : SECRETVM MEVM

(Sigillum secretum meum.)

Ratification d'une acquisition de terre à Légnivillers. — Septembre 1237.

---

440   MAIGRE (SIMON LE),

Chevalier. — 1247.

Sceau rond, de 40 mill. — Arch. de l'Oise; abbaye de Gomerfontaine.

Écu à la fasce accompagnée de sept merlettes, quatre en chef et trois en pointe.

✳ S' SIMON LE MEGRE MILITIS

(Seel Simon le Megre, militis.)

Don de la dîme de Chambors. — Mars 1247.

---

441   MAILLY (COLART, SEIGNEUR DE).

XVᵉ siècle.

Sceau rond, de 26 mill. — Communiqué par M. Boca, archiviste de la Somme.

Écu portant trois maillets, penché, timbré d'un heaume cimé d'un maillet. Dans le champ : deux branches.

COLART : S : DE : MAILLY

(Colart sire de Mailly.)

Surmoulage.

---

442   MAILLY (LOUIS DE).

XVᵉ siècle.

Sceau rond, de 38 mill. — Musée d'Amiens.

Écu portant trois maillets, penché, timbré d'un heaume cimé, supporté à dextre par un lion et à sénestre par une dame. Dans le champ : deux branches fleuries.

seel loys de mailli

(Seel Loys de Mailli.)

Sceau détaché.

---

443   MARGICOURT (RAOUL DE).

1253.

Sceau rond, de 45 mill. — Arch. de l'Oise; abbaye de Froidmont.

Dans le champ : une roue.

✳ S : RADVLFI : DE : MARGICOVRT

(Sigillum Radulfi de Margicourt.)

Ratification d'un échange de terre à Bernes. — Février 1253.

444   MARGICOURT (RAOUL DE),

Chevalier. — 1259.

Sceau rond, de 50 mill. — Arch. de l'Oise; abbaye de Froidmont.

Écu portant en chef un lion passant, contourné.

✲ ....DVLPЬI · MILITIS : DE MARGICOVR̃

(Sigillum Radulphi, militis de Margicourt.)

Ratification d'un échange de vignes à Bernes. — Janvier 1259.

445   MARINES (GAUTIER DE),

Écuyer. — 1269.

Sceau rond, de 48 mill. — Arch. de l'Oise; Saint-Vincent de Senlis.

Dans le champ : une fleur de lys.

✲ S. GAVTIER : DE MARINES

(Seel Gautier de Marines.)

Acquisition de la petite dîme de Marines. — Avril 1269.

446   MARINES (PIERRE DE),

Écuyer. — 1269.

Sceau rond, de 40 mill. — Arch. de l'Oise; Saint-Vincent de Senlis.

Dans le champ : une étoile à cinq rais.

S. PIERE DE MARINES ARMIGERI

(Sigillum Piere de Marines, armigeri.)

Voyez le numéro précédent.

447   MARQUIVILLERS (MATHIEU DE),

Écuyer. — 1271.

Sceau rond, de 35 mill. — Arch. de la Somme; évêché d'Amiens.

Écu portant une croix cantonnée de huit coquilles.

.. MAIЬIET · DE MARCAIVILE ESCVIER

(Seel Maihiet de Marcaivile, escnier.)

Fondation d'une chapelle à Marquivillers. — 19 janvier 1271.

448   MAUTRAIANT? (JEAN),

Chevalier. — 1247.

Sceau rond, de 44 mill. — Arch. de la Somme; abbaye du Gard.

Écu semé de croix recroisettées à deux bars adossés, au lambel de cinq pendants sur le tout.

.. IOЬANN............DE ALERI

(Sigillum Johannis .... de Aleri.)

Confirmation de droits à Rilleux. — Avril 1247.

449   MAYOT (CLÉREMBAUD DE),

Sire de Toulis, chevalier. — 1300.

Sceau rond, de 45 mill. — Arch. de l'Aisne; abbaye de Saint-Vincent.

Écu portant un écusson en abîme, à trois losangés en bande brochant sur le tout.

✲ S' CL.......ILISIS DE MAIOC

(Sigillum Clarembaldi, militis de Maioc.)

Transaction au sujet de la justice de Toulis et d'Attencort. — Juillet 1300.

450   MAYOT

(MARIE, FEMME DE CLÉREMBAUD DE).

1295.

Sceau en écu, de 45 mill. — Hôtel-Dieu de Laon.

Écu portant un écusson en abîme, à la bande brochant sur le tout.

✲ S' MADAME MARIE DE MAIOC

(Seel madame Marie de Maioc.)

Don de rente sur les terres de Toulis. — 13 septembre 1295.

451   MELLO (GUILLAUME DE).

1185.

Sceau rond, de 58 mill. — Hôpital de Beauvais, 5 J.

Type équestre. Le cavalier couvert d'une cotte de mailles jusqu'à la hauteur du genou, où elle laisse dépasser et flotter la chemise d'armes. Casque carré avec mézail, forme rare à cette époque; bouclier portant des merlettes.

✲ SIGILE · WILLELMI · DE · MELLOTO

(Sigillum Willelmi de Melloto.)

Don d'un champart. — 1185.

452   MELLO (ROBERT DE).

1185.

Sceau rond, de 65 mill. — Arch. de l'Oise; abbaye de Froidmont.

Type équestre. Le cavalier revêtu d'une cotte de mailles, coiffé d'un casque carré à nasal; bouclier à ombilic.

✲ SIGILLVM ROB.........

(Sigillum Roberti ....)

Confirmation d'une rente de froment à Fournival. — 1185.

453   MELLO

(GERTRUDE, FEMME DE R. DE).

1204.

Sceau ogival, de 60 mill. — Arch. de l'Oise; abbaye de Froidmont.

Dame debout de profil, en robe, à tresses pendantes, un oiseau sur le poing.

.......DOMINE ....DE MERLOTO

(............ domine .... de Merloto.)

Confirmation de rente à Bulles. — 1204.

7

454 MÉNÉVILLERS (THIBAUD DE),

Écuyer. — 1247.

Sceau rond, de 30 mill. — Arch. de l'Oise; abbaye de Gomerfontaine.

Dans le champ : une molette à six branches.

✳ S' TIBAVT DE MG.....

(Seel Tibaut de Mé............)

Don de la dîme de Chambors. — Mars 1247.

455 MÉRICOURT (FLORENT DE),

Écuyer. — 1322.

Sceau rond, de 34 mill. — Arch. de la Somme; évêché d'Amiens.

Écu portant cinq losanges en bande, au lambel de cinq pendants sur le tout.

...LORENTI........

(Sigillum Florentii..............)

Fondation de l'obit de Mathieu de Méricourt. — Décembre 1322.

456 MERLET (HENRI).

1234.

Sceau rond, de 45 mill. — Arch. de la Somme; abbaye du Gard.

Dans le champ : deux oiseaux (deux merles?) perchés sur une branche d'ornement fleurie.

✳ SIGILL ҺЄNRICI MЄRLЄT

(Sigillum Henrici Merlet.)

Cession de biens à Rilleux. — Juin 1234.

457 MÉRY (JEAN DE),

Écuyer. — 1253.

Sceau rond, de 30 mill. — Arch. de l'Oise; abbaye de Gomerfontaine.

Écu portant une fleur de lys fleuronnée.

✳ IOҺA BIA..... LЄ FRЄRЄ MISIRЄ DRЄV DЄ MЄRI

(Johan Bian....., le frère misire Dreu de Méri.)

Abandon de rente sur le travers de Méry. — Février 1253.

458 MESVILLERS (JEAN DE).

1312.

Sceau rond, de 25 mill. — Arch. de la Somme; chapitre d'Amiens.

Écu portant une croix chargée de cinq coquilles, cantonnée à dextre et en chef de ...., au lambel de quatre pendants.

..IЄҺ.M D. MЄSVILЄR

(Seel Jehan de Mesviler.)

Acquisition du fief de Louvrechy. — Mai 1312.

459 METEREN (JEAN DE),

Seigneur de Vendin. — 1237.

Sceau rond, de 45 mill. — Arch. de l'Oise; Saint-Vincent de Senlis.

Écu portant un écusson en cœur, brisé d'un franc canton dextre, au lambel de quatre pendants sur le tout.

✳ S........NNIS : DE WЄNDIN

(Sigillum Johannis de Wendin.)

Ratification de l'achat d'une dîme à Flers et à Auby. — Mai 1237.

460 METEREN (MATHIEU DE),

Père de Jean de Meteren. — 1228.

Sceau rond, de 60 mill. — Arch. de l'Oise; Saint-Vincent de Senlis.

Écu portant un écusson en cœur, brisé d'un franc canton dextre, au lambel de dix pendants sur le tout.

.......MATЄI...........

(Sigillum Matei...............)

Quittance au sujet d'une dîme à Flers et à Auby vendue par Hélisende, sa nièce. — Mars 1228.

461 MÉZEROLLES (ENGUERRAN DE).

XIII° siècle.

Sceau rond, de 42 mill. — Musée d'Amiens.

Écu portant deux bandes chargées d'un vivré.

✳ S' : ЄNGЄRAN · DЄ · MAISЄROLЄ

(Seel Engeran de Maiserole.)

Sceau détaché.

462 MILLY (DREUX, SEIGNEUR DE),

Chevalier. — 1268.

Sceau rond, de 55 mill. — Arch. de l'Oise; abbaye de Froidmont.

Type équestre. Casque carré, bouclier portant un chef.

✳ S' DROCONIS · DE · MILLICO · MILITIS ·

(Sigillum Droconis de Millico, militis.)

CONTRE-SCEAU : Écu portant un chef.

✳ DROCO DE MILLIACO

(Droco de Milliaco.)

Don de vignes situées à Clermont. — Mars 1268.

463 MILLY

(MARIE, DAME DE VUARTY, FEMME DE DREUX DE).

1268.

Sceau ogival, de 52 mill. — Arch. de l'Oise; abbaye de Froidmont.

Dame debout, en robe et en manteau, à la coiffure carrée à mentonnière, tenant un fleuron de la main droite.

✳ S' MARIꞄ · DꞐꞄ : DꞄ : WARTI : VXORIS :
DꞐI : PꞄTRI : CꞁOISꞄL

(Sigillum Marie, domine de Vuarti, uxoris domini Petri Choisel.)

Voyez le numéro précédent.

---

464 MILLY

(NICOLE, FILLE DE PIERRE DE).

1256.

Sceau ogival, de 50 mill. — Hôpital de Beauvais, 71 ¹.

Dame debout, en robe ajustée, à tresses pendantes,
un oiseau sur le poing. Elle est posée de profil sous un
dais.

✳ S' DOCꞁ........OLꞀI. .. MILLIꞀC'

(Sigillum dom....... .olaie de Milliaco†)

Confirmation de rente sur le moulin de Milly. — Décembre 1256.

---

465 MILLY (PIERRE DE),

Seigneur de Moimont, chevalier. — 1364.

Sceau rond, de 22 mill. — Arch. de l'Oise; abbaye de Saint-Lucien.

Écu plain sous un chef chargé d'un lambel de cinq
pendants.

. . . .ꞄRRꞄ · DꞄ · ꞒILLI.....

(Seel Pierre de Milli, chevalier†)

Reconnaissance de rentes à Bonnières et à Moimont. — 12 mai
1364.

---

466 MOIMONT (GUI DE).

1198.

Sceau rond, de 64 mill. — Hôpital de Beauvais, 51 ¹.

Type équestre. Chemise d'armes, casque carré, le
bouclier portant trois barres (c'est trois bandes qu'on a
voulu dire) sous un chef.

✳ SIGILLVM · GꞁVIDONI.......ONT

(Sigillum Guidonis de Moiemont.)

Acensement de terre près Tillé. — 1198.

---

467 MOIMONT (GUI DE),

Chevalier. — 1213.

Sceau rond, de 28 mill. — Hôpital de Beauvais, 51 ¹.

Écu portant trois bandes, brisé d'un franc canton dextre.

✳ S' GꞁVI · DꞄ ...ꞄMV.T

(Seel Gui de Moiemont.)

Donation d'une terre située entre Beauvais et Tillé. — 1213.

---

468 MOLLIENS (BARTHÉLEMY DE),

Chevalier. — 1267.

Sceau rond, de 48 mill. — Arch. de la Somme; chapitre d'Amiens.

Écu à la fasce chargée de trois besants.

S' · BꞄRT..MIV.............IꞄR

(Seel Bertremiu .... chevalier.)

Transport de rente sur le sesterage d'Amiens. — 1267.

---

469 MOLLIENS

(MARIE DE PICQUIGNY, FEMME DE BARTHÉLEMY DE).

1267.

Sceau ogival, de 45 mill. — Arch. de la Somme; chapitre d'Amiens.

Écu à la fasce chargée de trois besants.

S' ꞒꞀROIꞄ : DꞀMꞄ · DꞄ · MOILIꞄNS

(Seel Maroie, dame de Molliens.)

Voyez le numéro précédent.

---

470 MONCEAUX (JEAN DE),

Chevalier. — 1240.

Sceau rond, de 45 mill. — Arch. de l'Oise; abbaye de Saint-Lucien.

Écu portant trois losanges.

✳ S' IꞀꞁꞀ. .Ꞅ ꞒOꞀCIꞀV

(Seel Jehan de Monciau.)

Échange d'un bois à Oudeuil. — 3 avril 1240.

---

471 MONCEAUX

(ISABELLE, FEMME DE JEAN DE).

1250.

Sceau ogival, de 43 mill. — Arch. de l'Oise; abbaye de Lannoy.

Dans le champ : une fleur de lys fleuronnée.

✳ S' MꞀDꞄNꞒꞄ ISꞀBꞄL DꞄ MOVTOILꞄS

(Seel madenme Isabel de Moutoiles.)

Cession de droits sur le fief de Merlemont. — 3 mars 1250.

---

472 MONCEAUX (JEAN DE),

Écuyer. — 1260.

Sceau rond, de 45 mill. — Arch. de l'Oise; prieuré de Wariville.

Dans le champ : une étoile à six rais.

......ꞁꞀN · ....Ꞁ....

(Seel Jehan ....c....)

Cession de droits sur des pâturages, des champarts et sur la rivière
de Toreche. — Mai 1260.

---

473 MONS (HENRI DE),

Écuyer. — 1336.

Sceau rond, de 20 mill. — Arch. de la Somme; abbaye de Corbie.

Fragment d'écu où l'on voit seulement une fasce
chargée de trois besants, accompagnée en chef de trois
annelets.

7.

S' ҺЄΠR. .. ..Πs

(Seel Henri de Mons.)

Autorisation accordée à Henri de Mons d'avoir une huche à poisson devant la maison de l'abbaye de Corbie à Hamelet. — 15 avril 1336.

474 MONSURES (HUGUES, SIRE DE),

Chevalier. — 1308.

Sceau rond, de 35 mill. — Arch. de la Somme; abbaye du Gard.

Écu à la croix chargée de cinq fermaux.

✱ S' ҺVЄS · DЄ · MOVSS..ЄS · Ꞓ..R' :

(Seel Hues de Monssures, chevalier.)

Quittance de rente. — 14 décembre 1308.

475 MONSURES (PIERRE DE),

Chevalier. — 1258.

Sceau rond, de 46 mill. — Arch. de l'Oise; abbaye de Saint-Lucien.

Écu plain, au lambel de cinq pendants.

SIꞒIꞀꞀ PЄT.. .. MO.....

(Sigillum Petri de Mo..........)

Confirmation d'un don à Oudeuil. — Juillet 1258.

476 MONT (PIERRE DU),

Chevalier. — 1211.

Sceau rond, de 40 mill. — Hospice de Beauvais, 7.

Écu portant une fasce.

✱ SIꞒIꞀꞀ : PЄTRI · DЄ MONTЄ

(Sigillum Petri de Monte.)

Don de la dîme de Noyers. — Avril 1211.

477 MONTATAIRE (JEAN DE),

Écuyer. — 1273.

Sceau rond, de 25 mill. — Arch. de l'Oise; abbaye de Froidmont.

Dans le champ : deux oiseaux adossés et contournés.

✱ S' IЄҺꞀR · DЄ MONTꞀTЄRЄ :

(Seel Jehan de Montâtère.)

Ratification d'un échange de terres à Bernes. — Février 1273.

478 MONTCHEVREUIL

(MATHILDE, VEUVE DE GUILLAUME DE),

Chevalier. — 1257.

Sceau ogival, de 45 mill. — Hospice de Beauvais, 31.

Dame debout, en robe et en manteau, la tête tournée de profil et coiffée d'un toquet à mentonnière, tenant une fleur à la main droite.

.. MꞀҺꞀVT : DЄ : MOVNҺЄVRЄꞀ

(Seel Maheut de Mounhevrel.)

Ratification. — Avril 1257.

479 MONTIGNY (ADAM DE),

Écuyer. — 1273.

Sceau rond, de 23 mill. — Arch. de l'Oise; abbaye de Froidmont.

Dans le champ : une aigle éployée.

✱ S' ꞀDꞀM · DЄ · MONTЄꞒNI · ЄSQVIЄR

(Seel Adam de Montegni, esquier.)

Ratification d'un échange de terres à Bernes. — Février 1273.

480 MONTIGNY (AMAURI DE),

Chevalier. — 1220.

Sceau rond, de 35 mill. — Arch. de l'Oise; abbaye de Gomerfontaine.

Écu portant trois fasces.

✱ S. ꞀMꞀVRI DЄ MONTЄNꞒIO

(Sigillum Amauri de Montengio.)

Fondation de l'anniversaire de sa mère Isabelle. — Novembre 1220.

481 MONTIGNY (JEAN KAYN DE),

Chevalier. — 1280.

Sceau rond, de 35 mill. — Arch. de l'Oise; abbaye de Froidmont.

Écu portant une bande endentée, accompagnée d'une molette en chef et à sénestre.

.....ꞀN RꞀI...........ҺЄVꞀ....

(Seel Jehan Kai............, chevalier.)

Échange de terres à Montigny. — Mars 1280.

482 MONTIGNY (RENAUD, SEIGNEUR DE),

Chevalier. — 1272.

Sceau rond, de 45 mill. — Arch. de l'Oise; Saint-Vincent de Senlis.

Écu à la croix recercelée, chargée de cinq coquilles.

.. ЄNꞀVT : DЄ M.........ꞀLIЄ

(Seel Renaut de M.........., chevalier.)

Transport de cens et de rentes. — Avril 1272.

483 MONTIGNY

(ANOR, FEMME DE RENAUD DE).

1272.

Sceau ogival, de 36 mill. — Arch. de l'Oise; Saint-Vincent de Senlis.

Dans le champ : une branche fleurie sur laquelle sont perchés deux oiseaux.

✱ S' MꞀDꞀMЄ ꞀNOR DЄ MONTЄꞒNI

(Seel madame Anor de Montegni.)

Voyez le numéro précédent.

484 MONTJAY

(ALEAUME, SEIGNEUR DE).

1205.

Sceau rond, de 48 mill. — Arch. de l'Oise; abbaye de Chaalis.

Écu emmanché de quatre pièces mouvant du chef.

✳ SIGILLVM · ALELMI · DE · MONTGIḬER

(Sigillum Alelmi de Montgiber.)

Acquisition de biens à Montjay et à Marchémoret. — 1205.

---

485 MONTJAY (GUI DE).

1167.

Sceau rond, en cuvette, de 60 mill. — Arch. de l'Oise; abbaye de Chaalis.

Type équestre, Casque conique à nasal, bouclier ayant une bordure.

✳ SIG.........NI DE CASTRI DIOHI

(Sigillum .... domini de Castridioni.)

Confirmation d'un don de vignes, etc. — 1167.

---

486 MONTJAY

(ISABELLE, VEUVE DE GAUTIER MALETH DE).

1273.

Sceau ogival, de 40 mill. — Arch. de l'Oise; abbaye de Chaalis.

Dame debout, en robe et en manteau vairé, la tête tournée de profil et coiffée d'une toque très-plate, un oiseau sur le poing.

✳ S' ISSABEL.........DE MONGIIE..

(Sigillum Issabellis .... de Mongiiers.)

Amortissement de terre à Marchémoret. — Mai 1273.

---

487 MONTOILES (JEAN DE),

Chevalier. — 1241.

Sceau rond, de 40 mill. — Arch. de l'Oise; abbaye de Froidmont.

Écu portant un croissant.

✳ S. IOḬANNIS : DE : NONTELLES

(Sigillum Johannis de Nontelles.)

Acquisition de rente. — Mars 1241.

---

488 MONTOILES

(ISABELLE, FEMME DE JEAN DE).

1241.

Sceau ogival, de 43 mill. — Arch. de l'Oise; abbaye de Froidmont.

D'ans le champ : une fleur de lys fleuronnée.

✳ S. MADENME ISABEL DE MOVTOILES

(Seel madanme Isabel de Montoiles.)

Voyez le numéro précédent et le n° 471.

---

489 MONTS (SIMON DE),

Chevalier. — 1217.

Sceau rond, de 62 mill. — Arch. de l'Oise; abbaye de Prémontré.

Écu plain sous un chef chargé de trois annelets, ou écu à la fasce accompagnée de trois annelets en chef.

✳ SIGILLVM : SIMONIS : DE : MONTS

(Sigillum Simonis de Monts.)

Ratification d'un achat de terre à Bonneuil et à Golancourt. — Juin 1217.

---

490 MORANGLE (RENAUD, SEIGNEUR DE),

Chevalier. — 1256.

Sceau rond, de 45 mill. — Arch. de l'Oise; abbaye de Froidmont.

Écu portant une fasce chargée de trois quintefeuilles et accompagnée de sept merlettes, quatre en chef, trois en pointe.

✳ S' MESIRE · RENAVT · DE MORANGLE

(Seel mesire Renaut de Morangle.)

Attestation de l'acceptation d'un marché. — Décembre 1256.

---

491 MOREUIL (BERNARD, SEIGNEUR DE),

Chevalier. — 1243.

Sceau rond, de 70 mill. — Arch. de la Somme; évêché d'Amiens.

Type équestre. Casque carré, bouclier semé de fleurs de lys au lion naissant, cheval à crinière tressée.

✳ SIG...............MORVIL

(Sigillum , ... de Moruil.)

Contre-sceau : Dans le champ : un semé de fleurs de lys au lion naissant.

✳ S' BERNARDI DE MARVL

(Secretum Bernardi de Marul.)

Reconnaissance d'un cens dû sur l'abbaye de Moreuil. — Mai 1243.

---

492 MOREUIL (BERNARD, SEIGNEUR DE),

Chevalier. — 1259.

Sceau rond, de 60 mill. — Arch. de la Somme; chapitre d'Amiens.

Écu semé de fleurs de lys au lion naissant.

✳ S' BERNART : DE MOREIL DE PLAISNE PILLE SEGNEV?

(Seel Bernart de Moreil, de Plaisnepillé, segneur.)

Exemption de droit de travers et de péage à Moreuil. — Mars 1259.

493   **MOREUIL (BERNARD DE),**

Sire de Villiers, chevalier. — 1265.

Sceau rond, de 42 mill. — Arch. de la Somme; évêché d'Amiens.

Écu semé de fleurs de lys au lion naissant. — Légende détruite.

Fondation d'une chapellenie à Villiers. — Septembre 1265.

494   **MORLANCOURT**

(GEOFFROI, SEIGNEUR DE)

1240.

Sceau rond, de 55 mill. — Arch. de la Somme; évêché d'Amiens.

Écu portant une fasce, au lion brochant sur le tout.

······;········MORLAIHC····

(·····················Morlaincourt.)

Fondation d'une chapelle. — Août 1240.

495   **MORTEMER (ROGER DE),**

1183.

Sceau rond, de 60 mill. — Arch. de l'Oise; abbaye de Saint-Paul-lès-Beauvais.

Type équestre. Casque à timbre arrondi à nasal et à volet, bouclier à ombilic.

✷ SIGI..VꝊ : ROGERI : DE : MORTVOꝊARI

(Sigillum Rogeri de Mortuomari.)

Confirmation d'un don, comprenant l'église de Sainte-Beuve, fait au sujet de la prise d'habit de son aïeule Agnès. — 1183.

496   **MOTTE (MATHIEU DE LA).**

1238.

Sceau rond, de 40 mill. — Arch. de l'Oise; abbaye de Froidmont.

Dans le champ : une étoile à huit rais.

✷ S' MATHEI DE MOTA

(Sigillum Mathei de Mota.)

Ratification de l'achat d'une terre «subtus boscum de Paarmont». — Janvier 1238.

497   **MOUCHY (YOLANDE DE).**

1204.

Sceau ogival, de 48 mill. — Arch. de l'Oise; abbaye de Chaalis.

Dame debout, en robe et en manteau, à tresses pendantes, tenant une fleur de lys à la main droite.

✷ SIGILLVM·······HOI

(Sigillum ························ noi.)

Ratification d'une acquisition de terre à Fouquerolles. — 1204.

498   **MOUY (GAUTIER DE).**

1183.

Sceau rond, de 56 mill. — Arch. de l'Oise; abbaye de Lannoy.

Type équestre. Casque à timbre arrondi et à nasal, bouclier à ombilic.

✷ SIGILLVꝊ GALTERI DE ꝊOI

(Sigillum Galteri de Moi.)

Autorisation pour l'entrée en religion d'un enfant dont il était seigneur. — 1183.

499   **MOUY (JEAN DE),**

Chevalier. — 1219.

Sceau rond, de 56 mill. — Arch. de l'Oise; abbaye de Froidmont.

Type équestre. Casque carré; bouclier présenté de face, portant un sautoir cantonné de quatre merlettes, au lambel de cinq pendants.

✷ SIGILL IOHANNIS DE MOI MILITIS

(Sigillum Johannis de Moi, militis.)

Acquisition de rente sur le moulin de Hermes. — Mai 1219.

500   **MOUY (JEAN, SIRE DE),**

Chevalier. — 1269.

Sceau rond, de 50 mill. — Arch. de l'Oise; abbaye de Froidmont.

Type équestre. Le bouclier au sautoir cantonné de quatre merlettes.

✷ S'. DÑI : IOHAnnIS : DE : MOI : MILITIS

(Sigillum domini Johannis de Moi, militis.)

Contre-sceau : Écu au sautoir cantonné de quatre merlettes.

✷ S'. DÑI : IOHIS : DE : MOI : MILITIS

(Secretum domini Johannis de Moi, militis.)

Assignation de rente sur sa terre de Saint-Félix. — 3 avril 1269.

501   **MOUY (JEAN DE),**

Chevalier. — 1294.

Sceau rond, de 40 mill. — Arch. de l'Oise; abbaye de Froidmont.

Écu portant un sautoir chargé d'une molette ou d'une étoile à dextre et en chef, cantonné de quatre merlettes.

✷ S' IEHAN DE MOY CHEVALIER

(Seel Jehan de Moy, chevalier.)

Autorisation donnée aux religieux de Froidmont de tenir librement une terre à Sains. — Août 1294.

502   **MOUY**

(MAHAUT, DAME DE SAINS, FEMME DE JEAN DE).

1294.

Sceau ogival, de 50 mill. — Arch. de l'Oise; abbaye de Froidmont.

Dans le champ : une fleur de lys.

.. MAϦAVT DAME DE SAINS

(Seel Mahaut, dame de Sains.)

Voyez le numéro précédent.

503 MOUY

(PIERRE, FILS AÎNÉ DE JEAN DE),

Écuyer. — 1294.

Sceau rond, de 35 mill. — Arch. de l'Oise; abbaye de Froidmont.

Écu au sautoir chargé d'une molette ou d'une étoile à dextre et en chef, cantonné de quatre merlettes.

✴ Sꟼ PIERRE DE MOI ESCVϦIER

(Seel Pierre de Moi, escubier.)

Voyez les nᵒˢ 5o1 et 5o2.

504 MOUY (LE SIRE DE).

1336.

Sceau rond, de 24 mill. — Arch. de la Somme; chapitre d'Amiens.

Dans une rose gothique : un écu au sautoir cantonné de quatre merlettes. — Légende détruite.

Sentence du bailli de Vermandois qui renvoie Mahieu le Clerc de Damaliers devant la justice du chapitre, malgré la sauvegarde du roi dont il jouissait. — 3o septembre 1336.

505 MOY (WERRI DE),

Chevalier. — 1223.

Sceau rond, de 52 mill. — Arch. de l'Aisne; abbaye de Fervaques.

Écu fretté, au lambel de cinq pendants.

..........RRI.I · DE MOI

(Sigillum Werrici de Moi.)

Assignation de rente sur des terres à Bernoville. — Mars 1223.

506 MOYENCOURT

(RAOUL FOISSEUX, SIRE DE).

1304.

Sceau rond, de 38 mill. — Arch. de l'Oise; chapitre de Noyon.

Écu portant quatre losanges en bande, au lambel de cinq pendants.

✴ ....IRE RAOVL DE MOIENCOVRT

(Seel messire Raoul de Moiencourt.)

Accord au sujet de droits de mouture aux moulins d'Evricourt et d'Espinoy. — Mars 1304.

507 MOYENCOURT

(GILLE DE MARGIVAL, DAME DE BÉTHENCOURT, FEMME DE RAOUL DE).

1304.

Sceau rond, de 45 mill. — Arch. de l'Oise; chapitre de Noyon.

Écu portant un orle de merlettes au lambel de

cinq pendants, parti d'une croix chargée de cinq coquilles.

✴ Sꟼ GILLE DE MARGIVAL D.....
BETENC....

(Seel Gille de Margival, dame de Bétencourt.)

Voyez le numéro précédent.

508 NESLE (IVES DE).

1135.

Sceau rond, de 55 mill. — Arch. de la Somme; abbaye de Corbie.

Type équestre. Casque conique à nasal, bouclier vu en dedans, cotte de mailles s'arrêtant au genou en laissant flotter au-dessous la chemise d'armes, étrier et éperon distincts.

✴ SIGILLVM · I. · · DE NELLE

(Sigillum Ive de Nelle.)

Reconnaissance des droits de l'abbaye de Corbie à une portion de la dîme de Bus et de Féramp. — « 1135, regnante domino Ludovico, « anno unctionis ejus 27, unctionis Ludovici junioris anno 3.»

509 NESLE (RAOUL, FRÈRE DE JEAN DE),

1220.

Sceau rond, de 60 mill. — Arch. de la Somme; abbaye de Prémontré.

Type équestre. Casque carré, le bouclier portant deux lions passant l'un sur l'autre.

SIGILLVM RADVLFI ꟼE NIGELLA

(Sigillum Radulfi de Nigella.)

Contre-sceau : Écu fruste : sans doute, deux lions passant.

✴ RADVꟼ Dꟼ NIGꞭꞭ

(Radulfus de Nigella.)

Confirmation de rente. — Mai 1220.

510 NEUILLY-EN-THELLE

(GUILLAUME DE MARES, FRÈRE DE RENAUD DE).

1258.

Sceau rond, de 40 mill. — Arch. de l'Oise; abbaye de Froidmont.

Dans le champ : une fleur de lys.

✴ Sꟼ GꟼVILLERMI · ꟼE NVILIACO

(Sigillum Guillermi de Nuiliaco.)

Ratification de l'achat d'une terre située à la Pointe. — Mars 1258.

511 NEUILLY-EN-THELLE (RENAUD DE),

Chevalier. — 1259.

Sceau rond, de 40 mill. — Arch. de l'Oise; abbaye de Froidmont.

Écu au sautoir cantonné de quatre merlettes.

✳ S' RAIMAVDI · DG · NVGLI

(Sigillum Rainaudi de Nueli.)

Confirmation de la cession d'une vigne. — Janvier 1259.

512 NEUVILLE (ALAIN DE),

Chevalier. — 1261.

Sceau rond, de 50 mill. — Arch. de l'Aisne; abbaye de Saint-Vincent.

Écu fascé de douze pièces, au franc canton d'hermines.

✳ S'. ALA............ILLA

(Sigillum Alani .... de Novilla.)

CONTRE-SCEAU : Écu fascé de douze pièces, au franc canton d'hermines.

✳ CONTRA SIG'ILLVO?

(Contra sigillum.)

Fondation de l'anniversaire de son frère Pierre. — 7 septembre 1261.

513 NEUVILLE (GUI DE LA),

Chevalier. — 1244.

Sceau rond, d'environ 50 mill. — Arch. de la Somme; évêché d'Amiens.

Type équestre, fragment. Le bouclier portant deux bandes. — Légende détruite.

CONTRE-SCEAU : Écu portant deux bandes. — Sans légende.

Autorisation donnée à l'évêque d'Amiens de percevoir une rente sur une dîme engagée par Thibaud de la Neuville, son frère. — 7 novembre 1244.

514 NEUVILLE-LÈS-WASIGNY

(ARNOUL DE LA),

Écuyer. — 1293.

Sceau rond, de 20 mill.— Arch. de l'Aisne; abbaye de Saint-Martin de Laon.

Écu portant un dextrochère, au lambel de trois pendants.

✳ S' ARNOVL D' LA NGVVILLG

(Seel Arnoul de la Neuville.)

Acquisition de terres à Wagnon. — 1293.

515 NEUVILLE-LÈS-WASIGNY

(MILON, SEIGNEUR DE LA).

1235.

Sceau rond, de 50 mill. — Arch. de l'Aisne; abbaye de Saint-Martin de Laon.

Écu portant un dextrochère.

✳ S' MILONIS MILITIS DG NOVAVILLA

(Sigillum Milonis, militis de Novavilla.)

Acquisition de la dîme de Wagnon. — 1235.

516 NEUVIREUIL (BAUDOUIN DE).

1242.

Sceau rond, de 42 mill. — Arch. de la Somme; abbaye du Paraclet.

Dans le champ : une fleur de lys fleuronnée.

✳ S' : BA.........GLLG :

(Sigillum Balduini de Novirelle?)

Ratification d'un achat de terre. — Mai 1242.

517 NOROY (JEAN BIGOT DE),

Écuyer. — 1258.

Sceau rond, de 45 mill. — Arch. de l'Oise; Saint-Martin-au-Bois.

Le champ du sceau complétement déprimé.

✳ S. IOANNGS DG NONGNROI

(Sigillum Joannes de Nonenroi.)

Acquisition et amortissement de la dîme de Noroy. — Décembre 1258.

518 NOROY (SIMON, SEIGNEUR DE),

Chevalier. — 1222.

Sceau rond, de 45 mill. — Arch. de l'Oise; abbaye de Froidmont.

Écu portant une quintefeuille, au lambel de cinq pendants.

✳ S. SIO2OHI...........I

(Sigillum Simonis ....i.)

Ratification d'une donation. — 1222.

519 NOROY (SIMON, SEIGNEUR DE),

Chevalier. — 1258.

Sceau rond, de 60 mill. — Arch. de l'Oise; Saint-Martin-au-Bois.

Écu papeloné, à deux fasces.

.... SIMONIS ..LI.............

(Sigillum Simonis, militis ....)

Ratification d'une acquisition de dîme à Noroy. — Décembre 1258.

520 NOROY

(JEANNE, FEMME DE SIMON DE).

1258.

Sceau ogival, de 45 mill. — Arch. de l'Oise; Saint-Martin-au-Bois.

Dans le champ : une fleur de lys fleuronnée.

....DGMMG IGHGNNG DG NOVGR..

(Seel medemme Jehenne de Noveroi.)

Voyez le numéro précédent.

521   NOUVION (JEAN DE),

Écuyer. — 1271.

Sceau rond, de 45 mill. — Arch. de la Somme; abbaye du Gard.

Écu portant trois aigles.

✶ S' I...........VION :

(Scel Jehan de Nouvion.)

Abandon de droits sur des terres à Yseu. — 30 avril 1271.

522   NOUVION (JEAN DE),

Sire de Thièvres, chevalier. — 1300

Sceau rond, de 55 mill. — Arch. de la Somme; chapitre d'Amiens.

Type équestre. Le bouclier, l'ailette et la housse portant trois aigles; le heaume cimé d'une aigle.

.....MON...............SIRES : DE TIEVRE

(Seel monseigneur Jehan, sire de Tièvre)

CONTRE-SCEAU : Écu portant trois aigles.

✶ SEEL : DE : MEN : SECRE

(Seel de men secré.)

Acquisition et amortissement des dîmes, moulins, cens, justice et terres de Poulainville. — Novembre 1300.

523   NOUVION

(NICOLE, FEMME DE JEAN DE).

1300.

Sceau ogival, de 65 mill. — Arch. de la Somme; chapitre d'Amiens.

Sous un dais gothique fleuri, dame debout, en robe et en manteau, coiffée en voile, tenant un écureuil à la main; à sa dextre, l'écu à trois aigles; à sénestre, un écu portant trois maillets?

SIGILLVM : NICOL.. ....RE : DE : TIV...

(Sigillum Nicolaie, domino de Tiv.....)

Voyez le numéro précédent.

524   NOYERS (GILLES DE),

Fils de Renaud de Noyers, écuyer. — 1279.

Sceau rond, de 36 mill. — Hospice de Beauvais, 25.

Dans le champ : une molette à six branches.

✶ S..........OVIERS : ESCVIER

(Scel Gilles de Nouiers, escuier.)

Amortissement de biens tenus de Noyers. — 1er avril 1274.

525   NOYERS

(JEAN DE LA COUR, FILS DE RAOUL DE LA COUR DE).

1265.

Sceau rond, de 38 mill. — Hospice de Beauvais, 25.

Dans le champ : une molette à six branches.

S' IEHEN DE NO..IES D. .A COV.

(Seel Jehen de No..ies de la Cour)

Acquisition de terre à Noyers. — 15 septembre 1265.

526   NOYERS (JEAN DE LA COUR DE),

Écuyer. — 1275.

Sceau rond, de 40 mill. — Hospice de Beauvais, 25.

Dans le champ : la moitié d'une fleur de lys.

✶ S' IEHEN · DE LE OVRT · DE NOIERS

(Seel Johen de le Ourt de Noiers.)

Abandon de droits sur des champarts à Noyers et à Voisinlieu. — 7 septembre 1275.

527   OMÉCOURT (GUILLAUME D'),

Chevalier. — 1263.

Sceau rond, de 40 mill. — Arch. de l'Oise; chapitre de Beauvais.

Écu d'hermines, chargé en chef d'un vivré, à la bande brochant sur le tout.

...........ECOV..

(................... Omécourt.)

Acquisition du champart d'Omécourt. — Février 1263

528   OMÉCOURT (PIERRE D').

Frère de Guillaume d'Omécourt. — 1263.

Sceau rond, de 40 mill. — Arch. de l'Oise; chapitre de Beauvais.

Dans le champ : une étoile à six rais.

✶ ....OMECOVRT

(................... Omécourt.)

Voyez le numéro précédent.

529   ORROUY (THOMAS D').

1254.

Sceau rond, de 45 mill. — Arch. de l'Oise; collégiale de Saint-Thomas de Crepy.

Écu portant en cœur un écusson d'hermines à la bordure, à la bande brochant sur le tout.

✶ ∽ · THOM.. .E OROIR

(Seel Thomas de Oruir.)

Acquisition de la dîme d'Orrouy. — Mars 1254.

530   PAILLART (BERNARD DE),

Chevalier. — 1200.

Sceau rond, de 46 mill. — Hospice Saint-Charles à Amiens

Type équestre. Casque à timbre arrondi à nasal, bouclier à ombilic.

✶ SIGILL.. BERNARDI DE............

(Sigillum Bernardi de ....)

Fieffe d'une terre sise à Visigueux. — 22 mai 1200.

8

531   PANETIER (COLART LE),

[Chevalier. — 1336.

Sceau rond, de 35 mill. — Arch. de l'Oise; trésorerie du chapitre de Noyon.

Écu échiqueté, au franc canton chargé d'un lion passant.

✳ S' COLART LE PANET..R ·: OhE.ALIER ·:

(Seel Colart le Panetier, chevalier.)

Acquisition d'un fief à Ribécourt. — 4 septembre 1336.

532   PAUMIER (BAUDOUIN LE)

De Contalmaison. — 1261.

Sceau rond, de 42 mill. — Arch. de la Somme, chapitre d'Amiens.

Écu au chef d'hermines cantonné à dextre d'une molette, à la main appaumée sur le tout.

✳ S'. BAVDVIN · LE · PAVMIER

(Seel Bauduin le Paumier.)

Acquisition de la dîme de Contalmaison. — Décembre 1261.

533   PÉCHIES

(ÉVA DE BOVES, FEMME DE HAMON DE).

1218.

Sceau ogival, de 52 mill — Arch. de la Somme; collégiale de Saint-Nicolas.

Dame debout, en robe ajustée, coiffée d'une toque à mentonnière, un oiseau sur le poing.

.. ..GILLVM EVE : PEChIE..

(Sigillum Eve Pechies.)

Fondation d'une chapellenie «pro anima Hugonis de Bova», son père. — Mars 1218.

534   PEVENCHY (GILLES HASTE DE),

Écuyer. — 1301.

Sceau rond, de 28 mill. — Arch. de l'Oise; chapitre de Noyon.

Écu rond, fretté, au franc canton chargé d'une molette.

✳ S' GILLON HATE DE PEVENC..

(Seel Gillon Hate de Pevenchi.)

Ratification d'un achat de terre à Curchy. — Février 1301.

535   PICQUIGNY (ENGUERRAN DE),

Seigneur d'Athy et de Voisinlieu, écuyer. — 1430.

Sceau rond, de 27 mill. — Hospice de Beauvais, 32.

Écu fascé de six pièces à la bordure, penché, timbré d'un heaume, supporté à sénestre par une aigle.

.... enguerau........

(Seel Engueran ....)

Accord au sujet de cens et de rentes à Voisinlieu. — 28 mars 1430.

536   PIERREPONT (HUGUES, SEIGNEUR DE).

XIIe siècle.

Sceau rond, d'environ 55 mill. — Arch. de l'Aisne; abbaye de Saint-Vincent de Laon.

Type équestre. — Casque à timbre arrondi à nasal, bouclier fruste. — Légende détruite.

Reconnaissance de droits sur les eaux de la Romelle et sur l'écluse des moulins d'Attencourt. — Sans date.

537   PIERREPONT (ROBERT DE),

Fils de Hugues de Pierrepont. — XIIe siècle.

Sceau rond, de 55 mill. — Arch. de l'Aisne; abbaye de Saint-Vincent de Laon.

Type équestre. Casque à timbre arrondi à nasal; bouclier illisible.

✳ SIGILLVM ROBERTI DE PETREPONTE

(Sigillum Roberti de Petreponte.)

Voyez le numéro précédent.

538   PILARS (JEAN),

Sire d'Argœuves, écuyer. — 1296.

Sceau rond, de 36 mill. — Arch. de la Somme; abbaye du Gard.

Écu portant trois pilons en pal.

✳ S' IEhAN ..LARS · DARGVVE

(Seel Johan Pilars d'Arguve.)

Fondation de son obit. — Février 1296.

539   PINCENCOURT (JEAN DE),

Chevalier. — 1247.

Sceau rond, de 46 mill. — Arch. de l'Oise; abbaye de Gomerfontaine.

Écu portant trois lions passant, au franc canton plain.

✳ S' MESIRE · IOhANS · DE .....

(Seel mesire Johans de Pincencort?)

Don de la dîme de Chambors. — Mai 1247.

540   PLAINVAL (BAUDOUIN DE),

Écuyer. — 1255.

Sceau rond, de 40 mill. — Hospice de Beauvais, 25.

Dans le champ : une étoile à six rais ou une molette.

✳ S' BAVDVIN · DE PLAINVAL ·

(Seel Bauduin de Plainval.)

Abandon de rente sur la grange de Noyers. — Janvier 1255.

541   PLAINVAL (BAUDOUIN DE),

Écuyer. — 1258.

Sceau rond, de 30 mill. — Hospice de Beauvais, 25.

Dans le champ : une étoile à six rais ou une molette.

✱ S' BALDVINI DE PLEIN VAL

(Sigillum Balduini de Pleinval.)

Ratification d'un don et d'un transport de rentes. — Avril 1258.

542 PLAINVAL (NÉVELON DE),

Seigneur de Saint-Remy-en-l'Eau, chevalier. — 1235.

Sceau rond, de 40 mill. — Arch. de l'Oise; abbaye de Saint-Just.

Écu portant cinq châteaux, au franc canton plain.

✱ S' NEVELO. .S · DE PLENO · VALLO

(Sigillum Nevelonis de Plenovallo.)

Échange de terre à Trémonvillers. — Mars 1235.

543 PLOUY (PIERRE, SEIGNEUR DE),

Chevalier. — 1260.

Sceau rond, de 42 mill. — Arch. de l'Oise; abbaye de Beaupré.

Écu semé de ..... à la bande chargée de .....

✱ S' PETRVS DV PLOIIS MILITIS

(Sigillum Petrus du Ploiis, militis.)

Amortissement de rente sur la grange de Brombos. — Août 1260.

544 POISSY (GAÇON DE),

Chevalier. — 1263.

Sceau rond, de 60 mill. — Arch. de l'Oise; Saint-Maurice de Senlis.

Type équestre. Casque carré; le bouclier et la housse portant une aigle.

S' GACE · DE PISIACO...........

(Sigillum Gace de Pisiaco .....)

Contre-sceau : Écu portant une aigle.

✱ S' GACE DE PESSIACO MILITIS?

(Secretum Gace de Pessiaco, militis.)

Reconnaissance des droits du roi saint Louis sur le travers de Maisons-sur-Seine. — Avril 1263.

545 POISSY

(ADÈLE, FEMME DE GAÇON DE).

1234.

Sceau ogival, de 70 mill. — Arch. de l'Oise; Saint-Maurice de Senlis.

Dame debout, en robe et en manteau vairé, dont elle relève les plis de sa main droite; coiffure plate à mentonnière.

✱ SIGILLVM...........IS DE · POISSI

(Sigillum .....is de Poissi.)

Confirmation du don fait à Hugues de Coudun, à l'occasion de son mariage avec Marguerite, sœur de Gaçon. — Mars 1234.

546 POLHAY (THOMAS DE).

1258.

Sceau rond, de 40 mill. — Arch. de l'Oise; abbaye de Beaupré.

Écu au chef fretté.

✱ S. THOMAS · DE POLEHOI

(Seel Thomas de Polehoi.)

Sentence au sujet du chemin qui va de Brombos à Beauvais. — 17 février? 1258.

547 PONT (ALEAUME DU),

Écuyer. — 1343.

Sceau rond, de 25 mill. — Arch. de la Somme; abbaye de Corbie.

Écu portant une fasce accompagnée, à dextre et en chef, d'une molette.

✱ S' ALIAVME DV PONT ESCVIER

(Seel Aliaume du Pont, escuier.)

Acquisition de fief à Rocquencourt. — 16 juillet 1343.

548 PRÉVÔT (PIERRE LE)

De Hermes, écuyer. — 1286.

Sceau rond, de 35 mill. — Arch. de l'Oise; abbaye de Froidmont

Dans le champ : une étoile à six rais.

✱ S' PET̄ P̄POSITI · DE HARMIS

(Sigillum Petri Prepositi de Harmis.)

Amortissement d'un bois à Hermes. — Mai 1286.

549 PUCHEVILLERS

(BAUDOUIN, SEIGNEUR DE),

Écuyer. — 1271.

Sceau rond, de 40 mill. — Arch. de la Somme; chapitre d'Amiens.

Écu portant cinq losanges en bande, accompagnées d'une molette en chef.

.. BAVDVĪ SENGNOR DE PVCIWIL...

(Seel Baudnin, sengnor de Puciuvilers.)

Acquisition de terrages et de cens à Puchevillers. — 20 mai 1271.

550 PUCHEVILLERS

(JEAN, SEIGNEUR DE),

Chevalier. — 1413.

Sceau rond, de 30 mill. — Arch. de la Somme; chapitre d'Amiens.

Dans un encadrement trilobé : écu portant trois épées en bande.

S' IEHA VIC... DE DAMPMART CHR'

(Seel Jehan, viconte de Dampmart, chevalier.)

Permission donnée au chapitre d'Amiens de placer des étais sur la terre de Puchevillers pour la réparation d'une maison. — 1er juillet 1413.

551　　　PUISIEUX

(JEAN BÉDUIN, SEIGNEUR DE).

1221.

Sceau rond, de 50 mill. — Arch. de l'Aisne; abbaye de Saint-Martin de Laon.

Écu portant une bande accompagnée de losanges, au lambel de sept pendants sur le tout.

....LE IOҺIS BEDVIИ..........

(Sigillum Johannis Beduini .....)

Reconnaissance d'un transport de rente. — 1221.

552　PUISIEUX (ROBERT, SEIGNEUR DE),

Chevalier. — 1273.

Sceau rond, de 48 mill. — Arch. de l'Aisne; abbaye de Saint-Martin. de Laon.

Écu échiqueté, à la bordure.

.. ROBERT Ꝺ.....R DE PV.SIEVS

(Seel Robert, chevalier de Puisieux.)

Rachat de rente sur la ferme de Clanlieu. — 1273.

553　PUTEFIN (JEANNE).

Damoiselle. — 1259.

Sceau rond, de 32 mill. — Arch. de l'Oise; abbaye de Gomerfontaine.

Dans le champ : une fleur de lys.

✠ S' IOҺАИИE PVTEFIИ .

(Sigillum Johanne Putefin.)

Acquisition d'un bois. — 29 juin 1259.

554　PUTEFIN (JEANNE),

Damoiselle. — 1263.

Sceau rond, de 34 mill. — Arch. de l'Oise; abbaye de Gomerfontaine.

Dans le champ : une fleur de lys fleuronnée.

✠ S' IOҺАИИE PV..FIИ

(Sigillum Johanne Putefin.)

Acquisition d'un bois. — Avril 1263.

555　　　QUERRIEUX

(BERNARD, SEIGNEUR DE),

Chevalier. — 1238.

Sceau rond, de 52 mill. — Arch. de la Somme; évéché d'Amiens.

Type équestre. Casque carré; bouclier portant un lion.

✠ S'. BER.ARDI DO...........IVE :

(Sigillum Bernardi, domini de Kerriue.)

«Bernardus de Carorivon met l'évêque d'Amiens en possession d'une terre à Gombercourt et d'une rente sur le moulin de Querrieux. — Mai 1238.

556　　　QUERRIEUX

(BÉATRIX, FEMME DE BERNARD DE).

1268.

Sceau ogival, de 60 mill. — Arch. de la Somme; chapitre d'Amiens.

Dame debout, de trois quarts, en robe et en manteau, tenant un fleuron de la main gauche.

S' B......RIERIЄV

(Seel-Béatris ..... de Kierieu.)

Acquisition de terres et de rentes à Noyelle. — Février 1268.

557　　　QUERRIEUX

(GÉRARD, SEIGNEUR DE).

Chevalier. — 1268.

Sceau rond, de 52 mill. — Arch. de la Somme; chapitre d'Amiens.

Écu au chef chargé d'un lion passant.

✠ S' GIR... .Ꙭ RIЄRIV Ꝺ....LIЄR

(Seel Girard de Kieriu, chevalier.)

Voyez le numéro précédent.

558　QUESNE (FOULQUES DU),

Chevalier. — 1245.

Sceau rond, de 30 mill. — Arch. de la Somme; évêché d'Amiens.

Écu vairé.

..........AISИE :.

(.........aisne.)

Donation du terrage de Saint-Aubin en faveur de la léproserie du Quesne. — Février 1245.

559　QUESNEL (AUBRI DU).

Chevalier. — 1211.

Sceau rond, de 48 mill. — Hôpital de Beauvais, 43 ³.

Écu au sautoir cantonné de quatre merlettes.

✠ SIGILL AVBE...........ИEL

(Sigillum Auberici de Quesnel ?)

Donnation d'une terre à champart. — 1211.

560　　　QUESNEL

(JEANNE D'AUCHY, VEUVE D'AUBRI DU),

Écuyer. — 1294.

Sceau ogival, de 55 mill. — Arch. de l'Oise; abbaye de Froidmont.

Dans le champ : une fleur de lys fleuronnée.

✠ S DAMOSEL.....АИИE DAVꙬҺI

(Seel damoselle Jehanne d'Auchi.)

CONTRE-SCEAU : Dans le champ : un arbre chargé de deux oiseaux symétriques.

· ❋ ..... ƎVRAGI DꝹ ⱵꝹNꝹLLO

(..... Evragi de Henello.)

Engagement d'une vigne à Hermes. — Juin 1294.

561 QUESNEL (BAUDOUIN DU),

Fils d'Arnoul du Quesnel, damoiseau. — 1259.

Sceau rond, de 45 mill. — Arch. de l'Oise; abbaye de Froidmont.

Dans le champ : une étoile à six rais.

❋ S' BAVDVIN · DV ꝯAINꝹL

(Seel Bauduin du Cainel.)

Confirmation d'un legs. — Avril 1259.

562 QUESNEL (BAUDOUIN DU),

Chevalier. — 1294.

Sceau rond, de 46 mill. — Arch. de l'Oise; abbaye de Froidmont.

Écu papeloné, à la fasce.

❋ S' ....RꝹ : BAVDVIN DOV ꝯVꝹSNꝹꝘL

(Seel mesire Bauduin dou Quesnel.)

Don de rente sur le moulin de Taperel. — Février 1294.

563 QUESNEL (PIERRE DU),

Chevalier. — 1236.

Sceau rond, de 42 mill. — Arch. de l'Oise; abbaye de Froidmont.

Écu au sautoir cantonné de quatre merlettes.

❋ S· PIꝹRRꝹS DOV ꝘꝹNꝹꝘL

(Seel Pierres dou Qennel.)

Rachat de rente sur la grange de Quesnel. — Décembre 1236.

564 QUESNEL (RENAUD DU),

Fils de Robert du Quesnel. — 1236.

Sceau rond, de 35 mill. — Arch. de l'Oise; abbaye de Froidmont.

Écu au sautoir cantonné de quatre merlettes.

❋ S· RꝹNAVS DV ꝘAYNꝹLꝹ

(Seel Renaus du Kaynele.)

Ratification d'un échange. — Décembre 1236.

565 QUESNEL (ROBERT DU),

1214.

Sceau rond, de 40 mill. — Arch. de l'Oise; abbaye de Froidmont.

Écu au sautoir cantonné de quatre merlettes.

❋ SIGILLVM · : ROBꝹRTI : DꝹ ꝯAINꝹL

(Sigillum Roberti de Cainel.)

Ratification d'un marché. — 1214.

566 QUEUX (PIERRE LE)

De Rieux, chevalier. — 1277.

Sceau rond, de 52 mill. — Arch. de l'Oise; abbaye de Chaalis.

Écu portant trois fleurs de lys, sous un chef chargé d'un lion issant.

............QVI MI....S

(Sigillum Petri Coqui, militis?)

Don de rente sur ses biens de Rieux. — Novembre 1277.

567 QUEVAUVILLERS

(JEAN, SIRE DE).

Chevalier. — 1329.

Sceau rond, de 24 mill. — Arch. de la Somme; chapitre d'Amiens.

Écu portant trois besants ou trois tourteaux.

· ꝹꝘ · ꝯⱵAN · DꝹ ꝘꝹ...... ·

(Seel Jehan de Kevauviller.)

Retrait d'une portion de la terre de Doméliers. — 17 avril 1329.

568 QUEVREMONT (PIERRE DE),

Damoiseau. — 1238.

Sceau rond, de 25 mill. — Arch. de l'Oise; abbaye de Froidmont.

Dans le champ : une étoile à huit rais.

❋ S· PIꝹRꝹ · DꝹ ꝘꝹVRꝹMONT ·

(Seel Piere de Kevremont.)

Ratification de la vente d'une terre située «subtus boscum de Paaremonts. — Janvier 1238.

569 QUIÉRET (GUÉRARD).

xi° siècle.

Sceau rond, de 25 mill. — Communiqué par M. Mennechet à Amiens.

Dans un encadrement gothique à trois lobes : un écu d'hermines chargé de trois fleurs de lys au pied nourri, supporté par deux lions et soutenu par un homme sauvage.

❋ LꝹ : SꝹꝹL : ꝹVꝹRART : QVIꝹRꝹT

(Le seel Guérart Quieret.)

Matrice originale.

570 QUIÉRET (HUGUES),

Écuyer. — 1340.

Sceau rond, de 25 mill. — Arch. de la Somme; chapelains d'Amiens.

Écu portant trois fleurs de lys au pied nourri, celle du chef à dextre chargée d'un lion, brisé d'un lambel de cinq pendants.

.. ꝹꝹL · Ⱶ · Ꝺ · QV..RꝹT

(Seel Hue Quiéret.)

Acquisition du fief de Guérarville à Dours. — 24 avril 1340

571   RAINEVAL (JEAN, SIRE DE),

Chevalier. — 1312.

Sceau rond, de 56 mill. — Arch. de la Somme; chapitre d'Amiens.

Type équestre. Le bouclier, l'ailette et la housse portant une croix chargée de cinq coquilles.

.. IEhAN ..... REGREVAL : ChEVAL...

(Seel Johan, sire de Begneval, chevalier.)

CONTRE-SCEAU : Écu à la croix chargée de cinq coquilles.

✳ CONTRE · SEEL

(Contre seel.)

Acquisition de terres à Louvrechies. — 20 juin 1312.

572   RAINEVAL (LE SIRE DE).

1336.

Sceau rond, de 24 mill. — Arch. de la Somme; chapitre d'Amiens.

Écu à la croix chargée de cinq coquilles. — Légende détruite.

Sentence qui renvoie Mahieu le Clerc de Doméliers devant la justice du chapitre, malgré la sauvegarde du roi dont il jouissait. — 30 septembre 1336.

573   RAVENEL (JEAN DE),

Écuyer. — 1415.

Sceau rond, de 25 mill. — Arch. de l'Oise; chapitre de Noyon.

Écu papeloné à la bordure, soutenu par une écrevisse.

S' ....N DE .AVENEL

(Seel Jehan de Ravenel.)

Acte de dessaisine d'un fief à Buverchy. — 28 mai 1415.

574   RENANSART (CLÉREMBAUD DE),

Écuyer. — 1244.

Sceau rond, de 45 mill. — Arch. de l'Aisne; abbaye de Saint-Vincent de Laon.

Écu palé de dix pièces, à trois fasces brochant, au franc canton chargé d'une molette.

.....RENBAVT D..NAVSAR.

(Seel Clérenbaut d'Ernausart?)

Rachat de rente sur la ferme de Méchambre. — Avril 1244.

575   RÉSIGNY (JEAN DE),

Écuyer. — 1276.

Sceau rond, de 40 mill. — Arch. de l'Aisne; abbaye de Saint-Vincent de Laon.

Écu à la fasce accompagnée de treize mâcles, six en chef et sept en pointe, brisé d'un franc canton sénestre.

✳ S' IEhANS DE REZINI ETCVIER

(Seel Johans de Rézini, etcuier.)

Acensement du terrage de Lambercy. — Octobre 1276.

576   RÉSIGNY (ROBERT DE),

Frère de Jean de Résigny, chevalier. — 1276.

Sceau rond, de 40 mill. — Arch. de l'Aisne; abbaye de Saint-Vincent de Laon.

Écu à la fasce accompagnée de treize mâcles, six en chef et sept en pointe.

✳ S' ROBERTI ....IS

(Sigillum Roberti de Resignis?)

Voyez le numéro précédent.

577   REUIL (BAUDOUIN DE).

1226.

Sceau rond, de 40 mill. — Hôpital de Beauvais, 37 ¹.

Écu à la bordure, à la barre brochant accompagnée en chef et à sénestre de .....

✳ S. BADEVINI DE RVIVL

(Sigillum Badevini de Ruiul.)

Amortissement de terres tenues du fief de Reuil. — Mai 1226.

578   REUIL (BAUDOUIN DE),

Chevalier. — 1239.

Sceau rond, de 45 mill. — Arch. de l'Oise; abbaye de Froidmont.

Écu portant cinq châteaux : 2, 2 et 1.

✳ S. : BAVDVIN : DE RVEEL

(Seel Bauduin de Rueel.)

Ratification de l'acquisition d'un bois. — Décembre 1239.

579   REUIL-SUR-BRÈCHE

(BAUDOUIN DE),

Dit de Noyers, écuyer. — 1310.

Sceau rond, de 23 mill. — Hôpital de Beauvais, 37 ¹.

Dans le champ : une molette à six branches.

.. S' BAVD ....

(Seel Bauduin .....)

Amortissement de terre à Reuil. — Mai 1310.

580   REUIL-SUR-BRÈCHE (JEAN DE),

Écuyer. — 1350.

Sceau rond, de 42 mill. — Hôpital de Beauvais, 37 ².

Dans le champ : une molette à huit branches.

✳ S' IEhAN DE RVEIL

(Seel Jehan de Rueil.)

Cession d'une maison à Rueil, «ante portam hospitalarie Belvacen-
-sis». — Février 1250.

581 REUIL-SUR-BRÈCHE

(ROGER DE LA CHAPELLE DE).

1251.

Sceau rond, de 40 mill. — Hôpital de Beauvais, 37².

Dans le champ : une molette à six branches.

✳ S' · ROGERI · DE · CAPELLA ·

(Sigillum Rogeri de Capella.)

Amortissement de biens. — 25 octobre 1251.

582 RICAUMEZ (JEAN, SEIGNEUR DE).

De Roillecourt, de Ricourt, etc. — 1515.

Sceau rond, de 36 mill. — Arch. de la Somme; chapelains d'Amiens.

Écu portant trois coquilles, penché, timbré d'un
heaume cimé d'une tête de cygne, supporté par deux
hommes sauvages.

seel : jehan : de ricaumes

(Seel Jehan de Ricaumez.)

Amortissement du fief de la Dugaille. — 18 septembre 1515.

583 RIENCOURT (HUGUES, SIRE DE),

Chevalier. — 1268.

Sceau rond, de 35 mill. — Arch. de la Somme; chapitre d'Amiens.

Écu à trois fasces frettées.

✳ S'. hVON · ChEVALE SIRE DE RIENCORT

(Seel Huon, chevallier, sire de Riencort.)

Confirmation de l'achat du fief de Fontenelles à Dury. Octobre
1268.

584 RIENCOURT (JEAN, SIRE DE),

Écuyer. — 1326.

Sceau rond, de 35 mill. — Arch. de la Somme; chapitre d'Amiens.

Écu à trois fasces frettées.

...EEL · IEhAN · DE · RIENCOVRT · ESC...

(Seel Jehan de Riencort, escuier.)

Droit de tenir à un seul hommage le fief de Gisonville à Revelles.
— Octobre 1326.

585 RIENCOURT (ROBERT DE),

Sire de Boolle, chevalier. — 1297.

Sceau rond, de 32 mill. — Arch. de la Somme; chapitre d'Amiens.

Écu portant trois fasces alaisées, frettées, brisé d'un
lambel à trois pendants.

✳ S' ROBERT DE RIENCOVRT ChEVALIER

(Seel Roberi de Riencourt, chevalier.)

Vente de ses biens à Poulainville. — Janvier 1297.

586 RIENCOURT (ROBERT DE).

1353.

Sceau rond, de 20 mill. — Arch. de la Somme; Abbaye du Gard.

Écu à trois fasces frettées.

✳ S' ROBERT ... IENCOVRT

(Seel Robert de Riencourt.)

Confirmation d'une acquisition de terre à Hangest. — 11 juillet
1353.

587 RIVERY (ROBERT, SIRE DE),

Chevalier. — 1353.

Sceau rond, de 24 mill. — Arch. de la Somme; abbaye du Gard.

Écu portant trois pals de vair, au franc canton.

...BERT DE RIVR.......

(Seel Robert de Rivri .....?)

Acquisition de fief à Hangest. — 3 mai 1353.

588 RIVIÈRES (E, SEIGNEUR DE).

XIII° siècle.

Sceau rond, de 50 mill. — Musée d'Amiens.

Écu à l'orle de croisettes recroisettées, portant en cœur
un écusson chargé de six croisettes recroisettées à la
bordure.

✳ S'. E..... DOMINI DE RIVERIS

(Sigillum E..... domini de Riveris.)

Sceau détaché.

589 RIVIÈRES (RAOUL DE),

Écuyer. — 1343.

Sceau rond, de 25 mill. — Arch. de la Somme; évêché d'Amiens.

Écu à l'orle de croisettes recroisettées, portant en
cœur un écusson chargé d'une croisette recroisettée à la
bordure.

...AOVL DE RIVIERE.

(Seel Raoul de Rivières.)

Fondation d'un hôpital à Rivières. — 1er septembre 1343.

590 ROCHE-MOLAI

(G. SEIGNEUR DE LA).

XIV° siècle.

Sceau rond, de 32 mill. — Communiqué par le docteur Goze
à Amiens.

Écu à la croix cantonnée de quatre coquilles.

✱ · S' · DÑI · G · DE ROGHA · NOLAI ·

(Sigillum domini G. de Rocha Nolai.)

Épreuve de matrice.

---

591   ROLLAINCOURT (ROBERT, SIRE DE).

1308.

Sceau rond, de 55 mill. — Hôpital de Beauvais, 70¹.

Type équestre. Le bouclier, l'ailette et la housse portant trois maillets. — Légende détruite.

Contre-sceau : Écu portant un chef à la bordure.

✱ CONTRASIGILLVM

(Contrasigillum.)

Amortissement de vignes à Merlemont. — Août 1308.

---

592   ROLLAINCOURT

(AVISSE, FEMME DE ROBERT DE).

1308.

Sceau ogival, de 60 mill. — Hôpital de Beauvais, 70¹.

Sur un champ fretté : dame debout, en robe et en manteau, un faucon sur le poing ; à dextre, un écu portant trois maillets ; à sénestre, un écu à l'orle de merlettes.

...G · DE · SOVME......MG · DE · ROLAI.....

(Scel .....e de Soume ..... dame de Rolaincourt.)

Contre-sceau : Écu portant trois maillets, parti d'un écu à l'orle de merlettes.

✱ CONTRASIGILLVM

(Contrasigillum.)

Voyez le numéro précédent.

---

593   RONQUEROLLES

(MARGUERITE, FEMME DE JEAN DE),

Chevalier. — 1298.

Sceau rond, de 22 mill. — Arch. de l'Oise ; Saint-Martin-au-Bois.

Dans une rose gothique : un écu papeloné ?

S' MARGVERITE........ .....

(Scel Marguerite .....)

Amortissement de la terre du Pré en Beauvaisis. — Mars 1298.

---

594   RONQUEROLLES (PIERRE DE).

Écuyer. — 1273.

Sceau rond, de 33 mill. — Arch. de l'Oise ; abbaye de Froidmont.

Dans le champ : une molette à cinq branches.

S · PIGRRES · DE · RONPEROLE ·

(Scel Pierres de Ronqerole.)

Ratification d'un échange de terre à Bernes. — Février 1273.

---

595   ROSIÈRE (GUI DE LA),

Chevalier. — 1445.

Sceau rond, de 50 mill. — Arch. de la Somme ; abbaye de Corbie.

Écu portant trois roses, au lambel de trois pendants.

.........IS DE LE ROZIGRE

(Sigillum Guidonis de le Rozière.)

Ratification d'un don de terres à Sery. — Août 1445.

---

596   ROUVILLERS (AUBERT DE),

Chevalier. — 1251.

Sceau rond, de 46 mill. — Arch. de l'Oise ; Saint-Martin-au-Bois.

Écu portant une quintefeuille accompagnée de merlettes en orle.

✱ SIGILL · AVBERT · MILITIS · DE ROVVILER

(Sigillum Aubert, militis de Rouviler.)

Acquisition de dîmes, de pêcheries et de justices à Rouvillers. — Septembre 1251.

---

597   ROUVILLERS (DREUX DE),

Chevalier. — 1259.

Sceau rond, de 45 mill. — Arch. de l'Oise ; Saint-Martin-au-Bois.

Écu portant une fasce accompagnée de merlettes en orle. — Légende détruite.

Garantie au sujet de la vente d'une dîme à Jaux. — Novembre 1259.

---

598   ROUVILLERS (JEAN DE),

Écuyer. — 1259.

Sceau rond, de 42 mill. — Arch. de l'Oise ; Saint-Martin-au-Bois.

Dans le champ : une rose ?

✱ S· IGḤAN · DE ROVVILER GSCVIIGR

(Scel Jehan de Rouviler, escuiier.)

Vente de la neuvième partie de la dîme de Rouvillers. — Mars 1259.

---

599   ROUVILLERS (MANESSIER DE),

Écuyer. — 1259.

Sceau rond, de 28 mill. — Arch. de l'Oise ; Saint-Martin-au-Bois.

Dans un champ en cuvette : un écu arrondi par le bas, portant une tête de lion arrachée.

✱ S' MANASSERI DE ROVVILER ARMIG...

(Sigillum Manasseri de Rouviler, armigeri.)

Voyez le numéro précédent.

---

600   ROUVILLERS

(MARIE, FEMME D'ARNOUL DE),

Écuyer. — 1258.

Sceau ogival, de 50 mill. — Arch. de l'Oise ; Saint-Martin-au-Bois.

Dans le champ : une fleur de lys.

...ꙦꙆꙐꙄꙆꙆꙆ ꙐꙀꙎꙆꙆ ꙐꙎ ꙎꙄ......

(Sigillum domicelle Marie de Rouviler.)

Vente de la dîme de Rouvillers. — Décembre 1258.

601 ROUVILLERS (RAOUL DE),

Fils aîné de Monessier de Rouvillers. — 1288.

Sceau rond, de 38 mill. — Arch. de l'Oise; Saint-Martin-au-Bois.

Écu au bâton accompagné de merlettes en orle, portant en cœur une quintefeuille brochant sur le bâton.

.. .ꙆꙦꙄꙎꙆꙅ · ꙅꙆꙆꙆꙆ ꙐꙎꙄ........

(Sigillum Radulfi, filii Mas.....)

Donation à la pitancerie de Saint-Martin-au-Bois — Mai 1288.

602 ROUVREL (HENRI DE),

Écuyer. — 1293.

Sceau rond, de 30 mill. — Arch. de la Somme; chapitre d'Amiens.

Dans le champ : une étoile à six raïs cantonnée de six petites roses.

✠ ꙅꙆ ꙆꙆꙆꙆꙆ ꙐꙆ ꙆꙎꙆꙆꙦꙆꙆ

(Seel Haari de Rouverel.)

Vente d'une terre à Louvrechies. — Novembre 1293.

603 ROYE (JEAN DE),

Chevalier. — 1224.

Sceau rond, d'environ 60 mill. — Arch. de l'Oise; chapitre de Noyon.

Type équestre; fragment. Le bouclier paraissant burelé et portant un écusson en abime. — Légende détruite.

Assignation de rente. — Mai 1224.

604 SAINS (GODEFROI, SEIGNEUR DE).

1215.

Sceau rond, de 42 mill. — Arch. de l'Aisne; abbaye de Saint-Martin de Laon.

Écu échiqueté.

✠ SIGILLVM GODEFREI DE GVISE

(Sigillum Godefrei de Guise.)

Rachat de rente sur la ferme de Clantieu. — Mars 1215.

605 SAINT-JOIRE

(HESSE DE BEAUMONT, FILLE DE THOMAS DE).

1280.

Sceau ogival, de 50 mill. — Arch. de la Somme; abbaye de Corbie.

Dans le champ : une croix chargée de cinq coquilles.

ꙅꙆ ꙐꙆꙐ..ꙅꙆꙆꙆ · ꙆꙆꙅꙆ · ꙐꙆ ꙆꙆꙄꙦ..ꙆꙆ

(Seel demoiselle Hese de Biaumont.)

Cession de droits de terrage à Beaulieu, à Beaumont et à Cugny. — Juin 1280.

606 SAINT-MARD (LANCELOT DE),

Sire de Vineuil, chevalier. — 1303.

Sceau rond, d'environ 55 mill. — Arch. de l'Oise; Saint-Martin-au-Bois.

Fragment de type équestre. La housse du cheval portant des losanges en bande, au lambel de cinq pendants. . — Légende détruite.

Cession au prieur de Saint-Mesmes de droits sur une terre et des maisons à Vineuil. — 12 juin 1303.

607 SAINT-REMY (RAOUL DE)

Et de Quinquempoix, chevalier. — 1269.

Sceau rond, de 55 mill. — Arch. de l'Oise; abbaye de Saint-Just.

Fragment d'écu portant des châteaux, au lambel.

✠ ꙅꙆ.......ꙐꙆ ꙆꙆꙇꙎ..ꙅꙎꙆꙆ

(Seel ..... de Kiquempoit.)

Legs en faveur des religieux de Saint-Just. — Mars 1269.

608 SAINT-SAUFLIEU (DREUX DE).

XIIIᵉ siècle.

Sceau rond, de 52 mill. — Musée d'Amiens.

Type équestre. Casque carré; bouclier illisible. Dans le champ : deux fleurs de lys.

✠ ꙅꙆ ꙐꙆꙎꙅꙎꙆꙆꙅ : ꙐꙆ ꙅꙆꙅꙎꙎꙆꙎ

(Sigillum Drogonis de Sesouliu.)

Sceau détaché.

609 SAINT-SAUFLIEU

(JACQUES, SIRE DE),

Chevalier. — 1306.

Sceau rond, de 45 mill. — Arch. de la Somme; chapitre d'Amiens.

Écu portant une croix cantonnée de seize croisettes. — Légende détruite.

Bail d'une terre à Saint-Sauflieu. — Mars 1306.

610 SAINT-VALERY (THOMAS DE).

XIIIᵉ siècle.

Sceau rond, de 70 mill. — Musée d'Amiens.

Type équestre. Le bouclier portant deux lions passant, l'un sur l'autre.

✠ SIGILLVM TOME DE SCO WALERICO

(Sigillum Tome de Sancto Walerico.)

9

Contre-sceau : Écu à deux lions passant, l'un sur l'autre.

✳ S' TOME DE SCO WALERICO

(Secretum Tome de Sancto Walerico.)

Sceau détaché.

611   SAISSEVAL (JACQUES DE),

Chevalier. — 1381.

Sceau rond, de 20 mill — Arch. de la Somme; abbaye du Gard.

Écu semé de croisettes à deux bars adossés, penché, timbré d'un heaume.

. : . . . SEOR . . . .

(. . . . . segneur . . . . .)

Acquisition d'une maison. — 22 janvier 1381.

612   SANTEUIL (GAUTIER DE).

1202.

Sceau rond, d'environ 65 mill. — Arch. de l'Oise; abbaye de Saint-Vincent.

Type équestre. Casque carré; bouclier plain couvrant entièrement le cavalier; sur la housse du cheval, un œil? Dans le champ, près de l'épée, un œil. — Légende détruite.

Donation du champart de Champdolent. — Mantes, 1202.

613   SAUVAGE

(MAHAUT, FILLE DE HUGUES LE),

Chevalier. — 1254.

Sceau ogival, de 65 mill. — Arch. de l'Oise; collégiale de Saint-Thomas de Crépy.

Dame debout, en robe, la tête penchée, les mains appuyées sur les hanches.

. . . . MOI . . . . SAVAIG .

(Seel demoiselle . . . . . le Savaige.)

Acquisition du quart de la dîme d'Orrouy. — Mars 1254.

614   SÉCHELLES (JEAN DE),

Sire d'Ayencourt? chevalier. — 1325.

Sceau rond, de 40 mill. — Arch. de l'Oise; abbaye de Saint-Quentin.

Dans une rose gothique, ornée d'oiseaux et de lions : un écu fretté, au lambel de cinq pendants.

. . . . ENCOVRT · Ch . . . . .

(. . . . . d'Aiencourt, chevalier.)

Exemption de droits de vinage pour aller aux moulins de la Morlière et de Domélien. — 8 mars 1325.

615   SÉCHELLES (MAHIEU DE),

Sire de Royaucourt. — 1339.

Sceau rond, de 30 mill. — Arch. de l'Oise; abbaye de Saint-Quentin.

Écu fretté à la bordure, dans un encadrement trilobé.

. . . MAHIET D . . . .

(Seel Mahiet de Séchelles?)

Délimitation de la terre de Domélicrs. — 2 avril 1339.

616   SÉLINCOURT (RAOUL, SIRE DE),

Écuyer. — 1315.

Sceau rond, de 24 mill. — Arch. de l'Oise; abbaye de Saint-Quentin.

Écu portant trois fasces.

✳ S' RAOVL · DE · SE . . . . ORT

(Seel Raoul de Selincort.)

Amortissement de rentes à Terrimesnil. — 2 janvier 1315.

617   SÉRÉVILLERS

(RENAUD DES CASNES, SIRE DE).

Chevalier. — 1284.

Sceau rond, de 46 mill. — Arch. de l'Oise; abbaye de Breteuil.

Écu à la croix frettée, brisé d'un lambel de quatre pendants.

. . MESIR . . . .

(Seel mesire . . . . .)

Accord au sujet de la justice à Sérévillers. — 11 novembre 1284.

618   SILLY (ANSOULD DE).

1246.

Sceau rond, de 36 mill. — Hôpital de Beauvais, 43¹º.

Dans le champ : une fleur de lys.

✳ S· ANSOVT : DE SAILLI

(Seel Ansout de Sailli.)

Confirmation d'une acquisition de vigne à Courcelles. — Octobre 1246.

619   SOUES (ALEAUME DE).

Chevalier. — 1273.

Sceau rond, de 40 mill. — Arch. de la Somme; chapitre d'Amiens.

Écu portant trois marteaux.

✳ S' ALAVMES · DE SOVES · ChEVALIER

(Seel Aleumes de Soues, chevalier.)

Compromis au sujet de la justice des marais situés entre Soues et le Mesge. — Mars 1273.

620   **THÈRE**

(AGNÈS, FEMME DE BERNIER DE),

Écuyer. — 1275.

Sceau rond. de 35 mill. — Hospice de Beauvais, 55.

Dans le champ : une fleur de lys.

✳ S' DAMOIZELE ANES FAME BERNIER
DE TERE

(Seel damoizele Anès, fame Bernier de Tère.)

Rachat du cens de Voisinlieu. — 30 novembre 1275.

---

621   **THÈRE (JEAN DE),**

Écuyer. — 1315.

Sceau rond, de 28 mill. — Hospice de Beauvais, 57.

Dans un trilobe : écu à la bande chargée de besants?
accompagnée de merlettes en orle.

..........ERE ESCV...

(Seel Jehan de Thère, escuier.)

Reconnaissance des droits de Saint-Ladre. — Mai 1315.

---

622   **THÈRE (JEAN DE),**

Écuyer. — 1375.

Sceau rond, de 22 mill. — Hospice de Beauvais, 55.

Sur un champ fretté : écu à la bande chargée de besants? accompagnée de merlettes en orle. penché, timbré d'un heaume à volet et cimé.

IEHAN DE THERE

(Jehan de Thère.)

Accord au sujet de deux prés sur les bords du Thérain. — 30 mai
1375.

---

623   **THIBIVILLERS (DREUX DE),**

Chevalier. — 1256.

Sceau rond, de 45 mill. — Arch. de l'Oise; abbaye de Gomerfontaine.

Écu à la croix cantonnée de quatre oiseaux.

✳ S' DROCONIS ....IS :

(Sigillum Droconis ..... militis?)

Ratification d'un échange. — Mai 1256.

---

624   **THIBIVILLERS**

(ROBERT MAUCION DE).

1270.

Sceau rond, de 40 mill. — Arch. de 'Oise; abbaye de Gomerfontaine.

Dans le champ : une épée en pal, la pointe en bas.

✳ S' ROBE.. .AVCVON DE TIBVVLER

(Seel Robert Maucuon de Tibuviler.)

Amortissement. — Juin 1270.

Lorsque cet acte a été scellé, Robert Maucion était mort depuis
quatre ans. C'est Eustache de Jaméricourt, écuyer, qui, voulant amor-
tir une vente faite par Robert Maucion, emploie, en l'appelant son
propre sceau, le sceau de ce dernier, «defunctus».

---

625   **THIBIVILLERS**

(PÉTRONILLE, FEMME DE ROBERT MAUCION DE).

1266.

Sceau rond, de 40 mill. — Arch. de l'Oise; abbaye de Gomerfontaine.

Dans le champ, semé d'étoiles : une quenouille gar-
nie et le fuseau.

✳ S'. PET.ONILLE • M......NE •

(Seel Petronille Maucione.)

Ratification d'une acquisition de terre à Jaméricourt. — Mai 1266.

---

626   **THIEULOY-SAINT-ANTOINE**

(GUILLAUME DE),

Écuyer. — 1256.

Sceau rond, de 33 mill. — Hospice de Beauvais, 31.

Dans le champ : une molette à six branches.

✳ S' WILEROI DE TIEVLOI

(Sigillum Wilermi de Tieuloi.)

Rachat de rente sur la grange de Bois-Robert. — Août 1256.

---

627   **THIEULOY-SAINT-ANTOINE**

(MARGUERITE, FEMME DE GUILLAUME DE).

1256.

Sceau ogival, de 40 mill. — Hospice de Beauvais, 31.

Dans le champ : une fleur de lys fleuronnée portant
un oiseau perché sur chaque fleuron.

✳ S' DAMOISELE MARGERIE • DE FRETOI •

(Seel damoisele Margerie de Fretoi.)

Voyez le numéro précédent.

---

628   **THIEUX (JEAN DE),**

Chevalier. — 1239.

Sceau rond, de 60 mill. — Arch. de l'Oise; abbaye de Froidmont.

Type équestre. Casque carré; le bouclier portant un
sautoir cantonné de quatre merlettes.

✳ SIGILLV......NES .....INGVLA

(Sigillum Johannes de ...ingula.)

Autorisation donnée à l'abbaye de Froidmont d'acquérir dans tous
ses fiefs, justices ou cens. — Mai 1239.

---

629   **THURY (BARTHÉLEMY DE),**

Chevalier. — 1281.

Sceau rond, de 55 mill. — Arch. de l'Oise; abbaye du Parc-aux-Dames.

Écu portant un dextrochère, à la bordure.

9.

✻ : SIGI............OMEI : DE : TOIRE :

(Sigillum domini Bartholomei de Toiré?)

CONTRE-SCEAU : Écu portant un dextrochère, à la bordure.

✻ S' : BALTΗOLOMEI

(Secretum Baltholomei.)

Acquisition d'une rente sur la grange de Thury. — Janvier 1231.

630   THURY (JEAN DE),

Chevalier. — 1260.

Sceau rond, de 50 mill. — Arch. de l'Oise; abbaye du Parc-aux-Dames.

Écu écartelé plain, au lambel sur le tout.

✻ S' DOMINI : IO..............

(Sigillum domini Johannis .....)

Échange de rentes. — Avril 1260.

631   THURY

(MARGUERITE, FEMME DE JEAN DE).

1260.

Sceau ogival, de 60 mill. — Arch. de l'Oise; abbaye du Parc-aux-Dames.

Dame debout, en robe et en manteau vairé, coiffée d'une toque à mentonnière, tenant une fleur de lys de la main gauche. Dans le champ : à dextre, deux étoiles; à sénestre, le soleil et la lune.

.. ΟΑRGΑRΕΤΕ ....ORIΑCO : ΟΠLI...

(Sigillum Margarete ..... Thoriaco, militis.)

Voyez le numéro précédent.

632   TILLOY (THIBAUD, SEIGNEUR DE),

Chevalier. — 1248.

Sceau rond, de 45 mill. — Arch. de la Somme; chapitre d'Amiens.

Écu à la fasce chargée de trois coquilles.

✻ S' : ΤIBΑVΤ : SEIGΝΕVR ΌΕ ΤILLOI :

(Seel Tibaut, seigneur de Tilloi.)

Don d'une mesure au Bosquel. — Mai 1248.

633   TOURNELLE (RENAUD DE LA),

Sire de Montataire, chevalier. — 1256.

Sceau rond, de 55 mill. — Arch. de la Somme; abbaye du Paraclet.

Type équestre. Casque carré, le bouclier et la housse portant cinq tournelles, 2, 2 et 1.

✻ S' RΕΠΑLDI · DΕ : .....LLΑ · M ....

(Sigillum Renaldi de Tornella, militis.)

CONTRE-SCEAU : Écu portant cinq tournelles, 2, 2 et 1.

✻ SΕCRΕΤV̄ RΕΠΑLDI DΕ TORΠΕLLA

(Secretum Renaldi de Tornella.)

Fondation de son anniversaire. — Mars 1256.

634   TOURNELLE (ROBERT ·DE LA).

1200.

Sceau rond, de 75 mill. — Hôpital de Beauvais, 84°.

Fragment de type équestre. Le bouclier portant cinq tournelles.

.....................ICVLA ·

(..... de Turricula.)

Don d'une rente de vin à Rotheleux «ad refectionem pauperum». — 1200.

635   TOURNELLE (ROBERT, SIRE DE LA),

Neveu de Renaud de la Tournelle. — 1256.

Sceau rond, de 54 mill. — Arch. de la Somme; abbaye du Paraclet.

Écu portant cinq tournelles, 2, 2 et 1.

✻ S' ..BΕ.. : DΕ : LΑ T......

(Seel Robert de la Tournelle.)

Confirmation de rente à Rotheleux. — Mars 1256.

636   TOURNELLE (ROBERT DE LA).

1309.

Sceau rond, de 25 mill. — Hospice Saint-Charles à Amiens.

Dans un encadrement quadrilobé : un écu portant cinq tournelles, 2, 2 et 1.

...ROBΕRT DΕ LΕ TOV......

(Seel Robert de le Tournelle.)

Sentence en faveur des religieux de Visigneux, à qui les habitants de Tartigny disputaient le droit de pêche. — 3 mai 1309.

637   TRACY (ANSOULD DE),

Écuyer. — 1317.

Sceau rond, de 26 mill. — Arch. de l'Oise; Saint-Martin-au-Bois.

Écu à la croix chargée de cinq coquilles, brisé d'un lambel de trois pendants, chaque pendant chargé de deux châteaux?

✻ : S' : ΑSOVT : DΕ : TRΑCΗI :

(Seel Asout de Trachi.)

Acquisition de la terre dite «le Camp Paris». — Décembre 1317.

638   TRACY (JEAN, SIRE DE),

Chevalier. — 1248.

Sceau rond, de 54 mill. — Arch. de la Somme; abbaye du Paraclet.

Écu à la croix chargée de cinq coquilles, brisé d'un lambel de quatre pendants, chaque pendant chargé de deux châteaux?

✱ S...........IS D...RACHI

(Sigillum Johannis de Trachi.)

Ratification d'une acquisition de terre. — Décembre 1248.

639 TRAINEL (PIERRE DE),

Chevalier. — 1232.

Sceau rond, de 48 mill. — Arch. de l'Oise; abbaye de Froidmont.

Écu à la fasce accompagnée de sept merlettes, quatre en chef et trois en pointe.

✱ S PIERRE DE BRVIERES

(Seel Pierre de Bruières.)

Donation d'un pré. — 1232.

640 TRAINEL (SIMON DE),

Damoiseau. — 1261.

Sceau rond, de 38 mill. — Arch. de l'Oise; abbaye de Froidmont.

Dans le champ : une étoile ou une molette à six branches.

✱ S' SIMOVN · DE TRINGEL

(Seel Simoun de Tringel.)

Ratification d'un échange de terre à Bernes. — Janvier 1261.

641 TRÉMOUILLE (PIERRE DE LA),

Seigneur de Dours, de la Motte-en-Santerre et d'Allonville. — 1400.

Sceau rond, de 24 mill. — Arch. de la Somme; abbaye de Corbie.

Écu au chevron accompagné de trois aiglettes, penché, timbré d'un heaume.

S' PIE..................

(Seel Pierre .....)

Lettres de non-préjudice au sujet d'une prise faite dans les marais de Dours. — 12 janvier 1400.

642 TRIE (PHILIPPE DE),

Seigneur de Mériel, chevalier. — 1251.

Sceau rond, de 65 mill. — Arch. de l'Oise; abbaye de Gomerfontaine.

Type équestre. Le bouclier portant une bande, au lambel.

.. PHI..... DE TRIE...........

(Sigillum Philippi de Trie .....)

Contre-sceau : Écu à la bande, brisé d'un lambel de cinq pendants, entouré d'un cordon de rinceaux. — Sans légende.

Confirmation d'une rente au Héloy. — Mai 1251.

643 TRIE (PHILIPPE DE),

Seigneur de Monchy, chevalier. — 1472.

Sceau rond, de 35 mill. — Arch. de l'Oise; abbaye de Froidmont.

Écu à la bande, penché, timbré d'un heaume cimé d'une aigle, supporté à dextre par un homme sauvage, à sénestre par un lion.

s Phes de..... de serifotaine

(Seel Philippes de ..... de Serifontaine.)

Accord au sujet de rentes sur la terre de Monchy. — 27 mai 1472.

644 TROUÉE (JEAN DE LA),

Écuyer. — 1259.

Sceau rond, de 34 mill. — Arch. de l'Oise; Saint-Vincent de Senlis.

Écu plain?

✱ S' IAHAN DE CHAVMO..

(Seel Jahan de Chaumont.)

Ratification d'une donation. — Septembre 1259.

645 TROUSSURES (GAUTIER DE),

Chevalier. — 1206.

Sceau rond, de 58 mill. — Hospice de Beauvais, 31.

Type équestre. Casque à timbre arrondi à nasal; bouclier illisible.

............TERI : DE : TROSSVRES :

(Sigillum Galteri de Trossures.)

Garantie au sujet d'une acquisition de biens à Villers-Saint-Barthélemy, «in feodo de Caigny». — Octobre 1206.

646 TYREL (GAUTIER).

Fin du XIIe siècle.

Sceau rond, de 70 mill. — Musée d'Amiens.

Personnage à cheval, allant au pas, tête nue, vêtu d'une cotte de mailles laissant paraître et flotter la robe à partir du genou; épée à tranchant large, renflé vers le milieu.

✱ SIGILLVM : GVALTERII : TIRELLI

(Sigillum Gualterii Tirelli.)

Sceau détaché.

647 TYREL (JEAN),

Sire de Poix, chevalier. — 1315.

Sceau rond, de 30 mill. — Arch. de l'Oise; abbaye de Saint-Quentin.

Écu à la bande chargée d'une molette en chef, accompagnée de six croix recroisettées.

✱ SEEL : IEHAN : DE : POI.....

(Seel Jehan de Pois, chevalier.)

Amortissement d'un fief à Terrimesnil. — 2 janvier 1315.

648 VALESCOURT (GUILLAUME DE),

Chevalier. — 1239.

Sceau rond, de 53 mill. — Arch. de l'Oise; abbaye de Froidmont.

Écu au lion contourné.

✱ SIGILLM : WILERMI : DE VALE : CVRTE

(Sigillum Wilermi de Vale Curte.)

Ratification d'un marché. — Décembre 1239.

649 VALLANGOUJARD (GUILLAUME LE ROUX DE),

Chevalier. — 1221.

Sceau rond, de 50 mill. — Arch. de l'Oise; abbaye de Ressons.

Écu à la croix pattée. — Légende détruite.

Don d'une rente sur le champart d'Ibouvillers. — Novembre 1221.

650 VALLOVRECH (WILLARD DE).

1234.

Sceau rond, de 30 mill. — Arch. de la Somme; abbaye du Gard.

Dans le champ : une croix pattée portant les trois clous de la Passion fichés en bande dans son côté sénestre.

✱ S' WILARDI DE VALLOVVEREC

(Sigillum Wilardi de Vallouverec.)

Don d'une maison à Abbeville. — Janvier 1234.

651 VALOIS (GUIART DE),

Écuyer. — 1276.

Sceau rond, de 34 mill. — Arch. de l'Oise; Saint-Martin-au-Bois.

Écu portant trois maillets.

✱ S' GVIART DE VALOIS

(Seel Guiart de Valois.)

Amortissement d'une maison à Antilly. — Septembre 1276.

652 VALOIS (EUSTACHE LE).

XIIIe siècle.

Sceau rond, de 60 mill. — Musée d'Amiens.

Type équestre. Casque carré; le bouclier aux armes du contre-sceau.

✱ S' EVSTACHII · LE WALOIS ....NI RA....

(Sigillum Eustachii le Walois, domini Ra.....)

Contre-sceau : Écu burelé, au bâton chargé de trois besants? brochant.

✱ S' SECRETI

(Sigillum secreti.)

Sceau détaché.

653 VALOIS (JEAN LE).

XIIIe siècle.

Sceau rond, de 53 mill. — Musée d'Amiens.

Écu burelé au lambel de cinq pendants, au bâton chargé de trois besants ou annelets? brochant sur le tout.

✱ S' IO..NNIS : LE : WALOIS

(Sigillum Johannis le Walois.)

Sceau détaché.

654 VARENNES (JEAN DE),

Sire de Vignacourt, chevalier. — 1325.

Sceau rond, de 58 mill. — Arch. de la Somme; chapitre d'Amiens.

Type équestre sur champ fretté. Casque conique cimé d'un dragon; le bouclier, l'ailette et la housse portant une croix.

✱ ·:· SEE.........HE..hEVA..ER ·:·

(Seel Jehan de Varennes, chevalier.)

Contre-sceau : Dans un quadrilobe : écu portant une croix.

S' IEHAN DE VARENES CHEVALIER

(Secret Jehan de Varennes, chevalier.)

Ratification de l'achat du travers de Longueau. — Mai 1325.

655 VARMAISES (ROBERT DE),

Chevalier. — 1242.

Sceau ogival, de 46 mill. — Arch. de l'Oise; abbaye de Froidmont.

Dans le champ : un dragon d'ornement, la langue feuillée, la queue terminée en rinceaux.

✱ S'. ROBERTI D' WARMAISIS

(Sigillum Roberti de Warmaisis.)

Rachat de rente sur la grange de Cormeilles. — Janvier 1242.

656 VASSEUR (JEAN LE)

De Bourdon. — 1303.

Sceau rond, de 28 mill. — Arch. de la Somme; abbaye du Gard.

Dans le champ : une molette à six branches.

✱ S' IEHAN · LE VASEVR DE BOVDON

(Seel Jehan le Vaseur de Boudon.)

Bail d'une terre à Bourdon. — 2 novembre 1303.

657 VAUCHELLES (JEAN DE),

Écuyer. — 1290.

Sceau rond, de 43 mill. — Arch. de l'Oise; chapitre de Noyon.

Écu à la fasce accompagnée de dix mâcles, quatre en chef et six en pointe, brisé d'un lambel de cinq pendants.

✳ S' IEhAN · DE VAVChELES · ESCVIIER ·

(Seel Jehan de Vauchelos, escuiier.)

Donation de la moitié du pré de Vauchelles. — Août 1290.

658   VAUMAIN (JEAN DE),

Chevalier. — 1266.

Sceau rond, de 50 mill. — Arch. de l'Oise; abbaye de Gomerfontaine.

Écu portant un chef.

✳ S' ....AIN

(Seel ..... de Vaumain.)

Ratification de l'achat d'une terre à Jaméricourt. — Mai 1266.

659   VAUROUX (GACE DE),

Écuyer. — 1278.

Sceau rond, de 35 mill. — Hospice de Beauvais, 31.

Dans le champ : une étoile ou une molette à six branches.

✳ S' GASE · DE .... ESCVIER

(Seel Gase de ..... escuier.)

Amortissement d'une terre à Villers-Saint-Barthélemy — 10 septembre 1278.

660   VAUROUX

(ODELINE, FEMME DE GUILLAUME DE),

Écuyer. — 1266.

Sceau ogival, de 46 mill. — Hospice de Beauvais, 31.

Dans le champ : une fleur de lys.

.....DELINE DOV VAL.AOVL

(Seel Odeline dou Valraoul.)

Acquisition de terres à Villers-Saint-Barthélemy. — 11 décembre 1266.

661   VENDEUIL

(CLÉREMBAUD, SEIGNEUR DE).

1225.

Sceau rond, de 65 mill. — Arch. de l'Aisne; abbaye de Saint-Vincent.

Type équestre. Le bouclier portant un lion naissant, à la bordure.

........DI DE VE..... ....

(Sigillum Clarembaldi de Vendolio .....)

CONTRE-SCEAU : Écu portant un lion naissant, à la bordure.

✳ S' CLAREMBALDI DE VENDOLIO

(Secretum Clarembaldi de Vendolio.)

Ratification de l'achat d'un cens sur le bois de « Selvemaismoise. » — Mars 1225.

662   VER (ROBERT DE),

Chevalier.— 1246.

Sceau rond, de 45 mill. — Arch. de l'Oise; abbaye de Chaalis.

Écu portant cinq points équipollés à quatre, brisé d'un lambel de cinq pendants. — Légende détruite.

Legs d'une terre à Ver. — Août 1246.

663   VERBERIE (JEAN DE).

1258.

Sceau rond, de 37 mill. — Hospice Saint-Charles à Amiens.

Écu portant une fleur de lys.

✳ S GEhA......E ...BERIE

(Seel Gehan ..... de Verberie.)

Ratification de l'achat d'une vigne par les religieux de Visigneux — Février 1258.

664   VÉRINES (HUGUES DE),

Chevalier. — 1233.

Sceau rond, de 48 mill. — Arch. de l'Oise; abbaye de Froidmont.

Écu portant une fasce, au lambel de cinq pendants.

✳ .IGILLVM hVGONIS : DE VERRINNES

(Sigillum Hugonis de Verrinnes.)

Abandon de droits sur la grange de Cormeilles. — Mai 1233.

665   VILAINCOURT (ENGUERRAN DE),

Chevalier. — 1233.

Sceau rond, de 45 mill. — Arch. de la Somme; abbaye de Saint-Fuscien.

Écu portant un chef, au lion à la queue tréflée sur le tout, à la bande brochant sur le tout du tout.

✳ S' INGERRANI MILITIS · D' · VILAINNECOVRT

(Sigillum Ingerranni, militis de Vilainnecourt.)

Acquisition de biens à Ailly. — 15 avril 1233.

666   VILAINCOURT

(RENSE, FEMME D'ENGUERRAN DE).

1233.

Sceau ogival, de 52 mill. — Arch. de la Somme; abbaye de Saint-Fuscien.

Dame debout, en robe et en manteau, coiffée d'une toque à mentonnière, retenant de la main droite l'attache de son manteau, un faucon sur la main gauche gantée.

✳ S' RENSSE.........ERRAN...... ...OVRT

(Sigillum Rensse, uxoris Ingerranni de Vilaincourt?)

Voyez le numéro précédent.

667   **VILEMENTRIE (GUIART DE),**

Écuyer. — 1287.

Sceau rond, de 34 mill. — Arch. de l'Oise; abbaye de Chaalis.

Écu au sautoir cantonné de quatre merlettes. — Légende détruite.

Amortissement d'une rente à Senlis. — 5 octobre 1287.

---

668   *VILLA IN COLLE*

(BARTHÉLEMY TRISTAN DE),

Écuyer. — 1269.

Signet ovale, de 18 mill. — Arch. de l'Oise; abbaye de Gomerfontaine.

Intaille représentant deux mains qui s'étreignent, surmontées d'une fleur et d'un oiseau.

✿ S' BERTҺELEMI TR.....

(Seel Berthélemi Tristan.)

Amortissement d'une terre à Jaméricourt. — Février 1269.

---

669   **VILLE (FLORENT DE),**

Chevalier. — 1318.

Sceau rond, de 60 mill. — Arch. de l'Oise; Saint-Martin-au-Bois.

Écu portant une fasce. — Légende détruite.

Consentement à l'échange d'une terre située à Saint-Mard-lès-Roye. — 1318.

---

670   **VILLE (GILLES DE),**

Seigneur d'Aumencourt, écuyer. — 1328.

Sceau rond, de 28 mill. — Arch. de la Somme; abbaye de Corbie.

Écu d'hermines portant trois maillets. — Légende détruite.

Acquisition d'un manoir et d'une ruelle à Ville-sur-Corbie. — 3 octobre 1328.

---

671   **VILLE (JEAN, SEIGNEUR DE),**

Chevalier. — 1248.

Sceau rond, de 44 mill. — Arch. de la Somme; abbaye de Moreaucourt.

Écu portant trois chaperons.

✿ S' IOҺ....S DE VILLA

(Sigillum Johannis de Villa.)

Acquisition de rente sur le moulin de Flixecourt. — Août 1248.

---

672   **VILLERS (JEAN DE).**

1291.

Sceau rond, de 47 mill. — Hôpital de Beauvais, 43¹.

Écu échiqueté, au franc canton de vair.

✿ SIGILL : IOҺANNIS : DE VILERS

(Sigillum Johannis de Vilers)

Don d'une dîme à Villers. — Février 1291.

---

673   **VILLERS-SOUS-SAINT-LEU**

(RAOUL DE),

Seigneur de Verneuil. — 1266.

Sceau rond, de 40 mill. — Arch. de l'Oise; abbaye de Chaalis.

Écu au sautoir cantonné de quatre fleurs de lys.

✿ S' RAOVL : DE VILERS

(Seel Raoul de Vilers.)

Amortissement d'un pré. — Juillet 1266.

---

674   **VILLETANEUSE (PIERRE DE),**

Chevalier. — 1264.

Sceau rond, de 38 mill. — Arch. de l'Oise; Saint-Maurice de Senlis.

Écu à la croix cantonnée de quatre oiseaux.

................CORT : .....?

Le roi saint Louis acquiert de Pierre «de Villa Scabiosa» huit arpents de terre «juxta Stultitiam Buticulariorum». — Novembre 1264.

---

675   **VILLIERS-LE-BEL (GUI DE).**

1207.

Sceau rond, de 65 mill. — Arch. de l'Oise; abbaye de Chaalis.

Type équestre, le cavalier marchant au pas. Casque carré; cotte de mailles serrée à la taille par le ceinturon. Le bouclier, retenu autour du cou par sa guiche, porte un chef? au dextrochère brochant sur le tout. Le tapis de la selle est frangé.

✿ S.................ERS :

(Sigillum ..... de Vilers.)

Abandon de droits sur les vignes de «Solerart», de Edoit et de «Ruella». — Décembre 1207.

---

676   **VISMES (ROBERT DE),**

Chevalier. — 1299.

Sceau rond, de 40 mill. — Arch. de la Somme; abbaye du Gard.

Écu fretté, au lambel de trois pendants, chaque pendant chargé de trois fleurs de lys.

.. .OBELTI · D. ...E MILI...

(Sigillum Robelti de Vime, militis.)

Obligation de rente. — 2 octobre 1299.

---

677   **VUARTY (JEANNE, DAME DE)**

Et de Gézaincourt. — 1303.

Sceau ogival, de 45 mill. — Arch. de la Somme; abbaye de Bertaucourt.

Dame debout, un oiseau sur le poing, accostée à dextre d'un écu portant dix losanges, 3, 3, 3 et 1, et à sénestre d'un écu fretté au franc canton.

... .ḢΛΠΠ€ D€MIS.....G€SḢ.......

(Seel Jehanne, demisele de Gesaincourt .....)

Procuration pour recevoir la dessaisine d'un fief. — 4 novembre
1303.

678   WASSIGNY (HÊTES, SIRE DE),

Chevalier. — 1280.

Sceau rond, de 45 mill. — Hôtel-Dieu de Laon.

Écu chevronné de six pièces, au lambel de trois pendants.

..........ΘḢR SIR€ . ....SIΠI€...

(Seel ..... chevalier, sire de Wassinie...?)

Acquisition de biens à Aulnois, Lizy et Anizy. — 5 avril 1280.

679   WAUNAST (PIERRE DE).

1245.

Sceau rond, de 45 mill. — Arch. de la Somme; chapitre d'Amiens.

Écu portant une fasce accompagnée d'un ondé en
chef.

✻ SIGILL : PETRI : DE WAUNAS

(Sigillum Petri de Waunas.)

Ratification d'un achat de terres à Waunast. — Février 1245.

680   WERCHY? (PHILIPPE DE),

Chevalier. — 1255.

Sceau rond, de 40 mill. — Arch. de la Somme; abbaye du Gard.

Écu portant cinq fusées en bande.

✻ S' PḢ€LIP€ · D€ · ...Θḣᵢ

(Seel Phelipe de Werchi.)

Acquisition de terres «in territorio de Legniaco». Au dos de l'acte :
Ph. de Vuerchi. — Mai 1255.

681   YQUELON (WARNIER D').

1272.

Sceau rond, de 35 mill. — Arch. de l'Oise; abbaye de Lannoy.

Dans le champ : une étoile à huit rais.

✻ ... .RΠI€R DIR€LOΠ€

(Seel Warnier d'Ikelone.)

Acquisition d'une terre à Maupertuis. — Juin 1272.

682   YSEU (PIERRE D'),

Écuyer. — 1328.

Sceau rond, de 30 mill. — Arch. de la Somme; abbaye du Gard.

Écu portant quatre bandes, au lambel de cinq pendants.

.. S' · PI€RR€ · DI............

(Seel Pierre d'I.....)

Accord au sujet de la navigation de la rivière d'Ysen. — 9 octobre
1328.

683   YSEU (RAOUL, SIRE D').

Écuyer. — 1354.

Sceau rond, de 22 mill. — Arch. de la Somme; abbaye du Gard.

Écu portant quatre bandes, au lambel de trois pendants.

✻ S€€L · RḢOVL · DχS€V ·

(Seel Raoul d'Ysen.)

Vente d'un fief à Saint-Maulvis-en-Vimeu. — 13 juin 1354.

VIᵉ SÉRIE. — HOMMES DE FIEF.

HOMMES DE L'ÉVÊCHÉ D'AMIENS.

684   BIGANT (ROBERT),

Homme de l'évêché d'Amiens. — 1487.

Sceau rond, de 25 mill. — Arch. de la Somme; chapitre d'Amiens.

Écu à la fasce chargée d'un croissant entre deux coquilles et accompagnée de trois besants? deux en chef,
un en pointe, penché, timbré d'un heaume à volet cimé
d'une tête d'aigle, supporté par deux lions.

S · robert bigant

(Seel Robert Bigant.)

Le chantre du chapitre d'Amiens est accepté comme homme vivant
et mourant pour tenir le fief de Conty. — 15 janvier 1487.

685   ESTRÉES-EN-CHAUSSÉE

(JEAN COURTOIS D'),

Homme de l'évêché d'Amiens. — 1304.

Sceau rond, de 24 mill. — Arch. de la Somme; évêché d'Amiens.

Écu portant un croissant surmonté d'une étoile.

........RΘOIS............

(Seel Jehan Courtois .....)

Acquisition de terres à Oppy. — 1ᵉʳ décembre 1304.

686   FOULLIES (PIERRE DE),

Homme de l'évêché d'Amiens. — 1396.

Sceau rond, de 20 mill. — Arch. de la Somme; évêché d'Amiens.

Écu portant un arbre.

✠ S......OVLL.............

(S..... Foullies .....)

Vente du fief de Biencourt. — 22 novembre 1396.

687   FRÉROT (ERNOUL),

Homme de l'évêché d'Amiens. — 1428.

Sceau rond, de 24 mill. — Arch. de la Somme; chapitre d'Amiens.

Écu portant trois coquilles à la bordure chargée de trèfles?, penché, timbré d'un heaume cimé d'une tête d'homme barbu, supporté par deux lions.

s · ernoul frerot

(Seel Ernoul Frérot.)

Bail d'un jardin relevant du fief de Conty. — 14 septembre 1428.

688   POIX (GUILLAUME DE),

Homme de l'évêché d'Amiens. — 1428.

Sceau rond, de 22 mill. — Arch. de la Somme; chapitre d'Amiens.

Écu parti : au 1, une étoile; au 2, une merlette accompagnée de deux petits chevrons renversés en chef; sur le tout un annelet en pointe; penché, soutenu par un oiseau.

Wvillaume.....

(Willaume .....)

Voyez le numéro précédent.

689   SEC (RAOUL LE),

Homme de l'évêché d'Amiens. — 1305.

Sceau rond, de 20 mill. — Arch. de la Somme; évêché d'Amiens.

Dans le champ : un annelet d'où sortent en sautoir une croix et une clef?

SᵒRAOVL Ꙇ. SEꝹ

(Seel Raoul le Sec.)

Acquisition de redevances d'avoine à Oppy. — 26 août 1305.

690   SELLIER (BASTIEN LE),

Homme de l'évêché d'Amiens. — 1487.

Sceau rond, de 30 mill. — Arch. de la Somme; chapitre d'Amiens.

Écu portant une aigle, penché, timbré d'un heaume cimé d'une aigle, supporté par deux hommes sauvages.

s baftien le · fellier ·

(Seel Bastien le Sellier.)

Le chantre du chapitre est accepté comme homme vivant et mourant pour tenir le fief de Conty. — 15 janvier 1487.

HOMMES DU CHAPITRE D'AMIENS.

691   CIRIER (JEAN LE),

Homme du chapitre d'Amiens. — 1415.

Sceau rond, de 23 mill. — Arch. de la Somme; chapitre d'Amiens.

Écu portant un lion, à l'orle, penché, timbré d'un heaume couronné, supporté par deux lions.

.........chirier

(Seel Jehan le Chirier.)

Acquisition du fief de Mandé à Amiens. — 24 décembre 1415.

692   DESPINOY (PIERRE),

Homme du chapitre d'Amiens. — 1504.

Sceau rond, de 20 mill. — Arch. de la Somme; chapitre d'Amiens.

Dans le champ : un arbre accosté des lettres gothiques p. d. — Sans légende.

Dénombrement d'un fief à Vauvillers. — 8 novembre 1504.

693   PICART (ÉTIENNE LE),

Homme du chapitre d'Amiens. — 1522.

Sceau rond, de 22 mill. — Arch. de la Somme; chapitre d'Amiens.

Dans le champ : un p gothique entre deux trèfles.

s : eftienne le picart

(Seel Estienne le Picart.)

Dénombrement d'un fief à Vauvillers. — 1ᵉʳ juillet 1522.

694   SAINT-FUSCIEN (JEAN DE),

Homme du chapitre d'Amiens. — 1362.

Sceau rond, de 28 mill. — Arch. de la Somme; chapitre d'Amiens.

Écu semé de trèfles à trois hanaps couverts, à la bordure componée; penché, timbré d'un heaume couronné et cimé d'une tête de dragon, supporté par deux hommes sauvages à cheval sur des dragons.

s · iehan de .... fufcien filf lieu..r

(Seel Jehan de Saint-Fuscien, fils Lien..r.)

Dépossession de divers tenants à Dancourt. — 7 octobre 1362.

695   VIGNE (MAHIEU DE LA),

Homme du chapitre d'Amiens. — 1434.

Sceau rond, de 24 mill. — Arch. de la Somme; chapitre d'Amiens.

Écu portant une feuille de vigne accompagnée, en chef, d'un croissant à dextre et d'un soleil à sénestre.

s mah .... le vigne

(Seel Mahieu de le Vigne.)

Donation d'une rente sur le moulin d'Arondel pour l'entretien des orgues. — 18 janvier 1434.

HOMMES DE LA CHÂTELLENIE DE BOVES.

696   BAILLE (JEAN DU),

Homme de la châtellenie de Boves. — 1549.

Sceau rond, de 24 mill. — Arch. de la Somme; chapitre d'Amiens.

Écu portant une étoile à huit rais.

tehan · du · baille

(Jehan du Baille.)

Lettres de relief du fief de Blangy. — 4 septembre 1549.

697   SAISSEVAL (AUGUSTIN DE),

Homme de la châtellenie de Boves. — 1522.

Sceau rond, de 30 mill. — Arch. de la Somme; célestins d'Amiens.

Écu à deux bars adossés et accompagnés de trois quintefeuilles, timbré d'un heaume cimé d'un lion issant d'une branche de chêne courbée en rond.

.... de saisseval

(Seel Augustin de Saisseval.)

Lettres de relief d'un fief au terroir de Sains. — 16 août 1522.

HOMMES DE LA COUR DE CHAUNY.

698   GOUDEMANT (HENRI),

Homme de la cour de Chauny. — 1409.

Sceau rond, de 22 mill. — Arch. communales de Chauny.

Écu au chevron accompagné de deux feuilles en chef et d'une coquille en pointe, penché, timbré d'un heaume cimé d'une tête de chien de chasse; dans le champ, des branches rampantes.

s · henry go........

(Seel Henry Goudemant.)

Sentence établissant que les bêtes doivent être esgardées et marquées vives avant d'être amenées à la boucherie. — 28 août 1409.

699   MIROYER (COLART LE),

Homme de la cour de Chauny. — 1410.

Sceau rond, de 18 mill. — Arch. communales de Chauny.

Écu écartelé d'une merlette et d'une étoile, penché, timbré d'un heaume cimé.

COLART LE MIROIRIER

(Colart le Miroirier.)

Sentence en faveur de l'Hôtel-Dieu de Chauny au sujet d'une rente à Marest. — 4 mai 1410.

HOMME DU COMTE DE CLERMONT.

700   MAIRE (PIERRE LE),

Homme du comte de Clermont. — 1297.

Sceau rond, de 19 mill. — Arch. de l'Oise; abbaye de Froidmont.

Dans le champ : une molette à six branches.

✶ S' PIERRE ...... MERE

(Seel Pierre ..... Mere.)

Don d'une mesure située au Plessis-Billebaut. — 24 décembre 1297.

HOMMES DE L'ABBAYE DE CORBIE.

701   BOUTEFEU (JEAN),

Homme de l'abbaye de Corbie. — 1338.

Sceau rond, de 20 mill. — Arch. de la Somme; abbaye de Corbie.

Dans le champ : une ramure de cerf.

S' IEHAN BOV..FV

(Seel Jehan Boutefu.)

Prise de possession de la mairie de Liestes. — 13 mars 1338.

702   DOUAI (SIMON DE),

Homme de l'abbaye de Corbie. — 1392.

Sceau rond, de 23 mill. — Arch. de la Somme; abbaye de Corbie.

Dans un encadrement ovale : un écu portant trois massacres de cerf.

✶ S' SIMON DE DOVAY

(Seel Simon de Douay.)

Fondation d'une messe par une rente sur les bois de Harbonnières. — 10 septembre 1392.

703   FOUACHE (JEAN),

Homme de l'abbaye de Corbie. — 1420.

Sceau rond, de 32 mill. — Arch. de la Somme; chapelains d'Amiens.

Écu portant trois molettes, et, en cœur, un objet ...; timbré d'un heaume cimé d'une tête de more supportée par deux lions.

.... che

(Seel Jehan Fouache.)

Prise de possession du fief de Méricourt-l'Abbé. — 11 avril 1420.

10.

704   GUÉNEMONT (HONORÉ DE),

Homme de l'abbaye de Corbie. — 1348.

Sceau rond, de 22 mill. — Arch. de la Somme; abbaye de Corbie.

Dans un double trilobe : un écu semé de trèfles, portant en chef un oiseau et une tête de lion arrachée, et en pointe une autre tête de lion arrachée.

    .... .ONNERE DE GVENE....

(Seel Honneré de Guénemont.)

Acquisition de la terre de Longpré. — 28 octobre 1348.

705   MAUCOURT (RAOUL DE),

Homme de l'abbaye de Corbie. — 1362.

Sceau rond, de 24 mill. — Arch. de la Somme; abbaye de Corbie.

Écu portant dix losanges, 3, 3, 3 et 1, au lambel de quatre pendants.

    ...RAOV. .. ...VCOVRT

(Seel Raoul de Maucourt.)

Prise de possession du fief de Verneuil. — 27 septembre 1362.

706   RENAUD DE CORBIE

(MARIE, FEMME DE),

Homme de l'abbaye de Corbie. — 1256.

Sceau ogival, de 50 mill. — Arch. de la Somme; abbaye de Corbie.

Dans le champ : une fleur de lys.

   ✱ S' ⲘAROIE ....ⲈSE : DE PO

(Seel Maroie .....ese de Po?)

Acquisition de terres à Bousincourt. — Mars 1256.

707   WAUBERT (JEAN),

Homme de l'abbaye de Corbie. — 1388.

Sceau rond, de 18 mill. — Arch. de la Somme; abbaye de Corbie.

Écu portant trois aiglettes, au franc canton.

   ✱:SⲈEL IEⲎⲀⲚ .ⲀVBERT

(Seel Jehan Waubert.)

Voyez le n° 701.

708   WAUBERT (JEAN),

Prêtre, homme de l'abbaye de Corbie. — 1392.

Sceau rond, de 20 mill. — Arch. de la Somme; abbaye de Corbie.

Dans un cadre gothique en losange : un écu portant trois tours.

   SⲈEL IEⲎⲀⲚ WAV...

(Seel Jehan Waubert.)

Fondation d'une messe de requiem par Jean de Solleville, seigneur du Sart. — 10 septembre 1392.

HOMMES DE LA SEIGNEURIE DE MOREUIL.

709   CROCHET (JEAN),

Homme du duc de Bourgogne à Moreuil. — 1452.

Sceau rond, de 24 mill. — Arch. de la Somme; chapelains d'Amiens.

Écu écartelé : au 1 et 4, une fasce de losanges accompagnée de trois besants, deux en chef et un en pointe; au 2 et 3, trois lions; penché, timbré d'un heaume à lambrequins cimé d'une tête de femme.

   seel jehan crochet

(Seel Jehan Crochet.)

Amortissement du fief de Castel. — 14 juin 1452.

710   FÉRET (JEAN),

Avocat, homme de Waleran de Soissons à Moreuil. — 1441.

Sceau rond, de 22 mill. — Arch. de la Somme; évêché d'Amiens.

Écu à la fasce chargée de ....., accompagnée d'une étoile en chef.

   iehan fer..

(Jehan Féret.)

Prise de possession du fief et bois de Hourges. — 9 août 1441.

711   HOUCHART (HUGUES),

Homme du duc de Bourgogne à Moreuil. — 1452.

Sceau rond, de 24 mill. — Arch. de la Somme; chapelains d'Amiens.

Écu à la bande chargée de trois poires? accompagnée d'une rose en chef, soutenu par deux lions.

   seel : hue houchart

.(Seel Hue Houchart.) .

Voyez le n° 709.

HOMMES DU CHÂTEAU DE PICQUIGNY.

712   BÉRY (RAOUL DE),

Homme du château de Picquigny. — 1381.

Sceau rond, de 20 mill. — Arch. de la Somme; chapitre d'Amiens.

Dans le champ : un homme sauvage à cheval sur un lion, portant un bouclier au chevron accompagné de deux étoiles en chef, tenant une fleur de la main droite.

   RAOVL DE BERY

(Raoul de Béry.)

Vente du fief de la Motte-Rivery. — 10 septembre 1381.

713   CHÂTELAIN (OUDART).

Homme du château de Picquigny. — 1438.

Sceau rond, de 25 mill. — Arch. de la Somme; chapitre d'Amiens.

Écu portant trois quintefeuilles, penché, timbré d'un heaume cimé. — Légende détruite.

Sentence au sujet d'une rente à Raineval. — 5 novembre 1438.

714   CHÂTELAIN (WARIN LE),

Homme du château de Picquigny. — 1350.

Sceau rond, de 20 mill. — Arch. de la Somme; abbaye du Gard.

Dans un trilobe : un écu portant un château.

S' WA..N LE CASTELAIN

(Seel Warin le Castelain.)

Transport de rente sur le travers de Molliens. — 22 février 1350.

715   CHAUSSETIER (PIERRE LE).

Homme du château de Picquigny. — 1438.

Sceau rond, de 22 mill. — Arch. de la Somme; chapitre d'Amiens.

Écu portant deux tiges de rosier fleuries chacune d'une rose.

pierre le cauchetier

(Pierre le Couchetier.)

Voyez le n° 713.

716   CLABAUT (SIMON),

Homme du château de Picquigny. — 1380.

Sceau rond. de 26 mill. — Arch. de la Somme; chapitre d'Amiens.

Dans un trilobe : un écu portant les chaînes de Navarre, au franc canton chargé d'une croix ancrée.

✣ S' SYMON CLABAVT

(Seel Symon Clabaut.)

Acquisition du fief de la Motte-Rivery. — 1er février 1380.

717   ÉTOUVY (GUILLAUME D'),

Homme du château de Picquigny. — 1380.

Sceau rond, de 22 mill. — Arch. de la Somme; chapitre d'Amiens.

Dans le champ : un arbre accosté au pied à dextre d'une fleur de lys, à sénestre d'un oiseau.

S' WILLAME DE....VI

(Seel Willame d'Estouvi.)

Voyez le numéro précédent.

718   FERRON (JEAN LE),

Homme du château de Picquigny. — 1355.

Sceau rond, de 22 mill. — Arch. de la Somme; abbaye du Gard.

Écu portant un fer à moulin.

..........ERON

(Seel Jehan le Féron.)

Acquisition de fiefs. — 29 mai 1355.

719   FOUR (SIMON DU),

Dit le Dé, homme du château de Picquigny. — 1350.

Sceau rond, de 20 mill. — Arch. de la Somme; abbaye du Gard.

Dans le champ : un agnus.

SIMO. DV FOVR

(Simon du Four.)

Voyez le n° 714.

720   GARD (FRÉMIN DU),

Dit Froissard, homme du château de Picquigny. — 1385.

Sceau rond, de 25 mill. — Arch. de la Somme; abbaye du Gard.

Dans une rose gothique : un écu portant trois canettes au lambel de trois pendants, penché, timbré d'un heaume cimé d'une canette.

S FREMIN DV GART

(Seel Fremin du Gart.)

Acquisition d'un fief à Velheureux. — 7 juillet 1385

721   GRIMAULT (COLART),

Homme du château de Picquigny. — 1381.

Sceau rond, de 20 mill. — Arch. de la Somme; chapitre d'Amiens.

Écu portant trois dauphins.

COLART GRIMAVT

(Colart Grimaut.)

Voyez le n° 712.

722   HANCHY (CHRÉTIEN DE),

Homme du château de Picquigny. — 1381.

Sceau rond, de 20 mill. — Arch. de la Somme; chapitre d'Amiens

Écu portant trois têtes de loup? penché.

..CRETIEN DE HANCHIES

(Seel Crétien de Hanchies.)

Voyez le n° 712.

723   LOHIER (COLART),

Homme du château de Picquigny. — 1350.

Sceau rond, de 25 mill. — Arch. de la Somme; abbaye du Gard.

Écu à la gerbe accompagnée de deux molettes en chef.

...........OHIE.

(Seel Colart Lohier.)

Voyez le n° 714.

724   MERCIER (JEAN LE),

Homme du château de Picquigny. — 1381.

Sceau rond, de 20 mill. — Arch. de la Somme; abbaye du Gard.

Dans une rosace gothique en étoile : les lettres **I**. **M**. surmontées d'une couronne.

IE... .E MERCHIER

(Jehan le Mercbier.)

Acquisition d'une maison. — 22 janvier 1381.

725   PICQUET (JEAN),

Homme du château de Picquigny. — 1381.

Sceau rond, de 33 mill. — Arch. de la Somme; chapitre d'Amiens.

Écu échiqueté, à la bande semée de trèfles chargée de trois hanaps couverts, penché, timbré d'un heaume cimé d'un lion, sur un champ fretté.

S IEHAN . . . .

(Seel Jehan Picquet.)

Voyez le n° 712.

726   SAINT-FUSCIEN (JEAN DE),

Homme du château de Picquigny. — 1385.

Sceau rond, de 24 mill. — Arch. de la Somme; abbaye du Gard.

Écu portant trois hanaps couverts, à la bordure endentée, penché, timbré d'un heaume cimé d'un chien de chasse, supporté par deux lions.

S · I · DE · S · FVCIEN

(Seel Jehan de Saint Fucien.)

Voyez le n° 720.

727   SEVAUT (PIERRE),

Homme du château de Picquigny. — 1354.

Sceau rond, de 20 mill. — Arch. de la Somme; abbaye du Gard.

Dans un encadrement à quatre lobes et sur champ orné de quatre branches : un écu portant trois fusées en fasce.

SEEL PIER.. SEVAVT

(Seel Pierre Sevaut.)

Acquisition d'un fief à Saint-Maulvis-en-Vimeu. — 13 juin 1354.

HOMMES DE LA COUR DE ROYE.

728   BREUCQ (JACQUES DU),

Prêtre, homme de la cour de Roye. — 1404.

Sceau rond, de 23 mill. — Arch. de la Somme; célestins d'Amiens.

Écu au chevron chargé de trois trèfles, accompagné de trois marteaux et d'un fer à cheval en cœur.

✷ IACQVEMART DV BREVC

(Jaquemart du Breuc.)

Guérard d'Athies, archevêque de Besançon, donne aux célestins d'Amiens la terre du Quesnoy. — 16 juillet 1404.

729   LOIGNE (FLORENT LE),

Homme de la cour de Roye. — 1404.

Sceau rond, de 22 mill. — Arch. de la Somme; célestins d'Amiens.

Écu portant trois losanges, penché, timbré d'un heaume cimé d'une tête de lion.

FLORENT LE LOINGNE

(Florent le Loingne.)

Voyez le numéro précédent.

HOMME DE LA SEIGNEURIE DE JEAN DE CLÉRY

A SUZANNE.

730   PELOT (JEAN).

1499.

Sceau rond, de 25 mill. — Arch. de la Somme; chapitre d'Amiens.

Écu portant un sanglier contourné, passant devant deux arbres.

. . . . .pelot

(Jehan Pelot.)

Acquisition du fief de Vauvillers-en-Santerre. — 28 avril 1499

VII° SÉRIE — VILLES.

VILLES, COMMUNES, ÉCHEVINAGES, ETC.

731   ABBEVILLE.

1217.

Sceau rond, de 85 mill. — Arch. de la Somme; abbaye du Gard.

Le mayeur à cheval, coiffé d'un casque conique à nasal, couvert de mailles, portant un bouclier à rais garni d'une bordure; il brandit une large épée.

✷ SIG . . . . .BBATISVILLE

(Sigillum . . . . . Abbatisville.)

Contre-sceau : Écu portant trois bandes, à la bordure.

✳ **SECRETVM ABATISVILLE**

(Secretum Abatisville.)

Transport de cens sur une maison et sur un four «in .burgo Virma-echii». — Novembre 1317.

---

732   **AIRE-EN-ARTOIS.**

Sceau aux causes. — XIVᵉ siècle.

Sceau rond, de 50 mill. — Musée d'Amiens.

Dans le champ : une aigle.

.... **INORVM : VILLE : ARIE** ....

(Sigillum ..... scabinorum ville Ariensis .....)

CONTRE-SCEAU : Dans le champ : une aigle.

✳ **CONTRAS : VILLE : ARIESIS : AD : CAVSAS**

(Contrasigillum ville Ariensis ad causas.)

Sceau détaché.

---

733   **AMIENS.**

1378.

Sceau rond, de 65 mill. — Arch. de la Somme; chapitre d'Amiens.

Dans le champ : une rosace à six feuilles autour de laquelle rayonnent six têtes d'échevins, séparées chacune par une fleur de lys.

✳ **SIG ..... CIVIVO · AMBI. NENSIVO**

(Sigillum civium Ambianensium.)

CONTRE-SCEAU : Dans le champ : une fleur de lys.

✳ **SECRETVM : OEVM : OIOHI**

(Secretum meum michi.)

Transaction au sujet de divers droits et juridictions. — 24 octobre 1378.

---

734   **AMIENS.**

Sceau aux causes. — 1447.

Sceau rond, de 44 mill. — Arch. de la Somme; abbaye du Gard.

Dans un cadre festonné : une fleur de lys fleuronnée, accostée de deux écus au chef chargé de trois fleurs de lys. — Légende détruite.

· CONTRE-SCEAU : Dans un encadrement en étoile : écu au chef chargé de trois fleurs de lys, surmonté d'une fleur de lys.

CONTR. SE .....AVSES

(Contre seel aux causes.)

Confirmation d'un transport de rente sur un jardin rue de la Hautoie. — 6 octobre 1447.

---

735   **AMIENS.**

Sceau aux causes. — 1464.

Sceau rond, de 50 mill. — Arch. de la Somme; chapitre d'Amiens.

Dans un cadre festonné : une fleur de lys fleuronnée,

accostée de deux écus au chef chargé de trois fleurs de lys.

✳ **Seel · as . cause · te · le · commun ... amie**

(Seel as causes de le commun ...... Amiens.)

CONTRE-SCEAU : Dans une étoile à six pointes : écu au chef chargé de trois fleurs de lys.

co—n—tr—ef—el—s

(Contre sels.)

Reconnaissance des droits du chapitre sur deux maisons à Amiens. — 13 décembre 1464.

---

736   **AMIENS.**

Sceau aux causes. — 1586.

Sceau rond, de 54 mill. — Musée d'Amiens.

· Dans un champ bordé de festons : une fleur de lys fleuronnée, accostée de deux écus portant des rinceaux sous un chef chargé de trois fleurs de lys.

✳ SEL · AVX · CAVSES · DE · LA · COMMVNAVTE · DE · LA · VILLE · DAMIENS · 1586

Matrice originale.

---

737   **ANCRE (ALBERT).**

1515.

Contre-sceau rond, de 40 mill. — Arch. de la Somme; évêché d'Amiens.

Écu burelé. — Légende détruite.

Présentation à la chapellenie de Saint-Barthélemy près Ancre. — 22 avril 1325.

---

738   **BEAUVAIS.**

1378.

Sceau rond, de 38 mill. — Arch. de l'Oise; abbaye de Saint-Quentin.

Dans le champ : une fleur de lys fleuronnée, accostée à son pied de deux châteaux. — Légende détruite.

Exemption de taille pour les hommes de l'abbaye de Saint-Quentin à Gonart. — 8 mars 1378.

---

739   **BRUYÈRES.**

XVIᵉ siècle.

Sceau rond, de 44 mill. — Communication de M. Hidé à Laon.

Dans le champ : un vendangeur tenant d'une main sa serpette, de l'autre une grappe de raisin.

SEEL DES COMES DE BRVIER

Matrice originale.

---

740   **CHAUNY.**

Sceau aux causes. — 1468.

Sceau rond, d'environ 40 mill. — Hôtel-Dieu de Chauny.

Dans le champ : un château.

.........**RATOR' CA**...........

(..... juratorum Calniacensium .....)

Arrentement de deux maisons. — 9 février 1468.

741   CHAUNY.

Sceau aux causes. — 1474.

Fragment de sceau rond, d'environ 40 mill. — Arch. communales
de Chauny.

Dans le champ : un château, la porte munie d'une
herse, les fenêtres grillées; il est accosté de fleurs de lys.

........**r · la · ma**.........

(..... de la mairie .....)

CONTRE-SCEAU : Même représentation qu'à la face.

..........**el r la ma**........

(Contreseel de la mairie .....)

Bail à rente de terres appartenant aux pauvres de l'Hôtel-Dieu. —
18 mars 1474.

742   CHAUNY.

XVIIIᵉ siècle.

Cachet ovale, de 25 mill. — Mairie de Chauny.

Écusson ovale, portant un château surmonté de trois
tours et accompagné d'un orle de neuf fleurs de lys. —
Sans légende.

Matrice originale.

743   COUCY-LE-CHÂTEAU.

XVIIIᵉ siècle.

Cachet ovale, de 25 mill. — Communiqué par M. Romain, maire de Coucy.

Écu fascé de vair et de gueules de six pièces.

VILLE DE COUCY LE CHATEAU

Matrice originale.

744   CRÉPY-EN-LAONNOIS.

1377.

Sceau ogival, de 75 mill. — Arch. de l'Aisne; abbaye de Saint-Vincent
de Laon.

Saint Pierre vu de trois quarts et représenté jusqu'aux
genoux, tenant ses clefs de la main droite et relevant de
la gauche le pan de son manteau bordé d'orfroi. — Légende détruite.

Lettres de non-préjudice fournies à l'abbaye de Saint-Vincent, qui
permet à la ville d'extraire des pierres de grès à Besny. — 20 janvier
1377.

745   DOULLENS.

1381.

Sceau rond, de 62 mill. — Arch. de la Somme; abbaye du Gard.

Type équestre; fragment. Le mayeur, sur un cheval

à la queue tressée, brandit son épée; il est vêtu de
mailles sous la chemise d'armes et porte un bouclier
plain.

........**M ¦ MAIORIS ¦ ET ¦ IVRATORVM ¦
DVLLENDI.**

(Sigillum majoris et juratorum Dullendii.)

REVERS : Douze personnages en buste et de profil posés sur trois rangs par 2, 6 et 4.

HII ¦ S' SCABINI · BISTERNI.......

(Hii sunt scabini bisterni .....)

Amortissement. — Octobre 1321.

746   GAMACHES.

Petit sceau. — 1283.

Sceau rond, de 37 mill. — Arch. de la Somme; évêché d'Amiens.

Écu échiqueté sous un chef chargé d'un lambel de
douze pendants.

.....**MAIORIS ET SCABIN**........**MATHIAR'**

(Sigillum majoris et scabinorum Gamathiarum.)

Reconnaissance d'une rente due par la maladrerie de Gamaches à
l'hôpital de Blangy. — Novembre 1283.

747   ROYE.

Sceau aux causes. — 1366.

Sceau rond, de 55 mill. — Arch. de la Somme; célestins d'Amiens.

Écu au lion, accosté de deux fleurs de lys et surmonté
de la lettre **R**. — Légende détruite.

Acquisition d'un fief à Saint-Georges. — 10 décembre 1366.

748   RUE.

XIVᵉ siècle.

Sceau rond, de 50 mill. — Musée d'Amiens.

Dans le champ : le mayeur debout, armé d'une épée,
coiffé d'un casque carré, combattant un lion.

✻ **SIGILLVM ¦ MAIORIS ¦ DE ¦ RVA**

(Sigillum majoris de Rua.)

Matrice originale.

749   RUE.

1489.

Sceau rond, de 50 mill. — Arch. de la Somme; chapitre d'Amiens.

Dans le champ : le mayeur combattant un lion.

✻ **SIGIL..M ¦ MAIOR.... RVA**

(Sigillum majoris de Rua.)

CONTRE-SCEAU : Un écu portant le mot **RVE** sous un
chef chargé de trois bandes à la bordure.

CONTRE SEEL DE RVE

(Contre seel de Rué.)

Accord au sujet de la dîme de Champ-le-Comte à Béthencourt. — 2 décembre 1489.

---

750. SAINT-VALERY-SUR-SOMME.

Sceau aux causes. — XVIe siècle.

Sceau rond, de 65 mill. — Commune de Saint-Valery.

Le mayeur à cheval, coiffé d'un bassinet, portant l'armure complète : brassards, tassettes, genouillères, etc. Le bouclier et la housse chargés de trois fleurs de lys à la bordure componée.

seel aux caules de la ville z bâlieue de · s · wbalery lur lome

(Seel aux causes de la ville et banlieue de Saint Walery sur Some.)

CONTRE-SCEAU : Dans le champ : une fleur de lys. — Sans légende.

Matrice originale.

---

751 SAINT-VALERY-SUR-SOMME.

XVIIe siècle.

Cachet ovale, de 14 mill. — Commune de Saint-Valery.

Écu au bateau flottant sous un chef chargé de trois fleurs de lys à la bordure componée. — Sans légende.

Matrice originale.

MAIRES ET MAYEURS.

---

752 RENAUD,

Maire de Breteuil. — 1254.

Sceau rond, de 40 mill. — Arch. de l'Oise; abbaye de Froidmont.

Dans le champ : une enceinte crénelée, du milieu de laquelle s'élève une tour; la poterne amortie en trèfle.

..RGNAVDI : MAIORIS : DG : BRITҺV...

(Sigillum Renaudi, majoris de Brithulio.)

CONTRE-SCEAU : Une clef?

✳ SIGILL : ROBERTI BENI?

(Sigillum Roberti Beni.)

Don de rente sur une terre à Blanc-Fossé. — Janvier 1254.

---

753 MESGE (HUGUES DU),

Maire du Mesge. — 1290.

Sceau rond, de 25 mill. — Arch. de la Somme; chapitre d'Amiens.

Dans le champ : une molette à six branches.

✳ S' ҺVG DV ŒG · GG

(Seel Hue du Mesge.)

Rachat des droits de la mairie du Mesge. — Avril 1290.

---

754 SAINS (RAOUL DE),

Maire de Rocquencourt, chevalier. — 1224.

Sceau rond, de 46 mill. — Arch. de la Somme; abbaye de Corbie.

Écu semé de croissants, au lion à la queue tréflée.

✳ SIG.....RA.... ......IS

(Sigillum Radulfi ..... militis.)

Cession du bois de Rocquencourt. — Janvier 1224.

---

755 PIERRE,

Mayeur de Thennes, écuyer. — 1294.

Sceau rond, de 29 mill. — Arch. de la Somme; abbaye de Corbie.

Écu à la fasce ondée, accompagnée de trois étoiles en chef.

✳ S' PIGRON LG MAGVR DG ঠANGS :

(Seel Pieron, le maeur de Tanes.)

Le maire échange avec l'abbaye de Corbie son manoir de Thennes, sa part du moulin et de la pêcherie. — Mars 1294.

---

756 JEAN,

Maire de Vaux-en-Amiénois. — 1281.

Sceau ogival, de 40 mill. — Arch. de la Somme; chapitre d'Amiens.

Dans le champ : une main tenant une branche fleuronnée, sur laquelle sont perchés deux oiseaux symétriques.

...GҺAИ

(Seel Jehan ......)

Acquisition du droit de don à Vaux et à Noyelle. — 5 janvier 1281.

---

757 MAHIEU,

Maire de Ville-sur-Corbie. — 1262.

Sceau rond, de 45 mill. — Arch. de la Somme; abbaye de Corbie.

Écu portant trois fleurs de lys, au franc canton.

✳ S. MAҺIX LI · MA.....VILG

(Seel Mahix, li maire de Vile.)

Acquisition de la mairie de Ville-sur-Corbie. — Août 1262.

ÉCHEVINS, CONSEILLERS, ETC.

ÉCHEVINS DE LAON, TRANSFORMÉS PAR L'ORDONNANCE PHILIPPINE EN GOUVERNEURS ET PROCUREURS.

---

758 HATON (COLART),

Gouverneur de la ville de Laon. — 1404.

Sceau rond, de 20 mill. — Arch. communales de Laon.

Dans une étoile gothique : un écu portant une fasce accompagnée de treize mâcles, 6 en chef et 7 en pointe.

11

S' d......TON

(Seel Colart Haton.)

Quittance de frais de voyage à Paris. — 2 janvier 1404.

759   PETIT (JEAN)

De Tavaux, gouverneur de la ville de Laon. — 1394.

Sceau rond, de 20 mill. — Arch. communales de Laon.

Dans un encadrement en losange : un ange tenant une banderole avec une inscription fruste, au-dessus d'un lion couché.

S' IEhAN PETIT DE TAVI...

(Seel Jehan Petit de Taviaux.)

Quittance de pension. — 16 mars 1394.

760   PRESSOIR (JACQUES DU),

Gouverneur de la ville de Laon. — 1414.

Sceau rond, de 20 mill. — Arch. communales de Laon.

Écu à la croix cantonnée de quatre coquilles, supporté par deux griffons.

s taques du · preſſoir

(Seel Jaques du Pressoir.)

Quittance de pension. — 12 juillet 1414.

761   BOINE (RENIER),

Procureur de la ville de Laon. — 1390.

Sceau rond, de 28 mill. — Arch. communales de Laon.

Dans un cadre gothique en forme de croix : un écu au chevron accompagné de trois coquilles?

....nie. boin

(Seel Renier Boine.)

Quittance de pension. — 2 mai 1390.

762   GÉRAUD (MILE),

Procureur de la ville de Laon. — 1394.

Sceau rond, de 22 mill. — Arch. communales de Laon.

Dans un trilobe : un écu au chevron accompagné de trois quintefeuilles, supporté par deux griffons et soutenu par un ange.

S' .... GERAVT

(Seel Mile Géraut.)

Quittance de pension. — 17 juin 1394.

763   POTIER (JEAN),

Procureur de la ville de Laon. — 1392.

Sceau rond, de 20 mill. — Arch. communales de Laon.

Dans un cadre gothique en triangle : un écu portant rois pots à couvercle.

✳.....bau potier :

(Seel Jehan Potier.)

Quittance de pension. — 15 avril 1392.

CONSEILLERS PENSIONNAIRES DE LA VILLE DE LAON.

764   BAILLI (JEAN),

Procureur au parlement, conseiller de la ville de Laon. — 1404.

Signet ovale, de 12 mill. — Arch. communales de Laon.

Dans le champ : une chauve-souris. — Légende détruite.

Quittance de pension. — 25 novembre 1404.

765   BOULENGER (SIMON),

Avocat à Laon, conseiller de la ville de Laon. — 1397.

Sceau rond, de 22 mill. — Arch. communales de Laon.

Écu à la bande, soutenu par une aigle. — Légende détruite.

Quittance de pension. — 10 juin 1397.

766   COLLIGIS (GOBERT DE),

Avocat à Laon, conseiller de la ville de Laon. — 1402.

Sceau rond, de 24 mill. — Arch. communales de Laon.

Dans un ovale : un écu au chevron accompagné de trois .....? soutenu par un ange.

.........DE GOVLLEG

(Seel ..... de Coullegis.)

Quittance de pension. — 28 mars 1402.

767   FILLEUL (JEAN),

Avocat au parlement, conseiller de la ville de Laon. — 1390.

Sceau rond, de 20 mill. — Arch. communales de Laon.

Dans le champ : un cygne nageant, portant à son cou un écu écartelé effacé.

te.......eul :

(Jehan Filleul.)

Quittance de pension. — 11 novembre 1390.

768   MARLE (HENRI DE),

Avocat au parlement, conseiller de la ville de Laon. — 1390.

Sceau rond, de 20 mill. — Arch. communales de Laon.

Écu à la bande chargée de trois étoiles, supporté par deux lions, surmonté de la lettre h couronnée.

LE SEEL....................

(Le seel .....)

Quittance de pension. — 13 mai 1390.

769   ORIGNY (JEAN D'),

Avocat à Laon, conseiller de la ville de Laon. — 1397.

Sceau rond, de 20 mill. — Arch. communales de Laon.

Dans un encadrement en ogive : écu à la croix engrêlée cantonnée en chef et à dextre d'une rose?

..IOHAÑIS DORIG..

(Sigillum Johannis d'Origny.)

Quittance de pension. — 1397.

770   QUIENS (MOURARD DES),

Avocat à Laon, conseiller de la ville de Laon. — 1405.

Sceau rond, de 20 mill. — Arch. communales de Laon.

Écu au chevron accompagné de trois têtes de chien, supporté par deux chiens de chasse.

moura.. de[quiens

(Mourard des Quiens.)

Quittance de frais pour une enquête. — 10 février 1405.

771   RELHAC (CLÉMENT),

Avocat au parlement, conseiller de la ville de Laon. — 1396.

Sceau rond, de 20 mill. — Arch. communales de Laon.

Dans une rose gothique, un écu parti : au 1, un lion; au 2, une fasce sous un lambel à trois pendants, accompagnée en pointe d'une étoile?

S' PIERRE RELHAC

(Seel Pierre Relhac.)

Quittance de pension. — Paris, 21 novembre 1396.

772   SAINTE-CROIX (PIERRE DE),

Avocat à Laon, conseiller de la ville de Laon. — 1391.

Sceau rond, de 25 mill. — Arch. communales de Laon.

Écu à la croix chargée de cinq croisettes au pied fiché, supporté par deux lions et soutenu par un ange. — Légende détruite.

Quittance de pension. — Laon, 7 février 1391.

773   VERMAND (SIMON DE),

Avocat à Laon, conseiller de la ville de Laon. — 1397.

Sceau rond, de 20 mill. — Arch. communales de Laon.

Dans un trilobe : un écu portant un orle chargé d'un fermail à chacun de ses angles.

...SIMON DE V..AÑD

(Seel Simon de Vermand.)

Quittance de pension. — 29 avril 1397.

774   VILLERS (ALARD DE),

Procureur au parlement, conseiller de la ville de Laon. — 1392.

Sceau rond, de 18 mill. — Arch. communales de Laon.

·Dans un ovale : saint Jean à mi-corps, portant l'Agnus.

S' ALARDI DE .....

(Sigillum Alardi de .....)

Quittance de pension. — 30 octobre 1392.

BOURGEOIS.

BOURGEOIS D'AMIENS.

775   BÉZY (JACQUES DE),

Bourgeois d'Amiens. — 1455.

Sceau rond, de 23 mill. — Arch. de la Somme; abbaye du Gard.

Écu à la fasce dentée du côté du chef, accompagnée de trois têtes de lion, au lambel de trois pendants, timbré d'un heaume cimé d'une tête d'aigle, penché, supporté par deux lions.

S : iaque : de : b..y

(Seel Jaque de Bezy.)

Accord au sujet d'une rente sur la grange de Ménévillers. — 16 mars 1455.

776   BOMY (JEAN DE),

Bourgeois d'Amiens. — XI° siècle.

Sceau rond, de 18 mill. — Communiqué par le D' Goze à Amiens.

Dans le champ : un hanap entre deux branches.

S iehan · de · bomi ·

(Seel Johan de Bomi.)

Épreuve de matrice.

777   CONTY (GUILLAUME DE),

Bourgeois d'Amiens. — 1384.

Sceau rond, de 25 mill. — Arch. de la Somme; évêché d'Amiens.

Écu au lion, à la bordure endentée, penché, timbré d'un heaume cimé d'une tête humaine, supporté par deux hommes sauvages.

...... me : de : con..

(Seel Willaume de Conti.)

Hommage à l'évêque d'Amiens. — 13 décembre 1384.

778   LERMITE (JEAN),

Bourgeois d'Amiens. — 1391.

Sceau rond, de 24 mill. — Arch. de la Somme; évêché d'Amiens.

Dans une rose gothique : écu portant une tête d'homme de profil.

SEEL IE........

(Seel Jehan .....)

Dénombrement de fiefs à Rouvroy. — 7 juin 1391.

779   PIÈCE (GENEVIÈVE),

Veuve de Noël le Caron, bourgeois d'Amiens. — 1578.

Sceau rond, de 24 mill. — Arch. de la Somme; chapitre d'Amiens.

Écu à trois quintefeuilles. — Légende fruste.

Dénombrement de fiefs à Vauvillers. — 11 mars 1578.

780   SAINT-FUSCIEN (JEAN DE),

Bourgeois d'Amiens. — xv° siècle.

Sceau rond, de 19 mill. — Communiqué par le D' Goze, à Amiens.

Écu semé de trèfles, à trois hanaps couverts, au bâton en bande brochant sur le tout.

✳ S' IEHAN DE S' FVCIEN ·

(Seel Jehan de Saint Fucien.)

Surmoulage.

BOURGEOIS DE BEAUMONT.

781   BERCHER (JEAN),

Bourgeois de Beaumont. — 1242.

Sceau rond, de 45 mill. — Arch. de l'Oise; abbaye de Froidmont.

Dans le champ : un lion rampant.

✳ S· IOHAN BERCHER DE BEVMÔT

(Seel Johan Bercher de Beaumont.)

Ratification d'un achat de terre à Bernes. — Novembre 1242.

782   LUZARCHES (PIERRE DE),

Bourgeois de Beaumont. — 1259.

Sceau rond, de 30 mill. — Arch. de l'Oise; abbaye de Froidmont.

Dans le champ : une fleur de lys.

✳ S PETRI : DE : LVSARCHES

(Sigillum Petri de Lusarches.)

Acquisition d'une terre à Bernes. — Juillet 1259.

BOURGEOIS DE CHAMBLY.

783   THIARD.

1257.

Sceau rond, de 34 mill. — Arch. de l'Oise; abbaye de Froidmont.

Dans le champ : une branche feuillée, contournée en rinceau, sur laquelle est perché un oiseau.

✳ S' TIARDI · DE · CHAMBLIACO

(Sigillum Tiardi de Chambliaco.)

Acquisition de terres et de rentes à Bernes. — Mars 1257.

BOURGEOIS DE LAON.

784   FRANC (ROBERT LE),

Bourgeois de Laon. — 1300.

Sceau hexagone, de 20 mill. — Arch. de l'Aisne; abbaye de Saint-Vincent.

Écu représentant un personnage debout dans une chaire, tenant à la main un objet sphérique; au bas de la chaire, une licorne? debout.

.. ROBERT : LE FRAN.

(Seel Robert le Franc.)

CONTRE-SCEAU : Forme carrée à quatre lobes, contenant deux fleurs de lys et deux campanules aboutées en croix. — Sans légende.

Accord entre l'abbaye de Saint-Vincent de Laon et les seigneurs de Toulis. — Avril 1300.

785   ROCHEFORT (RAOUL DE),

Bourgeois de Laon. — 1283.

Sceau rond, de 25 mill. — Arch. de l'Aisne; abbaye de Saint-Vincent.

Dans le champ : quatre têtes d'hommes de profil, sur deux rangs et affrontées.

✳ S' RAVL DE ROCHEFORT

(Seel Raul de Rochefort.)

Acquisition d'une terre à Maneux. — Mars 1283.

786   THIERNUT (JEAN DE),

Bourgeois de Laon. — 1300.

Sceau rond, de 22 mill. — Arch. de l'Aisne; abbaye de Saint-Vincent.

Écu chargé de trois objets de forme pyramidale.

✳ S' IEHAN DE MONCIAS DE TRV

(Seel Jehan de Moncias de Ternu.)

Accord au sujet de la justice à Toulis et à Attencourt. — Avril 1300.

BOURGEOIS DE PÉRONNE.

787   AVESNES (JEAN D'),

Bourgeois de Péronne. — 1507.

Sceau rond, de 28 mill. — Arch. de la Somme; chapitre d'Amiens.

Écu portant deux branches, chargées chacune d'un fruit.

S iehan da.. fues

(Seel Jehan d'Avesnes.)

Dénombrement d'un fief à Vauvillers. — 11 août 1507.

788   LANNOY (ANTOINE DE),

Bourgeois de Péronne. — 1543.

Sceau rond, de 28 mill. — Arch. de la Somme; chapitre d'Amiens.

Écu portant dix losanges, 3, 3, 3 et 1, au lambel de trois pendants. — Légende fruste.

Dénombrement d'un fief noble à Vauvillers. — 9 septembre 1543.

BOURGEOIS DE SAINT-QUENTIN.

789   CAVECH (WERMOND DU).

1284.

Sceau rond, de 25 mill. — Arch. de l'Aisne; abbaye de Saint-Vincent.

Écu chevronné de huit pièces, au lambel de trois pendants.

✱ S' WERMONS DV CAVERE

(Seel Wermons du Caveka.)

Acquisition d'une terre à Renansart. — Février 1284.

CORPORATIONS, MÉTIERS ET PROFESSIONS.

790   LUCE LE BARBIER.

XIIIᵉ siècle.

Sceau rond, de 25 mill. — Musée d'Amiens.

Dans le champ : une fleur de lys fleuronnée.

✱ S' LVCE LE BARBIER

(Seel Luce le Barbier.)

Matrice originale.

791   BOURÉE (QUENTIN),

Charpentier maître assermenté de la ville de Laon. — 1407.

Sceau rond, de 24 mill. — Arch. communales de Laon.

Dans le champ : le buste de saint Quentin de face, nimbé, un clou planté dans chaque épaule.

. . . . . euf . . . . . ee

(Seel Quentin Bourée.)

Quittance de gages pour avoir toisé et reçu des ouvrages exécutés au compte de la ville. — 30 octobre 1407.

792   MONTIGNY (GILLES DE),

Gouverneur de l'horloge de la porte Mortel à Laon. — 1412.

Sceau rond, de 17 mill. — Arch. communales de Laon.

Dans le champ : une harpe.

S · DE MONTIGNI ·

(Seel de Montigni.)

Quittance de gages. — 1412.

793   CARLIQUANT (JEAN),

Maçon maître assermenté de la ville de Laon. — 1407.

Sceau rond, de 24 mill. — Arch. communales de Laon.

Écu portant trois objets du métier? supporté par deux hommes assis sur une muraille, et surmonté d'un buste de face.

Seel : teba . . arliquant ·

(Seel Jehan Carliquant.)

Voyez le n° 791.

794   FEUQUIÈRES (PIERRE DE),

✱ Maçon du roi. — XVᵉ siècle.

Sceau rond, de 30 mill. — Communiqué par M. Delaberche, à Beauvais.

Écu portant un marteau de maçon couronné, parti de trois roses.

S : pierre : de : feuquieres :

(Seel Pierre de Feuquières.)

Matrice originale.

795   PIERRE LE MAÇON

De Chaumont. — 1239.

Sceau rond, de 28 mill. — Arch. de l'Oise; abbaye de Gomerfontaine.

Dans le champ : un marteau.

✱ SIGILL · PETRI · LE · MAÇON

(Sigillum Petri le Maçon.)

Vente de terres à Jaméricourt. — 6 novembre 1239.

796   LES PERRUQUIERS DE CHAUNY.

XVIIIᵉ siècle.

Sceau ovale, de 38 mill. — Arch. communales de Chauny.

Un roi debout, couronné, tenant d'une main le sceptre, et de l'autre le bâton de justice.

COM. DES M. PERRUQUIERS DE CHAUNY

Matrice originale.

VIII° SÉRIE. — COURS ET TRIBUNAUX.

COURS PROVINCIALES.

797   CLERMONT EN BEAUVOISIS
(COMTÉ DE).

Sceau aux causes. — 1363.

Sceau rond, de 38 mill. — Arch. de l'Oise; abbaye de Froidmont.

Écu semé de France, au bâton en bande brochant, supporté par deux chimères, surmonté d'un château à trois tours.

..........CLARIMONTIS :

(........... Clarimontis.)

Certificat d'authenticité, donné au sceau de Guillaume de Cramoisy. — 5 octobre 1363.

798   PONTHIEU (COMTÉ DE).

1385.

Sceau rond, de 45 mill. — Arch. de la Somme; abbaye du Gard.

Écu semé de France, parti de trois bandes à la bordure, soutenu par un ange.

..........LA : CON.......

(.............. la conté ....)

CONTRE-SCEAU : Écu semé de France, parti de trois bandes à la bordure.

✻ CONTRE S DES LRES DE BAILLIE

(Contre seel des lettres de baillie.)

Bail d'un ténement à Abbeville.— 23 novembre 1385.

LES GENS DU CONSEIL DU DUC DE BOURGOGNE A GAND.

799   AUBEAUX (EULARD DES),

Conseiller du duc de Bourgogne. — 1407.

Sceau rond, de 22 mill. — Arch. de la Somme; abbaye de Corbie.

Écu au chevron, la pointe chargée d'un écusson, brisé d'un lambel de trois pendants, supporté par deux griffons.

enlart ...... effes ?

(Eulart de Hingettes.)

L'abbaye de Corbie est maintenue dans la jouissance de la moitié du bois de Houtulst près Ypres. — Gand, 31 mai 1407.

800   CANDON (PIERRE DE),

Conseiller du duc de Bourgogne. — 1407.

Sceau rond, de 23 mill. — Arch. de la Somme; abbaye de Corbie.

Écu chargé d'une anille ou fer de moulin, penché et timbré d'un heaumé.

.....ETRI · DE CANDONA

(Sigillum Petri de Candone.)

Voyez le numéro précédent.

801   EESSINES (MONTFERRANT DE),

Conseiller du duc de Bourgogne. — 1407.

Sceau rond, de 31 mill. — Arch. de la Somme; abbaye de Corbie.

Dans un cadre ovale, à bords entrelacés, et renfermant un M de chaque côté : un écu au chevron, timbré d'un heaume, cimé d'une tête d'aigle.

s · monfrant · van · eeffine · rudbre

(Siegel Monfrant van Eessine, ruddre.)

Voyez le n° 799.

802   FROMELLES (SIMON DE),

Conseiller du duc de Bourgogne. — 1432.

Sceau rond, de 20 mill. — Arch. de la Somme; abbaye de Corbie.

Écu à la bordure denchée, au chef échiqueté, soutenu par un ange.

s' fimouis ꝃ fourmellis

(Sigillum Simonis de Fourmellis.)

L'abbaye de Corbie est maintenue dans ses droits, revenus et justice des terres et bois de Houtulst. — 10 mai 1432.

803   FRANÇOIS DE ..... ?

Conseiller du duc de Bourgogne. — 1432.

Sceau rond, de 23 mill. — Arch. de la Somme; abbaye de Corbie.

Écu à la fasce vivrée, accompagnée de trois étoiles, deux en chef et une en pointe, soutenu par un ange.

.. francifci de ....

(Sigillum Francisci de ....)

Voyez le numéro précédent.

BAILLIAGES ET SÉNÉCHAUSSÉES.

804   AMIENS (BAILLIAGE D').

1310.

Sceau rond, de 42 mill. — Arch. de la Somme; abbaye du Gard.

Écu portant trois fleurs de lys accompagnées de six roses en orle.

�֎ ⁘ SIGILÐ ..LLIVIƧ · AMB'

(Sigillum ballivie Ambianensis.)

Contre-sceau : Dans le champ : une fleur de lys accompagnée de quatre points.

�֎ SIꝹNVM · BꝹLLIVIƧ

(Signum ballivie.)

Abandon de droits sur une terre au Val-Heureux. — 25 mars 1310.

805   AMIENS (BAILLIAGE D').

1329.

Sceau rond, de 44 mill. — Arch. de la Somme; chapitre d'Amiens.

Écu de France, accompagné de six roses séparées l'une de l'autre par un point. — Légende détruite.

Contre-sceau : Dans le champ : une fleur de lys accompagnée de quatre points.

✖ SIꝹRVM · BꝹLLIVIƧ

(Signum ballivie.)

Procès-verbal de renouvellement de sceau : « fut apporté par devant « nous, en jugement, par le bailli du chapitre d'Amiens, le sceau dont « ces présentes lettres sont scellées, et a été le vieux sceau froissé et « rompu en nostre présence. » — 21 juillet 1329.

806   AMIENS (BAILLIAGE D').

1430.

Sceau rond, de 30 mill. — Arch. de la Somme; chapitre d'Amiens.

Dans un encadrement gothique en losange : l'écu de France, surmonté du soleil et de la lune, accompagné de quatre branchages. — Légende détruite.

Contre-sceau : Dans le champ : une fleur de lys accompagnée du soleil et de la lune.

sigillum baillivie

(Sigillum baillivie.)

Adjudication de la terre de Renencourt. — 19 septembre 1430.

807   AMIENS (BAILLIAGE D').

1434.

Sceau rond, de 65 mill. — Arch. de la Somme; chapitre d'Amiens.

Dans un cadre gothique en losange : l'écu de France,

surmonté d'une couronne et supporté par deux anges, accompagné d'un croissant, d'une croix et d'un trèfle, entouré d'un cordon de roses en dehors du cadre. — Légende détruite.

Contre-sceau : Dans un encadrement semblable à celui de la face : l'écu de France, accompagné d'un soleil et d'un croissant.

contra : sigillum : baillivie : ambianen :

(Contra sigillum baillivie Ambianensis.)

Sentence au sujet des conditions d'une fondation d'obit. — 18 janvier 1434.

808   AMIENS (BAILLIAGE D').

1449.

Sceau rond, de 65 mill. — Arch. de la Somme; abbaye de Corbie.

L'écu de France couronné, accolé à l'écu de Bourgogne de la deuxième race, les deux soutenus par un ange.

. . . . . . baillivie ambiane. . . .

(. . . . . baillivie Ambianensis.)

Contre-sceau : Même représentation qu'à la face.

contrasigillum baillivie ambianen

(Contrasigillum baillivie Ambianensis.)

Sentence au sujet de rentes sur la terre d'Acheux et le travers de Forceville. — 26 mai 1449.

809   AMIENS (BAILLIAGE D').

1480.

Sceau rond, de 60 mill. — Arch. de la Somme; chapitre d'Amiens.

Dans un cadre gothique en losange et sur champ fretté : l'écu de France couronné, supporté par deux anges. — Légende détruite.

Contre-sceau : L'écu de France.

contra · sigillū · baillivie · ambian ·

(Contra sigillum baillivie Ambianensis.)

Ratification d'une sentence touchant la juridiction du cloître et la justice de la rivière. — 30 mai 1480.

810   AMIENS (BAILLIAGE D').

XVᵉ siècle.

Sceau rond, de 60 mill. — Musée d'Amiens.

Dans un cadre gothique en losange : l'écu de France couronné, accosté de deux fleurs de lys.

sigillum baillivie ambianenlis

(Sigillum baillivie Ambianensis.)

Contre-sceau : L'écu de France dans un encadrement gothique en losange.

s. bailliue ambianenfis

(Secretum baillivie Ambianensis.)

Sceau détaché.

---

811   AMIENS (BAILLIAGE D').

1548.

Contre-sceau rond, de 3o mill. — Arch. de la Somme ; chap. d'Amiens.

L'écu de France accompagné de trois fleurons feuillés.

contra · figillum · bailliue · ambian ·

(Contra sigillum baillivie Ambianensis.)

Sentence qui condamne les Augustins à payer au chapitre une redevance sur leur couvent d'Amiens. — 19 avril 1543.

---

812   BEAUVAIS (BAILLIAGE DE).

1463.

Sceau rond, de 33 mill. — Hospice de Beauvais, 5.

Dans un encadrement à quatre lobes : un écu à la croix cantonnée de quatre clefs, accosté de deux fleurs de lys et surmonté d'une crosse. — Légende détruite.

CONTRE-SCEAU : Même représentation.

. . . . ra s · bailliue belvacenfis

(Contra sigillum baillivie Belvacensis.)

Adjudication d'une maison dans la rue du Cheval-qui-Tourne. — 25 avril 1463.

---

813   BOVES (BAILLIAGE DE).

1385.

Sceau rond, de 5o mill. — Arch. de la Somme; abbaye de Saint-Fuscien.

Dans une rose gothique : un écu à la bande chargée de trois aiglettes, accompagnée en chef d'un écusson à la bande coticée.

✷ SEEL × . . LE × BHILLIE × DE × BOVE ×

(Seel de le baillie de Bove.)

CONTRE-SCEAU : Même représentation.

✷ CONTRE · SEEL · DE · LE · BHILLIE · DE · BOVE ·

(Contre seel de le baillie de Bove.)

Réunion en un seul hommage de deux fiefs situés à Sains, Saint-Fuscien et Enguillaucourt. — 24 septembre 1385.

---

814   BOVES (BAILLIAGE DE).

1522.

Sceau rond, de 32 mill. — Arch. de la Somme; célestins d'Amiens.

Écu coupé, portant de Hongrie, Sicile, Jérusalem, Aragon, en chef et au lambel de trois pendants; soutenus d'Anjou et de Bar en pointe; et sur le tout de Lorraine;

cet écu accompagné en pointe d'un écusson à la bande coticée.

✷ seel · du · bailliage . . . . . . s 1514

(Seel du bailliage de Boves, 1514.)

CONTRE-SCEAU : Mêmes armes qu'à la face. — Sans légende.

Lettres de relief d'un fief situé à Sains. — 15 août 1522.

---

815   CHAUNY (BAILLIAGE DE).

1446.

Fragment de sceau rond, d'environ 45 mill. — Hôtel-Dieu de Chauny.

Un château crénelé, entouré d'une muraille. Entre les deux tours, l'écu de France, au lambel de trois pendants. — Légende détruite.

CONTRE-SCEAU : L'écu de France, au lambel de trois pendants.

contra sigillu bailliue de calniaco

(Contra sigillum baillivie de Calniaco.)

Lettres de relief. — 24 février 1446.

---

816   CLERMONT EN BEAUVOISIS

(BAILLIAGE DE).

1527.

Sceau rond, de 35 mill. — Arch. de l'Oise; abbaye de Froidmont.

Dans une rose gothique : l'écu semé de France, à la bande.

✤ : sigillum . ailliue . . arimontis

(Sigillum baillivie Clarimontis)

CONTRE-SCEAU : L'écu de France, à la bande.

✤ contra sigillum clarimontis

(Contra sigillum Clarimontis.)

Bail d'un jardin à Fay-sous-Bois. — 1527.

---

817   CLERMONT EN BEAUVOISIS

(BAILLIAGE DE).

XVIe siècle.

Sceau rond, de 35 mill. — Arch. de l'Oise; abbaye de Froidmont?

Dans une rose gothique : l'écu semé de France.

SIGILLVM BH . . . . IMONTI.

(Sigillum baillivie Clarimontis.)

CONTRE-SCEAU : L'écu de France. — Légende détruite; on doit y lire contra sigillum Clarimontis.

Sceau détaché.

818 COUCY (BAILLIAGE DE).

1451.

Sceau rond, de 35 mill. — Saint-Ladre de Chauny.

Dans une enceinte murée, un château défendu par deux tours à plusieurs étages; au-dessus de la porte, l'écu de France, au lambel de trois pendants; un animal (un bœuf?) est engagé dans la porte.

Sigillum .... livie ....

(Sigillum baillivie........)

Contre-sceau : L'écu de France, au lambel de trois pendants.

Contra Sigillum Couciacy

(Contra sigillum Couciacy.)

Sentence confirmative d'un amortissement de terres à Sinceny. — Coucy, 9 février 1451.

819 NANCY (BAILLIAGE DE).

1783.

Cachet rond, de 21 mill. — Arch. de la Somme; évêché d'Amiens.

Écu d'or, à la bande de gueules chargée de trois alérions d'argent, couronné.

SCEL DU BAILLIAGE DE NANCY

Légalisation de signatures. — 26 septembre 1783.

820 NESLE (BAILLIAGE DE).

1421.

Contre-sceau rond, de 25 mill. — Arch. de l'Oise; chapitre de Noyon.

Dans une rosace : un écu au lion, à la bande brochant sur le tout.

✳ CONTRA S BAILL .... LLES..

(Contra sigillum baillivie Nigellensis?)

Lettres de récépissé d'un dénombrement. — 27 septembre 1421.

821 NESLE (BAILLIAGE DE).

1489.

Contre-sceau rond, de 25 mill. — Arch. de l'Oise; chapitre de Noyon.

Dans une rosace : un écu portant un lion, à la bande brochant.

✳ CONTRAS BALLIVIE CASTRI NIGELLESIS

(Contrasigillum ballivie castri Nigellensis.)

Hommage d'un fief à Buverchy. — 1489.

822 PICQUIGNY (BAILLIAGE DE).

1381.

Sceau rond, de 40 mill. — Arch. de la Somme; chapitre d'Amiens.

Dans un encadrement gothique en losange : un écu fascé de six pièces à la bordure, surmonté de la lettre M couronnée et accosté de deux écus au chef échiqueté, qui est Ailly; au-dessous des écus, deux branches de chêne.

✳ LE SEEL DE LA BAIL .... NOVEGNY

(Le seel de la baillie de Pinquegny.)

Contre-sceau : L'écu d'Ailly parti de Picquigny, surmonté d'un M couronné.

CT' S' D LA BAILLIE D' PIRO'GNI

(Contre seel de la baillie de Pinquegni.)

Vente du fief de la Motte-Rivery. — 10 septembre 1381.

823 PICQUIGNY (BAILLIAGE DE).

1443.

Sceau rond, de 40 mill. — Arch. de la Somme; abbaye de Corbie.

Dans un cadre gothique en losange : l'écu d'Ailly, surmonté d'une tête d'ours muselé, accosté à dextre de l'écu de Picquigny, et à sénestre d'un écu à la croix engrêlée.

.. Ceel .... pinquegny

(Le seel de la baillie de Pinquegny.)

Contre-sceau : L'écu d'Ailly, surmonté d'une tête d'ours muselé.

cont s de la baillie de pinquegny

(Contre seel de la baillie de Pinquegny.)

Vente du fief noble de Guisy. — 7 décembre 1443.

824 POIX (BAILLIAGE DE).

1468.

Sceau rond, de 38 mill. — Arch. de la Somme; chapitre d'Amiens.

Écu semé de France, portant un lion naissant en abîme, brisé d'un lambel de trois pendants, soutenu par un ange.

s ..... bailliage .. pois

(Seel du bailliage de Pois.)

Contre-sceau : Écu à la bande accompagnée de six croix recroisettées mises en orle.

contre · Ceel : du : bailliage : de : pois

(Contre seel du bailliage de Pois.)

Lettres de relief de la seigneurie de Renencourt. — 26 avril 1468.

825 PONTHIEU (SÉNÉCHAUSSÉE DE).

1578.

Sceau rond, de 38 mill. — Arch. de la Somme; chapitre d'Amiens.

Écu portant trois bandes et soutenu par un ange. — Légende effacée.

12

Contre-sceau : L'écu de France. — Sans légende.

Exemption de service et contribution de han et arrière-ban accordée au chapitre d'Amiens pour la terre de Bellancourt. — 4 août 1578.

826   RAINEVAL (BAILLIAGE DE).
1438.

Sceau rond, de 3o mill. — Arch. de la Somme; chapitre d'Amiens.

Écu au chef échiqueté, parti d'une croix chargée de cinq coquilles, surmonté d'un cheval.

Seel aux canfes du bailliage de raimenal

(Seel aux causes du bailliage de Raineval.)

Sentence au sujet d'une rente. — 5 novembre 1438.

827   TERNOIS (SÉNÉCHAUSSÉE DE).
1318.

Sceau rond, de 46 mill. — Arch. de la Somme; abbaye du Gard.

Écu à trois pals de vair sous un chef chargé d'un lambel de cinq pendants, dans une rose gothique.

✳ S' SENESCHLLIE · T.......... TIS ⊰ S.....

(Sigillum senescallie T........ comitis sancti Pauli?)

Vente de divers cens à Doullens. — 20 septembre 1318.

828   VERMANDOIS A CHAUNY
(BAILLIAGE DE).
1467.

Sceau rond, de 48 mill. — Arch. communales de Chauny.

Dans une rosace à compartiments ornés chacun d'une fleur de lys : l'écu de France à six fleurs de lys, 3, 2 et 1.

..BALLIVIE VIROMEN APVD CALNIAT..
..NSTITV.

(Sigillum ballivie Viromendensis apud Calniatum constitutum.)

Contre-sceau : Dans le champ : une fleur de lys accompagnée de quatre autres fleurs de lys plus petites.

✳ 9TS' BAEEIE VIROM APD' CALNIATV̄

(Contrasigillum ballivie Viromendensis apud Calniatum.)

Certificat d'authenticité de sceaux. — 6 janvier 1467.

829   VERMANDOIS A MONTDIDIER
(BAILLIAGE DE).
1315.

Sceau rond, de 45 mill. — Arch. de l'Oise; abbaye de Saint-Martin-au-Bois.

Dans une rosace gothique ; l'écu de France.

✳ S' BALLIVIE VIROMEN APVD...... ... IN COSTITVTVM

(Sigillum ballivie Viromendensis apud Montem Desiderii constitutum.)

Contre-sceau : L'écu de France.

✳ ·9TS' · BAEEIE · VIROM̄ · APD' MŌTē · DESID'

(Contrasigillum ballivie Viromendensis apud Montem Desiderii.)

Bail d'une maison et d'une vigne à Saint-Martin-au-Bois. — Janvier 1315.

PRÉVÔTÉS.

830   AMIENS (PRÉVÔTÉ D').
1416.

Sceau rond, de 43 mill. — Arch. de la Somme; chapitre d'Amiens.

Dans un encadrement gothique en losange : une fleur de lys accostée au pied de deux points.

✳ S'. BAILLIUIE : AMBIANEN̄ : IN : PREPOSITURA : AMBIANEN̄

(Sigillum baillivie Ambianensis in prepositura Ambianensi.)

Contre-sceau : Même représentation qu'à la face.

✳ 9TRA S PREPOSITURE AMBIANEN̄

(Contra sigillum prepositure Ambianensis.)

Acquisition de fief. — 9 novembre 1416.

831   AMIENS (PRÉVÔTÉ D').
1450.

Sceau rond, de 43 mill. — Arch. de la Somme; abbaye de Corbie.

Dans un encadrement gothique en losange : une fleur de lys.

✳ S baillivie ambianen....... ra ambianensis

(Sigillum baillivie Ambianensis in prepositura Ambianensis.)

Contre-sceau : Même représentation qu'à la face.

✳ contra s prepofiture ambianensis

(Contra sigillum prepositure Ambianensis.)

Acquisition d'un fief à Guisy-les-Ormeaux. — 29 octobre 1450.

832   ANGY (PRÉVÔTÉ D').
1459.

Sceau rond, de 45 mill. — Arch. de l'Oise; abbaye de Saint-Quentin.

L'écu de France en losange portant en cœur la lettre A surmontée d'une couronne, accompagné de quatre étoiles dans le champ. — Légende détruite.

Contre-sceau : Dans un champ quadrilobé : les trois fleurs de lys de France et entre elles un A couronné.

✳ 9TRA · SIG · PPOSITē ĀGIADI

(Contra sigillum prepositure Angiaci.)

Bail d'une mesure à Saint-Quentin. — 29 août 1459.

833 FOUILLOY (PRÉVÔTÉ DE).

1350.

Sceau rond, de 35 mill. — Arch. de la Somme; abbaye de Corbie.

Dans une rosace : une fleur de lys fleuronnée, accompagnée à son pied de deux feuilles de trèfle.

.... ꜼMBI.ꞃeꞃ̃ .. PREPOSITURꞹ : De :
FOULL....

(Sigillum baillivie Ambianensis in prepositura de Foullyaco.)

Contre-sceau : Même représentation qu'à la face.

✵ ꝺTRꞹ : S′. PREPOSITURe : De :
FOULLYꞹꝺO

(Contra sigillum prepositure de Foullyaco.)

Vente des moulins de Sailly. — 19 février 1350.

834 MILLY (PRÉVÔTÉ DE).

XVIᵉ siècle.

Sceau rond, de 32 mill. — Communiqué par M. Mathon, à Beauvais.

L'écu de France couronné.

S · roial · de · la · prevoste de milly

(Seel roial de la prévosté de Milly.)

Matrice originale.

835 SENLIS (PRÉVÔTÉ DE).

1336.

Sceau rond, de 22 mill. — Arch. de l'Oise; abbaye de Chaalis.

Dans le champ : une fleur de lys accompagnée des lettres S — Iꞁ — V — Ꞷ (Silvanectum).

✵ SIꝺRVM · PPOSITI · SILVA..

(Signum prepositi Silvanectensis.)

Contre-sceau : Dans un cadre gothique : la lettre S surmontée d'une fleur de lys et soutenue par une autre. — Sans légende.

Acquisition d'un pré à Marchémoret. — 21 mars 1336.

836 SENLIS (PRÉVÔTÉ DE).

1433.

Sceau rond, de 20 mill. — Arch. de l'Oise; abbaye de Chaalis.

Dans un quadrilobe : l'écu de France surmonté de la lettre S et accosté de deux petites branches.

✵ le seel aux actes de Senlis

(Le seel aux actes de Senlis.)

Certificat d'authenticité donné à un acte dont le sceau a été détruit. — Samedi 3 octobre 1433.

VICOMTÉS.

837 ÉVREUX (VICOMTÉ D′).

1273.

Sceau rond, de 33 mill. — Arch. de l'Oise; abbaye de Froidmont.

Dans le champ : quatre fleurs de lys.

✵ S′. VIꝺeꝺOMITꞹTVS : eBROIꝺeꞀSIS

(Sigillum vicecomitatus Ebroicensis.)

Échange de terres à Bernes près Beaumont. — Février 1273.

838 GAILLEFONTAINE (VICOMTÉ DE).

XVIᵉ siècle.

Sceau rond, de 45 mill. — Communiqué par M. Mathon, à Beauvais.

L'écu de France au bâton en bande, brisé d'un lambel de trois pendants, couronné et accosté de deux marguerites.

✵ Le grant : seel : aux : caufes : de : la vicote :
de gaillefontaines

(Le grant seel aux causes de la viconté de Gaillefontaines.)

Contre-sceau. L'écu de France au bâton en bande, brisé d'un lambel de trois pendants, couronné.

P : s : de la vicomte de gaillefontaines

(Petit seel de la viconté de Gaillefontaines.)

Matrice originale.

839 LILLEBONNE (VICOMTÉ DE).

XVIIᵉ siècle.

Sceau rond, de 27 mill. — Communiqué par M. Mallet, à Amiens.

Écu couronné, coupé de 1, parti de 3, formant ainsi les huit quartiers de la maison de Lorraine : Hongrie, Naples, Jérusalem, Aragon, au lambel de trois pendants, soutenus d'Anjou, Gueldre, Juliers et Bar, et sur le tout de Lorraine.

GRAND · SEAV · DE · LA VICONTE ·
DE LISLEBONNE

Matrice originale.

CHÂTELLENIE.

840 AILLY-SUR-NOIE (CHÂTELLENIE D′).

XVIᵉ siècle.

Sceau rond, de 36 mill. — Musée d'Amiens.

Écu portant un lion couronné à queue fourchée, surmonté d'une branche.

12.

✱ s · ꝺe la · chaſtelleuïe · ꝺallp · ſur noïe

(Seel de la chastellenie d'Ally sur Noie.)

Sceau détaché.

TABELLIONAGE.

———

841   FONTENOY-LE-CHÂTEAU

(TABELLIONAGE DE).

xvi° siècle.

Sceau rond, de 42 mill. — Communiqué par M. Mallet, à Amiens.

Écu écartelé d'une bande et d'une aigle, au lambel de trois pendants sur le tout.

⁘ ſel : ꝺu : tabellíonne ꝺe : foutenop ⁘ le ⁘ chaſtel :

(Sel du tabellionné de Fontenoy le Chastel.)

Surmoulage.

SEIGNEURIES, TERRES ET BARONNIES.

842   CHÂTEAUNEUF (BARONNIE DE).

xv° siècle.

Sceau rond, de 45 mill. — Arch. de l'Oise.

Écu écartelé : au 1 et 4, une fasce; au 2 et 3, un échiqueté à deux poissons en bande.

ſeel : aux : ſautauce : ꝺe : la : baronníe : ꝺe : chaſtelneſ

(Seel aux sentance de la baronnie de Chastelneuf.)

CONTRE-SCEAU : Même représentation qu'à la face.

s : aux : cauſes : ꝺu baïll : ꝺe : la : baröuïe ꝺe : chaſtelneuſ :

(Seel aux causes du bailliage de la baronnie de Chastelneuf.)

Matrice originale.

843   COUCY (BARONNIE DE).

1367.

Sceau rond, de 40 mill. — Arch. de l'Aisne; abbaye de Prémontré.

Écu fascé de vair et de (gueules) de six pièces. — Légende détruite.

CONTRE-SCEAU : L'écu de la face.

✱ ꝰTRꝰ S Dꝰ LA B Dꝰ ꝯOVꝯꝝ

(Contre seel de la baronnie de Coucy.)

Acquisition d'une maison à Coucy-le-Château. — 22 mars 1367.

———

844   DOLE

(JURIDICTION DE LA FORÊT DE).

xiv° siècle.

Sceau rond, de 32 mill. — Communiqué par M. Matton, archiviste de l'Aisne.

Écu échiqueté, à la bordure, surmonté d'une tour et accosté de deux arbres.

SꝰꝰL Dꝰ LA IVRIDIꝯIOꝉ Dꝰ LA FORꝰST Dꝰ DAVLꝰ.

(Seel de la juridicion de la forest de Daule.)

Matrice originale.

IX° SÉRIE. — OFFICES.

———

BAILLIS.

———

BAILLIS DE PROVINCES, VILLES ET CHÂTELLENIES.

BAILLI D'ABBEVILLE.

845   QUEUX (PHILIPPE DE).

1387.

Sceau rond, de 30 mill. — Arch. de la Somme; chapitre d'Amiens.

Écu portant six vases (six marmites?), posées 3, 2 et 1, penché, timbré d'un heaume cimé, supporté par deux anges; dans un quadrilobe.

. . . . .Dꝰ ꝯꝰꝰVX

(Seel Philippe de Queux.)

Acquisition de la ville et terre de Bellancourt. — 26 octobre 1387.

BAILLIS D'AMIENS.

———

846   MILLY (GEOFFROI DE),

Bailli d'Amiens. — 1288.

Sceau rond, de 41 mill. — Arch. de la Somme; abbaye du Gard.

Le bailli à cheval, coiffé d'un chapeau de fer, la lance en arrêt tenue des deux mains.

✳ S' GAVFRIDI .. MILLIAGO

(Sigillum Gaufridi de Millisco.)

Renonciation à des droits sur les terres de Longueville. — Juillet 1238.

847   THIBOUT (GUILLAUME),

Bailli d'Amiens. — 1304.

Sceau rond, de 24 mill. — Arch. de la Somme; chapitre d'Amiens.

Dans une rosace en étoile : un écu à la bande chargée de trois annelets, accompagnée de trois croissants, un en chef et deux en pointe.

✳ ....GVILLIAVME ..BOV.

(.......... Guilliaume Tibout.)

Accord au sujet d'un puits situé devant l'église de Notre-Dame. — 11 février 1304.

848   YPRES (HONORÉ D'),

Lieutenant du gouverneur du bailliage d'Amiens. — 1371.

Sceau rond, de 22 mill. — Arch. de la Somme; Saint-Jean d'Amiens.

Dans un quadrilobe : écu portant trois lions au franc canton, penché, timbré d'un heaume cimé d'une touffe, supporté par deux lions.

S'. HONNARE DIPRA

(Seel Honnoré d'Ipre.)

Sentence au sujet de droits de justice à Marchel. — 14 mars 1371.

849   ENVERMEU (JACQUES D'),

Lieutenant du bailli d'Amiens. — 1398.

Sceau rond, de 24 mill. — Arch. de la Somme; chapitre d'Amiens.

Écu à trois ramures de cerf, penché, timbré d'un heaume cimé, supporté par deux lions.

..I · DEMBREMEV

(Seel Jaque d'Embremeu.)

Sentence au sujet de cens. — 10 septembre 1398.

850   BEAUVOIR (JACQUES DE),

Lieutenant du bailli d'Amiens. — 1418.

Sceau rond, de 25 mill. — Arch. de la Somme; chapitre d'Amiens.

Écu portant trois fleurs de lys au pied nourri, penché, timbré d'un heaume cimé d'une tête de chèvre, supporté par deux hommes sauvages.

iaque ꝺe beauvoir

(Jaque de Beauvoir.)

Acquisition d'un manoir à Vaux-en-Amiénois. — 12 mai 1418.

851   MONT (JEAN DU),

Lieutenant du bailli d'Amiens. — 1418.

Sceau rond, de 25 mill. — Arch. de la Somme; chapitre d'Amiens.

Dans un trilobe : écu écartelé : au 1 et 4, un chevron accompagné de trois étoiles; au 2 et 3, une aigle éployée. — Légende détruite.

Reconnaissance de cens dus sur la maison du Blanc-Lévrier au quai d'Amiens. — 16 juillet 1418.

852   ORFÉVRE (JEAN L'),

Lieutenant du bailli d'Amiens. — 1438.

Sceau rond, de 26 mill. — Arch. de la Somme; chapelains d'Amiens.

Écu à la bande chargée de trois têtes de lion et accompagnée d'une tête de lion en chef, penché, timbré d'un heaume, supporté par deux lions.

s · iehan..........

(Seel Jehan..........)

Prise de possession d'une maison. — 25 août 1438.

853   BÉRY (GUILLAUME DE),

Lieutenant du bailli d'Amiens. — 1441.

Sceau rond, de 27 mill. — Arch. de la Somme; célestins d'Amiens.

Fragment d'écu paraissant porter cinq demi-losanges en fasce accompagnées de deux têtes de chien accolées en chef, penché, timbré d'un heaume cimé d'un chien assis accolé, supporté par deux lions.

s : guillame : ꝺe : bery :

(Seel Guillame de Béry.)

Legs en faveur des Célestins. — 24 février 1441.

854   DANQUASNES? (LIÉNARD),

Sire de Sapignies, lieutenant général du bailli d'Amiens. — 1441.

Sceau rond, de 28 mill. — Arch. de la Somme; chapitre d'Amiens.

Écu au chevron chargé à sa pointe d'un croissant et accompagné de trois besants? penché, timbré d'un heaume à lambrequins cimé.

seel : lienarꝺ : danquasnes

(Seel Liénard Danquasnes.)

Accord entre le chapitre et «Bernart Nyvart, maistre en médecine, «demeurant à Amiens,» au sujet d'une dîme de vin à Longueau. — 17 juin 1441.

855   ROUVREL (JEAN DE),

Écuyer, lieutenant général du bailli d'Amiens. — 1446.

Sceau rond, de 27 mill. — Arch. de la Somme; abbaye de Corbie.

Fragment d'écu paraissant porter un fascé de huit pièces à la bande brochant, penché, timbré d'un heaume cimé, supporté par deux lions.

...iehan ꝺe rouue...

(Seel Johan de Rouverel.)

Exemption de droits de travers à Boves, accordée au prieuré de Saint-Nicolas-de-Rigny. — 15 décembre 1446.

856   COURCELLES (HUGUES DE),

Lieutenant général du bailli d'Amiens. — 1451.

Sceau rond, de 32 mill. — Arch. de la Somme; Saint-Jean d'Amiens.

Écu écartelé : au 1 et 4, trois roues? au 2 et 3, une abeille ou un papillon; penché, timbré d'un heaume cimé d'un buste de femme, supporté à sénestre par un lévrier . . . .

. . . . e de courche. . . .

(Seel Hue de Courchelles.)

Accord au sujet de champarts à Olincourt. — 21 mars 1451.

---

857   COLMONT (JEAN DE),

Lieutenant du bailli d'Amiens. — 1460.

Sceau rond, de 23 mill. — Arch. de la Somme; abbaye du Gard.

Écu à la fasce accompagnée de trois tourteaux, penché, timbré d'un heaume cimé, supporté par deux lévriers.

jehan de colemont

(Jehan de Colemont.)

Sentence confirmative de droits sur six maisons à Amiens. — 16 février 1460.

---

858   QUEULLU (JEAN),

Lieutenant du bailli d'Amiens. — 1462.

Sceau rond, de 22 mill. — Arch. de la Somme; Saint-Jean d'Amiens.

Écu portant trois cœurs, penché, timbré d'un heaume cimé d'une tête de lion, supporté par deux oiseaux.

s : jehan queullu

(Seel Johan Queullu.)

Renonciation par l'abbaye de Corbie à l'appel d'une sentence. — 23 juin 1462.

---

859   VINAGE (JACQUES DU),

Lieutenant général du bailli d'Amiens. — 1463.

Sceau rond, de 28 mill. — Arch. de la Somme; chapitre d'Amiens.

Écu écartelé : au 1 et 4, trois molettes; au 2 et 3, une croix; sur le tout, un écu à la bande portant un écusson en abîme; penché, timbré d'un heaume cimé, supporté par . . . .

s jaques du vin. . .

(Seel Jaques du Vinage.)

Prise de possession du moulin Baudry. — 26 décembre 1463.

---

860   SOUICH (JEAN DU),

Seigneur du Quesnel et de Saint-Marc en Santerre, écuyer, lieutenant du bailli d'Amiens. — 1474.

Sceau rond, de 30 mill. — Arch. de la Somme; abbaye de Corbie.

Écu écartelé: au 1 et 4, trois aiglettes; au 2 et 3, un

bandé de quatre pièces; penché, timbré d'un heaume cimé et supporté par deux chiens.

s jehan. . . . : . . .

(Seel Jehan . . . .)

Sentence en faveur des habitants de Naours que le seigneur de Canaples voulait contraindre à venir moudre à son moulin banal. — 17 novembre 1474.

---

861   RENDU (NICOLAS LE),

Écuyer, lieutenant général du bailli d'Amiens. — 1499.

Sceau rond, de 30 mill. — Arch. de la Somme; abbaye de Saint-Fuscien.

Écu au chevron accompagné de . . . . . , penché, timbré d'un heaume à lambrequins cimé.

seel nicolas le rendu

(Seel Nicolas le Rendu.)

Accord entre le curé de Saint-Martin et le prieur de Molliens au sujet des oblations. — 23 avril 1499.

---

862   FOUACHE (MELCHIOR),

Seigneur de Boche, écuyer, garde des sceaux du bailliage d'Amiens. — 1631.

Cachet ovale, de 22 mill. — Arch. de la Somme; chapitre d'Amiens.

Écu au lion. — Sans légende.

Présentation à une chapelle d'Amiens. — 17 avril 1631.

BAILLIS DE BEAUVAIS.

---

863   COQ (FRÉMIN LE),

Bailli de Beauvais. — 1290.

Sceau rond, de 22 mill. — Hospice de Beauvais, 57.

Dans le champ : un coq.

✳ S' FREMIN LE COQ

(Seel Fremin le Coc.)

Transaction au sujet d'une vigne hors la porte de Bresles. — 6 novembre 1290.

---

864   AVESNES (JEAN D'),

Seigneur de l'Épine, huissier d'armes du roi, garde du bailliage de Beauvais. 1414.

Sceau rond, de 22 mill. — Hospice de Beauvais, 56.

Écu à trois fasces chargées de . . . . . , penché, timbré d'un heaume cimé d'un chien assis.

jehan da. . . . .

(Jehan d'Avesnes.)

Accord entre l'évêque de Beauvais et les abbayes de son diocèse. — 6 mars 1414.

865 GODART (COLART),

Écuyer, bailli de Beauvais et de Gerberoy. — 1421.

Sceau rond, de 24 mill. — Hospice de Beauvais, 57.

Écu portant un oiseau accompagné en chef et à sénestre d'une croix de Lorraine, penché, timbré d'un heaume supporté par un griffon à dextre et par un lion à sénestre. — Légende détruite.

Renvoi, devant la juridiction de Saint-Ladre, d'un berger qui avait blessé un homme. — 14 mai 1421.

866 FARDEAU (GUILLAUME),

Écuyer, lieutenant général du bailli de Beauvais. — 1450.

Sceau rond, de 22 mill. — Hospice de Beauvais, 14.

Écu portant un hérisson ou un porc-épic sous un chef chargé d'un objet en forme de rectangle alaisé; penché, timbré d'un heaume à volet et cimé.

Guillaume f . . . . au

(Guillaume Fardeau.)

Adjudication, par défaut de possesseur, d'une maison de la rue Sur-Merdas à Beauvais. — 16 avril 1450.

BAILLI DE NORMANDIE.

867 VIGNES (JEAN DES),

Bailli du roi en Normandie. — 1242.

Sceau rond, de 45 mill. — Arch. de l'Oise; abbaye de Froidmont.

Dans un champ semé de rinceaux de vigne? une fleur de lys.

✠ S IOḷA.NIS · DE · VINEIS

(Sigillum Johannis de Vineis.)

CONTRE-SCEAU : Des rinceaux dans le champ. — Légende fruste.

Sentence sur un différend entre l'évêque de Beauvais et diverses abbayes au sujet du forage des vins. — 15 février 1242.

BAILLI DE PÉRONNE.

868 HENNON (JEAN),

Écuyer, lieutenant du bailli de Péronne. — 1522.

Sceau rond, de 32 mill. — Arch. de la Somme; chapitre de Reims.

Écu au chevron chargé de . . . . . et accompagné de trois coquilles, penché, timbré d'un heaume à lambrequins.

Seel · Jeḥan . ḥennon

(Seel Jehan Hennon.)

Mainlevée de la saisie de la terre d'Ennemain. — 19 juillet 1522.

BAILLI DE PICQUIGNY.

869 LIGNIÈRES (COLART DE),

Lieutenant du bailli de Picquigny. — 1355.

Sceau rond, de 22 mill. — Arch. de la Somme; abbaye du Gard.

Écu à la bande chargée de trois coquilles.

✠ COḶARꙄ · DE ḶIꓵꓵ...ES

(Colart de Linnières.)

Acquisition de fiefs. — 29 mai 1355.

SÉNÉCHAUX DE PONTHIEU.

870 QUEUX (PHILIPPE DE),

Lieutenant du sénéchal de Ponthieu. — 1392.

Sceau rond, de 28 mill. — Hôpital de Beauvais, 3¹¹.

Dans un quadrilobe : un écu effacé, paraissant porter deux personnages adossés, penché, timbré d'un heaume cimé, supporté à sénestre par un homme sauvage. — Légende détruite.

Renonciation à des masures et à des tènements au profit de Jean le Bar, bourgeois d'Étaples. — Abbeville, 2 août 1392.

871 BOURNEL (GUILLAUME),

Écuyer, lieutenant général du sénéchal de Ponthieu. — 1459.

Sceau rond, de 33 mill. — Arch. de la Somme; abbaye de Corbie.

Écu portant un écusson en abîme accompagné de huit oiseaux rangés en orle, penché, timbré d'un heaume cimé d'un oiseau, supporté à dextre par un lion, à sénestre par un homme sauvage.

feel : guillame : bon . . . .

(Seel Guillame Bournel.)

Prise de possession de la terre de Maisnières. — 5 avril 1459.

BAILLI DU DUCHÉ DE VALOIS.

872 FRONCHINE (RAOUL),

Lieutenant, en la prévôté de Chauny, du bailli du duché de Valois. — 1409.

Sceau rond, de 22 mill. — Arch. communales de Chauny.

Écu au sautoir chargé de cinq besants? penché, timbré d'un heaume cimé d'une tête de cygne.

S · R · FRONꓵḥINE

(Seel Raoul Fronchine.)

Sentence au sujet de l'ordonnance des bouchers; les bêtes doivent être esgardées et marquées vives avant d'être amenées à la boucherie. — 28 août 1409.

SÉNÉCHAUX ET BAILLIS DE VERMANDOIS.

873 FONSOMMES (GILLES, SEIGNEUR DE),

Chevalier, sénéchal de Vermandois. — 1232.

Sceau rond, de 60 mill. — Arch. de l'Aisne; abbaye de Fervaques.

Écu au lion.

✳ S'.......ANDIᴇ DÑI Dᴇ FONSOVMᴇS

(Sigillum .... Viromandie, domini de Fonsoumes.)

Ratification de la vente de la dîme de Cépy. — Avril 1232.

874 VERDENCOURT (FAUVEL DE),

Bailli de Vermandois. — 1334.

Sceau rond, de 22 mill. — Arch. de l'Oise; trésorerie du chapitre de Noyon.

Dans un encadrement en losange : un écu semé de merlettes, au franc canton d'hermines chargé d'un écusson, soutenu par un lion et accosté de deux chimères.

S'. IᴇhAN FAVVᴇL Dᴇ WAD........

(Seel Jehan Fauvel de Wad.......)

Acquisition du fief de Ribecourt. — 9 mai 1334.

875 HAINAUT (DROUART DE),

Clerc, lieutenant du bailli de Vermandois. — 1382.

Sceau rond, de 20 mill. — Arch. de l'Aisne; abbaye de Saint-Vincent.

Dans un cadre gothique en étoile : un écu à quatre lions.

S' DROVART Lᴇ ᴄLᴇRᴄ

(Seel Drouart, le clerc.)

Commission donnée à un sergent pour le nantissement d'une rente. — 3 novembre 1382.

876 VIEULAINES (JACQUES DE),

Lieutenant du bailli de Vermandois. — 1390.

Sceau rond, de 24 mill. — Arch. de l'Aisne; abbaye de Saint-Vincent.

Écu au sautoir cantonné de trois tourteaux? et d'une coquille en pointe, soutenu par une aigle.

✳ ....ᴇS...IᴇVᴌᴀIᴎᴎᴇS

(Seel Jaques de Vieulainnes.)

Sentence au sujet d'un refus de payement. — 21 mai 1390.

877 COQUEL (JEAN),

Lieutenant du bailli de Vermandois. — 1404.

Sceau rond, de 20 mill. — Arch. de la Somme; célestins d'Amiens.

Écu portant trois coqs, penché, timbré d'un heaume cimé, supporté par deux hommes sauvages.

s ιᴇħᴀn ᴄᴏquᴇl

(Seel Jehan Coquel.)

Guérard d'Athies, archevêque de Besançon, donne aux Célestins la terre du Quesnoy. — 16 juillet 1404.

878 VAUXAILLON (ENGUERRAN DE),

Lieutenant du bailli de Vermandois. — 1410.

Sceau rond, de 20 mill. — Arch. communales de Laon.

Dans un entourage gothique carré : un écu portant un lion passant.

ᴇᴎᴏᴜᴇ.....ᴜᴀᴜSSᴀIᴌᴌᴏᴎ

(Engueran de Vauxaillon.)

Ordonnancement de la somme de 54 sols, destinée au payement d'un livre contenant les comptes de l'ordinaire de la ville. — 20 mars 1410.

879 FOURNET (RAOUL),

Lieutenant du bailli de Vermandois. — 1414.

Sceau rond, de 26 mill. — Arch. de l'Aisne; abbaye de Saint-Vincent.

Écu portant une gerbe accompagnée de deux étoiles en chef, au bâton brochant? supporté par deux hommes sauvages.

.....ul : fourⁿet

(Seel Raoul Fournet.)

Commission donnée à un sergent pour le nantissement de biens situés à Étouvelles. — Laon, 8 janvier 1414.

880 CLOZEL (ROBERT DU),

Lieutenant du bailli de Vermandois. — 1421.

Sceau rond, de 24 mill. — Arch. de l'Aisne; abbaye de Saint-Vincent.

Dans un encadrement trilobé : un écu à la bande chargée de ..... accompagnée de deux têtes de chien?

.....rt ᵭu cloʒel

(Seel Robert du Clozel.)

Sentence touchant les arrérages d'un cens aux Manoises. — 23 mai 1421.

881 BECQUET (SIMON),

Écuyer, lieutenant du bailli de Vermandois. — 1461.

Sceau rond, de 24 mill. — Arch. de l'Oise; trésorerie du chapitre de Noyon.

Écu fretté, brisé en chef d'une étoile, timbré d'un heaume et supporté par deux griffons. — Légende détruite.

Partage d'une vigne située aux Becquereaux. — 8 janvier 1461.

BAILLI DE VITRY.

882 LYONS (JEAN DE),

Lieutenant du bailli de Vitry en la châtellenie de Château-Thierry. — 1470.

Sceau rond, de 28 mill. — Arch. de l'Aisne; abbaye de Saint-Vincent.

Écu portant une tête de lion de face, timbré d'un

heaume cimé d'une tête de lion et supporté par deux lions.

.... de lyons

(Seel Jehan de Lyons.)

Acquisition de la cense de Lhuys. — 1er février 1470.

BAILLIS DE FIEFS OU DE SEIGNEURIES.

883   SAINT-AMAND (HUGUES DE),

Bailli de la seigneurie des Auteux. — 1421.

Sceau rond, de 22 mill. — Arch. de la Somme; abbaye du Gard.

Écu effacé, portant deux croissants en chef, penché, timbré d'un heaume cimé d'une tête d'homme de profil.

...hVG · D........

(Seel Hue de ....)

Reconnaissance des droits de l'abbaye du Gard sur la justice d'une maison à Longueville. — 24 février 1421.

884   VERMELLES (JEAN DE),

Lieutenant du bailli de Béthencourt. — 1492.

Sceau rond, de 25 mill. — Arch. de la Somme, chapelains d'Amiens.

Écu portant un lion à la bordure dentée, penché, timbré d'un heaume à lambrequins cimé d'une tête d'aigle.

iehan de vremelles

(Jehan de Vremelles.)

Prise de possession d'un fief à Béthencourt. — 5 mai 1492.

885   MOREL (PIERRE),

Bailli de Bougainville. — 1470.

Sceau rond, de 22 mill. — Arch. de l'Oise; abbaye de Saint-Martin-au-Bois.

Écu portant une hache accompagnée à sénestre et en chef d'une rose?

❋ : pierre morel

(Pierre Morel.)

Vente d'une terre. — 16 novembre 1470.

886   BUS (ENGUERRAN DU),

Lieutenant du bailli de Fay-sous-Bois. — 1500.

Sceau rond, de 25 mill. — Hôpital de Beauvais, 39^a.

Écu échiqueté sous un chef de vair? au lambel de trois pendants, penché et timbré d'un heaume.

... ugren ....

(Seel Engren du Bus.)

Acquisition d'un pré. — 9 janvier 1500.

887   ACHEUX (PIERRE D'),

Bailli de la terre de Fournival. — 1459.

Sceau rond, de 20 mill. — Arch. de la Somme; minimes d'Amiens.

Écu à la fasce accompagnée de trois merlettes, deux en chef et une en pointe, soutenu par un ange.

s : pierre dacheu

(Seel Pierre d'Acheu.)

Prise de possession de deux pièces de terre données par Robert Bourbon, seigneur de Fournival. — 18 octobre 1459.

888   BLANGY (JACQUES DE),

Lieutenant du bailli du fief de Jumelles. — 1519.

Sceau rond, de 24 mill. — Arch. de la Somme; chapelains d'Amiens.

Écu portant une croix au lambel de cinq pendants, penché, timbré d'un heaume cimé d'une tête d'homme.

s : iaque de . . angy

(Seel Jaque de Blangy.)

Amortissement d'une terre à Villers-Bocage. — 24 novembre 1519.

889   BUREAU (JACQUES),

Bailli de la terre de Maison-Ponthieu. — 1574.

Sceau rond, de 30 mill. — Arch. de la Somme; célestins d'Amiens.

Écu à la fasce, penché, timbré d'un heaume, supporté à dextre par un lion, à sénestre par un griffon.

❋ IEHAN BVRAVLT

Lettres de relief du fief de Surcamps. — 16 juillet 1574.

890   SAGE (SALOMON LE),

Élu de Péronne, Montdidier et Roye, bailli de la terre de Proyart. — 1554.

Sceau rond, de 28 mill. — Arch. de la Somme; célestins d'Amiens.

Écu au chevron accompagné de deux molettes en chef et de ..... en pointe, penché, timbré d'un heaume, supporté par deux hommes sauvages.

salomou · le · saige · esleu ·

(Salomon le Saige, esleu.)

Lettres de relief d'un fief à Proyart. — 4 janvier 1554.

891   CARDON (HENRI),

Bailli de Querrieux. — 1403.

Sceau rond, de 22 mill. — Arch. de la Somme; chapelains d'Amiens.

Écu au chevron accompagné de trois chardons, timbré d'un heaume cimé, supporté par deux griffons.

..GL hGRRI CHRDON

(Seel Henri Cardon.)

Prise de possession d'un fief situé à Querrieux. — 21 mars 1403.

892   NORMAND (SIMON LE),

Bailli de la seigneurie de Quierzy. — 1506.

Sceau rond, de 28 mill. — Arch. de l'Oise; trésorerie du chapitre de Noyon.

Écu à la croix cantonnée de . . . . ., penché, timbré
d'un heaume à lambrequins cimé.

simon le norment

(Simon le Normant.)

Acquisition d'un pré. — 29 décembre 1506.

893   HARLE (FERRI),

Procureur au bailliage d'Amiens, bailli de la seigneurie de Villers-Bocage. — 1520.

Sceau rond, de 25 mill. — Arch. de la Somme; chapelains d'Amiens.

Écu à la fasce accompagnée de trois quintefeuilles?
deux en chef et une en pointe, penché, timbré d'un
heaume cimé, supporté par deux lévriers.

. . . . . harle

(Ferry Harle.)

Acquisition de terre. — 5 juillet 1520.

PRÉVÔTS.

PRÉVÔT D'AMIENS.

894   THIBAUD.

xii° siècle.

Sceau ogival, de 60 mill. — Musée d'Amiens.

Une dame à longues tresses pendantes, vêtue d'une
robe flottante retenue par une ceinture, à cheval sur un
lion dont elle écarte les mâchoires.

**✳ SIGILL · THEOBALDI · AMBIAÑSIS ·
PPOSITI**

(Sigillum Theobaldi, Ambianensis prepositi.)

Sceau détaché.

PRÉVÔTS DE BEAUVOISIS.

895   CLERC (PIERRE LE),

Prévôt de Beauvoisis au siége d'Amiens. — 1426.

Sceau rond, de 24 mill. — Arch. de la Somme; Saint-Jean d'Amiens.

Écu portant une épée en pal sur un ✳, accompagnée
de deux étoiles en chef.

S · pierre . . . . .

(Seel Pierre . . . .)

Reconnaissance des droits de l'abbaye de Saint-Jean sur deux maisons.
— 8 novembre 1426.

896   CARDON (COLART),

Lieutenant du prévôt de Beauvoisis. — 1455.

Sceau rond, de 23 mill. — Arch. de la Somme; chapitre d'Amiens.

Écu au chevron accompagné de trois chardons, penché, timbré d'un heaume à lambrequins cimé.

seel colart cardon

(Seel Colart Cardon.)

Bornage des terres de Rumigny et de Taisnil. — 7 mai 1455.

897   CRÊTU (JEAN),

Lieutenant du prévôt de Beauvoisis. — 1472.

Sceau rond, de 25 mill. — Arch. de la Somme; chapitre d'Amiens.

Écu portant une coquille? en pointe et deux croissants
en chef, penché, timbré d'un heaume à lambrequins
cimé, supporté par deux lions. — Légende détruite.

Sentence qui défend d'enlever, dans les propriétés du chapitre à
Dury, des terres à l'usage du métier de foulon, etc. — 1er juin 1472.

PRÉVÔTS DE CHAUNY.

898   LAON (HUGUES DE),

Garde de la prévôté de Chauny. — 1303.

Sceau rond, de 23 mill. — Arch. de l'Oise; chapitre de Noyon.

Dans le champ : un cerf courant, atteint par un chien.

S HVG · PET . . DE · LOON

(Seel Hue Petit? de Loon.)

Ordre donné par le bailli de Vermandois de faire payer, par le chapitre de Noyon, l'amortissement de la terre de Sommette. — 19 octobre 1303.

899   TARGNY (BAUDOUIN),

Lieutenant du prévôt de Chauny. — 1454.

Sceau rond, de 20 mill. — Arch. communales de Chauny.

Écu au lion contourné, accosté de deux tours et accompagné d'une fleur de lys en pointe.

. . . . targny

(Bauduin Targny.)

Ordre de saisie pour le nantissement d'une rente due à l'Hôtel-Dieu
de Chauny. — 17 janvier 1454.

PRÉVÔT DE FOUILLOY.

900   CARON (JEAN LE).

1416.

Sceau rond, de 20 mill. — Arch. de la Somme; abbaye de Corbie.

Écu portant un massacre de cerf.

S . . han . . . aron

(Seel Jehan le Caron.)

Sentence qui maintient l'abbaye de Corbie dans la possession des marais de Parsonval près Blangy. — 17 mars 1416.

PRÉVÔT DE HERMES.

901 PIERRE.

1238.

Sceau rond, de 32 mill. — Arch. de l'Oise; abbaye de Froidmont.

Dans le champ : une fleur de lys fleuronnée.

✱ S'. P : PPOSITI DE HAROIS

(Sigillum Petri, prepositi de Harmis.)

Ratification d'une acquisition de terre. — Avril 1238.

PRÉVÔTS DE LA CITÉ DE LAON.

902 MOY (JEAN DE),

Seigneur de Quivières, écuyer, prévôt de la cité de Laon. — 1391.

Sceau rond, de 18 mill. — Arch. communales de Laon.

Écu fretté, au lambel de trois pendants.

SEEL IEHAN DE MOY

(Seel Jehan de Moy.)

Attestation de payement. — 17 septembre 1391.

903 CHEVALIER DU PONT (JEAN),

Lieutenant du prévôt de la cité de Laon. — 1391.

Sceau rond, de 20 mill. — Arch. communales de Laon.

Dans un encadrement gothique en losange : un écu portant trois hommes courbés en forme d'arche de pont, la tête entre les jambes.

S : IEHAN : CHEVALIER · TVMERI

(Seel Jehan Chevalier Tumeri.)

Attestation d'un payement d'ouvrages exécutés pour la ville. — 18 juin 1391.

904 STANCON (JACQUES),

Écuyer, prévôt de la cité de Laon. — 1394.

Signet rond, de 12 mill. — Arch. communales de Laon.

Écu à la bande.

✱ IAQVES SETANCON

(Jaques Setancon.)

Quittance des gages de Jean de Longueval, garde des clefs de la poterne le Prévôt. — 10 novembre 1394.

905 STANCON (JACQUES),

Écuyer, prévôt de la cité de Laon. — 1397.

Sceau rond, de 20 mill. — Arch. communales de Laon.

Écu à la bande, penché, timbré d'un heaume cimé d'une tête de loup?

S : IAQVES SETANCON

(Seel Jaques Setancon.)

Quittance des gages de deux boulangers qui avaient conduit des tonneaux d'eau à un incendie. — 7 novembre 1397.

906 ÉVÊQUE (JEAN L'),

Lieutenant du prévôt de la cité de Laon. — 1397.

Sceau rond, de 24 mill. — Arch. communales de Laon.

Dans un cadre trilobé : un écu parti au lion passant sur le tout, à la bordure dentée. — Légende détruite.

Quittance des gages du guetteur de nuit. — 30 juin 1397.

907 STANCON (JEAN),

Écuyer, lieutenant du prévôt de la cité de Laon. — 1402.

Sceau rond, de 25 mill. — Arch. communales de Laon.

Écu écartelé : au 1 et 4, une bande; au 2 et 3, deux chevrons? à côté l'un de l'autre.

✱ S · . . . AN STANCON

(Seel Jehan Stancon.)

Quittance des gages du guetteur de nuit de Vaux-sous-Laon. — 26 mars 1402.

908 BEAULNE (HUGUES DE),

Lieutenant du prévôt de la cité de Laon. — 1402.

Sceau rond, de 22 mill. — Arch. communales de Laon.

Écu à la croix chargée de cinq fleurs de lys, penché, timbré d'un heaume cimé d'une tête d'homme à barbe coiffé d'un bonnet, supporté par deux lions.

HUE DE BEAUNE

(Seel Hue de Beaune.)

Quittance des gages du garde des clefs de la porte Saint-Georges. — 15 avril 1402.

909 MAIREL (PHILIPPE),

Lieutenant particulier du prévôt de la cité de Laon. — 1517.

Sceau rond, de 24 mill. — Arch. communales de Laon.

Écu portant trois grappes de raisin.

Philipe Mairel

(Philipe Mairel.)

Sentence au sujet du surcens d'une maison à Laon. — 28 janvier 1517.

PRÉVÔT DE LUZARCHES.

910   F..... (GUI).

1440.

Sceau rond, de 20 mill. — Arch. de l'Oise; abbaye de Chaalis.

Dans le champ : les lettres **G F** surmontées d'une couronne.

✱ **GVI FREY** ....

(Gui Frey ....)

Vente à la criée. — 27 mars 1440.

PRÉVÔT DE MONTS.

911   JEAN.

1217.

Sceau rond, de 35 mill. — Arch. de l'Oise; abbaye de Prémontré.

Écu portant un écusson en abîme.

S' IOhANNIS ....OSITI DE M.......

(Sigillum Johannis, prepositi de Montibus.)

Cession de droits à Bonneuil et à Golancourt. — 1217.

PRÉVÔT DE MOUY.

912   CARDON (ANDRIEU),

Lieutenant du prévôt de Mouy. — 1477.

Sceau rond, de 23 mill. — Hôpital de Beauvais, 81³

Dans le champ : une pelle de boulanger, dont le manche traverse un Ď gothique.

...têu : car...

(Andrieu Cardon.)

Vente d'une maison à Mouy. — 2 mai 1477.

PRÉVÔT DE PÉRONNE.

913   RUELLE (JEAN DE LA),

Écuyer, garde de la prévôté de Péronne. — 1510.

Sceau rond, de 26 mill. — Arch. de la Somme; célestins d'Amiens.

Écu effacé, où l'on croit apercevoir deux lions affrontés.

Seel iehan de la ruelle

(Seel Jehan de la Ruelle.)

Prise de possession d'une maison et de terres situées à Proyart. L'ensaisinement se fait *par la tradition d'un bâton quant aux terres, et par la tradition des clefs de ladite maison.* — 5 avril 1510.

PRÉVÔT DE PRESSOIR.

914   FÈVRE (PIERRE LE)

D'Athies. — 1230.

Sceau rond, de 38 mill. — Arch. de l'Oise; chapitre de Noyon.

Dans le champ : une fleur de lys accompagnée en chef de deux marteaux, et en pointe de deux feuilles de trèfle.

✱ S. PETRI : FABRI : DE ATIES

(Sigillum Petri Fabri de Aties.)

Accord au sujet de terres, d'hôtes et de justices à Pressoir. — Août 1230.

PRÉVÔTS DE SAINT-RIQUIER.

915   POMIER (PIERRE LE),

Lieutenant du prévôt de Saint-Riquier. — 1384.

Sceau rond, de 20 mill. — Arch. de la Somme; abbaye de Saint-Riquier

Écu au sautoir cantonné de trois lions et d'un huchet, le huchet à sénestre. — Légende détruite.

Commission donnée à un sergent de la prévôté. — 20 février 1384.

916   PORTE (JEAN DE LA),

Prévôt de Saint-Riquier. — 1385.

Sceau rond, de 20 mill. — Arch. de la Somme; abbaye de Saint-Riquier.

Dans un quadrilobe en losange : un écu chargé d'une porte soutenue par un chevron accompagné en pointe d'un objet indistinct. Dans le champ : trois canettes.

..........LE PORTE

(Seel Jehan de le Porte.)

Sentence au sujet d'un cens sur une maison à Saint-Riquier. — 22 avril 1385.

PRÉVÔTS DE SENLIS.

917   BARRES (ÉTIENNE),

Prévôt de Senlis. — 1317.

Sceau rond, de 20 mill. — Arch. de l'Oise; abbaye de Lannoy.

Dans un trèfle gothique : un écu à la bande chargée d'alérions et coticée, à la bordure engrêlée. — Légende détruite.

Acquisition d'un bois et d'une vigne sis à Montreuil. — 27 novembre 1317.

918   CUTRY (JEAN DE),

Prévôt de Senlis. — 1321.

Sceau rond, de 22 mill. — Arch. de l'Oise; Saint-Maurice de Senlis.

Dans un encadrement en étoile : un écu au sautoir cantonné d'un buste de face en chef, et de trois merlettes aux trois autres cantons.

✠ SEEL : IEHAN : D . V.R :

(Seel Jehan de Cutry.)

Sentence qui adjuge aux religieux de Saint-Maurice une maison à Senlis. — Mai 1321.

919   PLACE (JEAN DE LA),

Prévôt de Senlis. — 1395.

Sceau rond, de 23 mill. — Arch. de l'Oise; Saint-Maurice de Senlis.

Dans un trilobe : un écu à la fasce accompagnée de trois merlettes, deux en chef et une en pointe. — Légende détruite.

Acquisition de terres en Champagne. — 27 novembre 1395.

920   PIQUET (JEAN),

Prévôt de Senlis. — 1440.

Sceau rond, de 22 mill. — Arch. de l'Oise; abbaye de Chaalis.

Dans un trilobe : un écu paraissant porter un lion mantelé assis, soutenu par un ange et accompagné en bas de deux oiseaux. — Légende détruite.

Sentence au sujet d'un cens sur une maison à Senlis. — 25 février 1440.

921   CHÉRON (JEAN LE),

Prévôt de Senlis. — 1441.

Sceau rond, de 22 mill. — Arch. de l'Oise; abbaye de Chaalis.

Dans le champ : une étoile accompagnée des lettres I et C.

s ieehan le . . . . . .

(Seel Jeehan le Chéron.)

Adjudication, en la prévôté de Gonesse, des biens d'une succession vacante à Mareuil. — 19 août 1441.

922   GOBERT (PIERRE),

Prévôt de Senlis. — 1451.

Sceau rond, de 20 mill. — Arch. de l'Oise; abbaye de la Victoire.

Écu portant six croissants, 3, 2 et 1, penché, timbré d'un heaume cimé.

S° pierre gobert

(Seel Pierre Gobert.)

Adjudication de la seigneurie de Soisy, ou plutôt Choisy en Beauvoisis. — 28 février 1451.

OFFICES DE JUSTICE.

GARDES DE JUSTICE, PROCUREURS, AVOCATS.

923   CHANDELIER (MICHEL LE),

Garde de la justice de Lihus pour Arnaud de Corbie, chancelier de France. — 1406.

Sceau rond, de 24 mill. — Hôpital de Beauvais, 49°.

Écu au chandelier accompagné de deux croissants en chef et accosté de deux étoiles.

. . . . . CHIEL : LE CHANDE . . . R

(Seel Michiel le Chandelier.)

Prise de possession d'un manoir à Lihus. — 25 janvier 1406.

924   BARBIER (PIERRE LE),

Garde de la justice de Pierremande pour Imbert de Boisy, président au parlement. — 1399.

Sceau rond, de 20 mill. — Arch. communales de Chauny.

Écu fruste, dans un encadrement en étoile. — Légende détruite.

Mise en liberté d'un bourgeois de Chauny, qui avait été arrêté contrairement aux droits des bourgeois de cette ville. — 10 août 1399.

925   SALLES (PIERRE DES),

Substitut du procureur du roi à Noyon. — 1464.

Sceau rond, de 25 mill. — Arch. de l'Oise; chapitre de Noyon.

Écu au dextrochère? accompagné de quartefeuilles, supporté par une dame coiffée d'un hennin et soutenu par une grue mantelée.

s : p : des : salles

(Seel Pierre des Salles.)

Sentence confirmative de la possession d'une terre à Saulchoy. — 30 mai 1464.

926   BUS (PIERRE DU),

Avocat à la cour d'Amiens. — 1378.

Sceau rond, de 20 mill. — Arch. de la Somme; chapitre d'Amiens.

Dans une rose gothique : un écu portant une tête humaine accompagnée en chef de deux feuilles de trèfle.

SEEL PIERRE DV BVS

(Seel Pierre du Bus.)

Fondation d'une chapelle dans l'église de Saint Remy d'Amiens. — 9 février 1378.

927   **BUS**

(JEANNE BOITELLE, FEMME DE PIERRE DU).

1378.

Sceau rond, de 19 mill. — Arch. de la Somme; chapitre d'Amiens.

Dans un cadre gothique: un Agnus accompagné d'étoiles.

S IEhANNE BOISTEILLE

(Seel Jehanne Boisteille.)

Voyez le numéro précédent.

928   **CHARLET (JEAN),**

Avocat et conseiller au bailliage d'Amiens. — 1451.

Sceau rond, de 28 mill. — Arch. de la Somme; chapitre d'Amiens.

Écu portant un lion, à la bordure endentée, soutenu par un saint Jean?

Seel ieban charlet

(Seel Jehan Charlet.)

Sentence arbitrale au sujet d'une prébende. — 6 avril 1451.

929   **JOUGLET (JEAN),**

Avocat et conseiller au bailliage d'Amiens. — 1458.

Sceau rond, de 30 mill. — Arch. de la Somme; chapelains d'Amiens.

Écu à la fasce accompagnée de trois aiglettes, 2 en chef et 1 en pointe, penché, timbré d'un heaume cimé d'une chauve-souris, supporté à dextre par un griffon, à sénestre par un lion.

S ieban . . . .

(Seel Jehan Jouglet.)

Sentence au sujet d'un mur mitoyen. — 1458.

930   **VILAIN (JEAN),**

Avocat et conseiller au bailliage d'Amiens. — 1451

Sceau rond, de 28 mill. — Arch. de la Somme; chapitre d'Amiens.

Écu à trois fasces accompagnées de trois merlettes en chef, penché, timbré d'un heaume cimé d'une chimère, supporté par deux lions.

S ieban vilain ·

(Seel Jehan Vilain.)

Sentence dans un différend avec l'abbé de Saint-Acheul, au sujet d'une prébende. — 6 avril 1451.

AUDITEURS DU ROI A ABBEVILLE, A AMIENS, A LA PRÉVÔTÉ DE FOUILLOY, AU COMTÉ DE PONTHIEU.

931   **DOMINUS (JEAN),**

Auditeur à Abbeville. — 1437.

Sceau rond, de 24 mill. — Arch. de la Somme; abbaye du Gard.

Écu écartelé : au 1 et 4, une fasce accompagnée de trois têtes de lion, deux en chef, une en pointe; au 2 et 3, un chevron accompagné de trois têtes d'homme de profil; soutenu par un ange.

S ieban . . . . .

(Seel Jehan Dominus?)

Acquisition de cens à Abbeville. — 3 juin 1437.

932   **LESSEAU (MARTIN DE),**

Auditeur à Abbeville. — 1437.

Sceau rond, de 25 mill. — Arch. de la Somme; abbaye du Gard.

Écu au sautoir cantonné de quatre limaçons, penché, timbré d'un heaume cimé d'une tête de cheval bridé, supporté par deux lions.

S martin . . . .ffau

(Seel Martin de Lesseau.)

Bail d'une masure à Abbeville. — 11 mars 1437.

933   **LESSEAU (PIERRE DE),**

Auditeur à Abbeville. — 1385.

Sceau rond, de 28 mill. — Arch. de la Somme; abbaye du Gard.

Dans un trilobe : écu au sautoir cantonné de quatre limaçons, supporté par deux lions et soutenu par un ange. — Légende détruite.

Bail d'un ténement à Abbeville. — 23 novembre 1385.

934   **NOIR (JEAN LE),**

Auditeur à Abbeville. — 1407.

Sceau rond, de 25 mill. — Arch. de la Somme; abbaye du Gard.

Écu à la fasce accompagnée en chef de deux R et en pointe d'un croissant, penché, timbré d'un heaume cimé d'une touffe, supporté à dextre par une dame, à sénestre par . . . . . — Légende détruite.

Bail d'un ténement au bourg de Vimeu, à Abbeville. — 6 janvier 1407.

935   **ARRAS (PIERRE D'),**

Auditeur à Amiens. — 1306.

Sceau rond, de 23 mill. — Arch. de la Somme; évêché d'Amiens.

Dans le champ : quatre fleurs de lys formant une croix.

✱ S. PIERES DARRAS LE IEVNE

(Seel Pieres d'Arras, le jeune.)

L'évêque d'Amiens, comme seigneur féodal, et s'appuyant sur la coutume, retrait le closement d'Oppy, qui avait été vendu à Nicolas de Ligny. — 16 juin 1306.

936   ATHIES (COLART D'),
Auditeur à Amiens. — 1421.
Sceau rond, de 25 mill. — Arch. de la Somme; chapitre d'Amiens.

Écu au sautoir cantonné à dextre et à sénestre d'une étoile, et en chef d'un annelet.

seel colart bathies
(Seel Colart d'Athies.)
Acquisition de rente. — 18 mai 1421.

937   BOISTEL (PIERRE),
Auditeur à Amiens. — 1354.
Sceau rond, de 26 mill. — Arch. de la Somme; abbaye du Gard.

La lettre P dans un petit cercle inscrit dans un quadrilobe cantonné de quatre fleurs de lys.

BOI.T..
(Boistel.)
Acquisition de rentes. — 1er mars 1354.

938   BOURGEOIS (JEAN LE),
Auditeur à Amiens. — 1441.
Sceau rond, de 26 mill. — Arch. de la Somme; Saint-Jean d'Amiens.

Écu à la bande, appuyé sur un lion et supporté par un homme sauvage.

. . . . bourgois
(Seel Jehan le Bourgois.)
Bail de terres à Olincourt. — 6 février 1441.

939   CHOPPART (NICOLAS),
Auditeur à Amiens. — 1499.
Sceau rond, de 28 mill. — Arch. de la Somme; chapitre d'Amiens.

Écu au chevron accompagné en chef de deux quintefeuilles, et en pointe d'un huchet, penché, timbré d'un heaume cimé, supporté par deux lévriers.

s . . . . . . choppart
(Seel Nicolas Choppart.)
Fondation de l'antienne «Ave verum corpus natum, etc.» que l'on chantera chaque jour pendant l'octave du Saint-Sacrement. — 31 mai 1499.

940   CLAUWEL (JEAN),
Auditeur à Amiens. — 1420.
Sceau rond, de 20 mill. — Arch. de la Somme; chapitre d'Amiens.

Écu portant deux clous en sautoir, accompagnés d'un croissant en chef, timbré d'un heaume à lambrequins cimé d'un croissant.

s : lebau : claubbel
(Seel Jehan Clauwel.)
Acquisition d'un fief à Blangy. — 27 janvier 1420.

941   CLERC (LIÉNARD LE),
Auditeur à Amiens. — 1499.
Sceau rond, de 24 mill. — Arch. de la Somme; chapitre d'Amiens.

Écu à la bande accompagnée de . . . . ., timbré d'un heaume, supporté par deux lions?

s lienart le clerc
(Seel Liénart le Clerc.)
Voyez le n° 939.

942   CLERC (MAHIEU LE),
Auditeur à Amiens. — 1385.
Sceau rond, de 20 mill. — Arch. de la Somme; chapitre d'Amiens.

Dans un trilobe : un écu portant au canton dextre un chevron renversé, soutenu par un ange et supporté par deux lions.

. . . . eV le . . . . .
(Mahieu le Clerc.)
Bail à cens de la masure du Singe. — 16 juin 1385.

943   CONTY (GUILLAUME DE),
Auditeur à Amiens. — 1416.
Sceau rond, de 25 mill. — Arch. de la Somme; chapitre d'Amiens.

Écu au chevron de vair accompagné de trois têtes de femme, penché, timbré d'un heaume cimé d'une tête de femme coiffée en voile, supporté par deux griffons.

s . . . . lame
(Seel . . . . . Guillame.)
Acquisition à Amiens d'un fief relevant de l'évêché. — 24 novembre 1416.

944   COQUEREL (FRÉMIN),
Auditeur à Amiens. — 1354.
Sceau rond, de 22 mill. — Arch. de la Somme; abbaye du Gard.

Dans un encadrement quadrilobé et au centre d'une croix formée par quatre fleurs de lys : un coq.

s FREMIN? COQVER..
(Seel Frémin Coquerel.)
Acquisition d'un fief à Saint-Maulvis. — 13 juin 1354.

945   CORDIER (JEAN LE)
D'Oisemont, auditeur à Amiens. — 1350.
Sceau rond, de 20 mill. — Arch. de la Somme; abbaye du Gard.

Écu au cornet enguiché et accompagné de trois sextefeuilles.

.GGL ....G GOR...

(Seel Jehan le Cordier.)

Transport de rente sur le travers de Molliens-Vidame. — 22 février 1350.

---

946   COURT (JEAN LE),

Le père, auditeur à Amiens. — 1331.

Sceau rond, de 19 mill. — Arch. de la Somme; abbaye du Gard.

Dans le champ : un coq accosté de deux étoiles et
perché sur un tonneau.

.. IEHAN LE GOVR.

(Seel Jehan le Court.)

Accord entre la commune de Candas et les religieux du Gard au
sujet des esteules de Longueville. — 30 septembre 1331.

---

947   CRÉTU (JEAN),

Auditeur à Amiens. — 1480.

Sceau rond, de 26 mill. — Arch. de la Somme; chapelains d'Amiens.

Écu portant un croissant et un oiseau en chef et une
molette en pointe, penché, timbré d'un heaume cimé
d'une tête d'oiseau.

s jehan .... n

(Seel Jehan Créta.)

Vente d'un fief situé à Querrieux. - - 22 avril 1480.

---

948   DOBÉ (JACQUES),

Auditeur à Amiens. — 1495.

Sceau rond, de 28 mill. — Arch. de la Somme; chapitre d'Amiens.

Écu au chevron accompagné de deux trèfles en chef
et d'une coquille en pointe, penché et timbré d'un
heaume cimé.

s iaques dobe.

(Seel Jaques Dobé.)

Sentence établissant que la comtesse de Dunois est tenue d'offrir à
l'évêque d'Amiens, chaque année, au jour de Saint-Firmin, un cierge
de cire pesant 100 livres, et armoyé des armes de Beaugency. —
10 juillet 1495.

---

949   DOBÉ (JEAN),

Auditeur à Amiens. -- 1425.

Sceau rond, de 19 mill. — Arch. de la Somme; chapitre d'Amiens.

Écu au chevron accompagné de deux trèfles en chef
et d'une aiglette en pointe, supporté par une aigle.

Seel jehan dobe

(Seel Jehan Dobé.)

Rachat de la mairie du Mesge. - - 31 août 1425.

---

950   DOBÉ (JEAN),

L'aîné, auditeur à Amiens. — 1450.

Sceau rond, de 22 mill. — Arch. de la Somme; chapitre d'Amiens.

Écu au chevron chargé d'un annelet et accompagné de
deux trèfles en chef et d'une aiglette en pointe, suspendu
à un arbre par sa guiche.

s iehan .....

(Seel Jehan Dobé.)

Acquisition d'une rente sur les trois moulins Clinquant, Bayard et
Passavant. — 24 août 1450.

---

951   ESSARTS (JEAN DES),

Auditeur à Amiens. — 1507.

Sceau rond, de 30 mill. — Arch. de la Somme; chapelains d'Amiens.

Écu à la fasce chargée d'une quintefeuille, accompagnée de trois croissants, deux en chef et un en pointe;
penché, timbré d'un heaume cimé, supporté par deux
oiseaux.

s iehan des essarts

(Seel Jehan des Essarts.)

Amortissement de maisons à Poullainville. — 27 novembre 1507.

---

952   ÉTOUVY (BERTOUL D'),

Auditeur à Amiens. — 1423.

Sceau rond, de 23 mill. — Arch. de la Somme; chapitre d'Amiens.

Écu portant trois lions, au sautoir brochant sur le
tout, supporté par un lévrier coiffé d'un heaume.

Seel bertoul destouvy

(Seel Bertoul d'Estouvy.)

Acquisition de la terre et seigneurie de Quiry-le-Vert. — 17 octobre 1423.

---

953   FAUQUET (JEAN),

Auditeur à Amiens. — 1406.

Sceau rond, de 22 mill. — Arch. de la Somme; Saint-Jean d'Amiens.

Écu burelé à la bordure, à la bande brochant sur le
tout, dans une rose gothique.

I F H V Q V G .

(Jehan Fauquet.)

Restitution de la dîme des bêtes à laine injustement prélevée à Wa-
vans. — 9 juillet 1406.

---

954   FAY (JEAN DU),

Auditeur à Amiens. — 1356.

Sceau rond, de 24 mill. — Arch. de la Somme; chapitre d'Amiens.

Dans une rose gothique : un écu au chevron chargé

de trois coquilles, accompagné de deux oiseaux en chef et d'une branche fleurie en pointe.

SEEL IEHN . . . FAY .

(Seel Jehan du Fay.)

Acquisition d'un cens sur une maison au coin de la basse rue Notre-Dame, à Amiens. — 22 mars 1356.

955   FLEURY (MARTIN),
Auditeur à Amiens. — 1404.

Sceau rond, de 19 mill. — Arch. de la Somme; Saint-Jean d'Amiens.

Dans un trèfle gothique : un écu semé d'étoiles, à la fasce chargée de trois merlettes.

seel . . . tin fleary

(Seel Martin Fleury.)

Reconnaissance de cens sur un jardin en la paroisse Saint-Jacques. — 24 novembre 1404.

956   FRAMERY (JEAN),
Auditeur à Amiens. — 1486.

Sceau rond, de 25 mill. — Arch. de la Somme; chapitre d'Amiens.

Écu au chevron accompagné d'étoiles, penché, timbré d'un heaume à lambrequins cimé d'une tête de cerf.

s ieban framery

(Seel Jehan Framery.)

Bail à cens de la maison à l'enseigne du Haubergeon. — 21 juin 1486.

957   FRANCHOMME (JEAN LE),
Auditeur à Amiens. — 1450.

Sceau rond, de 20 mill. — Arch. de la Somme; abbaye du Paraclet.

Écu au chevron chargé de trois quartefeuilles et accompagné de trois étoiles, timbré d'un heaume cimé d'une tête de griffon, supporté par deux lions.

s ieban . . franchomme

(Seel Jehan le Franchomme.)

Reconnaissance d'un cens dû à l'abbaye de Saint-Acheul sur la maison de la Basse-Rue, à l'enseigne de l'Esperon. — 5 avril 1450.

958   GARET (ROBERT),
Auditeur à Amiens. — 1408.

Sceau rond, de 19 mill. — Arch. de la Somme; chapitre d'Amiens.

Écu au chevron accompagné de trois roses ou de trois marguerites? timbré d'un heaume cimé, supporté par deux lions.

s : robert : garet

(Seel Robert Garet.)

Droit d'avoir un colombier à Camon, accordé à Robert de Saint-Fuscien, bourgeois d'Amiens. — 20 novembre 1408.

959   GRISEL (JEAN),
Auditeur à Amiens. — 1421.

Sceau rond, de 24 mill. — Arch. de la Somme; chapitre d'Amiens.

Écu portant un créquier au lambel de trois pendants, penché, timbré d'un heaume cimé d'une tête d'homme barbu, supporté par deux lions.

s · ieban grisel

(Seel Jehan Grisel.)

Acquisition de rente. — 18 mai 1421.

960   GUÉ (JEAN DU),
Auditeur à Amiens. — 1407.

Sceau rond, de 24 mill. — Arch. de la Somme; Saint-Jean d'Amiens.

Écu à la main portant une épée en bande au lambel de trois pendants, penché, timbré d'un heaume cimé d'un oiseau, supporté à dextre par un homme et à sénestre par une chimère.

s ieban . . . . .

(Seel Jehan du Gué.)

Reconnaissance de cens sur une maison sise rue Saint-Jacques, à Amiens. — 18 octobre 1407.

961   HARLE (HUGUES),
Auditeur à Amiens. — 1441.

Sceau rond, de 24 mill. — Arch. de la Somme; chapitre d'Amiens.

Écu au sautoir cantonné en pointe d'une étoile.

s · hue harle

(Seel Hue Harle.)

Bail à cens d'une maison. — 14 septembre 1441.

962   HOURGES (MARTIN DE),
Auditeur à Amiens. — 1399.

Sceau rond, de 20 mill. — Arch. de la Somme; chapitre d'Amiens.

Dans un encadrement gothique : un écu portant trois étoiles sous un chef chargé d'un vivré.

. . . . DEHO . . . . .

(. . . . . de Hourges.)

Bail de terres et de fossés à Dury. — 24 décembre 1399.

963   LALLEMANT (MAHIEU),
Auditeur à Amiens. — 1459.

Sceau rond, de 20 mill. — Arch. de la Somme; chapitre d'Amiens.

Écu portant trois têtes d'homme de profil, penché, soutenu par un ange.

𝔪𝔞𝔥𝔦𝔢𝔲 𝔩𝔞𝔩𝔢𝔪𝔞𝔲𝔱

(Mahieu Lalemant.)

Acquisition de cens sur le fief du Mesge. — 24 mars 1459.

964   LANNOY (JEAN DE),

Auditeur à Amiens. — 1349.

Sceau rond, de 22 mill. — Arch. de la Somme; abbaye du Gard.

Écu semé de croissants surmontés chacun d'une croix, à la bande brochant sur le tout. — Légende détruite.

Exécution du testament de maître Frémin du Fries, qui lègue à l'abbaye du Gard sa terre et sa maison de Guignemicourt. — 16 février 1349.

965   LATRE (JEAN DE),

Auditeur à Amiens. — 1408.

Sceau rond, de 20 mill. — Arch. de la Somme; Saint-Jean d'Amiens.

Écu parti : au 1, une aigle; au 2, trois croix; supporté par deux lions.

s · 𝔦𝔢𝔥𝔞𝔫 𝔡𝔢 𝔩𝔞𝔱𝔯𝔢

(Seel Jehan de Latre.)

Reconnaissance d'un cens sur un jardin au coin de la rue de la Haultoie. — 15 novembre 1408.

966   LESPIERRE (GUILLAUME DE),

Auditeur à Amiens. — 1408.

Sceau rond, de 22 mill. — Arch. de la Somme; chapitre d'Amiens.

Dans un encadrement oblong : un écu à l'écusson en abîme chargé d'une rose, au lambel de trois pendants sur le tout. — Légende détruite.

Bail d'une terre à Bellancourt. — 17 août 1408.

967   LEU (ROBERT LE),

Auditeur à Amiens. — 1409.

Sceau rond, de 23 mill. — Arch. de la Somme; Saint-Jean d'Amiens.

Écu portant deux cotices, à l'écusson en abîme chargé de trois fasces et accompagné de trois merlettes, deux en chef et une en pointe; penché, timbré d'un heaume cimé d'une tête de lévrier, supporté par deux lions.

s : 𝔯𝔬𝔟 . . . . .

(Seel Robert . . . . .)

Reconnaissance d'un cens sur un jardin, par Étienne Liurtant, potier d'étain. — 9 décembre 1409.

968   MAÎTRE (ANDRIEU LE),

Auditeur à Amiens. — 1459.

Sceau rond, de 21 mill. — Arch. de la Somme; chapitre d'Amiens.

Écu portant deux tourteaux en chef et une rose en pointe.

. . . 𝔞𝔲𝔡 . . . . . 𝔪𝔢𝔩𝔱𝔯𝔢

(Seel Andrieu le Mestre.)

Acquisition de cens sur le fief du Mesge. — 24 mars 1459.

969   MAÎTRE (JACQUES LE),

Auditeur à Amiens. — 1508..

Sceau rond, de 23 mill. — Arch. de la Somme; chapitre d'Amiens.

Écu portant trois croisettes, à une étoile en abîme, soutenu par un ange.

𝔰𝔢𝔢𝔩 𝔦𝔞𝔮𝔲𝔢 . . 𝔪𝔞𝔦𝔩𝔱𝔯𝔢

(Seel Jaque le Maistre.)

Exemption du droit de travers à Boves, vidimée le 22 décembre 1508.

970   MARCHAINE (JEAN),

Auditeur à Amiens. — 1397.

Sceau rond, de 15 mill. — Arch. de la Somme; chapitre d'Amiens.

Écu paraissant porter une fasce losangée et accompagnée?

. . . 𝔩 𝔦𝔢𝔥𝔞𝔫 𝔪𝔞𝔯𝔠𝔥𝔞𝔦𝔫𝔢

(Seel Jehan Marchaine.)

Transaction au sujet de la maison et terre de Saint-Maurice, faisant partie de la succession de M⁰ Frère, chanoine d'Amiens. — 5 janvier 1397.

971   MAS (JACQUES LE),

Auditeur à Amiens. — 1507.

Sceau rond, de 25 mill. — Arch. de la Somme; chapitre d'Amiens.

Écu écartelé : au 1 et 4, une bande coticée au lambel; au 2 et 3, trois fasces; penché, timbré d'un heaume à lambrequins cimé d'une tête de lévrier.

𝔰𝔢𝔢𝔩 𝔦𝔞𝔮𝔲𝔢𝔰 𝔪𝔞𝔰

(Seel Jaques Mas.)

Acquisition de trois fiefs nobles sur les moulins Clinquant, Bayard, Passavant et Passarrière. — 5 septembre 1507.

972   MESNIL (PIERRE DU),

Auditeur à Amiens. — 1407.

Sceau rond, de 22 mill. — Arch. de la Somme; Saint-Jean d'Amiens.

Dans un cadre gothique en losange : un écu portant une fasce chargée de trois besants, accompagnée d'une étoile en chef et d'une autre étoile en pointe.

𝔰𝔢 . . . . 𝔡𝔳 𝔪𝔞𝔦𝔰𝔫𝔦𝔩

(Seel Pierre du Maisnil.)

Reconnaissance de cens. — 4 juin 1407.

973   MONNIER (ÉTIENNE LE),

Auditeur à Amiens. — 1810.

Sceau rond, de 24 mill. — Arch. de la Somme; abbaye du Gard.

Dans le champ : quatre fleurs de lys en croix.

.. ESTG..RG L. .OVHIGR

(Seel Estevène le Mounier.)

Abandon de droits sur une terre au Val-Heureux. — 25 mars 1310.

974   MOTTE (BARTHÉLEMY DE LA),

Auditeur à Amiens. — 1450.

Sceau rond, de 30 mill. — Arch. de la Somme; chapitre d'Amiens.

Écu portant une fasce pattée chargée de deux étoiles et accompagnée d'une étoile en pointe, penché, timbré d'un heaume cimé d'une tête d'aigle, supporté à sénestre par un lévrier , , , , ,

sbetremi . . . .

(Seel Betremieu . . . . .)

Droit de champpart à Bellancourt remplacé par un cens. — 29 août 1450.

975   MOUSTIER (HONORÉ DE),

Auditeur à Amiens. — 1810.

Sceau rond, de 18 mill. — Arch. de la Somme; abbaye du Gard.

Dans le champ : quatre fleurs de lys en croix.

⁂ S' HOVRGRG DG MOVSTIGRS

(Seel Houneré de Moustiers.)

Voyez le n° 973.

976   NOYELLE (TASSART DE),

Auditeur à Amiens. — 1416.

Sceau rond, de 20 mill. — Arch. de la Somme; chapitre d'Amiens.

Écu portant trois fleurs (trois œillets?), soutenu par un oiseau.

⁂ S · ßAS . . . . . .

(Seel Tassart . . . . .)

Acquisition d'un fief à Amiens. — 9 novembre 1416.

977   PEUSTICH (JACQUES DU),

Auditeur à Amiens. — 1486.

Sceau rond, de 26 mill. — Arch. de la Somme; chapitre d'Amiens.

Écu à la fasce accompagnée de trois tours, deux en chef et une en pointe, penché et timbré d'un heaume à lambrequins.

. . . . que du penſtich

(Seel Jaque du Peustich.)

Bail de la maison à l'enseigne du Haubergeon. — 21 juin 1486.

978   PLANTEHAYE (JEAN),

Auditeur à Amiens. — 1385.

Sceau rond, de 23 mill. — Arch. de la Somme; abbaye du Gard.

Dans un trilobe : un écu portant une haie accompagnée de deux étoiles en pointe et d'une rose au canton dextre.

. . . . , . . . G HAIG

(. . . . . Plante Haie.)

Acquisition d'un fief au Val-Heureux. — 7 juillet 1385.

979   PORTE (RASSE DE LA),

Auditeur à Amiens. → 1450.

Sceau rond, de 23 mill. — Arch. de la Somme; chapitre d'Amiens.

Écu au chevron chargé d'une rose à sa pointe et accompagné de trois têtes de lion, penché, timbré d'un heaume cimé, supporté par deux personnages gothiques. Dans le champ : deux molettes.

. . . . raſſe de le porte

(Seel Rasse de le Porte.)

Acquisition d'une rente sur les moulins Clinquant, Bayard et Passivant. — 24 août 1450.

980   PORTE (RIQUIER DE LA),

Auditeur à Amiens. — 1418.

Sceau rond, de 22 mill. — Arch. de la Somme; célestins d'Amiens.

Écu chargé d'une porte fortifiée, penché, timbré d'un heaume cimé d'une touffe, supporté par deux chiens?

s . riquier de la porte

(Seel Riquier de la Porte.)

Exécution du testament du sire de Heilly. — 18 novembre 1418.

981   PRÉ (JACQUES DU),

Auditeur à Amiens. — 1498.

Sceau rond, de 30 mill. — Arch. de la Somme; chapitre d'Amiens.

Écu au chevron accompagné de . . . . . penché, timbré d'un heaume cimé d'un oiseau, supporté par deux lions.

s iacques du pre

(Seel Jacques du Pré.)

Acquisition de la terre de Vauvillers. — 22 mars 1498.

982   PRÉVÔT (MAHIEU LE),

Auditeur à Amiens. — 1423.

Sceau rond, de 21 mill. — Arch. de la Somme; chapitre d'Amiens.

Écu à trois sextefeuilles? soutenu par un personnage chargé de deux enfants et traversant une rivière.

14.

s mabieu le prevoſt

(Seel Mabieu le Prévost.)

Acquisition de la terre de Quiry-le-Vert. — 17 octobre 1423.

983   RICHE (PIERRE LE),

Auditeur à Amiens. — 1507.

Sceau rond, de 25 mill. — Arch. de la Somme; chapitre d'Amiens.

Écu au chevron accompagné de trois quartefeuilles, soutenu par un homme sauvage armé d'une massue.

s pierre le riche ·

(Seel Pierre le Riche.)

Le chapitre se refuse à ensaisiner son prévôt de trois fiefs qu'il avait acquis. — 16 septembre 1507.

984   RIVELON (JEAN),

Auditeur à Amiens. — 1449.

Sceau rond, de 20 mill. — Arch. de la Somme; chapitre d'Amiens.

Écu écartelé : au 1 et 4, une bande accompagnée de deux aiglettes; au 2 et 3, trois fleurs de lys au pied coupé.

Seel · iehau · rivellou . . . . .

(Seel Jehan Rivellon . . . . .)

Bail à cens de deux masures. — 26 septembre 1449.

985   RONEL (SIMON),

Auditeur à Amiens — 1412.

Sceau rond, de 24 mill. — Arch. de la Somme; chapitre d'Amiens.

Écu au chevron chargé de . . . . . et accompagné de trois gerbes, soutenu par un ange et supporté par deux lions; le tout dans un trilobe.

. . . . . mon ronel

· (. . . . . Simon Ronel.)

Bail à cens d'un four et d'un tènement au lieu dit le Béguinage, à Abbeville. — 15 février 1412.

986   ROUSSEL (JEAN),

Auditeur à Amiens. — 1382.

Sceau rond, de 20 mill. — Arch. de la Somme; chapitre d'Amiens.

Dans un cadre gothique : un écu portant une fasce accompagnée de trois étoiles en chef, à la bordure engrêlée.

seel iehan . . . .

(Seel Jehan Roussel.)

Transport de rente. — 7 octobre 1382.

987   ROY (JEAN LE),

Auditeur à Amiens. — 1331.

Sceau rond, de 19 mill. — Arch. de la Somme; abbaye du Gard.

Dans le champ : une tête couronnée vue de face, accostée de rameaux fleuronnés.

s' iehan le roi . . . .

(Seel Jehan le Roi . . . . .)

Accord entre la commune de Candas et les religieux du Gard au sujet des esteules de Longueville. — 30 septembre 1331.

988   SALMON (JEAN),

Auditeur à Amiens. — 1382.

Sceau rond, de 20 mill. — Arch. de la Somme; chapitre d'Amiens.

Dans un trèfle gothique : un écu au lion assis à queue fourchée, surmonté d'une tête humaine barbue, supporté par deux lions.

. . . . . salemon

(Seel Jehan Salemon.)

Transport de rente. — 7 octobre 1382.

989   SENNE (JEAN LE),

Auditeur à Amiens. — 1455.

Sceau rond, de 25 mill. — Arch. de la Somme; célestins d'Amiens.

Écu à la fasce accompagnée de trois étoiles en chef et de trois croissants en pointe, penché et timbré d'un heaume cimé, supporté par deux lions.

s : iehau le . . . ne

(Seel Jehan le Senne.)

Rachat de rente. — 21 février 1455.

990   SEVIN (COLART),

Auditeur à Amiens. — 1425.

Sceau rond, de 25 mill. — Arch. de la Somme; chapitre d'Amiens.

Écu portant trois chevrons, au franc canton, penché et timbré d'un heaume cimé. Dans le champ : deux rameaux.

s . . . . . . sevin

(Seel Colart Sevin.)

Rachat de la mairie du Mesge. — 31 août 1425.

991   TOURNAY (FRÉMIN DE),

Auditeur à Amiens. — 1310.

Sceau rond, de 20 mill. — Arch. de la Somme; Saint-Jean d'Amiens.

Dans le champ : une croix fleurdelysée.

✻ s' fremin de tovrnay

(Seel Frémin de Tournay.)

Gilles Agache, bourgeois d'Amiens, prend à cens une masure. — Février 1310.

992   VILLERS (HUGUES DE),
Auditeur à Amiens. — 1413.

Sceau rond, de 24 mill. — Arch. de la Somme; chapitre d'Amiens.

Écu portant trois chevrons, au franc canton fretté, penché, timbré d'un heaume, supporté par . . . . . — Légende détruite.

Bail à cens d'une masure et d'une terre à Rumaisnil. — 11 novembre 1413.

---

993   MOTTE (JEAN DE LA),
Auditeur à la prévôté de Fouilloy. — 1455.

Sceau rond, de 23 mill. — Arch. de la Somme; abbaye de Corbie.

Écu portant un poisson en pal accompagné de deux roses en chef.

S ιεℏα . . ε ℓε ᴍᴏ𝔱ε

(Seel Jehan de le Mote.)

Rachat de deux fiefs nobles à Bethancourt-le-Blanc. — 23 juin 1455.

---

994   CLABAUT (JACQUES),
Auditeur en Ponthieu. — 1476.

Sceau rond, de 23 mill. — Arch. de la Somme; chapitre d'Amiens.

Écu portant un rais d'escarboucle pommeté, au franc canton chargé d'une croix recercelée, penché, timbré d'un heaume cimé d'une fleur de lys, supporté par deux chiens.

. . . ᴛaqᴜεs 𝔠ℓaɓaᴜᴛ

(Seel Jaques Clabaut.)

Acquisition de la terre de Salouel et de droits sur les travers de Pont-de-Metz et de Longueau. — 1ᵉʳ août 1476.

---

995   ENGLARD (JEAN),
Auditeur en Ponthieu. — 1476.

Sceau rond, de 29 mill. — Arch. de la Somme; chapitre d'Amiens.

Écu portant trois aiglettes au franc canton chargé de. . . . . penché, timbré d'un heaume, supporté à dextre par un lion.

. . ιεℏaᴜ . . . . aᴚᴛ

(Seel Jehan Englart.)

Voyez le numéro précédent.

---

996   SELLIER (ANTOINE LE),
Auditeur en Ponthieu. — 1487.

Sceau rond, de 30 mill. — Arch. de la Somme; chapitre d'Amiens.

Écu portant deux oiseaux perchés, chacun, sur la pointe d'un croissant surmonté d'une étoile, timbré d'un heaume à lambrequins.

s auᴛℏοι . . . .

(Seel Anthoine . . . . .)

Bornage des dîmes de Béthancourt et de Saint-Jean-des-Mares. — 17 mars 1487.

CHERQUEMANANTS.

---

997   BAILLI (RENAUD LE),
Cherquemanant de la ville d'Ames. — 1346.

Sceau rond, de 19 mill. — Arch. de la Somme; abbaye de Corbie.

Dans le champ : un coq.

S · ᴚεℏᴀᴠᴛ · ℒε · ɓᴀɪℒ . .

(Seel Renaut le Bailli.)

Ratification de la vente d'un moulin et d'un transport de rentes. — 17 décembre 1346.

---

998   VASSEUR (GRAUD LE),
Cherquemanant de la ville d'Ames. — 1346.

Sceau rond, de 19 mill. — Arch. de la Somme; abbaye de Corbie.

Dans le champ : un oiseau surmonté d'une étoile.

. . ᴳᴚᴀᴠᴛ ℒεᴠᴀsεᴠᴚ

(Seel Graut le Vaseur.)

Voyez le numéro précédent.

SERGENTS.

---

999   SILLY (OUDART DE),
Sergent au bailliage d'Amiens. — xvᵉ siècle.

Sceau rond, de 20 mill. — Communiqué par M. Mathon, à Beauvais.

Dans un quadrilobe : un écu à trois fleurs de lys accompagnées d'une étoile en abîme.

S ᴏᴠᴅᴀᴚᴃ ᴅε sɪℒℒɪ s · ᴅᴠ ᴚᴏᵞ

(Seel Oudart de Silli, sergent du roy.)

Matrice originale.

1000   VIGNON (JEAN LE),
Sergent au bailliage d'Amiens. — 1392.

Sceau rond, de 22 mill. — Arch. de la Somme; Saint-Jean d'Amiens.

Écu au trécheur fleuronné, à la bande chargée brochant, penché, timbré d'un heaume cimé, supporté par deux lions.

S ɪᴇℏᴀᴺ ℒᴇ ᴠɪᴚᴳ . . .

(Seel Jehan le Vingnon.)

Ajournement de Marie, veuve du sire de Sempi. — 18 septembre 1392.

1001   GRANGIER (ALEAUME LE),

Sergent de la prévôté de Beauquesne. — 1316.

Sceau rond, de 22 mill. — Arch. de la Somme; abbaye du Gard.

Dans le champ : une grange.

✽ S' ALE . . . . . . RANGIG .

(Seel Aleaume le Grangier.)

Mainlevée de la maison de Longueville. — 14 novembre 1316.

1002   VELLY (SIMON DE),

Sergent de la prévôté de Beauquesne. — 1316.

Sceau rond, de 20 mill. — Arch. de la Somme; abbaye du Gard.

Dans le champ : une tête de femme, de face.

✽ S' WEDEL . . . . LLY

(Seel Wedel . . . . . Velly.)

Voyez le numéro précédent.

1003   BASIN (COLART),

Sergent de la prévôté de Laon. — 1402.

Sceau rond, de 24 mill. — Arch. communales de Laon.

Dans un cadre gothique en losange : un écu portant un coq accompagné en chef d'un besant et d'une étoile.

S' · COLAR . . SIN

(Seel Colart Basin.)

Quittance de gages. — 14 avril 1402.

1004   BOUCONVILLE (ADAM DE),

Sergent de la prévôté de Laon. — 1382.

Sceau rond, de 22 mill. — Arch. de l'Aisne; abbaye de Saint-Vincent.

Dans une étoile gothique : un écu portant une fasce accompagnée d'une fleur de lys accostée de deux étoiles en chef, et d'un marteau en pointe, au lambel de trois pendants.

S · ADAM D' BOVCONVILLE

(Seel Adam de Bouconville.)

Exploit de nantissement au sujet d'une rente due par les habitants de Bucy-lès-Cerny. — 3 novembre 1382.

1005   COMTE (COLINET LE),

Sergent de la prévôté de Laon. — 1480.

Sceau rond, de 25 mill. — Arch. de l'Aisne; abbaye de Saint-Jean de Laon.

Écu au chevron accompagné d'une étoile et d'un croissant en chef, et d'une rose en pointe, supporté par une aigle.

S colinet le conte

(Seel Colinet le Conte.)

Signification d'une sentence. — 11 décembre 1480.

1006   COUILLU (ROBERT LE),

Sergent de la prévôté de Laon. — 1404.

Sceau rond, de 22 mill. — Arch. communales de Laon.

Sur un champ fretté : un écu au lion, penché, timbré d'un heaume cimé.

. . . OBERT LE COVILLVT

(Seel Robert le Couillut.)

Quittance de frais de voyage à Paris. — 21 juin 1404.

1007   SAINT-THOMAS (RIGAUD DE),

Sergent de la prévôté de Laon. — 1391.

Sceau rond, de 20 mill. — Arch. communales de Laon.

Écu au sautoir cantonné de quatre fleurs.

✽ S RIGAVT . G . . INT THOMAS

(Seel Rigaut de Saint Thomas.)

Quittance de plusieurs exploits. — 4 janvier 1391.

1008   JEUNE (HENRI LE),

Sergent de la prévôté de Noyon. — 1511.

Sceau rond, de 30 mill. — Arch. de l'Oise; chapitre de Noyon.

Écu à la main appaumée, soutenu par un personnage qui souffle dans un cornet droit ou dans une flûte. — Légende fruste.

Signification au sujet d'un cens dû à Jean Rabout, chanoine de Noyon. — 4 septembre 1511.

1009   CANTEREL (POLET),

Sergent au bailliage de Senlis. — 1428.

Sceau rond, de 20 mill. — Arch. de l'Oise; abbaye de Chaalis.

Écu portant une rose.

S' POLET . . . .

(Seel Polet Canterel.)

Assignation à comparaître. — 25 septembre 1428.

1010   CANTEREL (POLET),

Sergent au bailliage de Senlis. — 1440.

Sceau rond, de 20 mill. — Arch. de l'Oise; abbaye de Chaalis.

Écu portant trois oiseaux.

. . . . T CANTEV . . .

(Polet Canterel.)

Assignation d'un débiteur. — 12 mars 1440.

CLERCS DE COURS.

1011   BROSSART (BENOÎT),

Clerc du bailliage d'Amiens. — 1332.

Sceau rond, de 26 mill. — Arch. de la Somme; abbaye du Gard.

Dans un quadrilobe : un écu au lion, soutenu par

un ange accosté du soleil à dextre, de la lune à sénestre.

.... **BROSSART**

(..... Brossart.)

Acquittement des droits de nouveaux acquêts à Picquigny. — 2 août 1372.

1012

BRIQUET (JEAN),

Clerc juré de la prévôté de Beauvais. — 1473.

Sceau rond, de 22 mill. — Hôpital de Beauvais, 88¹.

Écu au chevron accompagné de trois têtes de lévrier.

..... n briquet

(Seel Jehan Briquet.)

Vente de terres à Bourguillemont, scellée du scel emprunté de Jean Briquet. — 3 février 1473.

1013   BICHETTE (SIMON),

Clerc du procureur du roi au bailliage de Vermandois. — 1395.

Sceau rond, de 20 mill. — Arch. communales de Laon.

Dans le champ : une biche couchée au bord d'une forêt.

S · SIMON BICHETTE

(Seel Simon Bichette.)

« Quittance pour cause d'une coppie par moy faicte de la charte de «la ville de Laon contre l'évêque, 1ᵉʳ de janvier 1395 »

OFFICES DE GUERRE.

CHÂTELAINS.

CHÂTELAIN DE BRETEUIL.

1014   RAOUL,

Chevalier. — 1230.

Sceau rond, de 55 mill. — Hospice de Beauvais, 25.

Fragment de type équestre.

✠ SIGI. .ADVL......... II

(Sigillum Radulfi, castellani Britulii.)

Ratification de l'abandon d'un cens. — Juin 1230.

CHÂTELAIN DE CHAUNY.

1015   JEAN,

Sire d'Oulches, chevalier. — 1269.

Sceau rond, de 55 mill. — Arch. communales de Chauny.

Écu portant une fasce, au lambel de cinq pendants.

............IS DÑI DE.........MILI...

(Sigillum Johannis, domini de ..... militis.)

CONTRE-SCEAU : Écu portant une fasce, au lambel.

..CRETVM

(Secretum.)

Acquisition d'une rente au profit des pauvres de Chauny. — Février 1269.

CHÂTELAINS DE COUCY.

1016   GUI,

Châtelain de Coucy. — Fin du XIIᵉ siècle.

Sceau rond, de 50 mill. — Arch. de l'Aisne; abbaye de Saint-Vincent.

Écu portant une fasce, à la bordure.

✠ SIGILL : GVIDONIS : CASTELLANI · DE : CVCIACO

(Sigillum Guidonis, castellani de Cuciaco.)

Accord pour la justice du bois de l'Alleu à Bucy-lès-Cerny. — Sans date, mais antérieur à 1200, époque où le bois a été aliéné.

1017   GUI,

Châtelain de Coucy. — 1200.

Sceau rond, de 55 mill. — Arch. de l'Aisne; abbaye de Saint-Vincent.

Écu portant une fasce accompagnée d'un lion passant au canton dextre.

✠ SIGILL WIDO.........NI COCIACI

(Sigillum Widonis, castellani Cociaci.)

Vente du bois de l'Alleu. — Avril 1200.

1018   SIMON,

Châtelain de Coucy. — 1265.

Sceau rond, de 45 mill. — Arch. de l'Aisne; abbaye de Prémontré.

Écu à la fasce accompagnée d'un lion passant au canton dextre.

✠ S' SIMON CHATELAIN DE COVCHI

(Seel Simon, châtelain de Couchi.)

Acquisition et amortissement de terres à Trosly-Loire. — 21 mars 1265.

CHÂTELAINS DE LAON.

1019   SART (RAOUL DU),

Châtelain de Laon. — 1205.

Sceau rond, de 64 mill. — Hôtel-Dieu de Laon.

Écu à la bordure ou à l'écusson en abîme, à la bande brochant sur le tout.

✸ S. RADVLFI DE SARTO CA......NI
LAVÑ

(Sigillum Radulfi de Sarto, castellani Laudunensis.)

Abandon de droits sur une maison acquise par l'hôpital Notre-Dame
de Laon. — 1205.

1020   SART (SIMON DU),

Châtelain de Laon. — 1229.

Sceau rond, de 40 mill. — Hôtel-Dieu de Laon.

Écu portant un écusson en abîme, à la bande componée brochant sur le tout.

✸ S. SIMŌ : DEL : SART : CHASTELAÑ :
DE LOO'

(Seel Simon del Sart, chastellain de Loon.)

Acquisition de rentes à Vorges. — Octobre 1229.

CHÂTELAINS DE MONTMÉLIANT.

1021   VERNON (GUILLAUME DE),

Seigneur de Gouvieux, châtelain de Montméliant, chevalier. — 1273.

Sceau rond, de 60 mill. — Arch. de l'Oise; abbaye de Saint-Vincent
de Senlis.

Type équestre; le casque carré, le bouclier et la
housse du cheval portant un sautoir.

SIGILL GV..EI DE ....

(Sigillum Guillelmi de Vernone?)

Contre-sceau : Écu au sautoir.

✸ S' GVILEI DE VERNON

(Secretam Guillelmi de Vernon.)

Approbation d'une construction d'écluses aux moulins de Gouvieux.
— Février 1273.

1022   VERNON

(ALIX DE NÉHOU, FEMME DE GUILLAUME DE),

Châtelaine de Montméliant. — 1260.

Sceau ogival, de 40 mill. — Arch. de l'Oise; abbaye de Saint-Vincent
de Senlis.

Sur la plate-forme crénelée d'un château muni de
deux tours : la sainte Vierge couronnée, portant l'enfant
Jésus. Au-dessous, dans une niche tréflée, la châtelaine
priant.

✸ S' ALICIE : DOMINE : DE : NEAVHOV

(Sigillum Alicie, domine de Neauhou.)

Amortissement d'une rente sur un moulin de Gouvieux. — Février
1260.

CHÂTELAIN DE PONT-SAINTE-MAXENCE.

1023   PONT (JEAN DE),

Chevalier. — 1277.

Sceau rond, de 46 mill. — Arch. de l'Oise; abbaye de Chaalis.

Écu portant trois jumelles.

✸ S' IOHANNIS .. POVNS MILITIS

(Sigillum Johannis de Pouns, militis.)

Contre-sceau : Écu à trois jumelles.

✸ S' IOHIS DE PONTE MILITIS

(Secretum Johannis de Ponte, militis.)

Confirmation d'une acquisition de terre à Silly. — 26 juin 1277.

CHÂTELAIN DE THOUROTTE.

1024   HONNECOURT (JEAN, SIRE D'),

Chevalier. — 1301.

Sceau rond, de 65 mill. — Arch. de l'Aisne; évêché de Laon.

Type équestre. Dans un encadrement à six lobes et
sur un champ fretté : le châtelain galopant à droite. Le
heaume est cimé d'un lion, ainsi que la tête du cheval;
le bouclier, l'ailette et la housse portent également un
lion.

✸ ....HAN · CHASTELAIN..... ...LIER · SI..
.. .OVNECOVRT

(Seel Jehan, chastelain de Thorote, chevalier, sire de Hounecourt.)

Contre-sceau : Dans une rose et sur champ fretté : un
cavalier semblable à celui de la face.

✸ SECRET : IEHAN : CHASTELAIN : DE :
THOROTE CHEVALIER

(Secret Jehan, chastelain de Thorote, chevalier.)

Cession de droits sur la châtellenie de Laon, sur Barenton-Cel et
Valavergny. — 9 janvier 1301.

GOUVERNEURS.

1025   NÉDONCHEL (GILLES DE),

Gouverneur du comté de Clermont, chevalier. — 1363.

Contre-sceau rond, de 22 mill. — Arch. de l'Oise; abbaye de Froidmont.

Écu à la bande, timbré d'un heaume cimé d'un coq,
sur un champ entouré d'un cordon de roses?

GILLES : DE · NEDONCHEL

(Gilles de Nédonchel.)

Attestation de l'authenticité du sceau de Guillaume de Cramoisy. —
18 octobre 1363.

1026   MORTAGNE (HUGUES DE),

Gouverneur de la châtellenie de Picquigny, écuyer. — 1380.

Sceau rond, de 22 mill. — Arch. de la Somme; chapitre d'Amiens.

Écu à trois bandes, penché, timbré d'un heaume cimé d'une tête d'homme barbu, supporté par deux lions.

· S... DE MORTAGNE ·

(Seel Huon de Mortagne.)

Acquisition du fief de la Motte-Rivery. — 1ᵉʳ février 1380.

CAPITAINES.

1027   CAIX (BIDAUT DE),

Seigneur de Travecy, chevalier, capitaine de la ville de Laon. — 1390.

Sceau rond, de 32 mill. — Arch. communales de Laon.

Sur un champ entouré d'un cordon où court une guirlande de fleurs : un écu portant trois maillets, au franc canton chargé d'un écusson, penché et timbré d'un heaume cimé.

S. BIDA. ... HIS S. ...... VERCY?

(Seel Bidau de Kais, seigneur de Travercy?)

Quittance de 100 francs d'or, gages de sa capitainerie. — 5 février 1390.

1028   CERNY (JEAN DE),

Ex-capitaine de la ville de Laon, écuyer. — 1413.

Sceau rond, de 22 mill. — Arch. communales de Laon.

Écu portant un écusson en abîme, à la bande componée ou de vair? brochant sur le tout, penché, timbré d'un heaume cimé d'une ramure de cerf, supporté par deux lions.

ıeʃan ꝺe ʃarnp

(Jehan de Sarny.)

Quittance de ses gages de capitaine. — 10 octobre 1413.

1029   THOREL (GILLES),

Seigneur de Pancy, écuyer, capitaine de la ville de Laon. — 1415.

Sceau rond, de 28 mill. — Arch. communales de Laon.

Écu portant un échiqueté, écartelé de trois pals sous un chef; penché, timbré d'un heaume cimé d'une tête humaine. — Légende détruite.

Quittance de gages. — 16 juillet 1415.

OFFICES DE FINANCE.

AIDES.

1030   PETIT (ÉTIENNE),

Commissaire sur le fait des aides à Gien. — 1477.

Sceau rond, de 22 mill. — Arch. de l'Oise; Saint-Martin-au-Bois.

Écu au chevron accompagné de trois oiseaux, penché, timbré d'un heaume à lambrequins cimé.

eʃtienne : petıt

(Estienne Petit.)

Le commissaire des aides reçoit à composition le prieur de Moussy-le-Vieux. — 8 août 1477.

TRÉSORIER.

1031   HANGEST (GUILLAUME DE),

Trésorier du roi à Amiens. — 1304.

Sceau rond, de 28 mill. — Arch. de la Somme; chapitre d'Amiens.

Dans un encadrement quadrilobé ; un écu à la croix engrêlée cantonnée de quatre fleurs de lys.

.... ST : LAIR .....

(..... Hangest, l'aîné .....?)

Accord, entre la ville d'Amiens et le chapitre, au sujet d'un puits situé devant l'église Notre-Dame. — 11 février 1304.

NOUVEAUX ACQUÊTS.

1032   BAILLET (ROBERT),

Procureur du roi au bailliage d'Amiens, commissaire sur le fait des nouveaux acquêts. — 1374.

Sceau rond, de 22 mill. — Arch. de la Somme; abbaye du Gard.

Écu à la bande accompagnée d'une étoile en chef, penché, timbré d'un heaume cimé d'une tête de chien, supporté par deux lions.

S · ROBERT ....

(Seel Robert Baillet.)

Dénombrement de nouveaux acquêts, fourni par l'abbaye du Gard; règlement des droits du roi. — 2 janvier 1374.

1033   BARREAU (JEAN),

Seigneur de Saint-Maurice-sur-Loire, chevalier, maître des requêtes de l'hôtel, gouverneur du bailliage d'Amiens, commissaire sur le fait des nouveaux acquêts. 1374.

Sceau rond, de 24 mill. — Arch. de la Somme; abbaye du Gard.

Écu à la bande chargée de trois fleurs de lys au pied

15

coupé, penché et timbré d'un heaume couronné cimé
de . . . . ., supporté par deux lions. — Légende détruite.

Voyez le numéro précédent.

1034   BOILEAU (HUGUES),

Licencié en lois et en décrets, commissaire sur le fait des nouveaux acquêts.
1481.

Sceau rond, de 24 mill. — Arch. de la Somme; abbaye de Corbie.

Écu portant une chaîne? en bande, accompagnée de
coquilles en orle, penché et timbré d'un heaume à lambrequins.

. . . . . cleaue

(Seel Hugue Boeleaue.)

Décharge de droits d'amortissement, accordée à la terre de Boulogne.
— Amiens, 18 février 1481.

1035   BOUCQUEL (BAUDOT),

Dit Buflardin, commissaire du duc de Bourgogne sur le fait des nouveaux acquêts.
1461.

Sceau rond, de 38 mill. — Arch. de la Somme; chapitre d'Amiens.

Fragment d'écu paraissant porter des jumelles, penché, timbré d'un heaume à lambrequins cimé d'une tête
de lion? supporté à dextre par une aigle, à sénestre par
un lion.

Seel ·.· baud . . . . . . de : uoielle

(Seel Baudot . . . . . de Noielle.)

Quittance relative aux acquêts des fiefs de Quiry, le Saulchoy et
Doméliers. — 14 juillet 1461.

1036   ESTRÉES (A. D'),

Commissaire du duc de Bourgogne sur le fait des nouveaux acquêts. — 1461.

Sceau rond, de 24 mill. — Arch. de la Somme; chapitre d'Amiens.

Écu portant un fretté sous un chef chargé de trois oiseaux, penché, timbré d'un heaume cimé d'une tête
d'homme barbu, supporté par deux lions.

S : au . . . . . deftrees

(Seel An . . . . . d'Estrées.)

Voyez le numéro précédent.

1037   GRATIEN (TASSART),

Procureur en la cour du roi à Amiens, commissaire sur le fait des nouveaux
acquêts. — 1398.

Sceau rond, de 19 mill. — Arch. de la Somme; chapitre d'Amiens.

Dans un trilobe : un écu portant trois trèfles accompagnés de . . . . ., à la bordure, soutenu par un ange,
supporté par deux lions.

seel taffart gratien

(Seel Tassart Grasien.)

Mainlevée des biens de la chapelle du Pilier-Rouge. — 10 novembre
1393.

1038   PLACE (ROBERT DE LA),

Receveur du bailliage de Senlis, commissaire sur le fait des nouveaux acquêts.
1471.

Sceau rond, de 23 mill. — Hôpital de Beauvais, 5°.

Écu au chevron accompagné de deux roses en chef et
d'un croissant en pointe.

s Robert de la place

(Seel Robert de la Place.)

Déclaration des biens de l'Hôtel-Dieu et son admission à composition pour vingt ans. — 12 mars 1471.

1039   RADIN (SIMON),

Conseiller du roi, commissaire sur le fait des nouveaux acquêts. — 1481.

Sceau rond, de 25 mill. — Arch. de la Somme; abbaye du Gard.

Écu portant trois fers de moulin, soutenu par un
ange.

. . . on Radin

(Simon Badin.)

Quittance au sujet d'une maison à Amiens, acquise par l'abbaye du
Gard. — 15 février 1481.

1040   SÈVE (PIERRE LE),

Receveur du bailliage d'Amiens, commissaire sur le fait des nouveaux acquêts.
1374.

Sceau rond, de 24 mill. — Arch. de la Somme; abbaye du Gard.

Écu à la bande accompagnée de deux aiglettes, supporté à sénestre par un lion coiffé d'un heaume.

. . . . . RRG L . . . . .

(Seel Pierre le . . . . .)

Dénombrement de nouveaux acquêts, fourni par l'abbaye du Gard;
règlement des droits du roi. — 2 janvier 1374.

RECEVEURS.

1041   FÉRET (ALEAUME),

Receveur du bailliage d'Amiens. — 1398.

Sceau rond, de 24 mill. — Arch. de la Somme; abbaye du Gard.

Écu à trois bandes au croissant brochant sur le tout,
penché, timbré d'un heaume cimé d'un écureuil, supporté par deux lions.

. . . . . ume feret

(Aleaume Féret.)

Quittance de 240 l. que l'abbaye du Gard devait au roi sur une terre
au Val-Heureux. — 1er mai 1398.

1042   **MERCIER (JEAN LE),**

Vicomte et receveur du comte d'Aumale. — 1461.

Signet hexagone, de 14 mill. — Arch. de la Somme; évêché d'Amiens.

Écu au chevron accompagné de trois roses?

...... mercier

(Jehan le Mercier.)

Quittance d'une amende. — 23 septembre 1461.

TONLOYERS.

1043   **RENAUD,**

Tonloyer de Beauvais, chevalier. — 1258.

Sceau rond, de 50 mill. — Arch. de l'Oise; abbaye de Beaupré.

Écu à la fasce accompagnée de sept merlettes, quatre en chef et trois en pointe.

✳ S' REИALDI : ᛏᚻGLOИGARII : BGLVACᛘ ·

(Sigillum Renaldi, thelonearii Belvacensis.)

Nomination d'arbitres chargés de statuer sur un droit de passage disputé par l'abbaye de Beaupré. — Janvier 1258.

1044   **COLART,**

Sire de Morlaines-les-Châtaignes, chevalier, tonloyer de Beauvais. — 1263.

Sceau rond, de 60 mill. — Arch. de l'Oise; abbaye de Froidmont.

Type équestre. Le bouclier portant une bande accompagnée de six merlettes en orle.

...Lᚢ · COLARD........LVAᚻ.S' OИLIᛏIS

(Sigillum Colardi ..... Belvacensis, militis.)

CONTRE-SCEAU : Écu à la bande accompagnée de six merlettes en orle.

✳ S' COLLARDI · DG · MOLLGIИGS · OИLIᛏ'

(Secretum Collardi de Molleines, militis.)

Don, par échange, d'une rente sur le tonlieu du fer à Beauvais. — Avril 1263.

1045   **GUILLAUME,**

De Morlaines-les-Châtaignes, seigneur de Mello, tonloyer de Beauvais. — 1315.

Sceau rond, de 26 mill. — Arch. de l'Oise; abbaye de Froidmont.

Écu à la bande accompagnée de six merlettes en orle.

✳ S' G · DG MOLLARIS CAИ ИOVIOM

(Sigillum G. de Mollanis, canonici? Noviomensis.)

Obligation de rente envers les religieux de Froidmont. — Mai 1315.

GRENETIER.

1046   **LORRAIN (JEAN LE),**

Grenetier de la ville de Laon. — 1410.

Sceau rond, de 20 mill. — Arch. communales de Laon.

Dans un encadrement ovale : la lettre gothique **ł**.

ɪᴇɧau · ɪᴇ · ɪoraɪn

(Jehan le Lorrain.)

Quittance de frais de voyage. — 29 septembre 1410.

EAUX ET FORÊTS.

1047   **MONTFORT (THOMAS DE),**

Seigneur de Vernepont, écuyer, maître d'hôtel du roi, lieutenant général des eaux et forêts en France, Champagne, Brie, etc. — 1478.

Sceau rond, d'environ 38 mill. — Arch. de l'Oise; chapitre de Noyon.

Écu portant trois croissants, penché et suspendu par sa guiche. — Légende détruite.

Confirmation de droits de pâture à Thiescourt. — 14 décembre 1478.

1048   **MARSEILLE (JEAN DE),**

Seigneur de Maisons-sur-Seine, écuyer, lieutenant général des eaux et forêts en France, Champagne, Brie, bailliage de Vermandois. — 1515.

Sceau rond, de 40 mill. — Arch. de l'Oise; chapitre de Noyon.

Dans un champ planté de trois arbres : un écu portant trois chevrons, écartelé d'hermines à deux bars adossés, suspendu à l'arbre du milieu, au-dessus d'une rivière.

..... : .. arſeill .....

(..... de Marseille .....)

Confirmation de droits de pâture à Thiescourt. — 24 avril 1515.

SCEAUX ECCLÉSIASTIQUES.

Xᵉ SÉRIE. — PAPES, CARDINAUX, CLERGÉ ROMAIN.

PAPE.

1049   BENOÎT XIV.

1740.

Cachet ovale, de 29 mill. — Arch. de la Somme; chapitre d'Amiens.

L'anneau du pêcheur. Saint Pierre nimbé, dans une barque, tirant ses filets.

BENEDICTVS·XIV·P·M.

(Benedictus XIV, pontifex maximus.)

Bref accordant vingt-cinq ans d'indulgences plénières à l'occasion de la translation de saint Firmin. — 29 novembre 1740, « pontifica-« tus nostri anno primo.»

CARDINAUX.

1050   ODET DE CHÂTILLON,

Cardinal-diacre du titre de Saint-Serge et Saint-Bacche, archevêque de Toulouse, évêque et comte de Beauvais, vidame de Gerberoy, pair de France. — 1535.

Sceau ogival, de 118 mill. — Hôpital de Beauvais, 1 ¹⁸.

Le Christ en croix. A ses pieds, à droite, saint Paul debout; à gauche, le cardinal à genoux, suivi de son patron debout. Au-dessous du Calvaire : un écu à l'aigle couronnée, devant une croix épiscopale, surmonté d'un chapeau de cardinal.

ODDO·TITVLI·SANCTORVM·SERGII·BACCHI· ET·APVLEII·DIACONVS·CARᴸᴸᴬ DE CASTEL-LIONE

Indulgences accordées aux bienfaiteurs de l'Hôtel-Dieu de Beauvais, avec l'autorisation donnée à cet hôpital de placer un tronc dans les églises et abbayes du diocèse. — 31 janvier 1535.

1051   CHARLES,

Cardinal-prêtre du titre de Saint-Mathieu, évêque d'Amiens. — 1538.

Sceau rond, de 50 mill. — Arch. de la Somme; chapitre d'Amiens.

Écu portant six fasces, surmonté d'un chapeau de car-

dinal cimé d'une Vierge à l'enfant Jésus, accompagnée de branches fleuries.

✳ C.ROLVS·TT·S·MATHEI·SA·SCTE·RO·EC'· PB'R·CARD·AMBIAN·EPS

(Carolus tituli sancti Mathei, sacro sancte Romane ecclesie presbiter cardinalis, Ambianensis episcopus.)

CONTRE-SCEAU : Écu à six fasces, surmonté d'un chapeau de cardinal. — Sans légende.

Accord avec le chapitre d'Amiens. — 1538.

1052   HIPPOLYTE D'EST,

Cardinal de Ferrare, promu en 1539.

Sceau rond, de 38 mill. — Communiqué par M. Mathon, à Beauvais.

Écu d'Est écartelé de Ferrare, surmonté d'un chapeau de cardinal.

HIPPOLYTVS : ESTEN : CARDᴸᴵˢ FERR

Sceau détaché.

1053   CHARLES DE BOURBON,

Cardinal-prêtre du titre de Saint-Chrysogone, archevêque de Rouen, administrateur de l'abbaye de Corbie. — 1586.

Sceau rond, de 70 mill. — Arch. de la Somme; abbaye de Corbie.

L'écu de France au bâton péri en bande, devant la croix épiscopale, surmonté d'un chapeau de cardinal.

✳ SIGILLVM......CAROLI CARDᵗ..BOR..... ARCHI.....

(Sigillum ..... Caroli, cardinalis de Borbonio, archiepiscopi Rothomagensis .....)

CONTRE-SCEAU : Même représentation qu'à la face. — Sans légende.

Provisions de chantre. — 31 décembre 1586.

1054   PAUL D'ALBERT DE LUYNES,

Cardinal-archevêque de Sens, abbé et comte de Corbie. — 1777.

Cachet ovale, de 20 mill. — Arch. de la Somme; évêché d'Amiens.

Écu ovale au lion couronné, entouré du grand cordon

Saint-Esprit, surmonté d'une couronne, devant la croix épiscopale, sous un chapeau de cardinal. — Sans légende.

Présentation à la cure de Saint-Martin de Vecquemont. — 11 septembre 1777.

CLERGÉ ROMAIN.

1055   CONCILE DE CONSTANCE.

1415.

Bulle de plomb ronde, de 36 mill. — Arch. de la Somme; chapitre d'Amiens.

Deux clefs en sautoir réunies par une chaîne.

S · SACRA · SINODI · CONSTANCIEN ·

(Sigillum sacre sinodi Constanciensis.)

REVERS : Les têtes de saint Paul et de saint Pierre séparées par une croix haussée.

S PA S PE

(Sanctus Paulus, sanctus Petrus.)

Bulle confirmative de l'élection de Pierre, abbé de Saint-Acheul. — Constance, 23 septembre 1415, «apostolica sede vacante.»

1056   SCEAU DU PAPE

POUR LE COMTAT VENAISSIN.

xiv° siècle.

Bulle de plomb ronde, de 33 mill. — Communiqué par M. Delaherche, à Beauvais.

La tête de saint Pierre.

SIGILLVM : DO.... PAPE

(Sigillum domini Pape.)

REVERS : Deux clefs en sautoir.

IN COMITATV : VENAYSINI

(In comitatu Venaysini.)

Sceau détaché.

XI° SÉRIE. — ARCHEVÊQUES ET ÉVÊQUES.

ÉVÊQUES D'AMIENS.

1057   FOULQUES I" OU II,

Évêque d'Amiens. — 993-1058.

Sceau rond, de 45 mill. — Musée d'Amiens.

Buste d'évêque vu de face, vêtu de la chasuble, tenant sa crosse de la main droite; la tête est nue, «cum corona».

SIGILLVM · FVLCONIS · EPISCOPI

(Sigillum Fulconis, episcopi.)

Épreuve d'une matrice en ivoire trouvée dans la Somme.

1058   GARIN DE CHÂTILLON,

Évêque d'Amiens. — 1127-1144.

Sceau ogival, en cuvette, de 72 mill. — Musée d'Amiens.

L'évêque assis, tête nue? tenant sa crosse de la main gauche.

SIGILLVM ...RINI DEI GRACIA AMBIANENSIS EPISCOPI :

(Sigillum ..... rini, Dei gracia, Ambianensis episcopi.)

Sceau détaché.

1059   THIERRI,

Évêque d'Amiens. — 1144-1164.

Sceau ogival, en cuvette, de 75 mill. — Musée d'Amiens.

L'évêque assis, vêtu de la chasuble, coiffé d'une mitre cornue, crossé, bénissant, portant le manipule au poignet gauche.

SIGILLVM · THEODERICI · AMBIANENSIS · EPISCOPI

(Sigillum Theoderici, Ambianensis episcopi.)

Sceau détaché.

1060   ROBERT,

Évêque d'Amiens. — 1166.

Sceau ogival, d'environ 80 mill. — Arch. de la Somme; abbaye de Saint-Jean d'Amiens.

Type fort incomplet d'évêque debout, crossé, bénissant. — Légende détruite.

Confirmation d'un accord, entre Firmin, mayeur d'Amiens, et les religieux de Saint-Jean, au sujet des pâturages de Longpré. — 1166.

1061   THIBAUD D'HEILLY,

Évêque d'Amiens. — 1170.

Sceau ogival, en cuvette, de 75 mill. — Arch. de la Somme; abbaye du Gard.

L'évêque debout, revêtu de la chasuble qui laisse

voir en bas la dalmatique, l'étole et l'aube, portant le manipule par-dessus la manche gauche de la dalmatique, coiffé d'une mitre cornue, crossé, bénissant.

✠ SIGILLVOɪ : THℰOBALDI : DℰI : GRACIA : AMBIAMSIS : ℰPI

(Sigillum Theobaldi, Dei gracia, Ambianensis episcopi.)

L'évêque ratifie la donation du cens de Ménévillers. — 1170.

1062   THIBAUD D'HEILLY,

Évêque d'Amiens. — Vers 1184.

Sceau ogival, de 74 mill. — Arch. de la Somme; abbaye du Gard.

L'évêque debout, coiffé d'une mitre pointue, crossé, bénissant.

SIGILℒℰ THEOBAL............AMBIANENSIS
EPI

(Sigillum Theobaldi, Dei gracia, Ambianensis episcopi.)

L'évêque ratifie le don d'une rente à Ménévillers. — Sans date.

1063   THIBAUD D'HEILLY,

Évêque d'Amiens. — 1200.

Sceau ogival, de 70 mill. — Arch. de la Somme; abbaye du Gard
et musée d'Amiens.

L'évêque debout, vu de face, mitré, crossé, bénissant.

SIGILLVM · THℰOBALDI · AMBIANℰNSIS ·
ℰPI

(Sigillum Theobaldi, Ambianensis episcopi.)

Confirmation de plusieurs dons à Rilleux. — 1200.

1064   RICHARD DE GERBEROY,

Évêque élu d'Amiens. — 1205.

Sceau ogival, de 66 mill. — Arch. de la Somme; abbaye du Gard.

L'évêque debout, tête nue, avec la chasuble, la dalmatique, l'aube et le manipule, tenant un livre des deux mains.

✠ SIGILℒℰ : RICARℴI : ℰLℰCTI : AMBIANℰNSIS

(Sigillum Ricardi, electi Ambianensis.)

Rachat d'une rente sur la grange d'Yseux. — Juillet 1205.

1065   RICHARD DE GERBEROY,

Évêque d'Amiens. — 1206.

Sceau ogival, de 75 mill. — Arch. de la Somme; abbaye du Gard.

L'évêque debout, mitré, crossé, bénissant; il porte l'aube, la dalmatique et la chasuble.

✠ SIGILLVM : RIℭARDI : AℴℬIANℰNSIS :
ℰP'I

(Sigillum Ricardi, Ambianensis episcopi.)

Confirmation de certains dons à Rilleux. — Amiens, janvier 1206.

1066   ÉVRARD,

Évêque d'Amiens. — 1217.

Sceau ogival, de 80 mill. — Arch. de la Somme; abbaye du Gard.

L'évêque debout, mitré, crossé, bénissant; il porte l'aube, l'étole, la dalmatique, la chasuble et le manipule.

✠ SIGILLVM : ℰVℰRARDI : AMBIANℰNSIS :
ℰPISℭOPI

(Sigillum Everardi, Ambianensis episcopi.)

Contre-sceau : L'évêque à genoux, devant un autel surmonté d'une main bénissant le calice.

✠ SANℭTℰ FIRMINℰ ORA PRO NOBIS

(Sancte Firmine ora pro nobis.)

Confirmation du droit de construire des moulins au Gard et d'une rente sur le pont de Picquigny. — Mars 1217.

1067   GEOFFROI D'EU,

Évêque d'Amiens. — 1230.

Sceau ogival, de 74 mill. — Arch. de la Somme; abbaye du Gard.

L'évêque debout, mitré, crossé, tenant dans sa main droite un objet indistinct.

✠ SIGILℒℰ GAVFRIDI ℰPISℭOPI
AMBIANℰNSIS :

(Sigillum Gaufridi, episcopi Ambianensis.)

Contre-sceau : Un Agnus.

AGNVS DℰI MISℰRℰRℰ MℰI

(Agnus Dei miserere mei.)

Don de terres et de bois à Longueville. — Janvier 1230.

1068   ARNOUL,

Évêque d'Amiens. — 1243.

Sceau ogival, de 58 mill. — Arch. de la Somme; abbaye du Gard.

L'évêque debout, mitré, crossé, bénissant.

✠ S' ARNVLPHI : DℰI : GRATIA : AℴℬIANℰNSIS ·
ℰPISℭOPI

(Sigillum Arnulphi, Dei gratia, Ambianensis episcopi.)

Accord entre l'abbaye du Gard et Robert, curé des Auteux. — Janvier 1243.

1069   GÉRARD DE CONCHY,

Évêque d'Amiens. — 1247-1258.

Sceau ogival, de 60 mill. — Musée d'Amiens.

L'évêque debout, mitré, crossé, bénissant.

✠ S' GIR..DI ⋮ DℰI ⋮ GRA ⋮ ᕙMℬIANℰNSIS ⋮
ℰPI

(Sigillum Girardi, Dei gratia, Ambianensis episcopi.)

CONTRE-SCEAU : Un Agnus.

SECRETVM GIRARDI

(Secretum Girardi.)

Sceau détaché.

1070 ROBERT DE FOUILLOY,

Évêque d'Amiens. — 1312.

Sceau ogival, de 70 mill. — Arch. de la Somme; chapitre d'Amiens.

Sous un petit dais gothique et sur un champ fretté : l'évêque debout, coiffé d'une mitre ornée d'un orfroi et de perles, crossé, bénissant; on distingue à son poignet gauche un manipule étroit.

S' : ROBERTI : DEI : GRACIA : EPI : AMBIANEN

(Sigillum Roberti, Dei gracia, episcopi Ambianensis.)

CONTRE-SCEAU : Sur un champ fretté, la Vierge à mi-couronnée, tenant l'enfant Jésus.

✠ CONTRA : S' : EPI : AMBIANEN :

(Contra sigillum episcopi Ambianensis.)

Ratification de l'acquêt de la terre de Louvrechies — 24 septembre 1312.

1071 SIMON DE GOUGANS,

Évêque d'Amiens. — 1324.

Sceau ogival, d'environ 75 mill. — Arch. de la Somme; chapitre d'Amiens.

Type incomplet d'évêque debout, sur champ fretté, accosté à dextre d'un écu portant une croix à la bordure et surmonté d'un écusson en losange chargé de quatre fleurs de lys. — Légende détruite.

CONTRE-SCEAU : Sur un champ fretté, la Vierge debout avec l'enfant Jésus et tenant un lis de la main droite. A dextre, un écu à la croix à la bordure; à sénestre, un écu portant une crosse? à la bande brochant et à la bordure.

✠ S'.........S : EPI · AM......SIS

(Secretum Simonis, episcopi Ambianensis.)

Règlement concernant les enfants de chœur. — 24 septembre 1324.

1072 JEAN DE CHERCHEMONT,

Évêque d'Amiens. — 1370.

Sceau ogival, de 62 mill. — Arch. de la Somme; chapitre d'Amiens.

Dans une niche gothique principale : l'évêque debout, mitré, crossé, bénissant, accosté de deux écus à trois pals au bâton de losanges brochant; au-dessus, la Vierge avec l'enfant Jésus.

S'. IOHANNIS : DEI : GRACIA : EPISCOPI : AMBIANENSIS

(Sigillum Johannis, Dei gracia, episcopi Ambianensis.)

Don de joyaux et d'ornements épiscopaux offerts au trésor de l'église d'Amiens. — 1er juin 1370.

1073 JEAN DE BOISSY,

Évêque d'Amiens. — 1403.

Sceau ogival, de 80 mill. — Arch. de la Somme; évêché d'Amiens.

Dans une niche principale surmontée d'un riche dais gothique : la Vierge assise, tenant l'enfant Jésus; dans deux niches latérales, saint Jean et un autre saint. Au-dessous de la Vierge : l'évêque priant, accosté à dextre d'un écu portant une croix à la bordure, et à sénestre d'un écu à cinq points équipollés.

S : IOHS : DEI : ....

(Sigillum Johannis, Dei gracia .....)

Transaction au sujet de droits de justice. — 12 mars 1403.

1074 JEAN D'HARCOURT,

Évêque d'Amiens. — 1429.

Sceau rond, de 42 mill. — Arch. de la Somme; chapelains d'Amiens.

Dans une niche gothique : la Vierge à mi-corps, portant l'enfant Jésus; dans deux niches latérales : saint Jean et .....; au-dessous, l'évêque priant. A sénestre, un écu écartelé : au 1 et 4, les fasces d'Harcourt; au 2, un semé de fleurs de lys au lambel de trois pendants; au 3, trois bandes.

...... arcuria ....

(..... de Harcuria .....)

Transaction au sujet des offrandes des messes basses. — 1429.

1075 JEAN AVANTAGE,

Évêque d'Amiens. — 1452.

Sceau rond, de 35 mill. — Arch. de la Somme; chapelains d'Amiens.

Dans une niche principale surmontée d'un riche clocheton : la Vierge et l'enfant Jésus; dans deux niches latérales : deux saints. Au-dessous de la Vierge, l'évêque en prière, accosté à dextre d'un écu portant une croix à la bordure, et à sénestre d'un écu à trois têtes de lion.

s iohis.....agn epi ambianensis

(Sigillum Johannis Avantagii? episcopi Ambianensis.)

Fondation d'une messe en la chapelle de la «Mère Dieu Anglesque». — 5 avril 1452.

1076 FERRI DE BEAUVOIR,

Évêque d'Amiens. — 1458.

Sceau rond, de 40 mill. — Arch. de la Somme; chapitre d'Amiens.

Dans une niche principale surmontée d'un clocheton

gothique : la Vierge avec l'enfant Jésus; dans deux niches latérales : deux martyrs. Au-dessous, l'évêque priant, ayant à dextre un écu portant la croix à la bordure, et à sénestre un écu à deux bandes, écartelé de trois maillets.

s : ferrici de beawoir epi ambianeulis

(Sigillum Ferrici de Beauvoir, episcopi Ambianensis.)

Fondation de deux chapelles à l'autel de l'Annonciation, par Jean de Mailly, évêque de Noyon. — 11 décembre 1458.

1077   FRANÇOIS DE HALLEWYN,

Évêque d'Amiens. — 1530.

Sceau ogival, de 70 mill. — Arch. de la Somme; chapitre d'Amiens.

Dans une niche principale : la Vierge debout, portant l'enfant Jésus. Au-dessous, un évêque priant, accompagné de deux écus paraissant porter trois lions à l'écusson en abîme.

s : franciscus dei gracia ambianeulis epiLcopus

(Sigillum Franciscus, Dei gracia, Ambianensis episcopus.)

CONTRE-SCEAU : Écu portant trois lions à l'écusson en abîme, devant une crosse.

s : francilci epi ambianeulis

(Secretum Francisci, episcopi Ambianensis.)

Fondation de deux chapelles en l'honneur de saint Éloi et de saint Domitien, par Adrien de Hénencourt. — 12 décembre 1530.

1078   PIERRE SABATIER,

Évêque d'Amiens. — 1731.

Cachet ovale, de 36 mill. — Arch. de la Somme; évêché d'Amiens.

Écu au chevron accompagné de trois coquilles, sous un chef chargé d'une croix, couronné et surmonté du chapeau épiscopal.

PETRVS SABATIER EPISCOPVS AMBIANENSIS

Saisie d'une maison tenue de l'évêque, pour défaut d'aveu et de dénombrement. — 12 mai 1731.

ÉVÊQUES DE BEAUVAIS.

1079   HENRI,

Fils de Louis le Gros, évêque de Beauvais. — 1156.

Sceau ogival, de 40 mill. — Arch. de l'Oise; abbaye de Froidmont.

Une main tenant une crosse.

✸ SIGILLV^ HENRICI · BELVAC · EPI

(Sigillum Henrici, Belvacensis episcopi.)

Confirmation de dons, d'acquisitions et d'accords. — 1156, « regnante Ludovico, rege Francorum.»

1080   PHILIPPE,

Évêque élu de Beauvais. — 1181.

Sceau ogival, de 62 mill. — Arch. de l'Oise; abbaye de Froidmont.

L'évêque, tête nue, assis de profil sur une chaière munie d'un escabeau, lisant dans un livre posé sur un pupitre.

✸ SIGILLVM : PHI........ACENSIS : ELECTI

(Sigillum Philippi, Belvacensis electi.)

Cession d'un chemin et de droits sur une dîme au Grandmesnil. — Beauvais, 11 avril 1181.

1081   MILON,

Évêque élu de Beauvais. — 1218.

Sceau ogival, de 66 mill. — Arch. de l'Oise; collégiale de Saint-Michel.

L'évêque debout, tête nue, tenant un livre de la main gauche; la droite ramenée sur la poitrine, la paume en dehors.

✸ : SIGILLVM : MILONIS ...... BELVACEN

(Sigillum Milonis, electi Belvacensis.)

CONTRE-SCEAU : Une aigle essorant.

✸ CONFIRMA HOC DEVS

(Confirma hoc Deus.)

Règlement concernant les vicaires de Saint-Michel. — Février 1218.

1082   MILON,

Évêque de Beauvais. — 1222.

Sceau ogival, de 70 mill. — Hôpital de Beauvais, 43°.

L'évêque debout, mitré, crossé, bénissant, au manipule retombant jusqu'au genou, accosté des lettres A, ꞷ (alpha et oméga).

✸ SIGILL : MILONIS : BELVACENSIS : EPISCOPI

(Sigillum Milonis, Belvacensis episcopi.)

Confirmation d'une transaction au sujet de terres à Câtenoy. — Avril 1222.

1083   GUILLAUME DE GREZ,

Évêque de Beauvais. — 1261.

Sceau ogival, d'environ 72 mill. — Hôpital de Beauvais, 93¹.

Type incomplet d'évêque debout, mitré, crossé, bénissant.

.... EPISCOPI.....

(..... episcopi ......)

CONTRE-SCEAU : Écu à la croix cantonnée de quatre clefs.

✳ CLAVES ......PI

(Claves episcopi.)

Ratification de l'achat d'un pré. — Février 1261.

1084   JEAN DE DORMANS,

Évêque de Beauvais. — 1861.

Sceau rond, de 30 mill. — Hôpital de Beauvais, 1².

Dans une niche gothique principale : la Vierge assise, tenant l'enfant Jésus, accompagnée de deux saints dans deux niches latérales. Au-dessous, l'évêque priant, accosté à dextre d'un écu rond au dauphin, et à sénestre d'un écu portant trois têtes de lion de face au lambel de trois pendants.

S IOh....ЯCI. ЄPI......ЄR

(Sigillum Johannis, Dei gracia, episcopi Belvacensis.)

Exemption de droits de forage, accordée à l'Hôtel-Dieu. — 15 août 1361.

1085   JEAN DE BAR,

Évêque-comte de Beauvais, vidame de Gerberoy, pair de France. — 1469.

Sceau ogival, d'environ 80 mill. — Hôpital de Beauvais, 8¹.

Dans une niche principale : saint Pierre tenant de la main gauche un livre, et de la droite une clef, accosté de deux anges portant un chandelier et placés chacun dans une niche latérale. Au-dessous, l'évêque priant; à dextre, l'écu à la croix cantonnée de quatre clefs; à sénestre, un écu burelé devant une crosse. — Légende détruite.

Échange d'une maison à Beauvais. — 14 août 1469.

1086   LOUIS DE VILLIERS,

Évêque-comte de Beauvais, vidame de Gerberoy, pair de France. — 1518.

Sceau ogival, de 85 mill. — Arch. de l'Oise; abbaye de Saint-Vincent.

· Épreuve déprimée, sans détails apparents, d'un type à plusieurs compartiments. Au bas, l'évêque priant, accosté de deux écus.

s lndovici ꝺe villers epi et comitis belvacenſis paris francie

(Sigillum Ludovici de Villers, episcopi et comitis Belvacensis, paris Francie.)

Contre-sceau : Écu écartelé : au 1 et 4, fruste; au 2 et 3, de Bar. — Sans légende.

Provisions du prieuré et de la cure de Neuilly-en-Thelle. — 28 juin 1518.

1087   NICOLAS FUMÉE,

Évêque-comte de Beauvais, vidame de Gerberoy, pair de France. — 1577.

Sceau rond, de 68 mill. — Hôpital de Beauvais, 29.

Écu portant deux fasces accompagnées de six besants ou tourteaux, 3 en chef, 2 entre les fasces et 1 en pointe, devant une crosse. — Légende fruste.

Lettres de récépissé de l'aveu des fiefs de la Havotière ou fiefs de Wambey, près Gerberoy. — 3 novembre 1577.

1088   TOUSSAINT DE FORBIN-JANSON,

Évêque-comte de Beauvais, vidame de Gerberoy, pair de France. — 1679-1713.

Sceau rond, de 53 mill. — Communiqué par M. Mathon, à Beauvais.

Sur un champ d'hermines : un écu au chevron accompagné de trois têtes de lion vues de face, couronné et surmonté d'un chapeau d'évêque.

TVSS · DE · FORBIN · EPISC · BELLOVACENSIS · COMES · ET · PAR · FRANCIÆ

Matrice originale.

1089   TOUSSAINT DE FORBIN-JANSON,

Évêque-comte de Beauvais, vidame de Gerberoy, pair de France. — 1700.

Cachet ovale, de 24 mill. — Arch. de l'Oise; abbaye de Saint-Lucien.

Écu au chevron accompagné de trois mufles de lion, entouré du cordon du Saint-Esprit, devant une croix patriarcale, sous un chapeau de cardinal. — Sans légende.

Confirmation d'une acquisition, au profit du maréchal, duc de Duflers. — 30 juillet 1700.

ÉVÊQUE DE BOULOGNE.

1090   AUGUSTIN CÉSAR D'HERVILLY.

1788-1749.

Cachet ovale, de 32 mill. — Communiqué par M. de Calonne, à Amiens.

Dans un cartouche : un écu semé de fleurs de lys, couronné, accosté d'une mitre et d'une crosse, surmonté d'un chapeau d'évêque.

AVGVSTINVS CŒSAR EPISCOPVS BOLONIENSIS

Matrice originale.

ÉVÊQUE DE CHÂLONS-SUR-MARNE.

1091   BOSON.

1156.

Sceau ogival, d'environ 80 mill. — Arch. de l'Aisne; abbaye de Valsecret.

L'évêque debout, mitré d'une mitre cornue, crossé, bénissant.

.... ЄRSIS · ЄPISCOPI

(..... Catalaunensis episcopi.)

Donation de l'autel de Vavray. — 1156.

16

ÉVÊQUES DE LAON.

1092   BARTHÉLEMY DE VIR,

Évêque de Laon. — 1121.

Sceau ogival, en cuvette, de 72 mill. — Musée de Soissons.

L'évêque debout, tête nue, crossé, bénissant.

SIGILLVM BARTĥOLOMEI........LAVDVNEИ
EPI

(Sigillum Bartholomei, Dei gratia, Laudunensis episcopi.)

Cession de l'autel de Boiry, en échange du lieu appelé *Prémontré*.
— 1121.

1093   GAUTIER DE SAINT-MAURICE,

Évêque de Laon. — 1152.

Sceau ogival, en cuvette, de 72 mill. — Arch. de l'Aisne;
abbaye de Saint-Martin de Laon.

L'évêque debout, vêtu de l'aube, la dalmatique et la
chasuble, portant le manipule, mitré d'une mitre cornue, crossé, bénissant.

SIGILLVОɔ GAL'ERI 'ᴏEI Gᴿᴀᴀ LAVDVHENSIS
EPI

(Sigillum Galteri, Dei gratia, Landunensis episcopi.)

Confirmation de l'abandon d'une portion de bois. — 1152.

1094   ′ ALBERT DE ROYE,

Évêque de Laon. — 1336.

Sceau ogival, d'environ 70 mill. — Arch. de l'Aisne; évêché de Laon.

L'évêque debout, crossé, bénissant; accosté à dextre
d'un écu portant une bande au lambel de trois pendants,
et à sénestre d'un autre écu à la bande chargé de trois
coquilles. — Légende détruite.

Contre-sceau : Dans un cadre gothique : un écu semé
de France à la croix brochant sur le tout.

✱ ꝰTR SIGILLV′ ꝜLBERTI · ЄPI · LꝜVDVꝶЄꝶꝯ
(Contra sigillum Alberti, episcopi Laudunensis.)

Accord, avec l'abbé de Saint-Nicolas-au-Bois, au sujet des mortes-
mains et formariages, et de la justice de la rivière. — Juin 1336.

1095   JEAN JUVÉNAL DES URSINS,

Évêque de Laon. — 1447.

Sceau ogival, de 80 mill. — Arch. de l'Aisne; abbaye de Saint-Vincent.

Dans une niche principale couronnée de clochetons :
la Vierge assise, tenant l'enfant Jésus, accompagnée de
deux saintes debout, chacune dans une niche latérale;
au-dessous, l'évêque priant, accosté à dextre d'un écu à
la croix cantonnée de quatre fleurs de lys, et à sénestre

d'un autre écu au bandé de six pièces sous un chef cousu
chargé d'une rose.

. . . . ꝺucıs lauꝺuneน comıꞇıs ꝺ . . . . .
(. . . . . ducis Laudunensis, comitis de Anixiaco . . . . . ?)

Fondation de messes par Henri Carpentier, médecin du duc de
Bourgogne. — 11 octobre 1447.

ÉVÊQUE DE MASSA-LUBRENSE, DANS LA TERRE
DE LABOUR, AU ROYAUME DE NAPLES.

1096   PIERRE.

xvi° siècle.

Sceau ogival, de 65 mill. — Communiqué par M. Mathon, à Beauvais.

Un ange à genoux devant la Vierge (l'Annonciation),
dans une niche gothique surmontée d'un dais; au-dessous,
un priant accosté de deux écus, portant chacun une croix
fendue.

✱ S FᴿꝜꞀꝪS · PЄTRI · DЄI · ᴏRꝜꝺIꝜ · ЄPI
ꙆVBRЄꝴSIS

(Sigillum fratris Petri, Dei gracia, episcopi Lubrensis.)

Matrice originale.

ÉVÊQUE DE MEAUX.

1097   ÉTIENNE DE LA CHAPELLE.

1164.

Sceau ogival, de 75 mill. — Arch. de l'Oise; abbaye de Chaalis.

L'évêque debout, crossé, bénissant. Mitre cornue, chasuble, étole et manipule frangés; dalmatique bordée
d'un orfroi, fendue jusqu'à mi-cuisse et laissant dépasser
l'aube.

✱ SIGILLVM · STEPĥAHI · MELDEꝴSIS ·
EPISCOPI

(Sigillum Stephani, Meldensis episcopi.)

Donation de terres et d'un champart à Chennevières. — 1164.

ÉVÊQUES DE NOYON.

1098   SIMON DE VERMANDOIS,

Évêque de Noyon et de Tournay. — 1124.

Sceau ogival, d'environ 70 mill. — Arch. de l'Oise; abbaye de Prémontré.

Fragment de type d'évêque debout, crossé, tenant un
livre. — Légende détruite.

Confirmation de biens à Bonneuil. — Noyon, 1124.

1099 SIMON DE VERMANDOIS,

Évêque de Noyon et de Tournay. — 1140.

Sceau ogival, en cuvette, de 76 mill. — Arch. de la Somme;
abbaye de Prémontré.

L'évêque debout, tête nue, crossé, bénissant. La chasuble relevée, la dalmatique peu fendue et à larges manches bordées d'un galon, manipule. — Dans le champ,
GRA DI (gratia Dei).

S' SIMONIS NOVIOMENSIS AC TORNACENSIS
EPI

(Sigillum Simonis, Noviomensis ac Tornacensis episcopi.)

Confirmation de la donation des moulins de «Hameals». — 1140.

1100 BAUDOUIN,

Évêque de Noyon. — 1167.

Sceau ogival, de 75 mill. — Arch. de l'Oise; chapitre de Noyon.

L'évêque debout, coiffé d'une mitre cornue, crossé,
bénissant; chasuble, dalmatique, manipule frangé.

SIGILLVM BALDVINI DEI GRA NOVIOMENSIS
EPI

(Sigillum Balduini, Dei gratia, Noviomensis episcopi.)

Bail à cens de terres et de bois, donné aux religieux d'Hérouval. —
1167.

1101 RENAUD,

Évêque de Noyon. — 1178.

Sceau ogival, d'environ 75 mill. — Arch. de l'Oise; abbaye de Prémontré.

L'évêque debout, crossé, bénissant.

✱ SIGILLVM RAINO......... EPI

(Sigillum Rainoldi, Noviomensis episcopi.)

Accord au sujet de la propriété du Bois-l'Évêque. — 1178.

1102 WERMOND DE LA BOISSIÈRE,

Évêque de Noyon. — 1271.

Sceau ogival, de 70 mill. — Arch. de l'Oise; chapitre de Noyon.

L'évêque debout de trois quarts, mitré, crossé, bénissant; chasuble drapée à grands plis.

✱ S'. WERMONDI · DEI · GRATIA ·
NOVIOMENSIS : EPISCOPI

(Sigillum Wermondi, Dei gratia, Noviomensis episcopi.)

CONTRE-SCEAU : Écu rond, semé de fleurs de lys à deux
crosses en pal sur le tout.

✱ SECRETVM WERMONDI

(Secretum Wermondi.)

Acquisition, par échange, de droits sur les fontaines et cours d'eau,
depuis Ercheux jusqu'à Bamecourt. — Mars 1271.

1103 GUI DES PRÉS,

Évêque de Noyon. — 1294.

Sceau ogival, de 70 mill. — Arch. de l'Oise; trésorerie du chapitre
de Noyon.

L'évêque debout, mitré, crossé, bénissant, revêtu d'une
ample chasuble brodée de perles au bord des manches
et autour du cou. — Dans le champ : six fleurs de lys.

S' GVIDONIS : DEI : GRA · NOVIOMENSIS :
EPISCOPI

(Sigillum Guidonis, Dei gratia, Noviomensis episcopi.)

Amortissement de rente. — Juillet 1294.

1104 JEAN DE MAILLY,

Évêque-comte de Noyon, pair de France. — 1458.

Sceau ogival, de 85 mill. — Arch. de la Somme; chapitre d'Amiens.

Dans une niche principale, d'architecture gothique
fleurie : la Vierge assise, tenant l'enfant Jésus; de chaque
côté, un saint debout, les mains jointes; au-dessous,
l'évêque priant, ayant à sa dextre un écu semé de fleurs
de lys à deux crosses en pal, et à sénestre un écu portant
trois maillets.

sigill......s.. mailliaco ... z co.......
paris francie

(Sigillum Johannis de Maillieco, episcopi et comitis Noviomensis, paris
Francie.)

Fondation de deux chapelles à l'autel de l'Annonciation, dans l'église
d'Amiens. — 1458, indictione 7, mensis decembris die undecima.

**1105 JEAN FRANÇOIS
DE LA CROPTE DE BOURZAC,**

Évêque-comte de Noyon. — 1734-1766.

Cachet ovale, de 26 mill. — Communiqué par M. de Chauvenet,
à Saint-Quentin.

Écu rond, à la bande accompagnée de deux fleurs de
lys, couronné et surmonté d'un chapeau d'évêque. —
Sans légende.

Matrice originale.

1106 CHARLES DE BROGLIE,

Évêque-comte de Noyon, pair de France. — 1766-1777.

Cachet ovale, de 45 mill. — Communiqué par M. de Chauvenet,
à Saint-Quentin.

Écu ovale, au sautoir ancré, couronné et surmonté
d'un chapeau d'évêque, sur un manteau semé de sautoirs ancrés et doublé d'hermines.

✱ CAROLVS · DE · BROGLIE · EPISCOPVS · COMES ·
NOVIOMENSIS · PAR · FRANCIÆ

Matrice originale.

16.

1107 LOUIS ANDRÉ DE GRIMALDI,

Évêque-comte de Noyon, pair de France. — 1777-1790.

Cachet ovale, de 35 mill. — Communiqué par M. de Chauvenet, à Saint-Quentin.

Écu ovale, losangé, couronné et surmonté d'un chapeau d'évêque, sur un manteau losangé et doublé d'hermines.

✱ LVD · A · DE · GRIMALDI · E · PRIN · MONŒCI · EPIS · ET · COMES · NOVIOMENSIS · PAR · FR ·

Matrice originale.

ARCHEVÊQUE DE REIMS.

1108　　　　GUI,

Cardinal Paré. — 1204-1206.

Sceau ogival, de 78 mill. — Musée d'Amiens.

L'archevêque debout, mitré, crossé, bénissant.

✱ SIGILL : GVIDONIS REMENSIS ARCHIEPISCOPI

(Sigillum Guidonis, Remensis archiepiscopi.)

CONTRE-SCEAU : L'archevêque priant, appuyé sur sa crosse.

✱ GVIDO · HVMILIS · MINISTER · XPI

(Guido, humilis minister Christi.)

Sceau détaché.

ÉVÊQUE DE SENLIS.

1109　　　　AMAURI.

1166.

Sceau ogival, de 60 mill. — Arch. de l'Oise; abbaye de Chaalis.

L'évêque assis, coiffé d'une mitre pointue, le bâton de sa crosse passé entre ses jambes, bénissant.

✱ SIGILL AMARICI : SILVANECTENSIS : EPI ·

(Sigillum Amarici, Silvanectensis episcopi.)

Confirmation d'une donation de terre à Fontaine. — 1166.

ÉVÊQUE DE TÉROUANE.

1110　　　　ADAM.

1228.

Sceau ogival, de 72 mill. — Arch. de l'Oise; abbaye de Chaalis.

L'évêque debout, mitré, crossé, bénissant.

SIGILLVO · ADE : OORINENSIS : EPP · ·

(Sigillum Ade, Morinensis episcopi.)

CONTRE-SCEAU : L'évêque à genoux, mitré, appuyé sur sa crosse.

✱ SECRETVO OEVO MICHI

(Secretum meum michi.)

Donation d'une rente destinée aux pauvres «in lectis ejusdem do-«mus decubantium». — Février 1228.

OFFICIALITÉS DIOCÉSAINES.

1111　　　AMIENS (OFFICIALITÉ D').

1237.

Sceau rond, de 42 mill. — Arch. de l'Oise; abbaye de Froidmont.

Un portail tréflé, soutenu par deux colonnes fleuronnées; le battant de gauche muni de deux poignées.

✱ SIGILL : CVRIE · AMBIANENSIS

(Sigillum curie Ambianensis.)

CONTRE-SCEAU : Une aigle essorant.

✱ SECRETVM ·

(Secretum.)

Acquisition du bois d'Essart à Blanc-Fossé. — Janvier 1237.

1112　　　AMIENS (OFFICIALITÉ D').

1252.

Sceau rond, de 42 mill. — Arch. de la Somme; abbaye du Gard.

Un portail tréflé, supporté par deux colonnes fleuronnées; sur le trèfle, deux oiseaux perchés; le battant de gauche muni de deux poignées.

✱ SIGILL : CVRIE : AMBIANENSIS

(Sigillum curie Ambianensis.)

CONTRE-SCEAU : Une aigle essorant.

✱ SECRETVM

(Secretum.)

Acquisition d'une terre «in loco qui vocatur Busset». — Mai 1252.

1113　　　AMIENS (OFFICIALITÉ D').

1322.

Sceau rond, de 42 mill. — Arch. de la Somme; chapitre d'Amiens.

Portail tréflé, portant deux oiseaux perchés séparés par une croix, accosté de deux fleurs de lys; sur le battant de gauche, deux poignées; sur celui de droite, une crosse.

✱ SIGILE : CVRIE : AMBIANENSIS

(Sigillum curie Ambianensis.)

CONTRE-SCEAU : Une aigle essorant.

✳ **SECRETVM**

(Secretum.)

, Vidimus de trois chartes concernant une rente à Hérissart. — Mars
1322.

1114 BEAUVAIS (OFFICIALITÉ DE).

1189.

Sceau rond, de 26 mill. — Arch. de l'Oise; abbaye de Froidmont.

Une main tenant deux clefs en sautoir.

✳ **SIGILL BELVACENSIS CVR**

(Sigillum Belvacensis curie.)

Cession d'une terre au Grandmesnil. — 1189, «regnante Phi-
«lippo; Philippo, Belvacensi episcopo, in expeditione Jherosolimitana
«commorante.»

1115 BEAUVAIS (OFFICIALITÉ DE).

1190.

Sceau rond, de 25 mill. — Arch. de l'Oise; abbaye de Froidmont.

Une main tenant deux clefs en sautoir.

SIGILL · BELVACENSIS · CVRIA

(Sigillum Belvacensis curie.)

Don du bois d'Angivilliers. — 1190, «regnante Philippo rege, in
«expeditione Jherosolimitana jam profecto.»

1116 BEAUVAIS (OFFICIALITÉ DE).

1256.

Sceau rond, de 27 mill. — Arch. de l'Oise; abbaye de Froidmont.

Un bras tenant deux clefs en sautoir, accompagnées
de deux étoiles et d'une fleur de lys.

✳ **SIGILLVM CVRIE BELVAC..SIS**

(Sigillum curie Belvacensis.)

Contre-sceau : Une clef accostée de deux étoiles. —
Légende détruite.

Acquisition d'une terre à Bernes. — Décembre 1256.

1117 BEAUVAIS (OFFICIALITÉ DE).

1316.

Sceau rond, de 82 mill. — Arch. de l'Oise; chapitre de Beauvais.

Un bras tenant deux clefs en sautoir, accompagnées
de deux étoiles et d'une fleur de lys.

✳ **SIGILLVM : CVRIE : BEL.....SIS**

(Sigillum curie Belvacensis.)

Contre-sceau : Une clef en pal, accostée de deux
étoiles.

✳ **ROTH : CVRIE : BELVACENSIS**

(Nota curie Belvacensis.)

Acquisition d'une maison à Wagicourt. — 9 décembre 1316.

1118 LAON (OFFICIALITÉ DE).

1292.

Contre-sceau rond, de 15 mill. — Hôtel-Dieu de Laon.

Dans le champ : une marguerite.

✳ **CVRIA LAVD**

(Curia Laudunensis.)

Acquisition de terres à Aulnois, Lizy et Anizy. — 9 juin 1292.

1119 LAON (OFFICIALITÉ DE).

1393.

Sceau ogival, de 50 mill. — Arch. communales de Laon.

Dans une enceinte fortifiée : un château à double toiture.

.....CVRI. AVDVNENSI.

(Sigillum curie Laudunensis.)

Contre-sceau : Une marguerite ou une rose.

✳ **CVRIA ...D'**

(Curia Laudunensis.)

Quittance du guetteur de nuit de Semilly. — 5 juillet 1393.

1120 NOYON (OFFICIALITÉ DE).

1751.

Cachet ovale, de 29 mill. — Arch. de l'Aisne; bailliage de Chauny.

Écu à la bande accompagnée de deux fleurs de lys,
couronné, surmonté d'un chapeau d'évêque, devant un
manteau doublé d'hermine.

SIG · CVR · ECCL · NOVIOM ·

(Sigillum curie ecclesie Noviomensis.)

Sceau détaché.

1121 ROUEN (OFFICIALITÉ DE).

1290.

Sceau ogival, de 45 mill. — Arch. de l'Oise; abbaye de Beaupré.

Type d'évêque assis, crossé, bénissant.

SIGILL CVR.......MAGENS..

(Sigillum curie Rothomagensis.)

Donation d'une grange à Compainville. — 24 mars 1290.

1122 SENLIS (OFFICIALITÉ DE).

1220.

Sceau rond, de 85 mill. — Arch. de l'Oise; abbaye du Parc-aux-Dames.

Dans le champ : la majuscule S portant le mot SIL-
VANECTIS (Silvanectis) enroulé dans ses branches.

✳ **S· CVRIE · SILVANECTENSIS**

(Sigillum curie Silvanectensis.)

Reconnaissance de droits sur une portion de la dîme de Vauciennes.
— Crépy, février 1220.

OFFICIAUX.

1123   AMIENS (L'OFFICIAL D').

1505.

Signet rond, de 14 mill. — Arch. de la Somme; minimes d'Amiens.

Écu portant un arbre.

RIC . . . .

(Ricardus . . . . . ?)

Vidimus de bulles d'indulgences accordées aux mineurs de Saint-François de Paule. — 27 novembre 1505.

1124   TÉROUANE (L'OFFICIAL DE).

1802.

Sous-sceau ovale, de 12 mill. — Arch. de la Somme; évêché d'Amiens.

Intaille antique, représentant un homme nu, appuyé à un arbre. — Sans légende.

L'official confirme les actes du doyen de chrétienté de Saint-Paul, son délégué. — 5 octobre 1302.

OFFICIER DIOCÉSAIN.

1125   QUESNES (JEAN DES),

Notaire en la cour spirituelle de l'évêque d'Amiens. — 1457.

Sceau rond, de 25 mill. — Arch. de la Somme; abbaye de Saint-Jean.

Écu au chevron accompagné de trois coquilles? soutenu par un ange.

. . . . . Jehan des . . . .

(Seel Jehan des Quesnes.)

Sentence arbitrale au sujet des dîmes de Helleville. — 19 mai 1457.

JURIDICTION TEMPORELLE DES ÉVÊQUES.

1126   AMIENS

(PRÉVÔTÉ DE L'ÉVÊQUE D').

1416.

Sceau rond, de 25 mill. — Arch. de la Somme; chapitre d'Amiens.

Écu portant une croix, à la bordure.

S · DE · LE · PREVOSTE LEVESKE

(Seel de le prévosté l'éveske.)

Acquisition d'un fief tenu de l'évêché. — 24 novembre 1416.

1127   JONE (ROBERT LE),

Bailli de l'évêque d'Amiens. — 1416.

Sceau rond, de 26 mill. — Arch. de la Somme; chapitre d'Amiens.

Écu portant un fretté semé de fleurs de lys, penché, timbré d'un heaume, supporté par deux lions.

S : maistre Ro . . . . cue

(Seel maistre Robert le Jovene?)

Voyez le numéro précédent.

1128   CORDIER (JACQUES LE),

Bailli de l'évêque d'Amiens. — 1428.

Sceau rond, de 25 mill. — Arch. de la Somme; chapitre d'Amiens.

Écu portant trois coquilles, soutenu par une aigle.

Seel Jaque le cordier

(Seel Jaque le Cordier.)

Bail à cens de 20 verges de jardin du fief Conty. — 14 septembre 1428.

1129   ROHAULT (JEAN),

Lieutenant du bailli de l'évêque d'Amiens. — 1482.

Sceau rond, de 20 mill. — Arch. de la Somme; chapitre d'Amiens.

Écu à l'aigle éployée, timbré d'un heaume cimé, supporté par deux lions.

S Jehan rohaut

(Seel Jehan Rohaut.)

Acquisition du fief d'Acquegny, dans la banlieue d'Amiens, paroisse de Saint-Sulpice. — 20 février 1482.

1130   ROHAULT (JEAN),

Lieutenant du bailli de l'évêque d'Amiens. — 1487.

Sceau rond, de 20 mill. — Arch. de la Somme; chapitre d'Amiens.

Écu à l'aigle éployée, penché, timbré d'un heaume cimé d'une tête d'aigle, supporté par deux lions. — Dans le champ, deux croix percées à leur milieu.

S Jehan rohaut

(Seel Jehan Rohaut.)

Vente du fief le Clos Conty, à Amiens. — 3 janvier 1487.

1131   GOUDARES (ROBERT),

Prévôt de l'évêque d'Amiens. — 1334.

Sceau rond, de 20 mill. — Arch. de la Somme; chapitre d'Amiens.

Dans un quadrilobe : un écu portant trois châteaux ou tournelles sous un chef chargé d'un lion passant.

. . . . . GOVDER . .

(Seel Robert Goudares.)

Acquisition d'un cens en la banlieue d'Amiens. — 14 octobre 1335.

1132   VALAVERGNY (SIMON DE),

Écuyer, prévôt de Laonnois. — 1291.

Sceau rond, de 45 mill. — Arch. de l'Aisne; évêché de Laon.

Écu à trois pals de vair, sous un chef chargé d'un lion passant au canton dextre.

. . . . VREGNI ESQ

(Simon de Vaulavregni escuier?)

Acquisition d'une rente sur les grosses tailles de Laonnois. — Janvier 1291.

XII° SÉRIE. — CHAPITRES.

1133 ABBEVILLE

(CHAPITRE DE SAINT-VULFRAN D').

1241.

Sceau ogival, de 70 mill. — Arch. de la Somme; abbaye du Gard.

Évêque debout, mitré, crossé, bénissant; l'étole se terminant en palette et frangée.

SIGI......G : S.NCTI : WLFRANNI

(Sigillum ecclesie Sancti Vulfranni.)

*Reconnaissance d'une rente sur un ténement destiné à l'agrandis-
sement du cimetière de Saint-Vulfran. — Avril 1241.*

1134 ABBEVILLE

(CHAPITRE DE SAINT-VULFRAN D').

1785.

Sceau ogival, de 60 mill. — Arch. de la Somme; évêché d'Amiens.

Évêque debout, mitré, crossé, bénissant.

S CCG' : BI · WLFRANI : I · ABATISVILLA :
AD : CÃS

(Sigillum ecclesie Beati Vulfrani in Abatisvilla ad causas.)

Présentation à la cure vacante d'Allery. — 18 mars 1785.

1135 AMIENS (CHAPITRE D').

1234.

Sceau ogival, de 65 mill. — Arch. de la Somme; chapitre d'Amiens.

Type fruste d'un évêque assis, crossé et bénissant. —
Légende détruite.

CONTRE-SCEAU : Une tête d'évêque.

SGCRGTVO)

(Secretum.)

Ratification d'un achat de cens et de terres. — Décembre 1234.

1136 AMIENS (CHAPITRE D').

1269.

Sceau ogival, de 70 mill. — Arch. de la Somme; chapitre d'Amiens.

Évêque nimbé (saint Firmin), assis sur un trône à
têtes de dragon, mitré, crossé, bénissant.

S' CHPITVLI GCCLIG A.BIANGNSIS

(Sigillum capituli ecclesie Ambianensis.)

CONTRE-SCEAU : Une tête d'évêque, de profil.

SANCTVS FIRMINVS

(Sanctus Firminus.)

Prise de possession d'un fief situé à Rumigny. — Février 1269.

1137 AMIENS (CHAPITRE D').

1328.

Sceau ogival, de 50 mill. — Arch. de la Somme; chapitre d'Amiens.

Évêque debout, portant sa tête dans ses mains.

:.....AMBIANGN · AD CA....

(Sigillum ecclesie Ambianensis ad causas.)

Prise de possession d'une terre située à Ver. — 12 avril 1328.

1138 AMIENS (CHAPITRE D').

1334.

Sceau ogival, de 55 mill. — Arch. de la Somme; chapitre d'Amiens.

Dans une niche gothique : un évêque debout, nimbé,
portant sa tête dans ses mains; dans chacune des deux
niches latérales : un ange.

S' : AD : CHVSAS : DGCANI : GT : CHPITVLI :
GCCG : AMB'.

(Sigillum ad causas decani et capituli ecclesie Ambianensis.)

Prise de possession d'un manoir à Cottenchy. — 16 juin 1334.

1139 AMIENS (CHAPITRE D').

1430.

Sceau ogival, de 65 mill. — Arch. de la Somme; chapitre d'Amiens.

Dans une niche gothique : un évêque debout, nimbé,
portant sa tête dans ses mains; dans chacune des deux
niches latérales : un ange.

sig........decani .. capituli .... e
ambianen

(Sigillum ad causas decani et capituli ecclesie Ambianensis.)

CONTRE-SCEAU : Une tête d'évêque, dans un cadre gothique en losange.

PARVVM · S' · AD · CHVSAS · GCCLGSIG
AMBIAN

(Parvum sigillum ad causas ecclesie Ambianensis.)

Vente d'une masure à Saint-Maurice. — 26 novembre 1430.

1140   ARRAS (CHAPITRE D').

1780.

Cachet ovale, de 24 mill. — Arch. de la Somme; évêché d'Amiens.

Écu à la Vierge debout, tenant l'enfant Jésus, accompagnée de trois fleurs de lys.

SIG · ECC · CATH · ATREB·

Nomination du chanoine Alexandre-Joseph de Coupigny. — 31 mars 1780.

1141   BEAUVAIS

(CHAPITRE DE SAINT-BARTHÉLEMY DE).

XVIᵉ siècle.

Sceau rond, de 55 mill. — Communiqué par M. Mallet, à Amiens.

Saint Barthélemy à mi-corps, amplement drapé, nimbé, tenant de la main gauche un livre à fermoir, et de la droite un couteau.

✸ SIGILL : SC'I : BARTOLOMGI : BELVACENSIS

(Sigillum Sancti Bartolomei Belvacensis.)

Épreuve de matrice originale.

1142   · BEAUVAIS

(CHAPITRE DE SAINT-MICHEL DE).

1223.

Sceau rond, de 75 mill. — Hospice de Beauvais, 55.

Saint Michel, armé d'une épée et d'un bouclier, terrassant le dragon. — Légende détruite.

Accord, avec les lépreux de Saint-Lazare, au sujet d'une vigne. — Octobre 1223.

1143   BEAUVAIS

(CHAPITRE DE SAINT-MICHEL DE).

XVIIᵉ siècle.

Sceau rond, de 65 mill. — Communiqué par M. Mathon, à Beauvais.

Saint Michel, armé d'une croix et d'un bouclier chargé d'une croix, terrassant le dragon.

·: SIGILLVM : BGASI : MICHAGLIS : BELVACGNSIS :·

(Sigillum Beati Michaelis Belvacensis.)

Épreuve de matrice originale.

1144   BEAUVAIS

(COLLÉGIALE DE SAINT-NICOLAS DE).

XVIᵉ siècle.

Sceau rond, de 44 mill. — Communiqué par M. Mathon, à Beauvais.

Dans une rose gothique, bordée d'étoiles : un évêque debout, mitré, crossé, bénissant.

---

sigillū · aappitulī · ecclē : colegiate ſcī nicolaı belnacē

(Sigillum cappituli ecclesie colegiate Sancti Nicolai Belvacensis.)

Matrice originale.

1145   BEAUVAIS

.   **(CHAPITRE DE SAINT-VAAST DE).**

1238.

Sceau ogival, en cuvette, de 75 mill. — Arch. de l'Oise; abbaye de Froidmont.

Évêque debout, mitré, crossé, bénissant; le bas de la dalmatique orné d'un large galon.

✸ SIGILLVM CAPISVLI SANCTI VEDASSI BELVACENSIS

(Sigillum capituli Sancti Vedasti Belvacensis.)

Acquisition d'une maison à Beauvais. — Octobre 1238.

1146   FOUILLOY

(CHAPITRE DE SAINT-MATHIEU DE).

1350.

Sceau ogival, de 65 mill. — Arch. de la Somme; abbaye de Corbie.

Saint Mathieu debout, nimbé, ailé, tenant de la main gauche un livre, et de la droite un bâton terminé par une croix.

.... G FOLLIAC...

(..... ecclesie Folliacensis.)

CONTRE-SCEAU : Le saint à mi-corps, sur un nuage.

✸ SGORGSV MATHGI

(Secretum Mathei.)

Accord au sujet de dons et de censives. — 2 juillet 1350.

1147   FOUILLOY

(CHAPITRE DE SAINT-MATHIEU DE).

XVIIᵉ siècle.

Sceau ovale, de 40 mill. — Communiqué par le Dʳ Goze, à Amiens.

Saint Mathieu à genoux devant un pupitre, écrivant l'évangile qu'un ange lui dicte.

✸ SIGILLVM : CAP'LI : SANCTI : MATHEI

Surmoulage.

1148   LAON

(CHAPITRE DE NOTRE-DAME DE).

1289.

Sceau ogival, de 85 mill. — Hôtel-Dieu de Laon.

La Vierge assise, couronnée, nimbée, tenant l'enfant

Jésus, et portant à la main droite un sceptre fleuronné.

✳ SIGILLVM · SANCTE ..... LAVDVNENSIS

(Sigillum Sancte Marie Laudunensis.)

Acquisition d'une maison dans la censive de l'hôpital Notre-Dame. — Mai 1289.

1149   LAON

(COLLÉGIALE DE SAINT-JEAN-AU-BOURG DE).

1527.

Sceau rond, de 52 mill. — Arch. de l'Aisne; abbaye de Saint-Vincent.

Saint-Jean, en buste, de face; le manteau attaché sur l'épaule droite.

..... VLI · SCI · IO ... LAVDVNENSIS · DE BVR?

(Sigillum capituli Sancti Johannis Laudunensis de Burgo?)

Contre-sceau : La tête de saint Jean.

✳ CAPVT . IOHIS IN DISCO

(Caput Sancti Johannis in disco.)

Cession de cens sur des maisons au bourg de Laon en échange de cens à la fontaine Bousson sous Laon. — 21 mai 1527.

1150   LAON

(COLLÉGIALE DE SAINT-PIERRE-AU-MARCHÉ DE).

1371.

Sceau ogival, d'environ 65 mill. — Arch. de l'Aisne; abbaye de Saint-Vincent.

Saint-Pierre assis dans une chaire, tenant ses clefs de la main droite, et de la gauche un livre appuyé sur son genou. — Légende détruite.

Contre-sceau : Une main tenant deux clefs, accompagnée d'une étoile.

✳ CLAVES · BEATI · PETRI

(Claves Beati Petri.)

Transaction au sujet de rentes, à Laon, Leuilly, Mons-en-Laonnois, Vaux, etc. — 27 novembre 1371.

1151   LAON

(COLLÉGIALES DE SAINT-JEAN-AU-BOURG ET DE SAINT-PIERRE-AU-MARCHÉ DE).

XVIIIe siècle.

Sceau rond, de 24 mill. — Communiqué par M. Hidé, à Laon.

Deux écus accolés : à dextre, une main tenant les clefs de saint Pierre, accompagnée d'une étoile; à sénestre, la tête de saint Jean dans un plat.

CAPVT B IOHANNIS IN DISCO — CLAVES BEATI PETRI

Matrice originale.

1152   MOLEHEM? (CHAPITRE DE),

Au pays de Liége. — 1143.

Sceau rond, de 45 mill. — Arch. de l'Aisne; abbaye de Saint-Vincent.

Deux personnages à mi-corps, de profil, se regardant et tenant chacun une palme. — Légende fruste.

Association de prières avec l'abbaye de Saint-Vincent de Laon. — Molehem, 1143.

1153   NOYON (CHAPITRE DE).

1174.

Sceau en forme de poire, de 60 mill. — Arch. de l'Oise; chapitre de Noyon.

La Vierge à mi-corps, vêtue d'une robe à manches pendantes, tenant de la main droite une tige fleuronnée.

SIGILLV S MARIE NOVIOMSIS ·.·

(Sigillum Sancte Marie Noviomensis.)

Accord entre l'écolâtre de Noyon et Nicolas Tison, au sujet d'un bois à Sermaise. — 1174.

1154   NOYON (CHAPITRE DE).

1209.

Sceau ogival, de 70 mill. — Arch. de l'Oise; chapitre de Noyon.

La Vierge assise, vêtue d'une robe à manches pendantes et retenue par une large ceinture, l'épaule gauche recouverte d'un manteau; elle tient de la main droite un fleuron, la main gauche est appuyée sur un livre.

✳ SIGILLV ┆ SCE ┆ MARIE ┆ NOVIOM ┆ ECCLE ┆

(Sigillum Sancte Marie Noviomensis ecclesie.)

Contre-sceau : Une intaille antique, représentant une tête à deux visages sous un casque.

✳ AVE MARIA GRACIA PLENA

(Ave Maria, gracia plena.)

Ratification d'une acquisition de terre à la Potière-Pesée. — 1209.

1155   NOYON (CHAPITRE DE).

1462.

Sceau rond, de 55 mill. — Arch. de l'Oise; chapitre de Noyon.

Dans une niche gothique : l'Annonciation; à droite, la Vierge debout, écoutant l'ange qui tient une banderole, sur laquelle on lit AVE MARIA (Ave Maria); entre la Vierge et l'ange, un pot de fleurs d'où sort une tige de lis accompagnée d'une fleur de lys.

..... ATE ARIE .... ┆ ECCLES..

(Sigillum Sancte Marie Noviomensis ecclesie.)

Contre-sceau : Le même que celui du numéro précédent.

Réparation de l'église de Noyon; détails sur ses reliquaires et ses reliques. — 14 février 1462.

1156   PARIS
(CHAPITRE DE NOTRE-DAME DE).
1171.

Sceau ogival, de 72 mill. — Arch. de l'Oise; abbaye de Chaalis.

La Vierge assise, couronnée, tenant à la main droite
un fleuron.

✱ ..... SCÆ MARIÆ PARISIENSIS :

(..... Sanctæ Mariæ Parisiensis.)

Confirmation de l'achat d'une terre et d'un bois à Choisy. — 1171,
« anno regni Ludovici, regis Francorum, 34, episcopatus vero Mau-
« ricii 11.»

1157   REIMS (CHAPITRE DE).
1206.

Sceau ogival, de 80 mill. — Arch. de la Somme; abbaye du Gard.

La Vierge assise, nimbée et couronnée, portant l'enfant Jésus sur son genou gauche, tenant de la main
droite un fleuron; siége en forme de banc à pieds tournés.

✱ SIGILLV̄ : SC̄a : MARI@ .... S :
METROPOLIS :

(Sigillum Sancte Marie Remensis metropolis.)

Sentence touchant les dîmes de Quesnot, de Souès et le moulin
de Compensé. — Août 1206.

1158   SAINT-POL
(COLLÉGIALE DE SAINT-SAUVEUR DE).
1778.

Cachet rond, de 30 mill. — Arch. de la Somme; évêché d'Amiens.

Un évêque debout (saint Léger), crossé et mitré, tenant une tarière de la main droite.

SANTVS LEODEGARIVS

Présentation à la cure d'Orville. — 15 octobre 1778.

1159 SAINT-QUENTIN (CHAPITRE DE).
1178.

Sceau ogival, de 74 mill. — Arch. de la Somme; abbaye de Prémontré.

Saint Quentin debout, vêtu d'une tunique et d'une
chape; il porte de la main droite une petite église et
tient une palme de la main gauche.

✱ SC̄S IPX ...TIR QVINTIN

(Sanctus Christi martir Quintinus.)

Cession de droits sur le bois de « Colesiaco.» — 1178.

1160   SENLIS
(CHAPITRE DE SAINT-RIEUL DE).
1271.

Sceau ogival, d'environ 75 mill. — Arch. de l'Oise; Saint-Maurice de Senlis.

Évêque debout, coiffé d'une mitre cornue, crossé, bénissant. — Légende détruite.

Acquisition d'une terre à Senlis. — Mai 1271.

ARCHIDIACRES.

1161   FOULQUES,
Archidiacre d'Amiens. — Avant 993 ou avant 1031.

Sceau rond, de 45 mill. — Musée d'Amiens.

Buste de l'archidiacre vu de face; ses cheveux rasés au
sommet de la tête descendent en rouleaux au niveau des
sourcils; il est vêtu d'une chasuble à galons brodés de
perles.

✱ SIGILLVM FVLCONIS ARCHIDIACONI

(Sigillum Fulconis, archidiaconi.)

Épreuve d'une matrice en ivoire trouvée dans la Somme.

1162   GARIN,
Archidiacre d'Amiens. — 1126.

Sceau rond, de 40 mill. — Arch. de la Somme; abbaye de Corbie.

L'archidiacre à mi-corps, tenant un livre de la main
gauche, la droite ramenée sur sa poitrine. — Dans le
champ : PAX (Pax).

✱ SIGILLVM GVARINI AMBIANENSIS
ARCHIDIACONI

(Sigillum Guarini, Ambianensis archidiaconi.)

Droit de nomination à la cure de Cerizy, donné à l'abbaye de Corbie
par l'évêque et l'archidiacre d'Amiens, « ad petitionem domini nostri
« regis Lugdovici.» —1126, « indictione 3, Lugdovico Philippi in Gallia
« regnante, Karolo Ambianensi consule.»

1163   THIBAUD,
Archidiacre d'Amiens. — Vers 1211.

Sceau ogival, de 55 mill. — Musée d'Amiens.

Personnage debout, la tête nue, tenant un livre de la
main gauche, et de la droite une palme.

✱ S' : THEOBALDI AMBIANENSIS ARChID

(Sigillum Theobaldi, Ambianensis archidiaconi.)

Sceau détaché.

1164   RICHARD,
Archidiacre d'Amiens. — 1246.

Sceau ogival, de 53 mill. — Arch. de la Somme; abbaye du Paraclet.

Personnage debout, tenant un livre des deux mains.

... .ICARDI · ARChIDIACONI · AMBIANEN

(Sigillum Ricardi, archidiaconi Ambianensis.)

CONTRE-SCEAU : Une femme à mi-corps, coiffée en
voile et tenant une palme.

SANCTA : FIDES

(Sancta fides.)

Confirmation d'une donation par Helvide, femme de Robert de Boves. — Mars 1246.

1165 BERCHENCOURT (ÉTIENNE DE),

Archidiacre d'Amiens. — 1328.

Sceau rond, de 40 mill. — Arch. de la Somme; chapitre d'Amiens.

Dans une niche gothique surmontée de clochetons et sur un champ où rampe du lierre : la Vierge debout, couronnée, nimbée, tenant à la main droite un sceptre fleurdelysé, et portant l'enfant Jésus, qui tient une aiglette; aux pieds de la Vierge, un personnage priant.

S' ST...... : DE : B..........T : ARCHID' : AMB'

(Sigillum Stephani de Berchencourt, archidiaconi Ambianensis.)

Contre-sceau : Dans le champ et sur deux lignes : STPH' — D'· BER (Stephanus de Berchencourt).

✻ CON......IUM : ARCHID' : AMB'

(Contra sigillum archidiaconi Ambianensis.)

Prise de possession de douze journaux de terre à Ver, par Jean le Moine, chanoine d'Amiens. — 17 décembre 1328.

1166 FOSSÉS (RAOUL DES),

Archidiacre de Ponthieu dans l'église d'Amiens. — 1319.

Sceau ogival, de 54 mill. — Arch. de la Somme; chapitre d'Amiens.

Dans une niche gothique à double ogive : l'Annonciation; la Vierge, tenant un livre de la main gauche, écoute l'ange dont elle est séparée par une tige de lis sortant d'un pot de fleurs; au-dessous, un priant.

S' RADVLPHI · DE FOSSATIS · ARCHID' · PONTIVEN · I · ECCIA · ABIAN'

(Sigillum Radulphi de Fossatis, archidiaconi Pontivensis in ecclesia Ambianensi.)

Contre-sceau : Une jolie rose gothique.

✻ SIGILLVM : SECRETI : MEI

(Sigillum secreti mei.)

Amortissement de la mairie de Ver. — 20 mai 1319.

1167 D.....,

Archidiacre de Beauvais. — Commencement du XIIIe siècle.

Sceau ogival, d'environ 60 mill. — Arch. de l'Oise; abbaye de Saint-Vincent.

Personnage debout, tenant un livre des deux mains. — Légende détruite.

Nomination à la chapelle de Belloy. — Sans date.

1168 BAUDET (GUI),

Archidiacre de Faverney dans l'église de Besançon. — 1327.

Sceau ogival, de 45 mill. — Arch. de la Somme; chapitre d'Amiens.

Dans une niche gothique à double ogive : saint Jean et un autre saint; au-dessous d'eux, un priant.

GVIDONIS BA.... CHID.......

(Sigillum Guidonis Baudeti, archidiaconi de Faverneyo?)

Sentence arbitrale dans un différend entre l'évêque d'Amiens et son chapitre au sujet de la sonnerie des cloches, etc. — 3 janvier 1327.

1169 G.....,

Archidiacre de Laon. — 1230.

Sceau ogival, de 52 mill. — Hôtel-Dieu de Laon.

L'archidiacre debout, tenant un livre de la main gauche, la droite relevée par un geste de persuasion.

✻ SIGILLVM .......ARCHIDIACONI LAVDVNENSIS

(Sigillum ....., archidiaconi Laudunensis.)

Prise de possession d'une dîme à Bruyères. — 1230.

1170 CLÉMENT,

Archidiacre de Laon. — 1260.

Sceau ogival, de 40 mill. — Arch. de l'Aisne; évêché de Laon.

Un personnage debout, tenant un livre des deux mains.

.......TIS A....D'. ECCE · LA.....

(Sigillum Clementis, archidiaconi ecclesie Laudunensis.)

Sentence contre le comte de Roucy, établissant que les châtellenies de Montaigu et de Pierrepont constituent deux fiefs et doivent deux hommages. — 1260.

1171 URSINS (LOUIS JUVÉNAL DES),

Archidiacre de Champagne dans l'église de Reims. — 1487.

Sceau rond, de 30 mill. — Arch. de l'Aisne; évêché de Laon.

Écu bandé de six pièces sous un chef cousu chargé d'une rose. — Légende détruite.

Hommage de la seigneurie de Soupir en Laonnois par Jean Juvénal des Ursins, seigneur de la Chapelle, son frère. — 15 mars 1487.

1172 NICOLAS,

Archidiacre de Senlis. — 1277.

Sceau ogival, de 45 mill. — Arch. de l'Oise; abbaye de Saint-Vincent.

La Vierge assise de trois quarts, tenant l'enfant Jésus sur ses genoux, ayant à ses pieds un priant; au-dessus de la tête de l'enfant, une étoile.

.. .AGRI · N.......

(Sigillum magistri Nicholai .....)

Lettres de non-préjudice au sujet d'un repas pris à l'abbaye de Saint-Vincent avec l'archevêque de Reims. — 24 mars 1277.

1173   **ROBERT,**

Archidiacre de Senlis. — xiv° siècle.

Sceau ogival, de 37 mill. — Communiqué par M. Mallet à Amiens.

Un château surmonté de trois tours.

✤ S' ROB'TI ARCҺID' : SILVANECҺEN

(Sigillum Roberti, archidiaconi Silvanectensis.)

Sceau détaché.

1174   **RAOUL,**

Grand archidiacre de Soissons. — 1212.

Sceau ogival, de 70 mill. — Arch. de l'Aisne; abbaye de Prémontré.

Personnage à mi-corps, de face, tête nue, tenant des deux mains un livre ouvert.

✤ SIGIL... ...VLFI MAIORIS ARCҺIS SVeSS'

(Sigillum Radulfi, majoris archidiaconi Suessionensis.)

Don d'une vigne située à Bucy. — Mai 1212.

1175   **CHOISEL (GILLES),**

Archidiacre de Flandre dans l'église de Térouane. — 1225.

Sceau ogival, de 57 mill. — Arch. de l'Oise; abbaye de Chaalis.

Personnage debout, les deux mains jointes devant la poitrine.

✤ S EGID · MORIN · ECCLE · FLAND · ARCҺID'

(Sigillum Egidii, Morinensis ecclesie Flandrensis archidiaconi.)

Pierre Choisel emprunte le sceau de son frère l'archidiacre pour sceller un échange de terres *in valle de Valorent et in via de Lavri.* — Décembre 1225.

OFFICIALITÉS D'ARCHIDIACRES.

1176   **AMIENS**

(OFFICIALITÉ DE G. ARCHIDIACRE D').

1278.

Sceau ogival, de 45 mill. — Arch. de l'Oise; abbaye de Chaalis.

Personnage debout, tenant un livre des deux mains.

.....Ie · G' · ARCҺID' AMB' Sede VA.....

(Sigillum curie G. archidiaconi Ambianensis, sede vacante.)

Contre-sceau : Une fleur (une rose).

SeCReT..   .

(Secretum.)

Acquisition de la dîme de Fléchy. — 29 avril 1278.

1177   **SOISSONS**

(OFFICIALITÉ DE JACQUES, ARCHIDIACRE DE).

1253.

Sceau ogival, de 45 mill. — Arch. de l'Aisne; abbaye de Prémontré.

Une porte flanquée de deux tours.

✤ SIGILLVM : CVRIe : IACOBI : ARCҺID' : SVeS'

(Sigillum curie Jacobi, archidiaconi Suessionensis.)

Contre-sceau : Une clef en pal.

✤ CLAVIS ·:· SIG.......

(Clavis sigilli .....)

Donation du cens de Verneuil-sous-Coucy, par la veuve d'Ivard de Guny. — Octobre 1253.

1178   **SOISSONS**

(OFFICIALITÉ DE GUI, ARCHIDIACRE DE).

1273.

Sceau ogival, de 50 mill. — Arch. de l'Aisne; abbaye de Saint-Jean-des-Vignes.

Une église; au-dessous, une rose accompagnée de trois points.

S' CVRIe : G'VIDONIS : ARCҺID' : SVeSSION

(Sigillum curie Guidonis, archidiaconi Suessionensis.)

Acquisition de terres à Chaudun. — Décembre 1273.

1179   **SULLY**

(OFFICIALITÉ DE L'ARCHIDIACRE DE).

1237.

Sceau ogival, de 38 mill. — Arch. de l'Oise; abbaye de Froidmont.

Un lion rampant, contourné.

✤ S. CVRIe · ARCҺIDI · SOLIACeN

(Sigillum curie archidiaconi Soliacensis.)

Acquisition d'une terre à Léguivillers. — Octobre 1237.

DOYENS DE CHAPITRE.

1180   **HUGUES,**

Doyen du chapitre de Saint-Vulfran d'Abbeville. — 1241.

Sceau ogival, de 50 mill. — Arch. de la Somme; abbaye du Gard.

Personnage debout, en chasuble, les deux mains ouvertes devant la poitrine.

✤ S' ҺVG · DeC... SCI WLFRANI ABBISVILLe

(Sigillum Hugonis, decani Sancti Vulfrani Abbatisville.)

Reconnaissance de rente sur un ténement destiné à l'agrandissement du cimetière. — Avril 1241.

1181   **GIRARD,**

Doyen du chapitre d'Amiens. — 1240.

Sceau ogival, de 40 mill. — Arch. de la Somme; évêché d'Amiens.

Deux personnages à mi-corps (la Vierge et l'enfant Jésus?); au-dessous d'eux, un priant.

.....ᏒᎪᏒᎠᏆ · ᎠᎬᏟ..Ꮖ · Ꭼ · ᎪᎷᏴᏆ....

(Sigillum Girardi, decani de Ambianis.)

Contre-sceau : Un oiseau accompagné d'une étoile.

✳ S' ᏳᏆᏒᎪᏒᎠᏆ :

(Secretum Girardi.)

Accord avec son évêque, au sujet du luminaire des trépassés. — Décembre 1240.

1182 PLANCHE (GUILLAUME DE LA),

Doyen du chapitre d'Amiens. — 1324.

Sceau ogival, de 42 mill. — Arch. de la Somme; chapitre d'Amiens.

La Vierge et l'enfant Jésus, au-dessus d'un écu billeté au lion et supporté par deux anges.

..ᏟᏆᏞᏞᎬᏒᎷᏆ ᎠᎬ ᏢᏞᎪ......ᎪᏒᏆ ᎪᎷᏴᏆᎪ...

(Sigillum Guillermi de Planca, decani Ambianensis.)

Contre-sceau : Écu billeté au lion.

✳ S'. Ᏻ. ᎠᎬ · ᏢᏞᎪᏒᎠᎪ · ᎠᎬᏟᎪᏒᏆ · ᎪᎷᏴ.....

(Secretum G. de Planca, decani Ambianensis.)

Translation d'une chapelle. — 25 juillet 1324.

1183 A......,

Doyen du chapitre d'Arras. — 1206.

Sceau ogival, de 40 mill. — Arch. de la Somme; abbaye de Corbie.

Un buste de face.

✳ SIGILLVM MAGISTRI A.....

(Sigillum magistri A.....)

Sentence qui condamne le prieuré de Lihons à restituer à l'abbaye de Corbie les maisons de Saint-Laurent-du-Bois et de Saint-Nicolas-de-Rigny. — Haspres, 21 août 1206.

1184 WALERAN,

Doyen du chapitre de Beauvais. — 1197.

Sceau ogival, en cuvette, de 62 mill. — Communiqué par M. Beauvillé, à Amiens.

Personnage debout, tenant un livre des deux mains.

ᏚᏆᏳᏆᏞᏞ ᏔᎪᏞᎪᏒᏒᏆ ᏴᎬᏞᏤᎪᏟ ᎠᎬᏟᎪᏒᏆ

(Sigillum Waleranni, Belvacensis decani.)

Confirmation d'une cession de droits dans la forêt d'Avesnelles. — 1197.

1185 JEAN,

Doyen du chapitre de Beauvais. — 1205.

Sceau ogival, de 60 mill. — Hospice de Beauvais, 45.

Une aigle tenant dans ses serres une banderole.

✳ SIGILL IOᏁAN.....ANI BELVACENSIS

(Sigillum Johannis, decani Belvacensis.)

Confirmation d'une acquisition de vigne à Villers. — Beauvais, novembre 1205.

1186 GEOFFROI,

Doyen du chapitre de Beauvais. — 1224.

Sceau ogival, de 60 mill. — Arch. de l'Oise; abbaye de Saint-Quentin.

Personnage debout, tête nue, en chape, tenant un livre des deux mains.

✳ S': ᏳᎪᏤᏞᏒᏆᎠᏆ : ᎠᎬᏟᎪᏒᏆ : ᏴᎬᏞᏤᎪᏟᎬᏒᏆᏚ

(Sigillum Gaufridi, decani Belvacensis.)

Contre-sceau : Un croissant surmonté d'une rose.

✳ ᏒᎤᏆᏙᏞᎪ · ᎠᎬᏟᎪᏒᏆ · ᏴᎬᏞᏤᎪᏟ.

(Notula decani Belvacensis.)

Bail à cens. — Février 1224.

1187 COURLANDON (ADAM DE),

Doyen du chapitre de Laon. — 1219.

Sceau ogival, d'environ 60 mill. — Arch. de l'Aisne; abbaye de Saint-Vincent.

Personnage debout, tête nue, tenant un livre de la main gauche et portant une fleur à la main droite.

...ᎠᎪᎤ ᎠᎬ ᎢᏟᎤ........ᏒᏚ · ᎠᎬ....·

(Adam de Cor..... Laudunensis decani.)

Fondation de son anniversaire. — Mai 1219.

1188 MILON,

Doyen de la collégiale de Saint-Jean-au-Bourg de Laon. — 1210.

Sceau ogival, de 55 mill. — Hôtel-Dieu de Laon.

Le doyen debout, en chasuble, tenant un livre de la main gauche, la droite ramenée devant la poitrine.

✳ S' · ᎷᏆᏞᏅᏒᏆᏚ · ᎠᎬᏟᎪᏒᏆ · ᏚᏟᏆ · ᏆᏅᏁᏆᏚ · ᎠᎬ ᏴᏤᏒᏳᏅ ·

(Sigillum Milonis, decani Sancti Johannis de Burgo.)

Le doyen confirme la donation d'une maison à Laon. — Juin 1210.

1189 GARIN,

Doyen de la collégiale de Saint-Julien de Laon. — 1226.

Sceau rond, de 45 mill. — Arch. de l'Aisne; abbaye de Saint-Vincent.

Une fleur de lys fleuronnée.

✳ S. ᎠᎬᏟᎪᏒᏆ ᏚᎪᏒᏟᏆ ᏳᏤᏞᏆᎪᏒᏆ

(Sigillum decani Sancti Guliani.)

Sentence adjugeant à l'abbaye de Saint-Vincent la propriété d'une vigne à Chéret. — Août 1226.

1190 H.....,

Doyen de la collégiale de Saint-Pierre-au-Marché de Laon. — 1210.

Sceau ogival, de 55 mill. — Hôtel-Dieu de Laon.

Personnage debout, en chasuble, tête nue, tenant un

livre de la main gauche, la droite ramenée devant la poitrine.

✱ SIGILL' · DECANI · SCI · PETRI · LAVD' ·

(Sigillum decani Sancti Petri Laudunensis.)

Voyez le n° 1188.

1191 ÉTIENNE,

Doyen du chapitre de Nesle. — 1208.

Sceau ogival, de 60 mill. — Arch. de l'Oise; abbaye de Premontré.

Personnage assis, tenant un livre. — Légende détruite.

Accord au sujet de la terre nommée *Campus Pouletière*. — 1208.

1192 FOULQUES.

Doyen du chapitre de Reims. — 1170.

Sceau ogival, de 48 mill. — Arch. de la Somme; abbaye de Premontré.

Personnage assis, de profil, tenant de la main droite un livre ouvert.

SIGILLVM FVLCONIS

(Sigillum Fulconis.)

Sentence ordonnant le bornage de la chaussée qui va des moulins d'Eppeville à Ham. — 1170.

1193 ROBERT,

Doyen du chapitre de Senlis. · 1223.

Sceau ogival, de 55 mill. — Arch. de la Somme; abbaye de Corbie.

Personnage debout, en chasuble, tenant un livre des deux mains, accosté de deux clefs.

✱ SIGILL' ROB'TI DECANI SILVAN'

(Sigillum Roberti, decani Silvanectensis.)

Sentence attribuant au chapitre le tiers de la seigneurie de Blangy. — Décembre 1223.

OFFICIALITÉS DE DOYENS.

1194 BEAUVAIS

(OFFICIALITÉ DU DOYEN DE).

1230.

Sceau ogival, de 40 mill. — Arch. de l'Oise; abbaye de Saint-Lucien.

Une aigle essorant.

✱ S' CVRIE DECANI · BELVAC

(Sigillum curie decani Belvacensis.)

Donation d'une terre à Oudeuil. — Février 1230.

1195 BEAUVAIS

(OFFICIALITÉ DU DOYEN DE).

1246.

Sceau ogival, de 38 mill. — Arch. de l'Oise; abbaye de Froidmont

Une aigle tenant dans ses serres une banderole.

S. CVRIE DECANI BELVACENSIS

(Sigillum curie decani Belvacensis.)

Contre-sceau : Un croissant surmonté d'une rose.

NOTVLA · DECANI · BELVAC

(Notula decani Belvacensis.)

Donation d'un cens sur une maison sise « in vico Sancti Andree Belvacensis. » — 21 mars 1246.

CHANTRES.

1196 ÉVRARD,

Préchantre du chapitre d'Amiens. — 1210.

Sceau ogival, de 55 mill. — Arch. de la Somme; abbaye du Gard.

Personnage debout, de profil, en chape, appuyé des deux mains sur le bâton cantoral.

✱ SIGILL' · EBRARDI : CANTORIS : AMBIANIS

(Sigillum Ebrardi, cantoris Ambianis.)

Jugement confirmant les droits de l'abbaye du Gard sur la chaussée de Naours. — Septembre 1210.

1197 HIPPOLYTE,

Chantre du chapitre d'Amiens. — 1236.

Sceau ogival, de 55 mill. — Arch. de la Somme; évêché d'Amiens.

Le chantre debout, tourné de trois quarts, en chape, appuyé sur le bâton cantoral.

S' YPOLITI CANT...... BIANENSIS

(Sigillum Ypoliti, cantoris Ambianensis.)

Sentence arbitrale réglant les droits de l'évêque et du chapitre sur la rivière. — Novembre 1236.

1198 BERNARD,

Sous-chantre du chapitre de Beauvais. — 1221.

Sceau ogival, de 52 mill. — Hôpital de Beauvais, 81 '.

Le chantre debout, la tête nue, en chape très-ample, et tenant un livre de la main droite.

SIGILL' BERNARDI ...CENTORIS BELVACE....

(Sigillum Bernardi, succentoris Belvacensis.)

Don de vignes situées à Balagny et à Mouy. — Juillet 1221.

1199 NEUVILLE (RAOUL DE),

Sous-chantre du chapitre de Beauvais. — 1290.

Sceau ogival, de 37 mill. — Hôpital de Beauvais, 51 ¹³.

Saint Pierre debout, élevant ses clefs de la main droite; à ses pieds, à gauche, le chantre à genoux, appuyé sur le bâton cantoral.

.. MAGR RADVLPꞪI DE ..... LA
SVCCENTORIS BELV.....

(Sigillum magistri Radulphi de Novilla? succentoris Belvacensis.)

Bail du manoir de Tillé. — 8 février 1290.

1200 GUILLAUME,

Chantre du chapitre de Laon. — 1260.

Sceau ogival, de 45 mill. — Arch. de l'Aisne; évêché de Laon.

Type fruste et incomplet de la Vierge assise.

............ORIS L....nensis

(Sigillum ..... cantoris Laudunensis.)

Sentence en faveur de l'évêque de Laon contre le comte de Rrury, portant que les châtellenies de Montaigu et de Pierrepont constituent deux fiefs et doivent deux hommages. — 8 décembre 1260.

1201 RICHARD,

Chantre du chapitre de Saint-Quentin. — 1207.

Sceau rond, de 45 mill. — Arch. de l'Aisne; abbaye de Saint-Vincent.

Un Agnus.

✠ SIGꞨ.......ET SECR.... RICARDI

(Signum ..... et secretum Ricardi.)

Sentence contre Enguerran de Coucy, qui demandait la résiliation d'un contrat dans lequel il se trouvait lésé. — 5 juin 1207.

1202 SENLIS

(LE CHANTRE DU CHAPITRE DE SAINT-RIEUL DE).

xv⁰ siècle.

Sceau ogival, de 46 mill. — Communiqué par M. Mathon, à Beauvais.

Dans une niche gothique : un évêque nimbé, mitré, crossé, bénissant, les pieds appuyés sur deux cerfs couchés; au-dessous, un priant.

S' CꞀRTORIS : EC'CE : SꞀI : REGULI :
SIꞀꞀRNETEꞀ

(Sigillum cantoris ecclesie Sancti Reguli Silvanetensis.)

Surmoulage.

CHEVECIER.

1203 DRACQ (JEAN DU),

Chevecier du chapitre d'Amiens. — 1433.

Sceau rond, de 25 mill. — Arch. de la Somme; chapitre d'Amiens.

Écu portant un dragon couronné et accompagné d'une rose en chef à senestre, à la bordure componée, soutenu par un ange.

. . . . ꝺu ꝺrac .

(Seel Jehan du Dracq.)

Acte de dessaisine de terres situées à Creuse. — 27 janvier 1433.

ÉCOLÂTRE.

1204 EUDES,

Écolâtre du chapitre de Noyon. — 1230.

Sceau ogival, de 50 mill. — Arch. de l'Oise; chapitre de Noyon.

Personnage debout, de trois quarts, tenant un livre? de la main gauche. A ses pieds, un écolier à genoux.

✠ ODO : DAT : STVDI : ꞏOVIOꞀEꞀSE : REGꞋI

(Odo dat studi Novionense regi.)

Sentence arbitrale au sujet du bois de Wafont. — Septembre 1230.

PRÉVÔTS.

1205 BOVES (THOMAS DE),

Prévôt du chapitre d'Amiens. — 1241.

Sceau ogival, de 65 mill. — Arch. de la Somme; abbaye du Paraclet.

Personnage debout, tenant de la main droite une verge, un oiseau sur le poing gauche.

..TꞪOME ꞏ DE ꞏ BOVA .....SITI ꞏ ECCLIE ꞏ
AMB

(Sigillum Thome de Bova, prepositi ecclesie Ambianensis.)

CONTRE-SCEAU : Un Agnus.

✠ POꞀE......TO .. : AMORI : MEO

(Pone ...... to .. amori meo.)

Donation de la dîme de Guillaucourt. — Juin 1241.

1206 MELLO (GUILLAUME DE),

Prévôt du chapitre d'Amiens. — 1284.

Sceau ogival, de 47 mill. — Arch. de la Somme; chapitre d'Amiens.

Le prévôt debout, tenant un livre de la main gauche, et de la droite une verge; il est accosté de deux merlettes.

✠ S' GꞋVILLI ꝒꝒOITI ECCE AM....

(Sigillum Guillermi, prepositi ecclesie Ambianensis.)

CONTRE-SCEAU : Dans le champ, une merlette.

✠ FIDES ꞏ G. ꝒꝒOITI ꞏ AMB'

(Fides G. prepositi Ambianensis.)

Sentence arbitrale au sujet de l'autorisation de construire un oratoire, donnée par l'évêque aux béguines, sans la participation du chapitre. — 1ᵉʳ février 1284.

TRÉSORIERS ET CUSTODES.

1207 FOULQUES,

Custode de l'église de Laon. — 1219.

Sceau rond, de 26 mill. — Arch. de l'Aisne; abbaye de Saint-Vincent.

Sous une arcade gothique : un personnage debout, tenant de la main droite une verge et de l'autre ..... A gauche et au bas du champ, une fleur de lys.

S' FVLCONIS : CVSTOD' · ECCĒE · LAVDVN̄

(Sigillum Fulconis, custodis ecclesie Laudunensis.)

Attestation de l'official relative à l'acquisition d'une terre à Attencourt. — Juillet 1219.

1208 BAYNNOST (JEAN DE),

Trésorier de Notre-Dame de Noyon. — 1469.

Sceau rond, de 30 mill. — Arch. de l'Oise; chapitre de Noyon.

Écu portant trois fasces. — Légende gothique fruste.

Prise de possession d'une vigne léguée à la fabrique. — 4 août 1469.

JURIDICTION TEMPORELLE DES CHAPITRES

1209 AMIENS

(BAILLIAGE DU CHAPITRE D').

1415.

Sceau rond, de 37 mill. — Arch. de la Somme; chapitre d'Amiens.

Sur un trône d'architecture gothique, la Vierge assise, tenant l'enfant Jésus.

✻ SEEL DE LE BALLIE DV CAPISTRE DAMIENS

(Seel de le ballie du capistre d'Amiens.)

Premier contre-sceau : La Vierge debout, couronnée, tenant l'enfant Jésus.

✻ CONTRE · SEL · DV · BAILLIAGE · DE · CAPITRE · DAMS'

(Contre sel du bailliage de capitre d'Amiens.)

Deuxième contre-sceau : La Vierge debout, tenant l'enfant Jésus.

.....e s de capitle dam ·

(Contre seel de capitle d'Amiens.)

Rachat du fief du Mandé. — 24 décembre 1415.

1210 BABAULT (JACQUES),

Prévôt de Cotenchy pour le chapitre, chanoine d'Amiens. — 1586.

Sceau rond, de 28 mill. — Arch. de la Somme; chapitre d'Amiens.

Écu au chevron accompagné de deux marguerites en chef et d'un rameau en pointe. — Sans légende.

Ensaisinement. — 16 août 1586.

1211 CARON (NICOLAS),

Chargé de la prévôté de Dury en l'absence du prévôt, chanoine d'Amiens. — 1533.

Sceau rond, de 32 mill. — Arch. de la Somme; chapitre d'Amiens.

Écu au chevron accompagné de deux étoiles en chef et d'un trèfle en pointe, soutenu par un ange.

s de maistre nicolle caron ·

(Seel de maistre Nicolle Caron.)

Contre-sceau : Écu au chevron accompagné de deux étoiles et d'un trèfle. — Sans légende.

Prise de possession d'une terre à Dury. — 7 juin 1533.

1212 CAIGNET (PIERRE),

Prévôt du chapitre à Longueau, chanoine d'Amiens. — 1405.

Sceau rond, de 24 mill. — Arch. de la Somme; chapitre d'Amiens.

Écu portant trois aiglettes accompagnées en chef d'une étoile, supporté par deux lions.

S' · petri · .....

(Sigillum Petri .....)

Acquisition d'une terre à Longueau. — 11 janvier 1405

1213 FAVERIN (JEAN),

Prévôt du Mesge pour le chapitre, chanoine d'Amiens. — 1523.

Sceau rond, de 27 mill. — Arch. de la Somme; chapitre d'Amiens.

Écu à trois quintefeuilles, sous un chef chargé d'un croissant entre deux étoiles, soutenu par un ange.

s. m · johis · faverin · canonici · amb

(Sigillum magistri Johannis Faverin, canonici Ambianensis.)

Prise de possession d'une terre au Mesge. — 5 septembre 1523.

1214 LONGUEVAL (GUILLAUME DE).

Garde de la justice de Saint-Maurice-lès-Amiens, chanoine d'Amiens. — 1376.

Sceau rond, de 28 mill. — Arch. de la Somme; chapitre d'Amiens.

Dans un quadrilobe : un écu bandé de vair et de ..... de six pièces, sous un chef chargé d'une merlette à dextre, supporté en haut par deux hommes sauvages et en bas par deux lions.

✻ S'... LLIAVME........

(Seel Williaume .....)

Prise de possession de biens situés à Saint-Maurice. — 4 avril 1376.

1215   GUYOT (LION),

Procureur à Péronne, bailli du chapitre d'Amiens à Vauvillers. — 1540.

Sceau rond, de 30 mill. — Arch. de la Somme; chapitre d'Amiens.

Écu écartelé d'un arbre et d'un lion?, supporté par deux lévriers.

S LION.......

(Seel Lion .....)

Récépissé du dénombrement d'un fief situé à Mercy. — 14 septembre 1540.

1216   BEAUVAIS

(PRÉVÔTÉ DU CHAPITRE DE).

1303.

Sceau rond, de 35 mill. — Arch. de l'Oise; chapitre de Beauvais.

Dans un quadrilobe : un personnage debout, tenant un livre de la main droite, la gauche appuyée sur un écu à la croix cantonnée de quatre clefs.

...........SITVRE CAPHI BE.....

(Sigillum propositure capituli Bel.assensis?)

CONTRE-SCEAU : Une main tenant deux clefs.

✸ 9S.....IT · CAPHI BEHIVALH

(Contra sigillum propositure capituli Bellivallis.)

Vente d'une portion de grange avec des terres à Wagicourt. — 15 janvier 1303.

1217   BEAUVAIS

(PRÉVÔTÉ DE LA COLLÉGIALE DE SAINT-MICHEL DE).

1515.

Sceau rond, de 33 mill. — Hôpital de Beauvais, 34ᵃ.

Saint Michel terrassant le dragon.

✸ S' PREPOSITVRE ECCE SCI MICHAEL BELVAG

(Sigillum prepositure ecclesie Sancti Michaelis Belvacensis.)

Accord au sujet de droits de dîmage à Angy. — 7 février 1515.

1218·   NOYON

(PRÉVÔTÉ DU CHAPITRE DE)

Au Mas et à Thiescourt. — 1392.

Sceau rond, de 36 mill. — Arch. de l'Oise; chapitre de Noyon.

Dans un encadrement en losange, orné à l'intérieur d'une guirlande de fruits et de feuilles : un château flanqué de deux tours.

..... POSITVRE DE M...

(Sigillum prepositure de M.....)

Acte de dessaisine d'une vigne à Suzoy. — 16 octobre 1392.

CHANOINES.

1219   SARTON (PIERRE DE),

Chanoine d'Amiens. — 1309.

Sceau rond, de 38 mill. — Arch. de la Somme; Saint-Jean d'Amiens.

Dans le champ : un griffon passant à sénestre.

✸ S· PETRI · AMBIAÑSIS · CAHONICI

(Sigillum Petri, Ambianensis canonici.)

Confirmation d'une rente sur la grange d'Olincourt. — 1309.

1220   CHRÉTIEN,

Chanoine d'Amiens. — 1310.

Sceau ovale, de 32 mill. — Arch. de la Somme; abbaye du Gard.

Intaille représentant un homme debout, de profil, accompagné à gauche de deux objets indistincts.

✸ SIGHVM ꞉ CRISTIAHI

(Signum Cristiani.)

Droits de l'abbaye du Gard sur la chaussée de Naours. — Septembre 1310.

1221   GAYDOUS (ÉTIENNE),

Seigneur de Fontaine-sous-Catheux, chanoine d'Amiens. — 1282.

Sceau rond, de 25 mill. — Arch. de la Somme; chapitre d'Amiens.

Dans le champ : une croix fleuronnée, cantonnée de quatre perles ou de quatre tourteaux?

✸ S' MAGRI STEP........I · AMB......

(Sigillum magistri Stephani, canonici Ambianensis.)

Confirmation d'une acquisition de terre à Fontaine. — 4 janvier 1282.

1222   PICQUIGNY (GUILLAUME DE),

Chanoine d'Amiens. — 1309.

Sceau rond, de 22 mill. — Arch. de la Somme; chapitre d'Amiens.

Dans un cadre gothique en losange : un écu fascé de six pièces, à la bordure chargée de croisettes.

S' GVILLI DE PIHQVOHIO

(Sigillum Guillelmi de Pinquonio.)

Sentence arbitrale au sujet des cours d'eau du Mesge. — Septembre 1309.

1223   PLANQUE (GUILLAUME DE LA),

Chanoine d'Amiens. — 1311.

Sceau ogival, de 35 mill. — Arch. de la Somme; chapitre d'Amiens.

La Vierge assise avec l'enfant Jésus, tenant un fleuron de la main droite. Au-dessous, un écu billeté au lion couronné, supporté par deux anges.

.. GVILLI DE PLA........SS CANON...

(Sigillum Guillermi de Planca, Ambianensis canonici.)

Contre-sceau : Écu billeté au lion couronné.

S' GVILLERMI DE PLANCA CANONICI AMB'

(Secretum Guillermi de Planca, canonici Ambianensis.)

Sentence au sujet d'une rente. — 5 février 1311.

1224 GAYSSART (JEAN DE),

Chanoine d'Amiens. — 1327.

Sceau rond, de 23 mill. — Arch. de la Somme; chapitre d'Amiens.

Dans une petite rose gothique : un bonnet de prêtre.

✱ : S' : IO : DE : GAYSSART : S...RDOT'

(Sigillum Johannis de Gayssart, sacerdotis.)

Sentence arbitrale dans un différend entre l'évêque d'Amiens et son chapitre, au sujet de la sonnerie des cloches, etc. — 3 janvier 1327.

1225 SEUX (LUCIEN DE),

Chanoine d'Amiens. 1380.

Sceau rond, de 22 mill. — Arch. de la Somme; chapitre d'Amiens.

Écu effacé.

✱ S · LVCIANI · DE · SEVS · PBRI

(Sigillum Luciani de Seus, presbiteri.)

Fondation de l'obit de Charles V. — 10 mai 1380.

1226 PILOT (JEAN),

Seigneur viager de Saint-Maurice-lès-Amiens, chanoine d'Amiens. — 1443.

Sceau rond, de 25 mill. — Arch. de la Somme; chapitre d'Amiens.

Écu portant un objet qui ressemble à un piége, soutenu par une aigle. — Légende détruite.

Ratification de la vente d'un jardin. — 4 mai 1443.

1227 DIÉ,

Chanoine de Beauvais. 1220.

Sceau ogival, de 40 mill. — Arch. de l'Oise; abbaye de Chaalis.

Personnage en buste, de face.

.. MAG'...........DE BRITO

(Sigillum magistri ..... de Britolio.)

Thomas, clerc d'Argenteuil, renonce aux droits qu'il pouvait avoir sur une maison, des vignes et des terres à Argenteuil. — Novembre 1220.

1228 CLAUT (JACQUES),

Juge au concile de Bâle, chanoine de Saint-Séverin de Cologne. — 1438.

Sceau ogival, de 65 mill. — Arch. de la Somme; chapitre d'Amiens.

Dans une niche principale : un personnage mitré, tenant un livre de la main gauche et portant une cathédrale de la droite. Au-dessous, un priant entre deux écussons à la bande chargée de trois coquilles et accompagnée d'une étoile en chef.

.......sancti · severini · colon.....

(..... Sancti Severini Coloniensis.)

Deuxième sentence du concile de Bâle relative aux annates. — 1438.

1229 HAPARD (ARNOUL),

Chanoine de Condé. — XIVe siècle.

Sceau ogival, de 38 mill. — Communiqué par M. Bora, archiviste de la Somme.

Un bras armé d'un bouclier rond, surmonté d'un faucon liant un oiseau.

✱ S' ARNVLPHI · HAPARDI · CANON̄ · CONDATN̄ ·

(Sigillum Arnulphi Hapardi, canonici Condatensis.)

Matrice originale.

1230 FLAVIGNY (RENIER DE),

Chanoine de Guise. — 1217.

Sceau ogival, de 38 mill. — Arch. de l'Aisne; abbaye de Saint-Vincent.

Un lion.

S'. RENERI CANO' GVSIEN'

(Sigillum Reneri, canonici Gusiensis.)

Déclaration de Renaud, châtelain de Coucy, au sujet de la justice et seigneurie du bois de Bucy, acquis par l'abbé de Saint-Vincent de Laon. — Février 1217.

1231 ANSELME,

Chanoine de Laon. — 1200.

Sceau ogival, d'environ 52 mill. — Hôtel-Dieu de Laon.

Personnage debout, tenant une palme de la main droite et un livre de la gauche.

..MA : ANSELMI : L...VNS̄ : CANONI..

(Sigillum magistri Anselmi, Laudunensis canonici.)

Sentence qui met l'hôpital Notre-Dame en possession définitive de certaines dîmes. — 1200.

1232 FISMES (PIERRE DE),

Chanoine de Laon. — 1210.

Sceau ogival, de 55 mill. — Hôtel-Dieu de Laon.

Personnage debout, tenant un livre des deux mains.

✱ S' : PETRI : DE : ....ADO

(Sigillum Petri de ....ado.)

Acensement d'une maison à Laon. — 1210.

1233 PROVINS (THIBAUD DE),

Chanoine de Laon. — 1210.

Sceau rond, de 40 mill. — Hôtel-Dieu de Laon.

Un Agnus.

✠ S' THEOBALDI : DE : P . . VINO

(Sigillum Theobaldi de Pruvino.)

Acensement d'une maison à Laon. — 1210.

1234 VAUX (SIMON DE),

Chanoine de Laon. — 1210.

Sceau rond, de 40 mill. — Hôtel-Dieu de Laon.

Un personnage à mi-corps, de face, tenant de la main gauche un livre ouvert.

SIGILL · SIMONIS · DE · VALLIB3

(Sigillum Simonis de Vallibus.)

Acensement d'une maison à Laon. — 1210.

1235 VAUX (MILON DE).

Chanoine de Laon. — 1241.

Sceau rond, de 40 mill. — Hôtel-Dieu de Laon.

Intaille fruste représentant un personnage debout, la main appuyée sur son genou.

✠ S' MAGRI · MILONIS · DE . VALLIBVS CANONICI LAVDVN'

(Sigillum magistri Milonis de Vallibus, canonici Laudunensis.)

Sentence arbitrale au sujet d'une maison appartenant à l'hôpital Notre-Dame de Laon. — Mai 1241.

1236 MONTMITEL (PIERRE DE),

Chanoine de Laon. — 1271.

Sceau ogival, de 35 mill. — Hôtel-Dieu de Laon.

L'Annonciation : un ange s'adressant à Marie.

✠ S' MAGRI · PETR . . . . TIGL · CAÑ LAVD'

(Sigillum magistri Petri de Montmitel? canonici Laudunensis.)

Sentence arbitrale en faveur de l'hôpital Notre-Dame, au sujet des dîmes d'Ardon. — 27 mars 1271.

1237 DONNEMARIE (JEAN DE),

Chanoine de Laon. — 1271.

Sceau ogival, de 46 mill. — Hôtel-Dieu de Laon.

La Vierge debout, tenant l'enfant Jésus; à ses pieds et à sa droite, un priant.

. . . . . GRI : I : DE : DO . AMARIA · C . . . . . .

(Sigillum magistri J. de Donamaria, canonici . . . . .)

Amende d'Adam d'Aulnois, qui s'était saisi violemment d'un sergent de l'hôpital Notre-Dame. — 7 novembre 1271.

1238 NESLE (RICHARD DE).

Chanoine de Laon. — 1271.

Sceau ogival, de 40 mill. — Hôtel-Dieu de Laon.

Une intaille représentant une tête de face, encastrée dans le milieu du champ, où deux fleurs de lys l'accompagnent.

. . RICHARDI BVRTVDI CAN LAV . . .

(Sigillum Richardi Burtudi, canonici Laudunensis)

Voyez le numéro précédent.

1239 VENDEUIL (SIMON DE),

Chanoine de Laon. — 1285.

Sceau rond, de 35 mill. — Hôtel-Dieu de Laon.

Écu portant un émanché de quatre pointes mouvant du chef.

✠ S SIMOÏS · DE · VENDOLIO · CANONICI · LAVD'·

(Sigillum Simonis de Vendolio, canonici Laudunensis.)

CONTRE-SCEAU : Un ours passant à sénestre. . . . Dans légende.

Amortissement de biens à Aulnois, Lizy et Anizy. — Avril 1285.

1240 CHAMPAGNE (GAÇON DE),

Chanoine de Laon. — 1292.

Sceau ogival, de 40 mill. — Hôtel-Dieu de Laon.

Deux oiseaux buvant dans une coupe, surmontés d'un écu bandé de vair et de . . . . . de six pièces sous un chef. et accompagnés de deux roses.

. . . . PANIA · CA . . L . DV . . . . .

(Sigillum magistri Gazonis de Campania, canonici Laudunensis?)

CONTRE-SCEAU : Un faucon liant un oiseau.

✠ S' · SECRETI · MEI ·

(Sigillum secreti mei.)

Donation de biens situés à Toulis et à Grandlup. — 1292.

1241 LAON (ANCHER DE),

Chanoine de Laon. — 1292.

Sceau ogival, d'environ 40 mill. — Hôtel-Dieu de Laon

L'Annonciation : la Vierge et l'ange, séparés par une tige de lis. Au-dessous d'eux, un priant.

. . . . . NCHERI : D' · LAVD' · CANOIUI · LAVDVN . . . . .

(Sigillum Ancheri de Lauduno, canonici Laudunensis.)

CONTRE-SCEAU : Une tête d'homme de profil.

18.

✳ SIGNV · BVTIChARIG · LAVD

(Signum buticularie Laudunensis.)

Donation de biens situés à Chivy-sur-Aisne et à Cerny-en-Laonnois.
— 1292.

1242   GARNIER (JEAN),

Chanoine de Saint-Jean-au-Bourg de Laon. — 1210.

Sceau ogival, de 55 mill. — Hôtel-Dieu de Laon.

Personnage debout, en chasuble, tenant un livre des
deux mains.

SIGILL · IOhIS · GARNGRI · C...... DE BV...

(Sigillum Johannis Garneri, canonici Sancti Johannis de Burgo?)

Confirmation de la donation d'une maison à Laon. — Juin 1210.

1243   SIGEBERT,

Chanoine de Noyon. — 1207.

Sceau rond, de 46 mill. — Arch. de l'Oise; abbaye de Chaalis.

Un Agnus; la bannière accompagnée des lettres AGÑ
(agnus·).

✳ SIGILL · SIGEBE..I : CAñOÑICI ..VIOM'

(Sigillum Sigeberti, canonici Noviomensis.)

Transaction au sujet du bois d'Avesnelles. — 1207.

1244   MARCHAND (PIERRE),

Chanoine de Noyon. — 1310.

Sceau ogival, de 42 mill. — Arch. de l'Oise; chapitre de Noyon.

Dans une niche gothique : la Vierge assise, tenant l'enfant Jésus et couronnée par un ange; au-dessous, un
priant.

S' MAGRI · PGŸ · DÕI · MGRCATOR' · CAñ ·
ñOVIOM

(Sigillum magistri Petri, dicti Mercatoris, canonici Noviomensis.)

Contre-sceau : Une aigle essorant.

✳ S' SGCRGTI · P · MGRCATOR'

(Sigillum secreti Petri Mercatoris.)

Acquisition d'une terre à Suzoy. — Octobre 1310.

1245   LIHONS (PIERRE DE),

Chanoine de Noyon. — 1317.

Sceau ogival, de 38 mill. — Arch. de l'Oise; chapitre de Noyon.

Dans une niche gothique : la Vierge assise, portant
l'enfant Jésus et tenant un fleuron de la main droite; au-
dessous, un priant.

S' PGT · DG · LIhOn · LGG · PROFGSS · CAñ ·
ñOVIOMG..

(Sigillum Petri de Lihon, legum professoris, canonici Noviomensis.)

Prise de possession de terres situées à Thiescourt. — Juin 1317.

1246   BÉQUET (JEAN),

Chanoine de Noyon. — 1326.

Sceau hexagone, de 21 mill. — Arch. de l'Oise; trésorerie du chapitre
de Noyon.

Dans un trilobe : un écu à deux brochets, à la bordure
endentée.

S IOhIS BGRVGT CAñ ñO.....

(Sigillum Johannis Bekuet, canonici Noviomensis.)

Vente de deux maisons situées à Noyon. — Août 1326.

1247   QUIEN (JEAN LE),

Chanoine de Picquigny. — 1381.

Sceau rond, de 20 mill. — Arch. de la Somme; abbaye du Gard.

Dans un trilobe : la Vierge à mi-corps, portant l'enfant Jésus.

.......LG RIGN PBR.

(..... le Kien, presbiteri.)

Acquisition d'une maison. — 22 janvier 1381.

1248   NEUVILLE (GAUCHER DE),

Chanoine de Reims. — 1261.

Sceau ogival, de 35 mill. — Arch. de l'Aisne; abbaye de Saint-Vincent.

Écu portant cinq fasces au franc canton, soutenu par
un lion.

✳ S'. : WALCh....... GMGSIS

(Sigillum Walcheri, canonici Remensis?)

Alard de Neuville, chevalier, et le chanoine fondent l'anniversaire
de leur frère Pierre de Neuville. — 7 septembre 1261.

1249   COUCY (HUGUES DE),

Chanoine de Saint-Quentin. — 1207.

Sceau rond, de 25 mill. — Arch. de l'Aisne; abbaye de Saint-Vincent.

Un oiseau à tête humaine, coiffé d'un bonnet à pointe
retombant par derrière, accompagné d'une étoile. —
Légende fruste.

Sentence contre Enguerran de Coucy, qui demandait la résiliation
d'un contrat dans lequel il se trouvait lésé. — 5 juin 1207.

1250   CAT (JEAN LE),

Chanoine de Saint-Pierre de Soissons. — xiv* siècle.

Sceau rond, de 32 mill. — Communiqué par le vicomte Dubois de Courval,
à Pinon.

Dans une niche gothique : saint Pierre debout; à ses
pieds, un priant.

S' IOhIS · RATI · CAñ · S · PGT' · SVGSS

(Sigillum Johannis Kati, canonici Sancti Petri Suessionensis.)

Matrice originale.

1251 SAINT-AUBERT (JACQUES DE),

Commissaire du roi de France «ad financias recipiendas,» chanoine de Tournay.
— 1294.

Sceau ogival, d'environ 3o mill. — Arch. de l'Oise ; Saint-Vincent
de Senlis.

Fragment. Il ne reste qu'une tête nimbée dans un encadrement carré.

. . . . SƆI QVIꟼ . . . .

(. . . . . Sancti Quintini.)

Contre-sceau : Intaille représentant un personnage
debout et accompagné de deux enfants? — Sans légende.

Quittance au sujet de terres rachetées à Neuilly. — Senlis, 3 mai
1294.

XIIIe SÉRIE. — PAROISSES.

ÉGLISES ET CHAPELLES.

1252 BAYONVILLERS

(SAINT-QUENTIN DE).

xvIII^e siècle.

Sceau ovale, de 31 mill.' — Communiqué par M. Mallet, à Amiens.

Sur un champ semé de fleurs de lys : le buste de
saint Quentin, ayant un clou fiché dans chaque épaule.

SIGILLVM · S^T · QVINTINI · BAYONVILLIERS

Matrice originale.

1253 MÉRICOURT (ÉGLISE DE).

xII^e siècle.

Sceau rond, de 24 mill. — Communiqué par M. Delaberche, à Beauvais.

Saint Martin à cheval, donnant la moitié de son manteau à un pauvre.

S' ꟼVRI' DꟾE MꟾERIƆOVRT

(Sigillum curie de Méricourt.)

Matrice originale.

1254 MIGNY? (ÉGLISE DE).

xvII^e siècle.

Sceau rond, de 2o mill. — Communiqué par M. Mathon, à Beauvais.

Un buste mitré, accosté d'une clef et d'une étoile.

✳ · S ✳ ƆꟾGLꟾE DꟾE ꟿINIꟾAƆO

(Sigillum ecclesie de Miniaco.)

Matrice originale.

1255 QUINCAMPOIX (ÉGLISE DE).

xvII^e siècle.

Sceau rond, de 2o mill. — Communiqué par M. Mathon, à Beauvais.

La Vierge debout, portant l'enfant Jésus et tenant un
rameau de la main droite.

S' · ꟾEƆƆꟾE · DꟾE · QVIꟼVꟾAꟿPOI

(Sigillum ecclesie de Quiquampoi.)

Matrice originale.

1256 SAINT-BENOÎT

(LES MARGUILLIERS LAIS DE).

xve siècle.

Sceau ogival, de 42 mill. — Communiqué par M. Mathon, à Beauvais.

Personnage debout, la tête rasée «cum corona,» tenant de la main droite une crosse et de la gauche un
livre.

✳ LꟾE · SꟾEꟾEL · DꟾES · ꟿARꟾEƆLIꟾES · DꟾE ·
S' · BꟾENOIT

(Le seel des maregliés de Saint Benoit.)

Matrice originale.

1257 SAINT-ÉTIENNE (ÉGLISE DE).

xvII^e siècle.

Sceau ogival, de 4o mill. — Communiqué par M. Mathon, à Beauvais.

Dans une niche gothique : la lapidation de saint
Étienne.

SIGILL' ECCLE SĀCTI STEPHAĪ

Matrice originale.

1258 SAINT-MAURICE DE SENLIS

(CHAPELLE ROYALE DE).

. 1416.

Sceau ogival, de 38 mill. — Arch. de l'Oise ; Saint-Maurice de Senlis.

Saint Maurice à cheval, armé d'une croix et d'un bouclier portant une croix.

. . ꟾEƆƆꟾE S . . ꟿAVR . . . . . ILVꟾAꟼ . . . . . ꟾAꟾS

(Sigillum ecclesie Sancti Mauricii Silvanectensis ad causas.)

Quittance d'une rente annuelle sur le pont de Maisons-sur-Seine.
— 3o décembre 1416.

DOYENNÉS RURAUX.

1259 **BEAUMONT (DOYENNÉ DE).**

1257.

Sceau ogival, de 35 mill. — Arch. de l'Oise; abbaye de Froidmont.

Dans une niche d'architecture gothique : un prêtre debout devant un autel; en haut, la main divine bénissant le calice.

S' DECANATVS .. BELLOMONTE

(Sigillum decanatus de Bellomonte.)

Acquisition d'une terre à Bernes. — Février 1257.

1260 **BRETEUIL (DOYENNÉ DE).**

1251.

Sceau ogival, de 42 mill. — Arch. de l'Oise; abbaye de Froidmont.

Un dragon dont la queue se termine en rinceaux.

✱ S' DECANA..S BRITVLII

(Sigillum decanatus Britulii.)

Acquisition d'une terre à Villers-Vicomte. — Janvier 1251.

1261 **POIX (DOYENNÉ DE).**

XVIIIe siècle.

Sceau ovale, de 30 mill. — Communiqué par M. Rembaud, à Amiens.

Un évêque à mi-corps, portant sa tête dans ses deux mains.

DECANA DE POIX

Surmoulage.

1262 **RUE (DOYENNÉ DE).**

1263.

Sceau ogival, de 32 mill. — Arch. de la Somme; abbaye du Gard.

Dans le champ : une fleur de lys.

✱ S' DECA..TVS RVE

(Sigillum decanatus Rue.)

Acquisition de rente. — Août 1263.

DOYENS RURAUX.

1263 **GUILLAUME,**

Doyen d'Abbeville. — 1225.

Sceau rond, de 40 mill. — Arch. de la Somme; abbaye du Gard.

Un Agnus.

✱ SIGILL : WILLI : DECANI : ABBVILL

(Sigillum Willermi, decani Abbatisville.)

Legs d'un cens en faveur des religieux du Gard. — Janvier 1225.

1264 **GUILLAUME,**

Ancien doyen d'Abbeville. — 1243.

Sceau ogival, de 60 mill. — Arch. de la Somme; abbaye du Gard.

Personnage debout, en chasuble, tenant un livre des deux mains.

......LLI : DE VI....A : PR..BI....

(Sigillum Willermi de Vi....a, presbiteri.)

Donation d'un cens près Saint-Vulfran-en-Chaussée. — 21 septembre 1243.

1265 **R.....,**

Doyen d'Abbeville. — 1267.

Sceau ogival, de 46 mill. — Arch. de la Somme; abbaye du Gard.

Une fleur de lys fleuronnée.

...........ABBISVILLE

(..... Abbatisville.)

Contre-sceau : Une fleur de lys fleuronnée. — Légende fruste.

Abandon de droits sur des maisons à Abbeville. — 21 avril 1267.

1266 **PIERRE,**

Doyen d'Airaines. — 1225.

Sceau ogival, de 50 mill. — Arch. de la Somme; evêché d'Amiens.

Un poisson (un hareng) tenant une plante.

✱ SIGILL PET........NIS

(Sigillum Petri, decani de Harenis?)

Firmin Martel, atteint de la lèpre, donne trois journaux de terre à la léproserie du Quesne. — Décembre 1225.

1267 **BOUCHARD,**

Doyen de Chambly. — 1220.

Sceau ogival, de 50 mill. — Arch. de l'Oise; Saint-Vincent de Senlis.

Un Agnus.

✱ S' BVCARDI · D..... DE ChENBLI :

(Sigillum Bucardi, decani de Chenbli.)

Cession de la vigne du Croissant. — Avril 1220.

1268 **LANDRI,**

Doyen de Chambly. — 1253.

Sceau ogival, de 35 mill. — Arch. de l'Oise; abbaye de Froidmont.

Deux oiseaux adossés (deux paons) perchés sur une branche fleurie.

✱ S' DECANI DE ChAMBLIACO

(Sigillum decani de Chambliaco.)

Échange de terres à Bernes. — Mars 1253.

1269   TH.....,
Doyen de Crépy. — 1226.

Sceau ogival, de 44 mill. — Arch. de l'Oise; abbaye du Parc-aux-Dames.

Sur une motte : une plante fleurie.

✸ S' DECANI CRISTIANITATIS DE CRESPI

(Sigillum decani cristianitatis de Crespi.)

Confirmation de la vente d'un pré à Saussy. — Août 1226.

1270   PIERRE,
Doyen de Hermes. · 1219.

Sceau rond, de 35 mill. — Arch. de l'Oise; abbaye de Froidmont.

Une aigle essorant.

✸ S : P : ..CAN...bАROЭES

(Sigillum Petri, decani de Harmes.)

Acquisition de vigne. — Avril 1219.

1271   ROBERT,
Sous-doyen de Laon. — 1226.

Sceau ogival, de 55 mill. — Arch. de l'Aisne; abbaye de Saint-Vincent.

Une fleur de lys fleuronnée, accompagnée, au pied, de deux étoiles.

✸ S · ROB'ΤΙ SVBDΘCANI XΡΙANIT LAVD'

(Sigillum Roberti, subdecani christianitatis Laudunensis.)

Sentence adjugeant à l'abbaye de Saint-Vincent la propriété d'une vigne à Chérèt. — Août 1226.

1272   MONTDIDIER (LE DOYEN DE).
1296.

Sceau ogival, d'environ 40 mill. — Arch. de l'Oise; abbaye de Saint-Quentin.

Dans une niche gothique : un personnage debout, tenant un livre de la main gauche, la droite appuyée sur un bâton. — Légende détruite.

CONTRE-SCEAU : Une buire.

✸ SΘCRΘΤVM

(Secretum.)

Acquisition d'une terre à la Morlière. — 28 mars 1296.

1273   ROYE (LE DOYEN DE).
1308.

Sceau ogival, de 37 mill. — Arch. de la Somme; abbaye du Gard.

Un personnage debout, de profil, nimbé, s'appuyant sur un bâton.

✸ S' DΘCANI · ROIΘRCIS · AD · CAVSAS ·

(Sigillum decani Roiencis ad causas.)

CONTRE-SCEAU : Forme hexagonale. Une branche chargée de deux petits oiseaux.

✸ S' CONTRA SIRON

(Sigillum contra sinon.)

Sentence contre Alesaume de Vaucelles, qui avait brisé les haies de l'abbaye et fait paître ses troupeaux dans les terres de Longueville. — 20 mars 1308.

1274   ROBERT,
Doyen de Saint-Quentin. — 1231.

Sceau ogival, de 44 mill. — Arch. de l'Aisne; abbaye de Prémontré.

Un prêtre debout, de profil, devant un autel, élevant le calice.

... .OB'ΤΙ DΘCA.............

(Sigillum Roberti, decani .....)

CONTRE-SCEAU : Une main tenant un livre ouvert sur lequel sont les deux lettres A . Ш. (alpha et omega).

✸ CLAVIS SIGILLI

(Clavis sigilli.)

Remise d'une rente due par l'abbaye de Prémontré sur la grange de Gommaine. — Janvier 1231.

CURÉS.

1275   MOTTE (JEAN DE LA),
Curé de Saint-Martin-en-Bourg d'Amiens. — 1458.

Sceau ogival, d'environ 45 mill. — Arch. de la Somme; chapelains d'Amiens.

Saint Martin à cheval, donnant à un pauvre la moitié de son manteau. — Il ne reste plus de la légende que **marti . .** (Martini).

Sentence arbitrale au sujet d'un mur mitoyen. — 1458.

1276   ANIZY (LE CURÉ D').
XIIIᵉ siècle.

Sceau ogival, de 40 mill. — Communiqué par M. Hidé, à Laon.

Un oiseau tenant dans son bec un rameau à trois fruits.

✸ : SIG · CVRATI · DΘ · VICO · ANISIACO

(Sigillum curati de vico Anisiaco.)

Matrice originale.

1277   GUILLAUME,
Curé de Saint-Sauveur de Beauvais. — 1314.

Sceau rond, de 27 mill. — Hôpital de Beauvais, 13 I.

Une aigle.

✶ SIGIĈ · WIŁMI · SAC'D'. S'. SALW

(Sigillum Willelmi, sacerdotis Sancti Salvatoris.)

Sentence qui adjuge à l'hôtellerie de Saint-Laurent une rente sur une maison. — Beauvais, dans l'église de Saint-Vaast, juillet 1214.

1278 JACQUES,

Curé de Bernes. — 1253.

Sceau rond, de 20 mill. — Arch. de l'Oise; abbaye de Froidmont.

Un Agnus.

✶ S' · IAQOBI · PBR̃I · DG · BAGRNG

(Sigillum Jacobi, presbiteri de Baerne.)

Échange de terres à Bernes. — Mars 1253.

1279 CRÈVECŒUR (LÉ CURÉ DE).

XIIIᵉ siècle.

Sceau ogival, de 40 mill. — Communiqué par M. Delattre, à Cambrai.

Une croix tréflée, cantonnée d'un croissant, d'un soleil et de deux feuilles de trèfle.

✶ S : PRGSBITGRI : DG : ORIGVGQVR

(Sigillum presbiteri de Crievecur.)

Matrice originale.

1280 BRUYÈRES (ARNOUL DE),

Ancien curé de Saint-Remy-Porte à Laon. — 1230.

Sceau ogival, de 50 mill. — Hôtel-Dieu de Laon.

Personnage debout, en chasuble, tenant un livre de la main gauche.

✶ S. DÑI · ARΛVLPhI · DG · BRVGRIS

(Sigillum domini Arnulphi de Brueris.)

Sentence arbitrale au sujet de la vente de la maison de Favières. — Septembre 1230.

1281 GUILLAUME,

Curé de Monchy. — 1224.

Sceau rond, de 30 mill. — Arch. de l'Oise; abbaye de Chaalis.

Une fleur de lys fleuronnée.

✶ S' WIŁŁI · PBR̃I · D' OONQIAQO

(Sigillum Willelmi, presbiteri de Monciaco.)

Acquisition de terres à Choisy. — Janvier 1224.

1282 RAOUL,

Curé de Noircourt. — XIVᵉ siècle.

Sceau ogival, de 35 mill. — Communiqué par M. Hidé, à Laon.

Deux oiseaux symétriquement adossés, becquetant une branche.

✶ S. ARΛVLPhI · ΟVRATI · DG RIĞQVRTG

(Sigillum Arnulphi, curati de Nigracurte.)

Matrice originale.

1283 EUDES,

Curé de Picquigny. — XIIIᵉ siècle.

Sceau ogival, de 45 mill. — Communiqué par le Dʳ Goze, à Amiens.

La Vierge assise, tenant l'enfant Jésus; à ses pieds, un priant. Dans le champ, en haut, deux étoiles.

✶ S' hODOΛI SAQG..OĞIS DG PIΛQONGO

(Sigillum Hodoni, sacerdotis de Pinconeo.)

Surmoulage.

1284 CARON (ENGUERRAN LE),

Curé de Quiry. — 1454.

Sceau ogival, de 24 mill. — Arch. de la Somme; abbaye du Gard.

Un personnage debout, tenant de la main gauche une roue, de la droite enfonçant une épée dans la gueule d'un dragon qu'il foule aux pieds.

.....QVRGS DG SAI........

(..... curés de Saint .....)

Le curé de Quiry envoie à l'abbé de Sainte-Geneviève sa justification de prétendus torts envers l'abbaye du Gard. — 22 octobre 1454.

CHAPELAINS.

1285 GUILLAUME,

Chapelain du Saint-Sépulcre d'Abbeville. — 1223.

Sceau rond, de 40 mill. — Arch. de la Somme; abbaye du Gard.

Un Agnus.

........WILLI PBRI SQI SGPVLQ..

(Sigillum Willelmi, presbiteri Sancti Sepulcri.)

Legs d'un cens à Abbeville. — Octobre 1223.

1286 AMIENS

(UNIVERSITÉ DES CHAPELAINS DE LA CATHÉDRALE D').

1452.

Sceau ogival, de 50 mill. — Arch. de la Somme; chapitre d'Amiens.

Dans une niche d'architecture gothique : la Vierge debout, tenant l'enfant Jésus; au-dessous d'elle, six priants.

..QOLLGGII · QAPPGLLAΛORVΜ GQLGSIG AΜBIARG....

(Sigillum collegii cappellanorum eclesie Ambianensis.)

Fondation d'une messe quotidienne en la chapelle de la «Mère-Dieu «Anglesque» par Jean Avantage, évêque d'Amiens. — 3 avril 1452.

1287   AMIENS

(UNIVERSITÉ DES CHAPELAINS DE LA CATHÉDRALE D').

xviii° siècle.

Cachet ovale, de 3o mill. — Communiqué par le D' Goze, à Amiens.

Une étoile dans un cartouche.

UNIVERSITAS · CAPEL · ECCL · AMB

Surmoulage.

1288   JACQUEMIN (ARNOUL),

Tabellion et notaire du chapitre, chapelain d'Amiens. — 1495.

Sceau rond, d'environ 3o mill. — Arch. de la Somme; chapitre d'Amiens.

Écu portant trois têtes de coq. — Légende détruite.

Lettres de citation relatives à la nomination de maître de Hennecourt au doyenné d'Amiens. — 8 février 1495.

1289   LAON (LES CHAPELAINS DE).

xiii siècle.

Sceau ogival, en cuvette, de 62 mill. — Arch. de l'Aisne; abbaye de Saint-Vincent.

Personnage debout, en chasuble, élevant les deux mains.

✳ · SIGILE : CA............ LA. DVNENSIVO

(Sigillum capellanorum Laudunensium.)

Association de prières et confraternité avec l'abbaye de Saint-Vincent de Laon. — Sans date.

PRÊTRES.

1290   MOINET (THOMAS)

D'Aulnois, prêtre. — Vers 1336.

Sceau rond, de 20 mill. — Arch. de l'Aisne; abbaye de Saint-Vincent.

Écu à la branche portant deux oiseaux.

✳ S M THOMAS M..........

(Seel maistre Thomas M.....)

Dénombrement d'un fief situé à Reneuil. — Sans date.

1291   HANCOURT (GUILLAUME DE),

Prêtre. — x111° siècle.

Sceau ogival, de 4o mill. — Communiqué par M. Hidé, à Laon

Une fleur de lys.

✳ S' GVILLI · DE HANCOVRT · PBRI

(Sigillum Guillelmi de Hancourt, presbiteri.)

Matrice originale.

XIV° SÉRIE. — UNIVERSITÉS.

1292   LA BAZOCHE DE LAON.

xviii° siècle.

Cachet ovale, de 33 mill. — Communiqué par M. Hidé, à Laon.

Dans un cartouche couronné de lauriers : un écu ovale, portant deux écritoires en sautoir devant une plume en pal.

BAZOCHE DE LAON

1778.

Matrice originale.

1293   LE COLLÉGE DES ESPAGNOLS

À BOLOGNE.

xvi° siècle.

Sceau rond, de 78 mill. — Musée d'Amiens.

Un évêque à genoux, présentant au pape le modèle en relief du collége.

S COIIII · DO2' · ISPR' · QUA · D' · EGIDIU' · D' · ALBOROGO · EPS · SABR · Z · STE · ROn · ECCE · CRDIRA' · BOn · FUDASI · Z · DOTAS

(Sigillum consilii domus Ispanorum, quam dominus Egidius de Albornoro, episcopus Sabinensis et Sancte Romane ecclesie cardinalis, Bononia fundavit et dotavit.)

Surmoulage.

CLERCS.

1294   AIGLE (PIERRE DE L'),

Clerc. — xiv° siècle.

Sceau rond, de 23 mill. — Communiqué par M. Hidé, à Laon.

Une branche à trois feuilles, portant deux oiseaux symétriques.

✳ S' PETRI DE AQVILA CHI :

(Sigillum Petri de Aquila, clerici.)

Matrice originale.

1295   ARGONNE (THOMAS D'),

Clerc. — xiii⁰ siècle.

Sceau ogival, de 38 mill. — Communiqué par M. Mathon, à Beauvais.

Deux oiseaux adossés, séparés par une fleur de lys, surmontés d'une étoile.

✸ S'. TҺOMƐ ·DƐ ARGΌNIA ᴄꞫIᴄI ꝑᴚ

(Sigillum Thome de Argonia, clerici procuratoris?)

Matrice originale.

1296   CHAPON (JEAN)

De Wailly, clerc. — xiii⁰ siècle.

Sceau ogival, de 34 mill. — Communiqué par M. Hide, à Laon.

Un chapon.

✸ S' IOꝞIS ᴄҺAPON DƐ VAILLIAᴄO ᴄꞫIᴄI

(Sigillum Johannis Chapon de Vailliaco, clerici.)

Matrice originale.

1297   COCU (ARNOUL LE),

Clerc à Laon. — 1343.

Sceau rond, de 23 mill. — Arch. de l'Aisne; abbaye de Saint-Vincent.

Écu portant trois molettes, au franc canton chargé d'une quintefeuille.

✸ : S' : ƐRꞪOVꞮꞮ.......... ...

(Seel Ernoul .....)

Dénombrement d'un fief situé à Couvron. — 5 juin 1343.

1298   MORLANCOURT (SIMON DE),

Clerc. — 1225.

Sceau ogival, de 48 mill. — Arch. de la Somme; évêché d'Amiens.

Personnage debout, portant un oiseau sur le poing gauche, tenant à la main droite un leurre?

✸ S' S ᴄLƐꞫIᴄI DƐ MORLƐꞪᴄORT

(Sigillum Simonis, clerici de Morlencort.)

Confirmation de la fondation, faite par son père, d'une chapellenie dans l'église Saint-Nicolas de Morlancourt. — Octobre 1225.

1299   MOULIN (JEAN DU),

Clerc. — xv⁰ siècle.

Sceau rond, de 23 mill. — Musée de Soissons.

La Vierge assise sur un trône d'architecture gothique, et tenant l'enfant Jésus sur ses genoux.

✸ S' IOꞪIS DƐ MOLƐꞪDIꞀO ᴄꞫIᴄI

(Sigillum Johannis de Molendino, clerici.)

Matrice originale.

1300   MOUY (PIERRE DE),

Clerc. — xiv⁰ siècle.

Sceau rond, de 24 mill. — Communiqué par M. Mathon, à Beauvais. .

Une main portant un faucon, accompagnée d'une rose et d'une fleur de lys.

✸ S' PƐTRI · DƐ · MOI · ᴄꞫIᴄI

(Sigillum Petri de Moi, clerici.)

Matrice originale.

1301   SAINS (RAOUL DE),

Clerc. — xiv⁰ siècle.

Sceau ogival, de 32 mill. — Communiqué par M. Hidé, à Laon.

Un oiseau (la colombe) tenant dans son bec un rameau.

✸ S' RAꝒ DƐ SᴀꞮS : ᴄꞫIᴄI ·

(Sigillum Radulphi de Sanctis, clerici.)

Matrice originale.

1302   SAINT-LUBIN (JEAN DE),

Clerc. — xiii⁰ siècle.

Sceau ogival, de 34 mill. — Communiqué par M. Matton, archiviste de l'Aisne.

Un faucon liant un lièvre.

✸ S' · IOꞪIS · SᴄI · LVBINI ᴄꞫIᴄI

(Sigillum Johannis Sancti Lubini, clerici.)

Matrice originale.

XVᴱ SÉRIE. — ABBAYES.

ABBAYES D'HOMMES.

1303   AMIENS (SAINT-JEAN D').

1500.

Sceau rond, de 58 mill. — Arch. de la Somme; Saint-Jean d'Amiens.

Type fruste, représentant le baptême du Christ?

Trois personnages nimbés; celui du milieu paraît être dans l'eau.

.....VƐꞪ..........S · AMBIAꞪƐ....

(Sigillum conventus Sancti Johannis Ambianensis?)

L'abbaye consent à ce que le vidame d'Amiens soit mis en possession du fief nommé «le Val des Maisons». — Mars 1500.

1304 AMIENS

(SAINT-MARTIN-AUX-JUMEAUX D').

1301.

Sceau ogival, de 56 mill. — Arch. de la Somme ; chapitre d'Amiens.

Dans une niche gothique : saint Martin à cheval, donnant à un pauvre la moitié de son manteau ; dans une autre niche, au-dessous, cinq têtes de femme coiffées en voile.

S' · CONVENTVS · SCI · M · TIRI · DE · GEMELLH · AMB'

(Sigillum conventus Sancti Martini de Gemellis Ambianensis.)

Bail à cens du terrage et de la dîme de Dury. — 26 juin 1301.

1305 AROUAISE (SAINT-NICOLAS D').

1818.

Sceau ogival, de 65 mill. — Arch. de la Somme ; abbaye de Prémontré.

Un évêque assis sur un pliant à têtes de dragon, mitré, crossé, bénissant. — Légende détruite.

Accord au sujet des dîmes de Quivières. — Mai 1318.

1306 BEAUVAIS (SAINT-LUCIEN DE).

1366.

Contre-sceau ogival, de 29 mill. — Hôpital de Beauvais, 51¹⁷.

Un personnage à mi-corps, mitré, crossé, bénissant.

❋ SECRETVM · S · LVCIANI ·

(Secretum Sancti Luciani.)

Bail à cens d'une terre sise à Tillé. — 24 décembre 1366.

1307 BEAUVAIS (SAINT-QUENTIN DE).

1229.

Sceau ogival, de 67 mill. — Arch. de la Somme ; abbaye du Gard.

Personnage debout, revêtu d'un manteau, tenant une palme à la main droite et un livre à la main gauche.

❋ SIGILE : CAPITVLI : SCI QVINTINI : BELVAC'

(Sigillum capituli Sancti Quintini Belvacensis.)

Transaction au sujet des dîmes de Rilleux. — Mai 1229.

1308 BEAUVAIS (SAINT-QUENTIN DE).

XIIIᵉ siècle.

Sceau ogival, de 69 mill. — Communiqué par M. Mathon à Beauvais.

Personnage debout, couvert d'un manteau, portant un livre à clous et à fermoir, tenant une palme de la main droite.

❋ : SIGILE : CAPITVLI : SCI · QVITINI : BELVAC'

(Sigillum capituli Sancti Quintini Belvacensis.)

Matrice originale.

1309 BEAUVAIS (SAINT-QUENTIN DE).

1503.

Sceau ogival, de 47 mill. — Arch. de l'Oise ; abbaye de Saint-Quentin.

Un personnage à genoux, la tête coupée et placée au-dessus de sa main, un oiseau perché sur son cou. En haut, une main qui bénit?

..CONVENTVS SCI........D CA..

(Sigillum conventus Sancti Quintini Belvacensis ad causas.)

Sentence au sujet de revenus à prélever sur le prieuré de Poix. — 23 juillet 1503.

1310 BEAUVAIS (SAINT-SYMPHORIEN DE).

1414.

Sceau ogival, d'environ 70 mill. — Hospice de Beauvais, 55.

Un personnage debout, tenant un livre de la main gauche et de la droite une palme?, accosté d'une fleur de lys et d'une clef. — Légende détruite.

CONTRE-SCEAU : Une main tenant une crosse.

❋ SIGILE AD CAVSAS ·

(Sigillum ad causas.)

Accord au sujet de la propriété d'une terre et des droits de coupe d'un bois. — 23 avril 1414.

1311 BRETEUIL (ABBAYE DE).

1183.

Sceau ogival, de 75 mill. — Arch. de l'Oise ; abbaye de Chaalis.

La Vierge assise, portant une couronne bordée de perles ; le manteau, à large orfroi, retombe sur l'épaule. A sa main droite, un sceptre fleurdelysé ; de l'autre main, elle tient l'enfant Jésus, couronné.

..............ARIE BRITV...

(Sigillum Sancte Marie Britalii.)

Bail à cens de biens situés au terroir de Noirvaux. — 1183.

1312 BRETEUIL (ABBAYE DE).

1193.

Sceau ogival, de 70 mill. — Arch. de l'Oise ; abbaye de Froidmont.

Personnage assis, tête nue, crossé, en chasuble, tenant un livre de la main gauche.

✳ SIGILLVCO SANCTE .A..E BRITVLII

(Sigillum Sancte Marie Britulii.)

Donation d'un bois et d'une terre au Grandmesnil, ratifiée par Auvray, abbé de Breteuil. — 1193, «regnante Philippo, rege Fran-«corum.»

1313   BRETEUIL (ABBAYE DE).

1205.

Sceau ogival, de 78 mill. — Arch. de l'Oise; abbaye de Froidmont.

La Vierge assise sur un pliant à têtes de loup, couronnée, portant au cou un collier de perles où pend un bijou rectangulaire, tenant de la main droite un sceptre fleurdelysé, l'enfant Jésus sur ses genoux.

✤ SIGILLVM : CAPITVLI : .AACTE : ORRIE : BRITVLII •

(Sigillum capituli Sancte Marie Britulii.)

Restitution d'une terre. — 1205.

1314   BRETEUIL (ABBAYE DE).

1469.

Sceau ogival, de 58 mill. — Hôpital de Beauvais, 8¹.

Dans une niche gothique : la Vierge debout, portant l'enfant Jésus.

S' CAPI.... BÉ • MARIE • DE • BRITOLIO •

(Sigillum capituli Beate Marie de Britolio.)

Cession, par échange, d'un hôtel et d'un jardin à Beauvais. — 6 juillet 1469.

1315   CHÂLONS (SAINT-MEMMIE DE).

XIIIᵉ siècle.

Sceau rond, de 54 mill. — Arch. de l'Aisne; abbaye du Valsecret.

Personnage à mi-corps, coiffé d'une mitre cornue et crossé. — Légende détruite.

Acensement de terre. — Sans date.

1316   CHAUMONT (ABBAYE DE).

1215.

Sceau ovale, en cuvette, de 50 mill. — Arch. de l'Aisne; abbaye de Saint-Martin de Laon.

Intaille représentant une tête laurée de profil.

✳ SIGILLVM ABBATIS ET ECCLESIE CALMOTENSIS

(Sigillum abbatis et ecclesie Calmontensis.)

Récépissé d'une charte relative au village des Autels, confiée à l'abbaye de Chaumont par Roger, seigneur de Rozoy, et par l'abbaye de Saint-Martin. — 1215.

1317   CÎTEAUX (ABBAYE DE).

1350.

Contre-sceau rond, de 30 mill. — Arch. de la Somme; abbaye du Gard.

L'abbaye mère, entourée de quatre abbayes cisterciennes. — Légende détruite.

Nomination de commissaires chargés d'examiner une plainte de l'abbaye du Gard au sujet de la chapelle fondée par Ansould d'Oisemont. — 17 septembre 1360.

1318   CÎTEAUX (ABBAYE DE).

1447.

Contre-sceau rond, de 40 mill. — Arch. de la Somme; abbaye du Gard.

L'abbaye mère, entourée de quatre abbayes cisterciennes. — Légende détruite.

Quittance d'arrérages dus ou à devoir par l'abbaye du Gard jusqu'au prochain chapitre général. — Cîteaux, 11 mai 1447.

1319   COMPIÈGNE

(SAINT-CORNEILLE DE).

1197.

Sceau rond, de 55 mill. — Arch. de l'Oise, abbaye de Froidmont.

La Vierge assise, nimbée, tenant d'une main un livre, et de l'autre un fleuron.

✳ SIGILLVM • SANCTE • MARIE • ET

(Sigillum Sancte Marie et.)

Contre-sceau : Un évêque assis, mitré, crossé, bénissant.

SANCTI CORNELII COVPENDIENSIS

(Sancti Cornelii Coupendiensis.)

Ratification de la donation d'un bois à Angivilliers. — 1197.

1320   FOREST MONSTIER (ABBAYE DE).

XIVᵉ siècle.

Sceau ogival, de 57 mill. — Communiqué par le Dᵛ Goze, à Amiens.

Une église accostée de deux chênes.

✳ S' ABBATIS : ET : CONVENT : FOREST : MOAST : AD : CAS

(Sigillum abbatis et conventus Foresti Monasterii ad causas.)

Surmoulage.

1321   GARD (NOTRE-DAME DU).

1367.

Sceau rond, de 38 mill. — Arch. de la Somme; abbaye du Gard.

La Vierge debout, couronnée et nimbée, tenant l'enfant Jésus et portant une feuille de trèfle à la main. À droite, un lis; à gauche, une plante fleurie (un rosier?).

.......VGNTVS : ABBATIE : DG : GARDO

(Sigillum conventus abbatie de Gardo.)

Accord avec la commune d'Abbeville, au sujet de droits sur les vins. — 6 octobre 1367.

1322   GARD (NOTRE-DAME DU).

1394.

Sceau rond, de 44 mill. — Arch. de la Somme ; abbaye du Gard.

La Vierge assise, tenant l'enfant Jésus ; à droite, trois religieux à genoux.

S' CON..RTVS.........

(Sigillum conventus .....)

Accord avec Jean, sire de Hamel et de Conty, au sujet de droits de pâture à Menevillers. — 24 juillet 1394.

1323   HAM (ABBAYE DE).

1171.

Sceau ogival, en cuvette, de 82 mill. — Arch. de la Somme ; abbaye de Prémontré.

La Vierge assise, tenant l'enfant Jésus.

✻ SIGILLVM · SAN... · MAR... .....MENSIS · ECCLESIE

(Sigillum Sancte Marie Hamensis ecclesie.)

Sentence réglant les droits de mouture au moulin de « Hameals. » 1171.

1324   LAON (SAINT-MARTIN DE).

1173.

Sceau ogival, de 42 mill. — Arch. de l'Aisne ; abbaye de Saint-Martin.

Un personnage à mi-corps, la tête nue, tenant une crosse de la main gauche.

✻ SIGILLVM SCI MARTINI LAVDVNENSIS

(Sigillum Sancti Martini Laudunensis.)

Acquisition de terres par l'échange d'un surcens sur la grange de Renneville. — 1173.

1325   LAON (SAINT-VINCENT DE).

1121.

Sceau ogival, de 64 mill. — Musée de Soissons.

Saint Vincent debout, à mi-corps, nimbé, bénissant, tenant un livre de la main gauche.

✻ S... MARTIR INVICTVS AVE VINCENTIVS?

(S..... martir invictus ave Vincentius.)

Barthélemy, évêque de Laon, cède à l'abbaye de Saint-Vincent l'autel de Boiry, en échange d'un lieu appelé Prémontré. — 1121.

1326   LAON (SAINT-VINCENT DE).

1447.

Sceau ogival, de 70 mill. — Arch. de l'Aisne ; abbaye de Saint-Vincent.

Saint Vincent debout, nimbé, la tête tournée de profil.

✻ SIGILLV SCI V......

(Sigillum Sancti Vincentii .....)

Contre-sceau : Une tête de face.

✻ SCS VINCENTIVS

(Sanctus Vincentius.)

Amortissement de trois vignes à Mons-en-Laonnois, en faveur des curés de cette paroisse. — 9 octobre 1447.

1327   MARMOUTIERS (ABBAYE DE).

1783.

Cachet ovale, de 45 mill. — Arch. de la Somme ; évêché d'Amiens.

Un écu fascé de huit pièces, devant une croix, accompagné de deux palmes en sautoir.

✻ SIG · CAP · MAI · M · PROPE · TVR · ORD S! BEN · AD · ROM · ECC · NULL · MED · PERTINEN!IS

Présentation à la cure de Saint-Jacques de Regnauville. — 14 décembre 1783.

1328   MEAUX (SAINT-FARON DE).

1209.

Sceau ogival, de 48 mill. — Arch. de la Somme ; évêché d'Amiens.

Un évêque à mi-corps, coiffé d'une mitre cornue, crossé, bénissant. — Légende détruite.

.....SCI FAR......

(..... Sancti Faronis .....)

Institution d'un chapelain à Rosoy. — Juillet 1209.

1329   MONT-SAINT-ÉLOY (ABBAYE DU).

1165.

Sceau ogival, de 60 mill. — Arch. de la Somme ; abbaye de Corbie.

Un évêque assis sur une chaière à pieds surmontés de pommes de pin, tête nue, crossé, bénissant.

..GILLV̅ · SCI : VINDICIAN DE MONTE : SCI : ELIGII

(Sigillum Sancti Vindiciani de Monte Sancti Eligii.)

Accord avec l'abbaye d'Anchin, au sujet des biens de Lucheul. — 1165.

1330   NOGENT-SOUS-COUCY (ABBAYE DE).

1228.

Sceau ogival, de 70 mill. — Arch. de l'Aisne ; abbaye de Prémontré.

La Vierge assise, nimbée, couronnée, tenant l'enfant Jésus. Dans le champ : quatre fleurs de lys.

✳ SIG'ILLVM : ΩAPITVLI : SΩƏ : MAR..
     ...OƏⱯTO

(Sigillum capituli Sancte Marie de Nogento.)

CONTRE-SCEAU : Une tête de roi, accompagnée de deux quartefeuilles.

✳ SΩS : QVILIVS : RƏX

(Sanctus Quilius, rex.)

Échange de vinages. — Décembre 1228.

1331   PRÉMONTRÉ (ABBAYE DE).

xiiᵉ siècle.

Sceau ogival, de 70 mill. — Arch. de l'Oise; abbaye de Prémontré

Personnage debout, nimbé, revêtu d'un manteau, tenant un monde? des deux mains. — Légende détruite.

Acquisition de terres à Bonneuil. — Sans date.

1332   SAINT-ACHEUL (ABBAYE DE).

1252.

Sceau ogival, d'environ 55 mill. — Arch. de la Somme; abbaye du Gard.

Évêque assis, crossé ..... — Légende détruite.

CONTRE-SCEAU : Une main bénissant.

PALMA : D..

(Palma Dei)

Accord au sujet de dîmes à Plachy. — 19 juillet 1252.

1333   SAINT-FUSCIEN-AU-BOIS

(ABBAYE DE).

1336.

Sceau ogival, de 42 mill. — Arch. de la Somme; chapitre d'Amiens.

Un saint à genoux; derrière lui, le bourreau debout, armé d'une épée.

....PITVLI S.....SΩIARI D........

(Sigillum capituli Sancti Fusciani de .....)

Lettres de non-préjudice données au chapitre d'Amiens, qui laisse prendre à l'abbaye des grès à Cottenchy et à Heubécourt. — 24 novembre 1336.

1334   SAINT-GERMER DE FLAY

(ABBAYE DE).

1234.

Sceau ogival, de 70 mill. — Arch. de la Somme; évêché d'Amiens.

Personnage debout, la tête nue «cum corona,» tenant un livre de la main gauche, et une crosse de la droite. Dans le champ : les lettres A et ꟿ (alpha et oméga) entre quatre fleurs de lys.

✳ S' CAPLI · S'CI · G'ƏRƏ.ARI · FLAVIAC...

(Sigillum capituli Sancti Geremari Flaviacensis.)

CONTRE-SCEAU : Une intaille représentant un personnage combattant un lion.

✳ SƏΩRƏTVM · MƏV̄ · MIΩⱢI

(Secretum meum michi.)

Accord pour la nomination à la cure de Hangest. — Mars 1234.

1335   SENLIS (SAINT-VINCENT DE).

1384.

Sceau ogival, de 55 mill. — Arch. de l'Oise; abbaye de Saint-Vincent.

Dans une niche gothique et sur champ fretté : un personnage nimbé, debout, tenant une palme de la main droite, et de la gauche un livre.

.. ΩOⱯVƏⱯTVS SΩI VI.........

(Sigillum conventus Sancti Vincentii Silvanectensis?)

Bail d'une maison et de terres à Clerbois. — 22 janvier 1384.

1336   SOISSONS (SAINT-MÉDARD DE).

xviiiᵉ siècle.

Cachet ovale, de 25 mill. — Communiqué par M. Matton, archiviste de l'Aisne.

Écu portant une crosse et une bannière chargée d'une aigle éployée, accostées de deux fleurs de lys; surmonté d'une mitre et d'une crosse. — Sans légende.

Matrice originale.

1337   THENAILLES (ABBAYE DE).

1436.

Sceau rond, d'environ 44 mill. — Arch. de l'Aisne; abbaye de Saint-Vincent.

Sur un trône gothique et dans un champ semé de fleurs de lys : la Vierge couronnée et nimbée, assise, tenant l'enfant Jésus de la main gauche, et de la droite des tenailles. — Légende détruite.

Remise d'une portion des rentes dues à l'abbaye de Saint-Vincent de Laon sur la maison de Champs. — 12 juin 1436.

1338   VISIGNEUX (NOTRE-DAME DE).

1322.

Sceau rond, de 60 mill. — Hospice Saint-Charles à Amiens.

La Vierge assise, couronnée, tenant l'enfant Jésus, portant un rameau à la main droite.

✳ ΩAPITVLI : SAⱯ... .ARIƏ : DE : VIƷIOLI

(Sigillum capituli Sancte Marie de Vizioli.)

Nomination d'un procureur fondé. — 1322.

ABBAYES DE FEMMES.

1339   BERTAUCOURT (NOTRE-DAME DE).

1225.

Sceau ogival, en cuvette, de 70 mill. — Arch. de la Somme; abbaye
du Gard.

La Vierge assise, nimbée et couronnée, tenant l'enfant Jésus, portant à la main droite un sceptre fleuronné.

✠ SIGILLVꝎ · CAPITVLI · SANCTE · ꝎARIE ·
DE · PRA . .

(Sigillum capituli Sancte Marie de Prat...)

Accord pour le partage des dîmes de Bourdon. — Juillet 1225.

1340   ÉPAGNE (NOTRE-DAME D').

1448.

Sceau rond, de 38 mill. — Arch. de la Somme; chapitre d'Amiens.

Dans une niche gothique : la Vierge assise, tenant
l'enfant Jésus; de chaque côté de la niche, un priant
surmonté d'une fleur de lys.

S' ꝯVEꝛꝂVS : BEꝃTE : Ꝏ . . . E : DE : . . . . . IꝛI

(Sigillum conventus Beate Marie de Ispania.)

Rachat d'une rente sur les dîmes de Rouvroy. — 4 décembre 1448.

1341   FERVAQUES (ABBAYE DE).

1223.

Sceau ogival, de 40 mill. — Arch. de l'Aisne; abbaye de Saint-Martin
de Laon.

Personnage debout, tenant une crosse de la main
droite, et un livre de la main gauche.

✠ S' Bꝃ : ꝎꝛꝛIE · DE FꝂVꝛCḶES

(Sigillum Beate Marie de Favarches.)

Transport d'une rente sur la ferme de Clanlieu. — 1223.

1342   GOMERFONTAINE (ABBAYE DE).

1486.

Sceau rond, de 28 mill. — Arch. de l'Oise; abbaye de Gomerfontaine.

•Sous un dais gothique : la Vierge à mi-corps, couronnée, tenant l'enfant Jésus. Dans le champ : des
palmes.

S' ſancte : marie : ꝺ : gomeri : fonte

(Sigillum Sancte Marie de Gomeri Fonte.)

Bail d'une terre située à Ogier-Quesnoy. — 6 mars 1486.

1343   MONTREUIL

(SAINTE-AUSTREBERTE DE).

XVIIIᵉ siècle. — Communiqué par le Dʳ Gose, à Amiens.

Cachet ovale, de 40 mill.

Une religieuse debout, coiffée d'un voile, crossée, tenant un livre de la main droite.

SANCTA AVSTREBERTA

Surmoulage.

ABBÉS.

ABBÉS DE SAINT-JEAN D'AMIENS.

1344   O . . . . . ,

Abbé de Saint-Jean d'Amiens. — 1204.

Sceau ogival, de 60 mill. — Arch. de l'Oise; abbaye de Froidmont.

L'abbé debout, tête nue, en chasuble, crossé, tenant
un livre de la main gauche.

. . . . SCI : IOḶIS : AMBĪS

(. . . . . Sancti Johannis Ambianensis.)

Sentence qui adjuge aux religieux de Froidmont la rente léguée par
Renaud de Mello. — Novembre 1204.

1345   JEAN ,

Abbé de Saint-Jean d'Amiens. — 1363.

Sceau ogival, de 60 mill. — Arch. de la Somme; abbaye de Saint-Jean.

Personnage debout, crossé, tenant un livre, accosté
de quatre fleurs de lys et de quatre croissants, alternés.

. . . . IS AMB ORD . . . . . . ḶMOVSTRꝂꝂ . . .

(Sigillum Johannis, abbatis Sancti Johannis Ambianensis ordinis
Premonstracensis?)

Accord avec Jacques le Bel, maire de «Martel-en-Sangters,» au sujet de la dîme des bêtes à laine. — 12 juin 1363.

ABBÉS DE SAINT-MARTIN-AUX-JUMEAUX D'AMIENS.

1346   JACQUES ,

Abbé de Saint-Martin-aux-Jumeaux d'Amiens. — 1301.

Sceau ogival, de 46 mill. — Arch. de la Somme; chapitre d'Amiens.

Personnage debout, crossé, tenant un livre, accosté
d'un croissant et d'une étoile.

. . . . . ꝂBBĪS : SꝒI : ꝎꝂꝛꝘIꝛI · DE · ꝂEꝎEꝆꝆIS ·
AꝎ . . . .

(Sigillum Jacobi, abbatis Sancti Martini de Gemellis Ambianensis.)

Contre-sceau : Saint Martin à cheval, donnant à un pauvre la moitié de son manteau.

CONTRA · SIGILLVM

(Contra sigillum.)

Bail à cens du terrage et de la dîme de Dury. — 26 juin 1301.

1347   RAOUL DE SOUBICTE.

Abbé de Saint-Martin-aux-Jumeaux d'Amiens. — 1448.

Sceau ogival, de 58 mill. — Arch. de la Somme; abbaye de Saint-Acheul.

Dans une niche gothique : l'abbé debout, crossé, tenant un livre.

. . radulphi : de : Soubic . . . .

(Sigillum Radulphi de Soubicte . . . . .)

Échange et annulation de cens dus réciproquement par les abbayes de Saint-Martin-aux-Jumeaux et de Saint-Acheul. — 14 janvier 1448.

ABBÉ DE SAINT-NICOLAS D'AROUAISE.

1348   AUGUSTIN.

15o8.

Sceau ogival, d'environ 70 mill. — Arch. de la Somme, abbaye de Corbie.

Fragment. Dans une niche gothique : l'abbé à genoux devant un évêque debout.

Sigillum auguſt . . . .

(Sigillum Augustini . . . . .)

Contre-sceau : Écu au chevron accompagné de trois cœurs, devant une crosse.

CORDE ET ANIMO

Bail à rente d'un bois situé entre la Neuville-en-Beine et Beaulieu. — 14 mars 1526.

ABBÉS DE SAINT-LUCIEN DE BEAUVAIS.

1349   EUDES,

Abbé de Saint-Lucien de Beauvais. — 1288.

Sceau ogival, de 60 mill. — Communiqué par M. Beauvillé, à Amiens.

L'abbé debout, tenant un livre, accosté de deux têtes de profil nimbées.

✶ S' ODONIS · AB . . TIS · SCI · L . . IANI · BELVAC . . .

(Sigillum Odonis, abbatis Sancti Luciani Belvacensis.)

Échange de cens. — Juillet 1288.

1350   GODEFROI,

Abbé de Saint-Lucien de Beauvais. — 1366.

Sceau ogival, de 70 mill. — Hôpital de Beauvais, 61 [D].

Dans une niche principale : un évêque nimbé, portant sa tête dans ses mains, accompagné de deux saints placés dans deux niches latérales et portant également leur tête. En bas, un priant accosté d'un écu à la bande chargée de trois besants ou de trois tourteaux.

. . GODEFRIDI . . BILLI . . . .

(Sigillum Godefridi . . billi . . . . .)

Contre-sceau : Une intaille représentant un personnage tenant une corne d'abondance.

✶ CONTRA . . . . . ABBATIS · MON · SANCTI LVCIANI

(Contrasigillum . . . . . abbatis monasterii Sancti Luciani.)

Bail à cens d'une terre à Tillé. — 24 décembre 1366.

ABBÉ DE SAINT-QUENTIN DE BEAUVAIS.

1351   PIERRE.

15o3.

Sceau ogival, de 68 mill. — Arch. de l'Oise; abbaye de Saint-Quentin.

Saint Quentin nimbé, attaché à des pièces de bois, entre deux bourreaux qui lui enfoncent des clous dans les épaules.

. . . . ogne · abba . . . .

(Sigillum Petri . . . . . ogne, abbatis . . . . .)

Sentence arbitrale au sujet de revenus sur le prieuré de Poix. — 23 juillet 1503.

ABBÉS DE SAINT-SYMPHORIEN DE BEAUVAIS.

1352   BERNIER,

Abbé de Saint-Symphorien de Beauvais. — 1222.

Sceau ogival, d'environ 70 mill. — Arch. de l'Oise; abbaye de Froidmont.

Type incomplet d'abbé debout, tenant un livre.

. . . . ABBAT . . . CI SYMPHO . . . . .

(Sigillum Berneri, abbatis Sancti Symphoriani Belvacensis?)

Contre-sceau : Intaille représentant un personnage debout (Hercule?), la massue sur l'épaule.

. . . . BATIS · DE · SCO · SIFFORIA . .

(. . . . . abbatis de Sancto Sifforiano.)

Confirmation d'un abandon de droits sur une maison à Beauvais. — Juin 1222.

1353   ROBERT,

Abbé de Saint-Symphorien de Beauvais. — 1280.

Sceau ogival, de 65 mill. — Arch. de l'Oise; abbaye de Lannoy.

Personnage debout, tenant de la main droite une palme, et de la gauche un livre, accosté de deux fleurs de lys dans le champ.

.........BELVACEN.

(..... Belvacensis.)

CONTRE-SCEAU : Une main qui tient une crosse.

✠ SIGILL · AD · CAVSAS

(Sigillum ad causas.)

Transaction relative à des droits de pressoir à Montreuil. — Mai 1280.

1354   JEAN LUCAS,

Abbé de Saint-Symphorien de Beauvais. — 1505-1522.

Sceau ogival, de 70 mill. — Communiqué par M. Mathon, à Beauvais.

Dans une niche gothique principale : un saint nimbé, tenant sa tête dans ses mains; de chaque côté, un écusson devant une crosse et représentant, l'un, l'aigle de saint Jean, et l'autre, le bœuf de saint Luc. Au-dessous, un priant accosté, vu de face

s · iohis lucas abbatis fancti fymphoriani belvacenfis

(Sigillum Johannis Lucas, abbatis Sancti Symphoriani Belvacensis.)

Matrice originale.

ABBÉS DE BRETEUIL.

1355   AUVRAY,

Abbé de Breteuil. — 1190.

Sceau ogival, de 68 mill. — Arch. de l'Oise; abbaye de Froidmont.

Personnage debout, la tête nue, en chasuble, tenant de la main droite un livre ouvert, et de la gauche la crosse.

✠ SIGILLVM : ALVEREDI · AB......CTE · MARIE · DE · BRITOILO

(Sigillum Alveredi, abbatis Sancte Marie de Britoilo.)

Sentence arbitrale adjugeant aux religieux de Froidmont un bois près le Grandmesnil. — 1190, «regnante Philippo, rege Francorum et «in expeditionem Jherosolimitanam jam profecto.»

1356   JEAN,

Abbé de Breteuil. — 1469.

Sceau ogival, de 65 mill. — Hôpital de Beauvais, 8¹.

Dans une niche principale : un saint debout, nimbé

et crossé; dans deux niches latérales : deux autres saints de plus petite dimension. Au-dessous, un priant.

.....his monafteri bïe marie ꝺe biholio

(..... abbatis monasterii Beate Marie de Britholio.)

Cession, par échange, d'un hôtel et d'un jardin à Beauvais. — 6 juillet 1469.

ABBÉS DE CHAALIS.

1357   L'ABBÉ DE CHAALIS.

1152.

Sceau ogival, de 35 mill. — Arch. de l'Oise; abbaye de Chaalis.

Une main tenant une crosse.

✠ SIGILL · ABBATIS · DE · RAROLLOCO

(Sigillum abbatis de Karoliloco.)

Acquisition de terres à Guespelles «circa domum Del.» — 1152.

1358   JEAN,

Abbé de Chaalis. — 1380.

Sceau ogival, d'environ 55 mill. — Arch. de l'Oise; abbaye de Chaalis.

Personnage debout, tenant un livre; à sa droite, la Vierge et l'enfant Jésus; à sa gauche .....

..........BATIS · KAROLI....

(..... abbatis Karoliloci.)

L'abbaye de Chaalis donne à Guillaume de Saint-Messien, son procureur général, tout ce qu'elle possédait à Montaby, dans la châtellenie de Montméliant. — 20 avril 1380.

ABBÉ DE SAINT-MEMMIE DE CHÂLONS.

1359   JEAN.

1184.

Sceau ogival, de 54 mill. — Arch. de l'Aisne; abbaye de Valsecret.

Personnage debout, tête nue, crossé, tenant de la main droite un livre ouvert.

✠ IO...NES · ABBAS · SCI · CEMMII · CATHALAVN ·

(Johannes, abbas Sancti Memmii Cathalaunensis.)

Échange de revenus. — 1184.

ABBÉ DE SAINT-PIERRE-AUX-MONTS DE CHÂLONS.

1360   THOMAS.

1173.

Sceau ogival, de 56 mill. — Arch. de l'Aisne; abbaye de Valsecret.

Personnage debout, tête nue, crossé, tenant un livre de la main gauche.

✸ SIGILLVM THO......PETRI CATHALAⁿENS

(Sigillum Thome, abbatis Sancti Petri Cathalaunensis.)

Cession, en faveur des frères « de Novo Villario, » de terres situées « as Ulmeas. » — 1173.

ABBÉS DE CHARLIEU.

1361   **RENAUD,**

Abbé de Charlieu. — 1321.

Sceau ogival, de 52 mill. — Arch. de la Somme; chapitre d'Amiens.

L'abbé debout, tête nue, en chasuble, crossé, tenant un livre de la main gauche, sous un dais gothique, accompagné de deux fleurs de lys dans le champ.

SIGILLVM ⁖ ABBATIS ⁑ CARI · LOCI ·

(Sigillum abbatis Cariloci.)

Fondation d'une messe par Selles de Beauvoir, avocat du roi. — 14 février 1321.

1362   **JEAN,**

Abbé de Charlieu. — 1380.

Sceau ogival, de 55 mill. — Arch. de la Somme; abbaye du Gard.

Dans une niche gothique : l'abbé debout, tête nue, crossé, un livre dans la main gauche.

.....LVM · FRIS · IOHANNIS : ABBIS : CARIL...

(Sigillum fratris Johannis, abbatis Cariloci.)

Remise, en faveur de l'abbaye du Gard, d'une rente de 2,000 harengs. — 27 décembre 1380.

ABBÉS DE CHAUNY OU SAINT-ÉLOY-FONTAINE.

1363   **SIMON,**

Abbé de Chauny. — 1223.

Sceau ogival, de 60 mill. — Arch. de l'Aisne; abbaye de Prémontré.

L'abbé debout, tête nue, crossé, tenant un livre de la main gauche.

.. .IMONIS ABATIS CALNIACENSIS

(Sigillum Simonis, abatis Calniacensis.)

Échange de biens à Chauny et à Senicourt. — Avril 1223.

1364   **BAUDOUIN,**

Abbé de Chauny. — 1305.

Sceau ogival, de 55 mill. — Arch. de la Somme; abbaye de Corbie.

L'abbé debout, crossé, accosté de deux fleurs de lys.

✸ S'. BALDVINI · ABBĪS · ...I · ELIGII · FON...

(Sigillum Balduini, abbatis Sancti Eligii Fontis.)

Contre-sceau : Un cygne.

✸ SECRETVM

(Secretum.)

Transaction au sujet de l'évaluation du marc d'argent, établie à 6 ₶ parisis. — Juin 1305.

ABBÉ DE CÎTEAUX.

1365   **HENRI.**

1313.

Sceau rond, de 40 mill. — Arch. de la Somme, abbaye du Gard

L'abbé debout à mi-corps, tête nue « cum corona, » tenant une crosse de la main droite, et de la gauche, qui porte le manipule, un livre ouvert.

✸ SIGILLVM ABBATIS CISTERCIENSIS

(Sigillum abbatis Cisterciensis.)

Réglementation des droits de pêche et de justice de l'abbaye du Gard et du vidame d'Amiens; bornage de leurs bois. — 4 mars 1313.

ABBÉ DE CLAIRMARAIS.

1366   **N.....**

1206.

Sceau ogival, de 40 mill. — Arch. de la Somme; abbaye du Gard

L'abbé debout, crossé, tenant un livre.

✸ ABBATIS · DE · CLAROMARESCH ·

(Abbatis de Claromaresch.)

Confirmation d'un accord au sujet des dîmes de Rilleux. — Avril 1206.

ABBÉ DE SAINT-CORNEILLE DE COMPIÈGNE.

1367   **RICHARD.**

1197.

Sceau ogival, de 75 mill. — Arch. de l'Oise; abbaye de Froidmont.

L'abbé debout, tête nue « cum corona, » crossé, tenant un livre de la main gauche.

✸ SIGILL RICARDI ABBATIS SCE MARIE COMPĒDII

(Sigillum Ricardi, abbatis Sancte Marie Conpendii.)

Contre-sceau : Une main tenant une crosse, accompagnée d'un point. — Sans légende.

Don d'un bois à Angivilliers. — 1197.

ABBÉS DE CORBIE.

1368   NICOLAS,

Abbé de Corbie. — 1142.

Sceau rond, en cuvette, de 50 mill. — Arch. de la Somme; abbaye
de Corbie.

L'abbé assis sur un pliant à têtes et à pieds de dragon, en chasuble, crossé, tenant de la main gauche
un livre à reliure ouvragée.

✳ S' · N....AI · ABBATIS · SCĪ · PETRI.....

(Sigillum Nicolai, abbatis Sancti Petri de Corbeia?)

L'abbaye de Saint-Lucien cède à l'abbaye de Corbie le patronat et
les dîmes de Maisnières. — 1142.

1369   FOULQUES,

Abbé de Corbie. — 1198.

Sceau ogival, de 75 mill. — Arch. de la Somme; abbaye de Corbie.

L'abbé debout, crossé, tenant un livre.

✳ FVLCO DEI GRATIA ABBAS CORBEIA

(Fulco, Dei gratia, abbas Corbeie.)

Transaction avec les habitants de Fécamp, au sujet de droits d'usage
dans les bois de Bus. — 1198.

L'acte mentionne Renaud de Mello «advocatus de Fescamp.»

1370   RAOUL,

Abbé de Corbie. — 1247.

Sceau ogival, de 60 mill. — Arch. de la Somme; abbaye du Paraclet.

L'abbé debout, crossé, tenant un livre. Dans le
champ, à gauche, une fleur de lys.

✳ S'. RADVLPhI : ÆBIS : CORBEIENSIS

(Sigillum Radulphi, abbatis Corbeiensis.)

CONTRE-SCEAU : Intaille antique représentant un buste
à deux visages sous un casque.

✳ SPIRITVS ŌII SVP ME

(Spiritus Domini super me.)

Confirmation des biens que l'abbaye du Paraclet tient de Robert
de Boves. — Février 1247.

1371   HUGUES,

Abbé de Corbie. — 1346.

Sceau ogival, de 55 mill. — Arch. de la Somme; abbaye de Corbie.

Dans une niche gothique et sur un champ fretté : un
personnage debout, mitré, crossé, tenant un livre; de
chaque côté, un corbeau portant dans son bec une clef.

..hVGONIS : ... GRAGIA ABBATIS
.ORBEVENSIS

(Sigillum Hugonis, Dei gracia, abbatis Corbeyensis.)

CONTRE-SCEAU : Sur un champ fretté : un corbeau portant une crosse dans son bec, entre deux clefs en pal.

✳ CONTRA SIGILLVM : ABBATIS :
CORBEVENSIS

(Contra sigillum abbatis Corbeyensis.)

Transaction avec le sire d'Heilly touchant la justice du bois de Saint-
Laurent et la pêche d'un fossé. — 31 janvier 1346.

1372   RAOUL,

Abbé de Corbie. — 1392.

Sceau ogival, de 70 mill. — Arch. de la Somme, chapitre d'Amiens.

Dans une niche gothique principale : la Vierge debout, tenant l'enfant Jésus; et dans deux niches latérales : deux saints (saint Pierre et saint Paul). Au-dessous de la Vierge, un priant mitré et crossé, accosté à
dextre de l'écu de Corbie, à sénestre d'un écu à la
bande.

...ulpbi.....tis : monastevu ...ati : pet

(Sigillum Radulphi, abbatis monasterii Beati Petri Corbeiensis.)

CONTRE-SCEAU : L'écu de Corbie : un corbeau élevant
une crosse dans son bec, entre deux clefs.

s radulpbi : abbatis : corbeienfis

(Secretum Radulphi, abbatis Corbeiensis.)

Amortissement du fief de la Motte-Rivery. — 20 juillet 1392.

1373   JEAN,

Abbé de Corbie. — 1420.

Sceau ogival, de 75 mill. — Arch. de la Somme; chapelains d'Amiens.

Dans une niche principale : la Vierge et l'enfant Jésus; dans deux niches latérales : saint Pierre et saint Paul.
Au-dessus de la Vierge, deux personnages à mi-corps;
au-dessous, un priant mitré et crossé.

.......abbatis mon.....

(..... abbatis monasterii Sancti Petri Corbeiensis.)

CONTRE-SCEAU : L'écu de Corbie.

I : de lyon abbatis corbeyenfis :

(J. de Lyon, abbatis Corbeyensis.)

Prise de possession du fief de Méricourt-l'Abbé. — 11 avril 1420.

1374   PHILIPPE DE SAVOIE,

Abbé et comte de Corbie. — 1675.

Sceau rond, de 55 mill. — Arch. de la Somme; abbaye de Corbie.

Écu écartelé : au 1, contrécartelé de Jérusalem,
Chypre, Arménie et Luxembourg; au 2, de Saxe ancien, parti de Saxe moderne, enté d'Angrie; au 3, de

20.

Chablais, parti d'Aoste; au 4, de Genève, parti de Mont-
ferrat; sur le tout de Savoie.

PHILIPPVS A SABAVDIA ...

Érection en fief d'une masure située à Ville-sur-Corbie. — 20 mai
1675. Signé : «Olimpe de Mancini.»

ABBÉ DE DAMMARTIN.

1375   JOSEPH THOLIEZ.

1781.

Cachet ovale, de 24 mill. — Arch. de la Somme; évêché d'Amiens.

Dans un cartouche : un écu portant deux branches
de fleurs en sautoir sous un chef chargé de trois merlettes, couronné, accompagné d'une mitre et d'une
crosse. — Sans légende.

Présentation à l'évêque d'Amiens pour les quatre ordres mineurs.
- 5 juin 1781.

ABBÉ DE FESMY.

1376   JEAN.

1204.

Sceau ogival, de 60 mill. — Arch. de l'Aisne; abbaye de Saint-Vincent.

L'abbé debout, tête nue, crossé, tenant un livre.

...GILE IOꓳIS.......... FIDꓳ......

(Sigillum Johannis . ... Fidemensis.)

Vente du quart des alleux que l'église de Marle possédait au terroir
de Pierres, près le Hayon. — 1204.

ABBÉS DE FOIGNY.

1377   ODELIN,

Abbé de Foigny. — 1182.

Sceau ogival, en cuvette, de 55 mill. — Arch. de l'Aisne; abbaye
de Saint-Vincent.

L'abbé assis, tête nue «cum corona,» les mains écar-
tées, tenant sa crosse et un livre.

✳ SIGILLVM · ABBATIS · FVSNIA.....

(Sigillum abbatis Fusniacensis.)

Accord au sujet de divers droits à Arrancy, à Chamouille, Foigny,
Sainte-Croix, etc. — 1182.

1378   L'ABBÉ DE FOIGNY.

1284.

Sceau ogival, de 45 mill. — Arch. de l'Aisne; abbaye de Saint-Martin
de Laon.

L'abbé debout, crossé, tenant un livre.

✳ SIGILLVM ABBATIS FVSNIAꓳGNSIS

(Sigillum abbatis Fusniacensis.)

Échange de rentes à Clanlieu, Parpes et Martigny. — 1234.

1379   ARMAND-GASTON,

Cardinal de Rohan, abbé commendataire de Foigny. — 1738.

Cachet rond, de 40 mill. — Arch. de l'Aisne; abbaye de Foigny.

Écu à la bande, écartelé d'une bande à cotices tré-
flées, avec un écusson sur le tout et un autre écusson
sur le tout du tout; couronné d'un bonnet d'électeur
sous un chapeau de cardinal, devant la croix patriarcale
et une épée avec une crosse en sautoir.

✳ ARMANDVS · GASTO · D · G · S · R · E · CARD ·
EP · ET · PR · ARG · LAND · ALS · PR · DE · ROHAN ·
SOVBIZE ·

Procuration pour examiner et recevoir des travaux de bâtisse. -
Paris, 29 novembre 1788.

ABBÉ DE FOUCARMONT.

1380   JOSEPH-MARC DE LAURENCIN.

1776.

Cachet ovale, de 20 mill. — Arch. de la Somme; évêché d'Amiens

Écu au léopard surmonté d'un croissant, parti d'un
chevron accompagné de trois étoiles, couronné, accompagné d'une mitre et d'une crosse, supporté par un
agneau et un lion. — Sans légende.

Présentation à l'évêque d'Amiens pour les quatre ordres mineurs.
— 30 mai 1776.

ABBÉS DE FROIDMONT.

1381   L'ABBÉ DE FROIDMONT.

1240.

Sceau ogival, de 48 mill. — Arch. de l'Oise; abbaye de Froidmont.

Personnage debout, de trois quarts, crossé, tenant un
livre de la main droite.

✳ SIGILꓳ ABBATIS FR. GꟾDIMONTIS :

(Sigillum abbatis Frigidimontis.)

Acquisition, par échange, de deux pièces de vigne à Montgriffon
— Février 1240.

1382   GUILLAUME,

Abbé de Froidmont. — 1289.

Sceau ogival, de 42 mill. — Arch. de l'Oise; abbaye de Froidmont.

L'abbé debout, crossé, tenant un livre.

SIGILLVM · ABBATIS : FRIGIDI.ONTIS

(Sigillum abbatis Frigidimontis.)

Contre-sceau : Une main tenant une crosse accompagnée d'une fleur de lys entre deux points et de deux étoiles.

9TS' FRIGIDIMONT

(Contrasigillum Frigidimontis.)

Donation d'une rente et d'une vigne à Hermes. — 29 juin 1289.

ABBÉS DU GARD.

1383　　L'ABBÉ DU GARD.

1234.

Sceau ogival, de 44 mill. — Arch. de la Somme, abbaye du Gard.

L'abbé debout, crossé, tenant un livre.

..GILLVM · ABBATIS : DG : GA...

(Sigillum abbatis de Gardo.)

Donation d'une maison à Abbeville. — Janvier 1234.

1384　　　　JEAN,

Abbé du Gard. — 1313.

Sceau ogival, de 44 mill. — Arch. de la Somme; abbaye du Gard.

Abbé debout, la tête nue «cum corona,» crossé, tenant un livre.

SIGILLVM : ABBATIS : DG : GARDO

(Sigillum abbatis de Gardo.)

Contre-sceau : Une main tenant une crosse et en transperçant un dragon, accompagnée de deux fleurs de lys.

✻ CONT S'. ABBATIS · D' GARDO

(Contra sigillum abbatis de Gardo.)

Réglementation des droits de pêche et de justice de l'abbaye du Gard et du vidame d'Amiens; bornage de leurs bois. — 4 mars 1313.

1385　　　　MAHIEU,

Abbé du Gard. — 1355.

Sceau ogival, de 50 mill. — Arch. de la Somme; abbaye du Gard.

Dans une niche gothique : un personnage debout, crossé, tenant un livre.

..FRAT... MH........

(Sigillum fratris Mathei .....)

Fondation d'une messe par Ansould d'Oisemont, avocat. — 29 mai 1355.

ABBÉ DE NOTRE-DAME DE HAM.

1386　　　　JEAN.

1285.

Contre-sceau rond, de 20 mill. — Arch. de la Somme; abbaye de Prémontré.

Personnage à mi-corps, crossé, tenant un livre.

.. ...IS ABBÍS S........

(Contra sigillum Johannis, abbatis Sancte Marie Hamensis.)

Accord au sujet de droits de pêche à Eppeville, au-dessus des moulins des Prémontrés. — 4 août 1285.

ABBÉ D'HOMBLIÈRES.

1387　　　　HUGUES.

1206.

Sceau ogival, en cuvette, d'environ 65 mill. — Arch. de l'Aisne; abbaye de Fervaques.

L'abbé debout, crossé, tenant un livre.

...........MOLARIEN...

(Sigillum Hugonis, abbatis Humolariensis?)

Abandon de droits sur la dîme de Fontaines. — Avril 1206.

ABBÉ DE LAGNY.

1388　　　　JEAN.

Fin du xiiᵉ siècle.

Sceau ogival, de 65 mill. — Arch. de l'Oise; abbaye de Chaalis.

L'abbé debout, crossé, tenant un livre.

✻ SIGILL : IOHANNIS : ABBATIS : LATINIACI

(Sigillum Johannis, abbatis Latiniaci.)

Contre-sceau : Une main bénissant.

✻ DEVS : ADIVVA : ME

(Deus adjuva me.)

Échange et vente de terres situées à Marchais-Ermoin. — Sans date.

ABBÉS DE LANNOY.

1389　　　　MARTIN,

Abbé de Lannoy. — 1349.

Sceau ogival, de 50 mill. — Arch. de l'Oise; abbaye de Saint-Lucien.

Dans une niche gothique à clochetons : un personnage debout, crossé, tenant un livre.

S · FRĪS · MARTI.. ABBĪS · DE · LAUNOY.

(Sigillum fratris Martini, abbatis de Launoy.)

Accord au sujet des pâturages de Montaubert. — 2 juillet 1349.

1390   SIMON,

Abbé de Launoy. — 1403.

Sceau ogival, d'environ 50 mill. — Arch. de l'Oise; abbaye de Launoy.

Abbé debout, crossé, tenant un livre. — Légende détruite.

Accord au sujet de droits de garenne à la Trépinière. — 10 janvier 1403.

ABBÉS DE SAINT-MARTIN DE LAON.

1391   GAUTIER,

Abbé de Saint-Martin de Laon. — 1180.

Sceau ogival, en cuvette, de 58 mill. — Arch. de l'Aisne; abbaye de Saint-Vincent.

L'abbé assis, tenant sa crosse de la main gauche et un livre de la main droite.

✳ SIGĪ± · GALTERI · ABB.........ONARƐINI : LAVDVN ·

(Sigillum Galteri, abbatis Sancti Martini Laudunensis.)

Association de prières et confraternité avec l'abbaye de Saint-Vincent de Laon. — 1180.

1392   JEAN,

Abbé de Saint-Martin de Laon. — 1401.

Sceau ogival, d'environ 65 mill. — Arch. de l'Aisne; abbaye du Sauvoir.

Dans une niche gothique : un personnage debout, mitré, crossé, tenant un livre; de chaque côté, un écu portant une roue.

...ILLUƆ : ABBATIS : SANCTI : ꟙ........

(Sigillum abbatis Sancti Martini Laudunensis?)

Échange d'une vigne. — 1401.

ABBÉS DE SAINT-VINCENT DE LAON.

1393   HUGUES,

Abbé de Saint-Vincent de Laon. — 1180.

Sceau ogival, en cuvette, de 55 mill. — Arch. de l'Aisne; abbaye de Saint-Vincent.

L'abbé assis, crossé, tenant un livre.

SIGĪLLVM ƕVGONIS A...... AVCTI VI...VTII LAVDVꟼI

(Sigillum Hugonis, abbatis Sancti Vincentii Lauduni.)

Société et confraternité avec l'abbaye de Saint-Martin de Laon. — 1180.

1394   ENGUERRAN,

Abbé de Saint-Vincent de Laon. — 1206.

Sceau ogival, de 64 mill. — Arch. de l'Aisne; abbaye de Saint-Vincent

L'abbé debout, la tête nue «cum corona,» en chasuble, dalmatique et aube, crossé, tenant un livre de la main gauche.

..GĪLLVꟘ INGELRAꟼ.. .BBATIS SĪC VINCENTII LAV

(Sigillum Ingelranni, abbatis Sancti Vincentii Lauduni.)

Sentence arbitrale au sujet du patronage des églises de Thierret et de Clacy. — 1206.

1395   JEAN,

Abbé de Saint-Vincent de Laon. — 1229.

Sceau ogival, de 70 mill. — Hôtel-Dieu de Laon.

Abbé debout, crossé, tenant un livre.

✳ S. IOHAꟼ........ƐII · LAVD

(Sigillum Johannis, abbatis Sancti Vincentii Laudunensis.)

CONTRE-SCEAU : Intaille représentant une tête de face.

✳ SECRETVM MEVMM

(Secretum meumm.)

Accord au sujet de l'acquisition de Favières. — Novembre 1229.

1396   JEAN,

Abbé de Saint-Vincent de Laon. — 1285

Sceau ogival, de 52 mill. — Arch. de l'Aisne; abbaye de Saint-Vincent.

L'abbé debout, crossé, tenant un livre; dans le champ, à droite, un croissant et une étoile.

Sꟼ IOHĪ · ..BĪS . SCĪ VIꟼCEꟼ........

(Sigillum Johannis, abbatis Sancti Vincentii Laudunensis.)

CONTRE-SCEAU : Une tête de face.

✳ Sꟼ · SECRETI . EI

(Sigillum secreti mei.)

Transaction au sujet de divers revenus dus à la pitancerie. — Juin 1285.

1397   SIMON,

Abbé de Saint-Vincent de Laon. — 1447.

Sceau ogival, d'environ 65 mill. — Arch. de l'Aisne; abbaye de Saint-Vincent.

Dans une niche principale : la Vierge assise, tenant l'enfant Jésus, accompagnée de deux saints dans deux niches latérales. Au-dessous de la Vierge, un personnage mitré, crossé, priant.

.... aucti vincentii laud.....

(..... Sancti Vincentii Laudunensis.)

Amortissement de trois vignes à Mons-en-Laonnois. — 9 octobre 1447.

ABBÉ DE MUREAUX.

1398 L'ABBÉ DE MUREAUX.

1183.

Sceau ogival, de 50 mill. — Arch. de l'Aisne; abbaye de Valsecret.

Personnage debout, crossé, tenant un livre. Dans le champ, à droite, un croissant entre deux étoiles.

SIGILLV ABBATIS ⵔIREVALLI.

(Sigillum abbatis Mirevallis.)

Compromis au sujet de la possession d'un mur à Châlons. — 1183.

ABBÉ DE NOGENT-SOUS-COUCY.

1399 GAUTIER.

1228.

Sceau ogival, de 60 mill. — Arch. de l'Aisne; abbaye de Prémontré.

Sur un champ fretté : personnage debout, crossé, tenant un livre.

SIGILL GALTERI AB.....RIE DE NOGENT

(Sigillum Galteri, abbatis ..... Marie de Nogent.)

CONTRE-SCEAU : Une fleur de lys.

✸ GRATIA DEI

(Gratia Dei.)

Échange de vinages. — Décembre 1228.

ABBÉ DE SAINT-BARTHÉLEMY DE NOYON.

1400 HUGUES.

1181.

Sceau ogival, de 44 mill. — Arch. de l'Oise; chapitre de Noyon.

La main céleste bénissant une autre main élevée vers elle.

⸬ SIGILL HVGONIS ABBIS SCI BARTꞪ : NOⴑIOI

(Sigillum Hugonis, abbatis Sancti Bartholomei Noviomi.)

Sentence dans un différend entre les chanoines de Noyon et les hommes de Thiescourt. — 6 août 1181.

ABBÉS D'OURSCAMP.

1401 BAUDOUIN,

Abbé d'Ourscamp. — 1206.

Sceau rond, de 32 mill. — Arch. de l'Oise; abbaye de Froidmont.

Un bras tenant une crosse.

✸ SIGI........ VRSCAMPENSIS

(Sigillum abbatis Urscampensis.)

Confirmation d'une rente à Pierrepont. — 1206.

1402 J.....,

Abbé d'Ourscamp. — 1211.

Sceau ogival, de 45 mill. — Arch. de l'Oise; chapitre de Noyon.

L'abbé debout, crossé de biais, tenant un livre de la main droite. Dans le champ : deux étoiles? et des annelets.

✸ SIGILLVM · ABBA..... .ICAMPI

(Sigillum abbatis Ursicampi.)

Le châtelain de Noyon abandonne des droits de justice sur un moulin, des hôtes et une terre à Thiescourt. — Juin 1211.

1403 W.....,

Abbé d'Ourscamp. — 1242.

Sceau ogival, de 45 mill. — Arch. de l'Oise; abbaye de Froidmont.

L'abbé debout, crossé, tenant un livre, accosté d'une étoile et d'une feuille de trèfle, chacune sous un annelet.

SIGILLVM · ABBATIS · VRSICAMPI

(Sigillum abbatis Ursicampi.)

Sentence arbitrale dans un différend entre l'évêque de Beauvais et diverses abbayes auxquelles il réclamait le forage des vins vendus à Beauvais. — 15 février 1242.

1404 GILLES,

Abbé d'Ourscamp. — 1259.

Sceau ogival, de 45 mill. — Hôpital de Beauvais, 1er.

L'abbé debout, crossé, tenant un livre. Dans le champ, à droite, une rose et des étoiles.

..GILLVM ABBATIS VRSI.....

(Sigillum abbatis Ursicampi.)

CONTRE-SCEAU : Une main tenant une crosse; au-dessous, un ours.

CONTRAS VRSIQAPI

(Contrasigillum Ursicampi.)

Vidimus d'une charte relative au droit de forage. — 21 juin 1259.

Voyez le numéro précédent.

1405 GUILLAUME,

Abbé d'Ourscamp. — 1286.

Sceau ogival, de 45 mill. — Arch. de l'Oise; chapitre de Noyon.

L'abbé debout, crossé de biais, tenant un livre. Dans le champ : des étoiles.

.lGlLLVM : ABBATI. ....

(Sigillum abbatis Ursicampi.)

CONTRE-SCEAU : Une crosse en pal.

✸ CO..RA SIGILLVM, et dans le champ : VRSICAPI
en deux lignes.

(Contra sigillum Ursicampi.)

Vente de terres et de prés situés à Chivry. — Janvier 1286.

1406   JEAN,

Abbé d'Ourscamp. — 1289.

Sceau ogival, de 45 mill. — Arch. de l'Oise; abbaye de Froidmont.

L'abbé debout, crossé de biais, tenant un livre. Dans le champ : une fleur de lys à gauche, et des étoiles des deux côtés.

...ILLVM · ABBATIS · VRSICAM..

(Sigillum abbatis Ursicampi.)

Donation d'une rente et d'une vigne à Hermes. — 29 juin 1289.

ABBÉS DE PRÉMONTRÉ.

1407   HUGUES,

Abbé de Prémontré. — 1181. (C'est peut-être le sceau de l'abbaye.)

Sceau rond, de 60 mill. — Arch. de l'Oise; abbaye de Prémontré.

Un Agnus.

Légendes concentriques où l'on distingue seulement :
ECCE · AGP' · D.. (Ecce Agnus Dei).

Cession de terres à Bonneuil. — 1181.

1408   HUGUES,

Abbé de Prémontré. — 1185.

Sceau ogival, de 50 mill. — Arch. de l'Aisne; abbaye de Saint-Vincent.

L'abbé assis, tête nue «cum corona,» crossé, tenant un livre.

✸ SIGILE · HVGONIS · ABB....
PREMONSTRATENS ·

(Sigillum Hugonis, abbatis Premonstratensis.)

Société et confraternité avec l'abbaye de Saint-Vincent de Laon. — 1185.

1409   HUGUES,

Abbé de Prémontré. — 1186-1189.

Sceau ogival, en cuvette, de 65 mill. — Arch. de l'Aisne; abbaye de Prémontré.

L'abbé debout, tête nue, crossé, tenant un livre. Dans le champ, autour de la tête · HVGO (Hugo).

.....ABBA......RATE

(Sigillum abbatis Premonstratensis.)

Donation de 20 marcs d'argent par Hellin, chanoine de Saint-Foillans de Rœux. — Sans date.

1410   HUGUES,

Abbé de Prémontré. — 1189.

Sceau ogival, de 44 mill. — Arch. de l'Oise; abbaye de Premontré.

L'abbé assis, tête nue, crossé, tenant un livre.

✸ S' HVG...........ATI

(Sigillum Hugonis, abbatis Premonstrati.)

Bail à cens du manoir des Alleux. — 1189.

1411   PIERRE,

Abbé de Prémontré. — 1197.

Sceau ogival, d'environ 62 mill. — Arch. de l'Oise; Saint-Vincent de Senlis.

L'abbé assis, tête nue, crossé, tenant un livre. — Légende détruite.

Le doyen de Saint-Rieul de Senlis reconnaît que l'annate de sa prébende appartient à l'abbaye de Saint-Vincent de Senlis. — 1197.

1412   GUILLAUME,

Abbé de Prémontré. — 1291.

Sceau ogival, de 55 mill. — Arch. de l'Aisne; évêché de Laon.

Personnage assis, crossé, tenant un livre, accosté de deux roses et de deux fleurs de lys, placées en sens inverse.

✸ SIGILLVM · ABBATIS · P...ONSTRANSIS

(Sigillum abbatis Premonstratensis.)

CONTRE-SCEAU : L'abbé à mi-corps, crossé, tenant un livre, accosté à dextre d'une coquille et d'une fleur de lys, à sénestre d'une rose et d'une coquille.

✸ SECRETVM · ABBIS · PREMONSTR

(Secretum abbatis Premonstratensis.)

Donation du moulin de Barthel, en rédemption d'une rente due à l'évêque de Laon. — Janvier 1291.

1413   ADAM,

Abbé de Prémontré. — 1310.

Sceau rond, de 48 mill. — Arch. de la Somme; abbaye de Saint-Jean.

L'abbé assis, tenant sa crosse ..... — Légende détruite.

Vente de la dîme de Helleville. — 1310.

1414 SIMON.

Abbé de Prémontré. — 1463.

Sceau ogival, d'environ 72 mill. — Arch. de la Somme; chapitre d'Amiens.

Dans une niche d'architecture gothique : l'abbé assis, mitré, crossé, tenant un livre.— Légende détruite.

Ratification d'un accord relatif au champart d'Olincourt. — 12 novembre 1463.

ABBÉ DE RURICOURT OU SAINT-MARTIN-AU-BOIS.

1415 GUILLAUME BAUDREUIL.

1491.

Sceau ogival, de 65 mill. — Arch. de l'Oise; Saint-Martin-au-Bois.

Dans une niche principale : saint Martin à cheval, donnant à un pauvre la moitié de son manteau; au-dessous, un priant, mitré, crossé, ayant à sa droite un écu portant trois cœurs couronnés.

......mi abbatis fancti martini....

(Sigillum Guillermi, abbatis Sancti Martini .....)

Contre-sceau : Écu à trois cœurs couronnés, devant une crosse.

ouille baudreuil

(Guillaume Baudereul.)

Quittance de 250 francs affectés à une pension viagère et à l'achat d'un calice. — 25 octobre 1491.

ABBÉS DE SAINT-ACHEUL.

1416 JEAN L'HÔTE,

Abbé de Saint-Acheul. — 1497-1528.

Sceau ogival, de 65 mill. — Musée d'Amiens.

Sur un champ fleuri et dans une niche gothique : l'abbé debout, crossé, tenant un livre; à ses pieds, un écu au chevron accompagné de trois roses?

.....um : iohis : lofte : abbatis : fancti : acheol

(Sigillum Johannis Loste, abbatis Sancti Acheoli.)

Sceau détaché.

1417 JACQUES DU CHEMIN,

Abbé de Saint-Acheul. — 1549.

Sceau rond, de 40 mill. — Arch. de la Somme; chapitre d'Amiens.

Écu portant un arbre, à la bordure, devant une crosse. — Légende fruste.

Reconnaissance d'une redevance sur le pré Saint-Quentin et de deux chapons sur une maison à Amiens. — 28 novembre 1549.

ABBÉ DE SAINT-DENIS EN FRANCE.

1418 PHILIPPE.

1399.

Sceau ogival, de 65 mill. — Arch. de l'Oise; abbaye de Chaalis.

Dans une niche principale et sur un fond semé de fleurs de lys : l'abbé debout, mitré, crossé, tenant un livre; de chaque côté, un ange soutenant un écu effacé.

......DYONISII · IN · FRANCIA

(..... Dyonisii in Francia.)

Contre-sceau : Une tête de profil, mitrée.

✠ SƆS : DYONISIUS : ARIOPAGITA ·

(Sanctus Dyonisius Ariopagita.)

Nomination d'arbitres chargés de statuer au sujet d'une terre sise dans la prévôté de Montméliant. — 16 décembre 1399.

ABBÉS DE SAINT-GERMER DE FLAY.

1419 EUSTACHE,

Abbé de Saint-Germer de Flay. — 1205

Sceau ogival, de 38 mill. — Arch. de la Somme; abbaye du Gard.

L'abbé assis sur un pliant, la tête nue « cum corona,» crossé, tenant un livre.

✠ SIGILLVM : EVSTACHII : ABATIS : FLAV.

(Sigillum Eustachii, abatis Flaviacensis.)

Accord au sujet des dîmes de Quesnot et de Sonès, et du moulin de Compensé. — Août 1205.

1420 GIRARD,

Abbé de Saint-Germer de Flay. — 1234.

Sceau ogival, de 60 mill. — Arch. de la Somme; evêché d'Amiens.

L'abbé debout, crossé, tenant un livre.

✠ S' GIRARD. .....IS .... FLA.

(Sigillum Girardi, abbatis Sancti Geremari Flaviacensis.)

Accord au sujet de la nomination à la cure de Hangest. — Mars 1234.

ABBÉ DE SAINT-JUST.

1421 PIERRE.

1190.

Sceau ogival, de 52 mill. — Arch. de l'Oise; abbaye de Froidmont.

L'abbé assis, crossé, tenant un livre.

21

✳ SIGILLVM : PETRI : ABBATIS : SANCTI :
                    IVSTI

(Sigillum Petri, abbatis Sancti Justi.)

Prise de possession des bois d'Angivilliers. — 1190, «regnante Phi-
«lippo rege, in expeditione Jherosolimitana jam profecto.»

ABBÉS DE SAINT-RIQUIER.

1422   HUGUES DE CHEVINCOURT,

Abbé de Saint-Riquier. — 1231.

Sceau ogival, de 60 mill. — Arch. de la Somme; abbaye du Gard.

L'abbé debout, tête nue «cum corona,» portant la
chasuble, la dalmatique, l'étole, l'aube, crossé, tenant
un livre.

..GILL ҺVGONIS ..BATIS : S' : RICҺARII

(Sigillum Hugonis, abbatis Sancti Richarii.)

Contre-sceau : Intaille antique, tête de profil.

✳ S' ҺVGONIS DE CIVIИCORT

(Secretum Hugonis de Civincort.)

Abandon de droits sur des terres à Longueville. — Juin 1231.

1423   HUGUES DE ROIGNY,

Abbé de Saint-Riquier. — 1287.

Sceau ogival, de 55 mill. — Arch. de la Somme; abbaye de Saint-Riquier.

Dans une niche gothique : l'abbé debout, crossé, tenant un livre, accosté de deux écus déprimés; celui de
sénestre portant une bande . . . . .

. . . . . . IS DE ROVOИI . . . .

(Sigillum Hugonis de Roagni . . . . .)

Contre-sceau : Dans un encadrement gothique : un
écu semé de fleurs de lys, au bras tenant une crosse.

. . . . ABBATIS SCI RICҺARII

(. . . . . abbatis Sancti Richarii.)

Accord avec la commune de Saint-Riquier, au sujet d'un cens dû à
la maladrerie du Val. — 3o novembre 1387.

ABBÉS DE SAINT-PIERRE DE SELINCOURT.

1424   GODEFROI,

Abbé de Saint-Pierre de Selincourt. — 1170.

Sceau ogival, en cuvette, de 55 mill. — Arch. de l'Oise; abbaye
de Saint-Quentin.

L'abbé debout, crossé, tenant un livre.

✳ SIGILVM : ABBATIS : . . . . . ETRI : DE :
                    SELIИCVT

(Sigilum abbatis Sancti Petri de Selincut.)

Partage du bois «de Pulteriis.» — 1170.

1425   EUDES,

Abbé de Saint-Pierre de Selincourt. — 1227.

Sceau ogival, de 58 mill. — Arch. de la Somme; abbaye du Gard.

L'abbé debout, crossé, tenant un livre; sa couronne
très-visible.

✳ SIGILL : ABBIS : SCI : .ETRI : DE :
                    SILIИCVRT

(Sigillum abbatis Sancti Petri de Silincurt.)

Accord au sujet des dîmes de Rilleux. — Janvier 1227.

ABBÉ DE SAINT-VINCENT DE SENLIS.

1426   JEAN.

1303.

Sceau ogival, de 5o mill. — Arch. de l'Oise; Saint-Vincent de Senlis.

L'abbé debout, crossé, tenant un livre à fermoir, accompagné à sénestre d'une rose et d'étoiles.

. . IOҺIS : ЯB . . . .

(Sigillum Johannis, abbatis . . . . .)

Contre-sceau : La lettre S entrelacée dans une crosse
accompagnée d'une étoile et d'un croissant.

✳ S' : SEC . . . . . ЯB . TIS

(Sigillum secretum abbatis.)

Fondation d'une messe par Jean de Balagny, bourgeois de Senlis:
acquisition au Blancmesnil. — 7 avril 1303.

ABBÉ DE SIGNY.

1427   L'ABBÉ DE SIGNY.

1273.

Sceau ogival, d'environ 45 mill. — Arch. de l'Aisne; Saint-Martin de Laon.

L'abbé debout, crossé, tenant un livre, accompagné
d'un croissant et d'étoiles.

. . . . . . VM · ABBATIS · S

(Sigillum abbatis Signiacensis?)

Contre-sceau : L'Annonciation; l'ange debout, séparé
de Marie par une tige de lis.

. . . . . . SIGILLV · SIGИIACI

(Contra sigillum Signiaci.)

Transaction au sujet de dîmes à Waignon. — 2 août 1273.

ABBÉ DE SAINT-MÉDARD DE SOISSONS.

1428   ARTAUD.

1311.

Sceau ogival, de 65 mill. — Arch. de l'Oise; chapitre de Noyon.

Dans une niche gothique : l'abbé debout, mitré,

crossé, tenant un livre; dalmatique à large galon fretté. A dextre, un écu fascé de six pièces à la crosse brochant; à sénestre, un écu fascé de six pièces.

⅋ FRĪS · ARTAVDI · D......RDI · SVES....

(Sigillum fratris Artaudi de ..... abbatis Sancti Medardi Suessionensis.)

Amortissement de terres, prés et bois à Pimprez. — 16 octobre 1322.

ABBÉ DU VAL SAINTE-MARIE.

1429 E.....

1240.

Sceau commun, ogival, de 40 mill. — Arch. de l'Oise; abbaye de Froidmont.

Personnage debout, crossé, la main droite élevée.

✸ SIGILL ABBTS BE MARIE DE VALLE

(Sigillum abbatis Beate Marie de Valle.)

Acquisition, par échange, de vignes à Montgriffon. — Février 1240.

ABBÉ DE VÉZELAI.

1430 GIRARD.

1180.

Sceau ogival, d'environ 60 mill. — Arch. de l'Oise; abbaye de Prémontré.

Fragment. L'abbé debout, tenant un livre ? — Légende détruite.

Accord au sujet de la dîme de Golancourt et des terres de Bonneuil. — 1130.

ABBESSES.

ABBESSES DE BERTAUCOURT.

1431 AVA,

Abbesse de Bertaucourt. — 1225.

Sceau ogival, de 65 mill. — Arch. de la Somme; abbaye du Gard.

L'abbesse debout, coiffée d'un voile et vêtue d'une robe à manches larges, portant sa crosse, tenant un livre de la main droite. Dans le champ, à dextre, une branche fleurie.

✸ S' AVE : ABBATISSE : DE : BERTAUDICVRTE

(Sigillum Ave, abbatisse de Bertaudicurte.)

Partage des dîmes de Bourdon. — Juillet 1225.

1432 ISABEAU,

Abbesse de Bertaucourt. — 1290.

Sceau ogival, de 50 mill. — Arch. de la Somme; abbaye de Bertaucourt.

Fragment. L'abbesse debout, coiffée d'un voile, tenant un livre.

...YSABELL........

(Sigillum Ysabellis .....)

L'abbesse donne «à hostise» une pièce de terre à Roquemont. — 3 janvier 1290.

ABBESSE DE SAINT-MICHEL DE DOULLENS.

1433 ADÈLE.

1246

Sceau ogival, de 65 mill. — Arch. de la Somme; Saint-Michel de Doullens.

L'abbesse debout, de trois quarts, coiffée d'un voile, crossée, tenant un livre.

✸ S'. ACLIDIS · EB A : DVRLANDIO

(Sigillum Aclidis, abbatisse de Durlendio.)

Approbation de la fondation d'une chapelle par M. Jean de Doullens, dit Nani. — Mars 1246.

ABBESSE DE NOTRE-DAME D'ÉPAGNE.

1434 GUILLAME.

1428.

Sceau ogival, de 60 mill. — Arch. de la Somme; chapitre d'Amiens.

Deux niches surmontées de clochetons : dans celle de droite, la Vierge; dans celle de gauche, l'abbesse crossée; au-dessous, un écu portant trois roses. — Légende détruite.

Rachat d'une rente sur les dîmes de Rouvroy. — 4 décembre 1428.

ABBESSE DE FONTENELLES, PRÈS VALENCIENNES.

1435 MARIE.

1274.

Sceau ogival, de 40 mill. — Arch. de l'Aisne; abbaye du Sauvoir.

L'abbesse debout, coiffée d'un voile, crossée, tenant un livre.

✸ S'. ABBISSE · DE · FONTE · BE · MARIE

(Sigillum abbatisse de Fonte Beate Marie.)

Acquisition d'une vigne à Vorges. — Avril 1274.

21.

ABBESSE DE GOMERFONTAINE.

1436   **EMMELINE.**

1234.

Sceau ogival, de 35 mill. — Arch. de l'Oise; collégiale de Saint-Michel.

Type fruste d'abbesse debout.

.......MERI FON.E

(..... de Gomeri Fonte.)

Acquisition de cens à Beauvais. — Juillet 1234.

ABBESSE DE MONTREUIL.

1437   O.....

1224.

Sceau ogival, de 45 mill. — Hôtel-Dieu de Laon.

L'abbesse debout, crossée, tenant un livre.

✸ SIGILL ABBATTISSE DE MONASTERIOLO

(Sigillum abbattisse de Monasteriolo.)

Acquisition d'une terre à Aulnois. — Mai 1224.

ABBESSES DU PARACLET.

1438   **L'ABBESSE DU PARACLET.**

XIIIᵉ siècle.

Sceau ogival, de 35 mill. — Musée d'Amiens.

L'abbesse debout, de trois quarts, crossée. tenant un livre.

✸ S' ABB'ISSE B'E MARIE AD PARACLITV

(Sigillum abbatisse Beate Marie ad Paraclitum.)

Sceau détaché.

1439   **ÉLÉONOR DE MATIGNON,**

Abbesse du Paraclet. — 1690.

Cachet ovale, de 18 mill. — Arch. de la Somme; abbaye du Paraclet.

Écu en losange portant un lion couronné, écartelé de trois fleurs de lys au lambel, couronné, devant une crosse, entouré d'une cordelière. — Sans légende.

Provisions de greffier du temporel du Paraclet, signées : Léonor de Matignon, abbesse du Paraclet. — 10 novembre 1690.

1440   **MARIE-ANNE DE MAILLY,**

Abbesse du Paraclet. — 1745.

Cachet ovale, de 20 mill. — Arch. de la Somme; abbaye du Paraclet.

Écu en losange, portant trois maillets, couronné, devant une crosse. — Sans légende.

Provisions de lieutenant de la seigneurie de Thézy, signées : S' de Mailly, abbesse du Paraclet d'Amiens. — 1ᵉʳ juillet 1745.

OFFICES CLAUSTRAUX D'ABBAYE.

PRIEUR D'ABBAYE.

1441   **B.....,**

Prieur de Saint-Lucien de Beauvais. — 1220.

Sceau rond, de 35 mill. — Arch. de l'Oise; abbaye de Chaalis.

Deux oiseaux symétriques. — Légende fruste.

Renonciation à des droits sur une maison, des vignes et des terres à Argenteuil. — Novembre 1220.

TRÉSORIER D'ABBAYE.

1442   **LE TRÉSORIER**

DE SAINT-MARTIN D'IVOY.

XIVᵉ siècle.

Sceau ogival, de 38 mill. — Communiqué par M. Mathon, à Beauvais.

Une main tenant un anneau où sont suspendues trois clefs.

✸ S' THESAVRARII ECCLIE YVODIEN

(Sigillum thesaurarii ecclesie Yvodiensis.)

Matrice originale.

RELIGIEUX.

1443   **G. DE BEAURAIN,**

Moine de Saint-Germain d'Auxerre. — XIIIᵉ siècle.

Sceau ogival, de 40 mill. — Communiqué par M. Delaberche. a Beauvais

La colombe tenant le rameau d'olivier.

✸ S' G · DE · BIAVRAIN · MOACHI · S · EMARI : AVTISIOD'

(Sigillum G. de Biaurain, monachi Sancti Germani Autisiodori.)

Matrice originale.

1444   **JEAN DE SAINT-ÉLOY,**

Moine de Froidmont. — XVᵉ siècle.

Sceau ogival, de 37 mill. — Communiqué par M. Mathon, à Beauvais

Dans une niche gothique : la Vierge à mi-corps, couronnée, tenant l'enfant Jésus; au-dessous, un priant.

✸ S' FRIS · IOHIS · S' · ELIGII · MOACHI · B · M · DE · FROMONT

(Sigillum fratris Johannis Sancti Eligii, monachi Beate Marie de Fromont.)

Matrice originale.

1445   GÉROLD DE DOUAI,

Moine de Saint-Martin de Laon. — 1267.

Sceau ogival, d'environ 44 mill. — Arch. de l'Aisne; Saint-Martin de Laon.

Des feuillages d'ornement.

.....ROVLDI DE DVACO........

(Sigillum Gerouldi de Duaco .....)

Sentence arbitrale au sujet de la dîme de Sissonne. — 21 mars 1267.

JURIDICTION TEMPORELLE DES ABBAYES.

1446   HÉMART (JEAN),

Bailli de l'abbaye de Corbie à Ames. — 1346.

Sceau rond, de 20 mill. — Arch. de la Somme; abbaye de Corbie.

Un écu au mufle de lion.

✳ SEEL IEhAN hEOIAR.

(Seel Jehan Hémart.)

Ratification de l'acquisition d'un moulin et de rentes. — 27 décembre 1346.

1447   GILLES,

Moine et prévôt de Saint-Jean de Laon à Crécy. — 1271.

Sceau ogival, de 37 mill. — Hôtel-Dieu de Laon.

Un bras tenant une fleur.

✳ S'. EGIDII · DISI · MO..CR · SCI · IORIS · LAVD· Dans le champ, DE

(Sigillum Egidii de Disi, monachi Sancti Johannis Laudunensis.)

Sentence arbitrale au sujet des dîmes d'Ardon. — 15 avril 1271.

XVIᵉ SÉRIE — PRIEURÉS.

PRIEURÉS D'HOMMES.

1448   BOVES (SAINT-AUBERT DE).

1442.

Sceau ogival, de 47 mill. — Hospice Saint-Charles à Amiens.

Dans une niche gothique : un personnage mitré, portant la croix patriarcale, bénissant. .....; au-dessous, un priant.

s · ad caulas · pioratus · Ili · aulberti · de bova

(Sigillum ad causas prioratus Sancti Ausberti de Bova.)

Rachat d'une rente par les célestins d'Amiens. — 5 mai 1442.

1449   CRÉPY (SAINT-ARNOUL DE).

1256.

Sceau ogival, de 46 mill. — Arch. de la Somme; évêché d'Amiens.

Un évêque assis, mitré, crossé, bénissant.

.IGIL... SANCTI ....DE CRISPEI.

(Sigillum sancti Arnulfi de Crispeio.)

CONTRE-SCEAU : Évêque assis, mitré, crossé, bénissant.

✳ SANCTVS ARNVLFVS

(Sanctus Arnulfus.)

Reconnaissance du droit de l'évêque d'Amiens à la translation de la chapelle de Chessoy à Houssoy. — Septembre 1256.

1450   ÉLINCOURT

(SAINTE-MARGUERITE D').

XIIIᵉ siècle.

Sceau ogival, d'environ 65 mill. — Arch. de l'Oise, chapitre de Noyon.

Dame debout, en manteau, coiffée en voile, tenant une fleur de la main droite, et de la gauche un livre.

...........DE : ELINCVRT

(..... de Elincurt.)

Délimitation de terres à Thiescourt. — Sans date.

1451   ESSERENT (SAINT-LEU D').

1269.

Sceau ogival, en cuvette, d'environ 65 mill. — Arch. de l'Oise; abbaye de Chaalis.

Personnage debout, crossé, tenant un livre. — Légende détruite.

CONTRE-SCEAU : Une fleur de lys.

.........ENSIS......

Accord au sujet de dîmes à Berneuil. — Août 1269.

1452   FLIXECOURT (PRIEURÉ DE).

1426.

Sceau ogival, de 45 mill. — Arch. communales de Flixecourt

Un évêque (saint Léger) renversé, étendu par terre

entre deux arbres; le bourreau lui enfonce une tarière dans l'œil.

.....**PRIOR**.............**FLICHICVRIA**

(Sigillum prioratus ..... de Flichicuria.)

« Dampt Piere Quiéret, prieur de Flexicourt», de l'ordre de Saint-Lucien de Beauvais, baille à ceus une terre au magistrat de Flixecourt. — 6 mai 1426.

1453   LAON (SAINT-NICOLAS DE),

De l'ordre du Val des Écoliers. — 1359.

Sceau ogival, de 55 mill. — Arch. de l'Aisne; abbaye de Saint-Vincent.

Dans une niche gothique : un évêque debout, mitré, crossé, bénissant; au-dessous, trois petits écoliers.

S' CŌVENTV. SĀI · NICHO... ORDĪS :
VALĪ : SCOĒ

(Sigillum conventus Sancti Nicholai ordinis Vallis Scolarum.)

CONTRE-SCEAU : Saint Nicolas ressuscitant les trois petits écoliers.

S' NICHOLAVS SVSCITANS CHICOS

(Sanctus Nicholaus, suscitans clericos.)

Fondation de l'anniversaire de Pierre de Villars, abbé de Saint-Vincent de Laon. — 30 juillet 1359.

1454   MONTCHAUVET (NOTRE-DAME DE).

XVIᵉ siècle.

Sceau ogival, de 45 mill. — Communiqué par M. Mathon, à Beauvais.

Dans une niche gothique : la Vierge assise, tenant l'enfant Jésus; au-dessous, un Agnus.

S PŌRAT9 · BĒ · MARIE · D' · AL.....
MŌTISCALVI

(Sigillum prioratus Beate Marie de Al..... Montiscalvi.)

Matrice originale.

1455   SAINT-ANDRÉ-AU-BOIS.

1784.

Cachet ovale, de 20 mill. — Arch. de la Somme; évêché d'Amiens.

Écu au sautoir cantonné en chef d'une étoile, au flanc dextre d'un chien? au flanc sénestre d'un agneau, et en pointe d'un lion? surmonté d'une mitre et d'une crosse, entre deux palmes en sautoir.

SIG CONVENTVS S ANDREA IN NEMORE

Certificat relatif à des promotions dans les ordres mineurs. — 12 décembre 1784.

PRIEURÉS DE FEMMES.

1456   LONGPRÉ (PRIEURÉ ? DE).

XVIIᵉ siècle.

Sceau ogival, de 60 mill. — Communiqué par M. Mathon, archiviste de l'Aisne.

Sous un dais : la Vierge tenant l'enfant Jésus; à ses pieds, à droite, deux religieuses à genoux; au-dessous, l'écu de France au lambel,

SIGILLVM · CONVENTVS · DE · LONGO · PRATO

Surmoulage.

1457   PRESLES, PRÈS ÉCRY (PRIEURÉ DE).

1223.

Sceau ogival, d'environ 55 mill. — Hôtel-Dieu de Laon.

Fragment. La Vierge assise, tenant l'enfant Jésus. — Légende fruste.

Acquisition d'une terre à Aulnois. — Octobre 1223.

PRIEURS.

1458   MICHEL TOCTIER.

Prieur d'Airaines. — 1510.

Sceau rond, de 50 mill. — Arch. de la Somme; minimes d'Amiens.

Dans une niche d'architecture gothique : la Vierge debout, couronnée, tenant l'enfant Jésus; à ses pieds, un écusson portant un arbre. — Légende gothique détruite.

Ensaisinement. — 11 février 1510.

1459   ALPHONSE DE BONNEVILLE.

Prieur de Saint-Aubert de Bove. — 1442.

Sceau rond, de 17 mill. — Hospice Saint-Charles à Amiens.

Écu au lion sous un chef chargé de trois étoiles.

AVFONS DE BONNEVILLE

(Aufons de Bonneville.)

Rachat d'une rente par les célestins d'Amiens. — 5 mai 1442.

1460   LE PRIEUR DE CRESPIN.

XIIIᵉ siècle.

Sceau ogival, de 39 mill. — Communiqué par M. Hidé, à Laon.

Une main tenant une clef et des verges.

✠ S' PRIORIS DE CRISPINIO

(Sigillum prioris de Crispinio.)

Matrice originale.

1461 **LE PRIEUR DE SAINT-ARNOUL**
DE CRÉPY.
1256.

Sceau ovale, d'environ 18 mill. — Arch. de la Somme; évêché d'Amiens.

Intaille représentant une grappe de raisin? — Légende détruite.

Reconnaissance du droit de l'évêque d'Amiens à la translation de la chapelle de Chessoy à Houssoy. — Septembre 1256.

1462 **PIERRE,**
Prieur de Saint-Arnoul de Crépy. — 1299.

Sceau ogival, de 45 mill. — Arch. de la Somme; chapitre d'Amiens.

Dans une niche gothique : un évêque à mi-corps, mitré, portant une croix, bénissant; au-dessous, un priant.

S' FRIS PETRI PÕRIS S' ARNVLPhI D' ORISPEIO

(Sigillum fratris Petri, prioris Sancti Arnulphi de Crispeio.)

CONTRE-SCEAU : Une tête d'évêque nimbée.

✴ SÕE ARNVLPhE ORA ✚ ПOBIS

(Sancte Arnolphe ora pro nobis.)

Approbation du bail d'un mans à Malapart. — Mars 1299.

1463 **ÉTIENNE,**
Prieur de Saint-Leu-d'Esserent. — 1269.

Sceau ogival, de 43 mill. — Arch. de l'Oise; abbaye de Chaalis.

Dans une niche gothique : un évêque à mi-corps, mitré, crossé, bénissant; au-dessous, un priant.

✴ S' STEPh......RIS · SÕI · LVPI · DE · ESSERENTO · DÑI · PP · CAPLE

(Sigillum Stephani, prioris Sancti Lupi de Esserento, domini pape capellani.)

Accord au sujet de dîmes à Berneuil. — Août 1269.

1464 **JEAN,**
Prieur de Nanteuil-le-Haudouin. — 1321.

Sceau ogival, d'environ 40 mill. — Arch. de l'Oise; chartreuse de Bourgfontaine.

Fragment de type représentant un priant au-dessous d'une adoration?

.....RIS IOhIS PRIO........MARIE........

(Sigillum fratris Johannis, prioris Beate Marie.....?)

Échange des dîmes de Chennevières. — Juillet 1321.

1465 **NICOLAS DE CHAMERAUDES,**
Prieur de Saint-Georges de la Grange. — 1412.

Sceau ogival, de 45 mill. — Arch. de l'Aisne; évêché de Laon.

Saint Georges à cheval, coiffé d'un heaume cimé et à

volet, la lance en arrêt, couvert d'un bouclier portant une croix.

.. PRIORI : S..........SGOU....

(Priori S..... Scolarum?)

Présentation au prieuré de Saint-Nicolas de Laon, vacant. — 5 décembre 1412.

1466 **JACQUES SEGUIN,**
Prieur de Saint-Martin-des-Champs. — 1443.

Sceau rond, de 45 mill. — Hospice Saint-Charles à Amiens.

Dans une niche principale et sur un champ semé d'étoiles : saint Martin donnant à un pauvre la moitié de son manteau; au-dessous, un priant entre deux écussons : celui de dextre portant trois fers de lance; celui de sénestre, un sautoir cantonné en flanc de ..... à l'épée en pal brochant.

s · iacobi · feguint : prio... fci : martini · le · campis

(Sigillum Jacobi Seguint, prioris Sancti Martini de Campis.)

Consentement au rachat d'une rente par les célestins d'Amiens. — 16 octobre 1443.

1467 **JACQUES,**
Prieur de Saint-Maurice de Senlis. — 1275.

Sceau ogival, de 40 mill. — Arch. de l'Oise; abbaye de Chaalis.

Dans une niche principale : saint Maurice à cheval, portant une bannière. Dans le champ, une rose; au-dessus, le Christ en croix accompagné d'étoiles et d'un croissant; au-dessous, un priant.

S' PRIORIS SÕI MAVRICII SILVANECTEñ

(Sigillum prioris Sancti Mauricii Silvanectensis.)

Cession d'un cens. — Juin 1275.

1468 **GEOFFROI,**
Prieur de Saint-Nicolas, près Senlis. — 1229.

Sceau ogival, de 55 mill. — Arch. de l'Oise; abbaye de la Victoire.

Personnage debout, en manipule, tenant un livre des deux mains.

S' GALFRIDI · ....

(Sigillum Galfridi .....)

CONTRE-SCEAU : Une tête « cum corona » de profil.

STEPhAV. PLEN' GR'A

(Stephanus, plenus gracia.)

Accord avec le prieuré de Saint-Leu-d'Esserent, au sujet des dîmes des Ageux. — 1229.

PRIEURESSES.

1469   LA PRIEURESSE DE LONGPRÉ.

xvii° siècle.

Sceau ogival, de 40 mill. — Communiqué par M. Phette, à Laon.

Sous un dais : une sainte famille; au bas, l'écu de France au lambel, devant une crosse, accosté des lettres A. S.

SIGILLVM·PRIORISSÆ·DE·LONGO·PRATO

Matrice originale.

1470   GUIBURGE,

Prieuresse de Warivalle. — 1237.

Sceau ogival. de 65 mill. — Arch. de l'Oise; abbaye de Froidmont.

Une fleur de lys fleuronnée.

✠ S' GVIBVRGIS PRIORISSE DE GVAREVILLA

(Sigillum Guiburgis, priorisse de Guarevilla.)

Rachat d'un cens à Beauvais. — Février 1237.

JURIDICTION TEMPORELLE DES PRIEURES.

1471   PICQUET (ADRIEN),

Bailli du prieuré d'Airaines.— 1529.

Sceau rond, de 24 mill. — Arch. de la Somme; minimes d'Amiens.

Écu portant trois croissants l'un sur l'autre, penché, timbré d'un heaume, supporté à sénestre par un cheval ..... — Légende détruite.

Prise de possession d'une terre à la Fosse-Haudroye. — 7 novembre 1529.

XVII° SÉRIE. — CORPORATIONS RELIGIEUSES.

AUGUSTINS.

1472   FRANCE

(LOUIS, PRIEUR PROVINCIAL DES AUGUSTINS EN).

1320.

Sceau ogival, de 48 mill. — Arch. de la Somme; évêché d'Amiens.

Dans une niche gothique, sur un semé de fleurs de lys : deux personnages debout; l'un couronné, nimbé, tenant un sceptre? l'autre, crossé, mitré; au dessous, un priant.

S' POR PVICIA..VICIE FRACIE FRM ....AVG

(Sigillum prioris provincialis provincie Francie fratrum heremitarum ordinis Sancti Augustini?)

Accord avec l'évêque d'Amiens, concernant les excommuniés et le serment que chaque nouveau prieur doit lui prêter. — 3 août 1320.

1473   AMIENS (AUGUSTINS D').

1320.

Sceau rond, de 50 mill. — Arch. de la Somme; évêché d'Amiens.

Un personnage assis sous un dais, mitré, crossé, bénissant; de chaque côté, un moine en prière; champ fretté.

S' CONVEN.......EMIT.................BIAN

(Sigillum conventus fratrum heremitarum ..... Ambianensium.)

Voyez le numéro précédent.

1474   AMIENS (AUGUSTINS D').

xviii° siècle.

Sceau ovale, de 55 mill. — Musée d'Amiens.

La décollation de saint Julien. A droite, une prison, et devant la prison, le saint, décapité et tombé, avec cette inscription S⁷ IVLIEN. Derrière saint Julien, le bourreau. accompagné des lettres S P Q R (Senatus populusque Romanus); en haut, des nuages, des éclairs, la foudre, un ange descendant du ciel, tenant une couronne et une palme.

SIGIL·CONVEN· AMBIANENSIS·ORDIN·EREM· S' AVGVSTINI

Matrice originale.

1475   AMIENS

(GUILLAUME DE FRANCLIEU, PRIEUR DES AUGUSTINS D').

1320.

Sceau ogival, de 35 mill. — Arch. de la Somme; évêché d'Amiens.

La Vierge debout, couronnée, tenant l'enfant Jésus, un lis dans la main droite; champ fretté.

...**PRIOR · AMB' FR . ER ORD**........

(Sigillum prioris Ambianensis fratrum eremitarum ordinis Sancti Augustini.)

Voyez le n° 1472.

BÉNÉDICTINS.

1476   LA CONGRÉGATION
DE SAINT-MAUR.
1669.

Sceau ovale, de 52 mill. — Arch. de la Somme; abbaye de Saint-Riquier.

Un moine à genoux devant un religieux debout et nimbé.

SIGILLVM CONGREGATIONIS S' MAVRI IN GALLIA

Approbation du don de 4,000ᵘ fait à l'abbaye de Saint-Riquier par Charles d'Aligre. — Abbaye de Saint-Benoît-sur-Loire, 10 juin 1669.

CARMES.

1477   MONTREUIL
(LE PRIEUR DES CARMES DE).
XVIᵉ siècle.

Sceau ovale, de 48 mill. — Communiqué par le docteur Goze, à Amiens.

S aint Jean assis, montrant un agneau; à sa gauche, **une croix** avec une banderole sur laquelle on lit ECCE AG**NV**S DEI; à sa droite, un arbre; en bas, l'écu ch**apé** et couronné des Carmes.

SI**GI**LL·PRIOR·CARMELI·MONSTROLIENSIVM· **Sur**moulage.

CÉLESTINS.

1478   AMIENS
(CÉLESTINS DE SAINT-ANTOINE D').
1485.

Sceau ogival, de 50 mill. — Arch. de la Somme; abbaye de Corbie.

Dans une niche principale : un personnage debout, nimbé, tenant la croix à l'S entrelacée des Célestins; dans deux niches latérales, deux autres personnages; en bas, six religieux en prière.

SIGILL...........ORVM DE AMBIANIS

(Sigillum ..... celestinorum de Ambianis.)

Bail à cens de la ferme de Busozerain. — 12 août 1485.

1479   AMIENS
(LE PRIEUR DES CÉLESTINS DE SAINT-ANTOINE D').
1485.

Sceau ogival, de 40 mill. — Arch. de la Somme; abbaye de Corbie.

Dans une niche gothique : un personnage debout, nimbé, tenant la croix à l'S entrelacée et un livre; au-dessous, un priant.

..**GILLVM PRIORIS CEL..TI..RVM DE AMB.....**

(Sigillum prioris celestinorum de Ambianis.)

Voyez le numéro précédent.

1480   MONT-DE-CHÂTRES
(LE PRIEUR DES CÉLESTINS DU).
1394.

Sceau ogival, de 45 mill. — Hospice Saint-Charles à Amiens.

Dans une niche gothique principale : saint Pierre debout; dans deux niches latérales : deux autres saints; en bas, un priant accosté de deux fleurs de lys.

....**RIORIS · MON · CELESTINORV SCI PET.. ....DE CAS....**

(Sigillum prioris monasterii celestinorum Sancti Petri in Monte de Castris.)

Contre-sceau : Saint Pierre à mi-corps.

✶ **S . PORIS CELESTINOR DE CASTI**

(Secretum prioris celestinorum de Castris.)

Procuration relative à la prise de possession de l'abbaye de Visigneux. — 19 novembre 1394.

1481   SAINTE-CROIX D'OFFEMONT
(LE PRIEUR DES CÉLESTINS DE).
1394.

Sceau ogival, de 46 mill. — Hospice Saint-Charles à Amiens.

Le Christ en croix, accompagné de deux saintes, tenant chacune un livre; au-dessous, un écu tréflé à deux bars adossés.

S' PRIORIS · DE · VALLE · SCE · CRVC..

(Sigillum prioris de Valle Sancte Crucis.)

Contre-sceau : Écu tréflé à deux bars adossés, à la croix sur le tout.

CONTS' VALLIS SCE CRVCIS

(Contrasigillum Vallis Sancte Crucis.)

Voyez le numéro précédent.

22

1482   SOISSONS

(LE PRIEUR DE LA SAINTE-TRINITÉ DE VILLENEUVE PRÈS).

1435.

Sceau ogival, de 48 mill. — Hospice Saint-Charles à Amiens.

Dans une niche gothique : la représentation de la Sainte Trinité; au-dessous, un priant entre deux fleurs de lys.

s : prioris : celeſtin . . . . le : noue : ppe : ſueſſ :

(Sigillum prioris celestinorum Ville Nove prope Suessionem.)

Transmission aux célestins d'Amiens des revenus et produits de l'abbaye de Visigneux. — 2 février 1435.

CHARTREUX.

1483   FRANCE

(JEAN DE LANGRES, PROCUREUR GÉNÉRAL DE LA GRANDE CHARTREUSE EN).

1406.

Sceau ogival, de 42 mill. — Arch. communales de Laon.

Dans une niche d'architecture gothique : la Vierge debout, couronnée et nimbée, tenant l'enfant Jésus.

S · PROCVR · G̅N̅A̅LI . . . . . . RTVSIE · IN · FRACIA

(Sigillum procuratoris generalis domus cartusie in Francia.)

Quittance d'une rente sur la ville de Laon. — 16 novembre 1406.

1484   ABBEVILLE

(LES CHARTREUX DE SAINT-HONORÉ PRÈS).

1778.

Cachet ovale, de 22 mill. — Arch. de la Somme; évêché d'Amiens.

Buste d'évêque, de face.

. HONORE . . . . . ABBEVILLE

Présentation à la cure de Nolettes. — 27 avril 1778.

1485   BOURGFONTAINE

(LA CHARTREUSE DE).

1701.

Sceau ogival, de 58 mill. — Arch. de l'Oise; chartreuse de Bourgfontaine.

Dans une niche gothique : l'Annonciation; à droite, l'écu de France à la bordure, parti de pals sous un chef; à gauche . . . . .

S · DOMVS · FO̅TIS · BEATE · MARIE · ORDINIS · CHRTVSIENSIS ·

(Sigillum domus Fontis Beate Marie ordinis cartusiensis.)

Dénombrement du fief Camille, sis à Lévignen, fourni au comte de Nanteuil-le-Haudouin. — 1701.

1486   BOURGFONTAINE

(JEAN HARSENT, BAILLI DE LA CHARTREUSE DE).

1494.

Sceau rond, de 20 mill. — Arch. de l'Oise; chartreuse de Bourgfontaine.

Dans une rose : un écu portant une herse.

seel m ieḣan ḣarſent

(Seel maistre Jehan Harsent.)

Aveu des trois fiefs composant les moulins de Mareuil. — 25 avril 1494.

1487   MONT-SAINT-LOUIS, PRÈS NOYON

(LA CHARTREUSE DU).

1406.

Sceau ogival, d'environ 50 mill. — Arch. communales de Laon.

Dans une niche gothique : Saint Louis debout, couronné, nimbé, tenant un sceptre; à sa dextre, l'écu de France . . . . .

S . . . . CI : ORD' : CHRT'

(Sigillum domus Sancti Ludovici ordinis cartusie?)

Contre-sceau : Dans le champ : trois fleurs de lys.

✠ COTRAS' DOMVS MONTIS S CI

(Contra sigillum domus Montis Sancti Ludovici.)

Quittance d'une rente sur la ville de Laon. — 16 novembre 1406.

FRANCISCAINS OU FRÈRES MINEURS.

1488   DOULLENS

(LES FRÈRES MINEURS DE).

xviii* siècle.

Cachet ovale, de 33 mill. — Communiqué par le docteur Goze, à Amiens.

Saint François debout, nimbé, écartant les mains, ceint d'une cordelière d'où pend un chapelet.

✠ S · DV · MONAST · DE · S · FRANCOIS · DE · DOVLENS

Surmoulage.

1489   DOULLENS

(LE GARDIEN DES FRÈRES MINEURS DE).

xviii* siècle.

Sceau ogival, de 45 mill. — Communiqué par le docteur Goze, à Amiens.

Le Christ? portant sa croix.

sigillã gardiann conuentus dullẽdn

(Sigillum gardiani conventus Dullendii.)

Surmoulage.

1490   **LAON**

(JEAN DE LA FÈRE, GARDIEN DES FRÈRES MINEURS DE).

1395.

Sceau ogival, de 45 mill. — Arch. communales de Laon.

Dans une niche gothique : la Vierge à mi-corps, tenant l'enfant Jésus; au-dessous, un priant. — Légende détruite.

Quittance d'une rente, fournie au receveur de Laon. — 13 novembre 1395.

TIERS ORDRE DE SAINT-FRANÇOIS.

1491   **LE VICARIAT GÉNÉRAL**

DU TIERS ORDRE

1775.

Sceau ogival, de 65 mill. — Arch. de a Somme; évêché d'Amiens.

Sur un champ semé de fleurs de lys et de larmes : le Christ en croix; au pied de la croix, deux personnages debout, nimbés, tenant un livre.

SIG·MAI·VIC·GENERA.F·F·PŒNITEN·Z·OR·S·
FRANCIS·STRIC·OBSERVAN·REG·GAL

Présentation à l'évêque d'Amiens pour la prêtrise. — 12 décembre 1775.

1492   **AMIENS**

(LE TIERS ORDRE DE SAINT-FRANÇOIS D').

xviii⁰ siècle.

Cachet rond, de 25 mill. — Communiqué par M. Mallet, à Amiens.

Saint François nimbé, à genoux devant un crucifix dont il reçoit les stigmates; derrière lui, un priant; au-dessous, un écu à deux palmes en sautoir sous un chef chargé d'une rose entre deux fleurs de lys.

SC DES F DV TIERS ORD DE S FRANC
DAMIENS

Matrice originale.

XVIII° SÉRIE. — ORDRES MILITAIRES RELIGIEUX.

ORDRE DU TEMPLE.

1493   **NORMAND (PIERRE LE),**

Précepteur du Temple à Laon et lieutenant du précepteur en France. — 1282.

Sceau ovale, de 27 mill. — Hôtel-Dieu de Laon.

Intaille représentant un buste d'homme de profil.

............CEPT TEP..

(..... preceptoris Templi.)

Accord au sujet de terres acquises dans la censive du Temple à Ardon. — 20 juillet 1282.

ORDRE DE SAINT-JEAN DE JÉRUSALEM.

1494   **RAT (SIMON LE),**

Prieur de Saint-Jean de Jérusalem en France. — 1318.

Sceau rond, de 15 mill. — Arch. de l'Oise; abbaye de Chaalis.

Écu portant trois fusées en fasce, surmonté d'un rat.

FRERE SIMON LE RAT

(Frère Simon le Rat.)

Confirmation d'un échange de terres à Lagny-le-Sec. — 14 juin 1318.

XIX° SÉRIE. — HÔPITAUX ET MALADRERIES.

1495   **AMIENS**

(HÔTEL-DIEU SAINT-JEAN D').

1336.

Sceau ogival, de 43 mill. — Arch. de la Somme; chapitre d'Amiens.

Saint Jean debout, nimbé, vêtu d'une robe de peau de bête, portant l'Agnus; de chaque côté, un rameau.

............ALAR .IVITATIS · AMBIANENS'

(..... Hospitalarie civitatis Ambianensis.)

L'Hôtel-Dieu s'engage à réparer les dommages qui pourront survenir au moulin de Taillefer par suite de la restauration d'une maison qui en est voisine. — 16 juillet 1336.

1496 BEAUVAIS (HÔTEL-DIEU DE).

1433.

Sceau ogival, de 44 mill. — Hospice de Beauvais, 57.

Saint Jean debout, portant l'Agnus ; de chaque côté du saint, un rameau. — Légende détruite.

Cession d'une rente en échange d'un jardin à Beauvais. — 1433.

1497 BEAUVAIS (SAINT-LAZARE DE).

1477.

Sceau ogival, de 54 mill. — Hospice de Beauvais, 55 et 57.

La résurrection de Lazare. Le saint sortant de son tombeau, à la voix du Christ accompagné de saint Pierre ; près du tombeau, à gauche, deux femmes nimbées debout ; en haut et au-dessus de Lazare, ces mots : **LHSHRE VEMI FORHS** (Lasare veni foras).

.. **DOMVS SCI** ...... **BELVHCEMS**

(Sigillum domus sancti Lazari Belvacensis.)

CONTRE-SCEAU : Évêque debout, mitré, crossé, bénissant.

s ladre de beauuais

(Saint Ladre de Beauvais.)

Bail à cens d'une vigne à Marissel. — 13 février 1477.

1498 LAON (HÔTEL-DIEU DE).

XVIIIᵉ siècle.

Sceau ovale, de 25 mill. — Communiqué par M. Matton, archiviste de l'Aisne.

La Vierge debout, couronnée, nimbée, portant l'enfant Jésus, tenant à la main droite un globe surmonté d'une croix.

LHOTEL DIEV·DE LAON

Surmoulage.

1499 NOYON

(HÔTEL-DIEU SAINT-JEAN DE).

1492.

Sceau ogival, de 60 mill. — Arch. de l'Oise ; chapitre de Noyon.

Une aigle nimbée, tenant une banderole à caractères illisibles, accompagnée d'une étoile et de trois fruits groupés.

.....**VS** ....**CI : IO5IS NOVI** ......

(Sigillum domus ..... Sancti Johannis Noviomensis.)

CONTRE-SCEAU : Un personnage nimbé, à mi-corps, paraissant sortir de l'eau, les mains élevées, tenant dans la main gauche un monde ?

✹ **EGO · SV. H · ET · ꟽ**

(Ego sum alpha et omega.)

Bail d'un jardin à Noyon. — 23 novembre 1492.

1500 SOISSONS

(ADÈLE, MAÎTRESSE DE L'HÔPITAL NOTRE-DAME DE).

XIIIᵉ siècle.

Sceau ogival, de 60 mill. — Musée de Soissons.

La Vierge couronnée, portant l'enfant Jésus, assise sur une chaière surmontée de deux pyramides fleuronnées ; à gauche de sa tête, une étoile ; au-dessous, un priant.

✹ **S' AELIDVS : DME : hOSPIꞀ : B'E : ꟽR : ADMOMIAE : SVESS̄**

(Sigillum Aelidys, dominæ hospitalis Beate Marie admonialium Suessionensium.)

Matrice originale.

XXᵉ SÉRIE. — DIVERS ET INCONNUS.

1501 BALIN (JEAN).

XVIᵉ siècle.

Sceau rond, de 25 mill. — Musée d'Amiens.

Écu portant une aigle.

≈ iehan balin

(Seel Jehan Balin.)

Matrice originale.

1502 BASTEREL (PIERRE).

XVIᵉ siècle.

Sceau rond, de 28 mill. — Communiqué par M. Rembaud, à Amiens.

Écu portant des ciseaux.

s Pierre basterel

(Seel Pierre Basterel.)

Surmoulage.

1503   BERTEMIEU (ARNOUL).

xv° siècle.

Sceau rond, de 22 mill. — Communiqué par le docteur Gose, à Amiens.

Écu à la bande accompagnée de deux étoiles.

✱ S' ARNOVL BERTÉMIEV

(Seel Arnoul Bertemieu.)

Surmoulage.

1504   BRAINE

(PRÉVÔTE, FEMME DE THIBAUD BOULENGER DE).

xiv° siècle.

Sceau rond, de 36 mill. — Communiqué par M. Delaherche, à Beauvais.

Une fleur de lys fleuronnée.

✱ S' PREVOVTE FEME TEBAVT BOVLEGIER DE BRAINE

(Seel Prévonte, feme Tebaut Boulenger de Braine.)

Surmoulage.

1505   COUTURE (NICOLAS DE LA).

xvi° siècle.

Sceau rond, de 34 mill. — Communiqué par M. Hidé, à Laon.

Écu portant trois gerbes, timbré d'un heaume à lambrequins cimé de trois gerbes.

S' NICOLXS DE LE COVTVRE

(Seel Nicolas de le Couture.)

Matrice originale.

1506   DAUT (HUGUES).

xvi° siècle.

Sceau rond, de 30 mill. — Communiqué par M. Mallet, à Amiens.

Écu à la croix ancrée, penché, timbré d'un heaume cimé d'un buste de femme, supporté par deux hommes sauvages.

S · HVGVE DAVT

Matrice originale.

1507   DELAN (GUILLEMIN).

xiii° siècle.

Sceau en écu, de 27 mill. — Communiqué par M. Hidé, à Laon.

Des balances, au-dessus d'un arbre.

✱ · S' GVILLEMIN DELAN

(Seel Guillemin Delan.)

Matrice originale.

1508   ÉLIORAN (JEAN).

xiv° siècle.

Sceau rond, de 28 mill. — Communiqué par M. Mallet, à Amiens.

Écu portant un rais pommeté, parti de deux bandes coticées.

✱ S · IEHAN ELIORAN

(Seel Jehan Élioran.)

Matrice originale.

1509   FÈVRE (J. LE).

xv° siècle.

Sceau rond, de 17 mill. — Communiqué par M. Hidé, à Laon.

Un fer de cheval.

✱ I LE FEVRE

(J. Le Fèvre.)

Matrice originale.

1510   FLANDRE (COLART DE).

xvi° siècle.

Sceau rond, de 24 mill. — Communiqué par M. Mallet, à Amiens.

Écu portant un lapin ou un lièvre.

: s : colart : de : flandres :

(Seel Colart de Flandres.)

Matrice originale.

1511   FORGE (AUNUFIN DE LA).

xvi° siècle.

Sceau rond, de 24 mill. — Communiqué par le docteur Gose, à Amiens.

Un marteau entre deux roses.

s : anunfin : de : le : forge :

(Seel Aunufin de le Forge.)

Surmoulage.

1512   FRAMERVILLE (OLIVIER DE).

xvi° siècle.

Sceau rond, de 28 mill. — Communiqué par M. Delaherche, à Beauvais.

Un personnage assis de profil, tenant d'une main un vase, de l'autre un petit bâton? Dans le champ : un rasoir et des ciseaux.

✱ S' OLIVERI DE FRAMERIVILLA

(Sigillum Oliveri de Framerivilla.)

Surmoulage.

1513   HÉRENC (JEAN).

xvi° siècle.

Sceau rond, de 30 mill. — Musée d'Amiens.

Écu fretté, écartelé d'une aigle éployée; penché, timbré d'un heaume cimé d'une tête de héron, supporté par deux lions.

seel iehan herenc

(Seel Jehan Hérenc.)

Matrice originale en argent.

1514 HEUDELICOURT (ISABELLE DE).

xiv° siècle.

Sceau rond, de 22 mill. — Communiqué par M. Hidé, à Laon.

Un arbre à fruits, avec un oiseau posé sur une de ses trois branches.

S YSABEL DE HEVDELICOV

(Seel Ysabel de Heudelicourt.)

Matrice originale.

1515 HOUSETTE (J.).

xv° siècle.

, Sceau rond, de 19 mill. — Communiqué par M. Hidé, à Laon.

Une fleur en forme de rose.

✶ S' · I · HOVSETTE

(Seel J. Housette.)

Matrice originale.

1516 HURAULT (JACQUES).

xvii° siècle.

Sceau rond, de 30 mill. — Communiqué par M. Mallet, à Amiens.

Écu à la croix cantonnée de quatre sextefeuilles.

IACQVES :. HVRAVLT ·:·

Matrice originale.

1517 LENFANT (JEAN).

xv° siècle.

Sceau rond, de 19 mill. — Communiqué par M. Mallet, à Amiens.

Écu palé, écartelé d'un fascé.

✶ S · IEHAN · LENFANT

(Seel Jehan Lenfant.)

Matrice originale.

1518 MANGOT DE LAON (PIERRE).

xiv° siècle.

Sceau rond, de 20 mill. — Communiqué par M. Hidé, à Laon.

Deux mains, l'une tenant deux clefs, l'autre tenant une épée, accompagnées d'une étoile au bas.

✶ S' PIERE MANGO DE LAON

(Seel Piere Mango de Laon.)

Matrice originale.

1519 MOINETTE (HÉLUIS LA)

d'Aulnois-sous-Laon. — 1336.

Sceau ogival, de 26 mill. — Arch. de l'Aisne; abbaye de Saint-Vincent.

Une branche fleurie portant un oiseau?

✶ S' HELVIT LA MOINETTE

(Seel Héluit la Moinette.)

Dénombrement d'un fief à Reneuil. — 22 décembre 1336.

1520 MOLES (PIERRE DE).

xiv° siècle.

Sceau rond, de 18 mill. — Communiqué par M. Mathon, à Beauvais.

La Vierge à mi-corps, couronnée, portant l'enfant Jésus, tenant une branche fleurie avec un oiseau perché; à droite, une navette.

PIERRE DE MOLES

(Pierre de Moles.)

Matrice originale.

1521 MONNIER (GOSSUIN LE).

xiii° siècle.

Sceau rond, de 24 mill. — Communiqué par M. Hidé, à Laon.

Une croix.

✶ S' GHOSVI · LE MONIER

(Seel Ghosuin le Monier.)

Matrice originale.

1522 OTGHEN (JEAN-MARTIN VAN).

xiv° siècle.

Sceau rond, de 21 mill. — Communiqué par M. Hidé, à Laon.

Un fermail.

S' IAN MARTIN VÃ OTGHEN

(Sieghel Jan Martin van Otghen.)

Matrice originale.

1523 . PETIT (P. LE).

xv° siècle.

Sceau rond, de 27 mill. — Musée de Soissons.

Un croissant surmonté d'une étoile.

✶ SIGILL: MAGISTRI : P : PARVI :

(Sigillum magistri P. Parvi.)

Matrice originale.

1524 PINON (GILLES DE).

xiv° siècle.

Sceau rond, de 23 mill. — Communiqué par le vicomte Dubois de Courval, à Pinon.

Un personnage (un apothicaire?) tenant une plante; à gauche, un pilon.

✶ S' · GILES DE PINON :

(Seel Giles de Pinon.)

Matrice originale.

1525 QUESNOY (JEAN DU).

xv⁰ siècle.

Sceau rond, de 24 mill. — Communiqué par M. Mallet, à Amiens.

Écu portant une cupule de gland.

✠ S' IOhANNIS DE QVERCETO

(Sigillum Johannis de Querceto.)

Matrice originale.

1526 QUILLART (JEAN).

xv⁰ siècle.

Sceau rond, de 25 mill. — Communiqué par M. Hidé, à Laon.

Une grappe de raisin, accostée, à gauche, d'une quille.

S : tehan · quillart

(Seel Jehan Quillart.)

Matrice originale

1527 ROBET (THIERRI).

xvı⁰ siècle.

Sceau rond, de 26 mill. — Musée d'Amiens.

Saint André? à mi-corps, nimbé, tenant un livre de la main gauche, et de la droite la croix dite de *Saint-André;* au-dessous, deux animaux couchés.

tery robet

(Téry Robet.)

Matrice originale.

1528 RUELLE (GILLES DE).

xv⁰ siècle.

Sceau rond, de 28 mill. — Communiqué par M. Mallet, à Amiens.

Saint Martin à cheval, donnant à un pauvre la moitié de son manteau.

S · sıre · gılle · de · ruelle ·

(Seel sire Gille de Ruelle.)

Matrice originale.

1529 TILLEUX (PIERRE DU).

xvı⁰ siècle.

Sceau rond, de 28 mill. — Communiqué par M. Mallet, à Amiens.

Écu portant une sorte de vilebrequin terminé par une croix et chargé d'une étoile.

s pierre du tilieux

(Seel Pierre du Tilieux.)

Matrice originale.

1530 TOUPET (HUBERT).

xv⁰ siècle.

Sceau rond, de 22 mill. — Communiqué par M. Hidé, à Laon.

Écu portant un animal (un blaireau ou un porc-épic) accompagné d'une étoile en chef à sénestre.

✠ VBERT TOVPET

(Ubert Toupet.) ,

Matrice originale.

1531 VEAU (IMBERT LE).

xvı⁰ siècle.

Sceau rond, de 26 mill. — Communiqué par M. Hidé, à Laon.

Un veau passant, devant un arbre.

✠ S' IMBERS · LI · VIAVS

(Seel Imbert li Viaus.)

Matrice originale.

1532 VENISE (ARNAUD DE).

xv⁰ siècle.

Sceau rond, de 24 mill. — Communiqué par M. Hidé, à Laon.

Écu au chevron accompagné de trois coquilles, penché, timbré d'un heaume cimé d'une tête de loup; champ fretté.

S' ARNAUT : DE VENISE

(Seel Arnaut de Venise.)

Matrice originale.

1533 WIBERT (MAHIEU).

xvı⁰ siècle.

Sceau rond, de 23 mill. — Musée d'Amiens.

Écu portant une rose en cœur sous un croissant renversé, accompagnée de trois croissants, deux en chef et un en pointe.

Seel mahieu Wibert

(Seel Mahieu Wibert.)

Matrice originale.

TABLEAU SYSTÉMATIQUE

DES

SCEAUX DE LA PICARDIE.

Nota. L'astérisque qui accompagne le numéro d'ordre indique qu'il y a un contre-sceau.

SCEAUX LAÏQUES.

Iʳᵉ SÉRIE. — SCEAUX DES SOUVERAINS.

DOGES DE VENISE.

1*	François Donato....................	1545-1553
2*	Pascal Ciconia................	1585-1595

ROI DE NAPLES.

3*	Robert, fils de Charles II le Boiteux, comte de Provence........................	1309-1343

IIᵉ SÉRIE. — SCEAUX DES GRANDS DIGNITAIRES.

4	Gui de Nesle, sire de Mello et de Guignemicourt, maréchal de France..................	1350
5	Charles, comte de Nesle, chambellan du roi....	1481
6	Jean de Soissons, seigneur de Moreuil, chambellan du roi..........................	1488
7	Jean de Rivery, seigneur de Villers-le-Bretonneux, chambellan du roi....................	1498
8	Jean de Cléry, vicomte de Laon et de Mouchy, chambellan du roi....................	1499

IIIᵉ SÉRIE. — GRANDS FEUDATAIRES, AVOUÉS ET VIDAMES.

GRANDS FEUDATAIRES.

BLOIS.

9	Louis, comte de Blois et de Clermont........	1202
10	Catherine, comtesse de Blois et de Clermont ...	1208

BOULOGNE.

11*	Jeanne, fille de Philippe, comte de Boulogne et de Clermont.......................	1251

BOURGOGNE.

12*	Philippe le Bon, duc de Bourgogne..........	1435
13	Antoine, bâtard de Bourgogne......... Après	1476

CLERMONT-EN-BEAUVOISIS.

14*	Robert, comte de Clermont............	1269-1318

DAMMARTIN.

15*	Aubri, comte de Dammartin..............	1185
16*	Jean de Trie, fils de Mathieu, comte de Dammartin.............................	1265

JOIGNY.

17	Adrien de Sainte-Maure, comte de Joigny, seigneur de Beaulieu....................	1498

LANCASTRE.

18	Jean, fils du roi d'Angleterre, duc de Lancastre,	

IVᵉ SÉRIE. — DIGNITAIRES DES GRANDS FEUDATAIRES.

Vᵉ SÉRIE. — SEIGNEURS.

VIᵉ SÉRIE. — HOMMES DE FIEF.

HOMMES DE LA CHÂTELLENIE DE BOVES.

696	Baille (Jean du)........................	1549
697	Saisseval (Augustin de)..................	1522

HOMMES DE LA COUR DE CHAUNY.

698	Goudeman (Henri)......................	1409
699	Miroyer (Colart le).....................	1410

HOMME DU COMTE DE CLERMONT.

700	Maire (Pierre le)........................	1297

HOMMES DE L'ABBAYE DE CORBIE.

701	Boutefeu (Jean).........................	1338
702	Douai (Simon de).......................	1392
703	Fouache (Jean)..........................	1420
704	Guénemont (Honoré de)..................	1348
705	Maucourt (Raoul de)....................	1362
706	Renaud de Corbie (Marie, femme de).......	1256
707	Waubert (Jean).........................	1338
708	—— (Jean), prêtre......................	1392

HOMMES DE LA SEIGNEURIE DE MOREUIL.

709	Crochet (Jean)..........................	1452
710	Féret (Jean)............................	1441
711	Houchart (Hugues)......................	1452

HOMMES DU CHÂTEAU DE PICQUIGNY.

712	Béry (Raoul de).........................	1381
713	Châtelain (Oudart)......................	1438
714	—— (Warin le)........................	1350
715	Chaussetier (Pierre le)...................	1438
716	Clabaut (Simon)........................	1380
717	Étouvy (Guillaume d')..................	1380
718	Ferron (Jean le)........................	1355
719	Four (Simon du), dit le Dé..............	1350
720	Gard (Frémin du), dit Froissard..........	1385
721	Grimault (Colart).......................	1381
722	Hanchy (Chrétien de)...................	1381
723	Lohier (Colart).........................	1350
724	Mercier (Jean le).......................	1381
725	Picquet (Jean)..........................	1381
726	Saint-Fuscien (Jean de).................	1385
727	Sevaut (Pierre).........................	1354

HOMMES DE LA COUR DE ROYE.

728	Breucq (Jacques du), prêtre..............	1404
729	Loigne (Florent le)....................	1404

HOMME DE LA SEIGNEURIE DE JEAN DE CLÉRY À SUZANNE.

730	Palat (Jean)............................	1400

VII° SÉRIE. — VILLES.

VILLES, COMMUNES, ÉCHEVINAGES, ETC.

731*	Abbeville..............................	1217
732*	Aire-en-Artois........................	XIV° siècle.
733*	Amiens................................	1378
734*	Amiens................................	1447
735*	Amiens................................	1464
736	Amiens................................	1586
737	Ancre (Albert)........................	1325
738	Beauvais..............................	1378
739	Bruyères..............................	XVI° siècle.
740	Chauny...............................	1468
741*	Chauny...............................	1474
742	Chauny...............................	XVIII° siècle.
743	Coucy-le-Château......................	XVIII° siècle.
744	Crépy-en-Laonnois.....................	1377
745*	Doullens..............................	1321
746	Gamaches.............................	1283
747	Roye.................................	1366
748	Rue..................................	XIV° siècle.
749*	Rue..................................	1489
750*	Saint-Valery-sur-Somme................	XVI° siècle.
751	Saint-Valery-sur-Somme................	XVIII° siècle.

MAIRES ET MAYEURS.

752*	Renaud, maire de Breteuil...............	1254
753	Mesge (Hugues du), maire du Mesge........	1290
754	Sains (Raoul de), maire de Rocquencourt.....	1224
755	Pierre, mayeur de Thennes..............	1294
756	Jean, maire de Vaux-en-Amiénois...........	1281
757	Mahieu, maire de Ville-sur-Corbie..........	1262

ÉCHEVINS, CONSEILLERS, ETC.

ÉCHEVINS DE LAON, TRANSFORMÉS PAR L'ORDONNANCE
PHILIPPINE EN GOUVERNEURS ET PROCUREURS.

758	Haton (Colart), gouverneur de la ville de Laon.	1404
759	Petit (Jean) de Tavaux, gouverneur de la ville de Laon................................	1394
760	Pressoir (Jacques du), gouverneur de la ville de Laon............................	1414
761	Boine (Renier), procureur de la ville de Laon...	1390
762	Géraud (Mile), procureur de la ville de Laon....	1394
763	Potier (Jean), procureur de la ville de Laon....	1392

CONSEILLERS PENSIONNAIRES DE LA VILLE DE LAON.

764	Bailli (Jean), procureur au parlement........	1407
765	Boulenger (Simon), avocat à Laon..........	1397
766	Colligis (Gobert de), avocat à Laon.........	1402
767	Filleul (Jean), avocat au parlement.........	1390

24

VIII⁰ SÉRIE. — COURS ET TRIBUNAUX.

IXᵉ SÉRIE. — OFFICES.

24.

952	Étouvy (Bertoul d').....................	1423
953	Fauquet (Jean).........................	1406
954	Fay (Jean du).........................	1356
955	Fleury (Martin).......................	1404
956	Framery (Jean)........................	1486
957	Franchomme (Jean le)...................	1450
958	Garet (Robert)........................	1408
959	Grisel (Jean).........................	1421
960	Gué (Jean du).........................	1407
961	Harle (Hugues)........................	1441
962	Hourges (Martin de)...................	1399
963	Lallemant (Mahieu)....................	1459
964	Lannoy (Jean de)......................	1349
965	Latre (Jean de).......................	1408
966	Lespierre (Guillaume de)..............	1408
967	Leu (Robert le).......................	1409
968	Maître (Andrieu le)...................	1459
969	Maître (Jacques le)...................	1508
970	Marchaine (Jean)......................	1397
971	Mas (Jacques le)......................	1507
972	Mesnil (Pierre du)....................	1407
973	Monnier (Étienne le)..................	1310
974	Motte (Barthélemy de la)..............	1450
975	Moustier (Honoré de)..................	1310
976	Noyelle (Tassart de)..................	1416
977	Peustich (Jacques du).................	1486
978	Plantehaye (Jean).....................	1385
979	Porte (Rasse de la)...................	1450
980	Porte (Riquier de la).................	1418
981	Pré (Jacques du)......................	1498
982	Prévôt (Mahieu le)....................	1423
983	Riche (Pierre le).....................	1507
984	Rivelon (Jean)........................	1449
985	Ronel (Simon).........................	1412
986	Roussel (Jean)........................	1382
987	Roy (Jean le).........................	1331
988	Salmon (Jean).........................	1382
989	Senne (Jean le).......................	1455
990	Sevin (Colart)........................	1425
991	Tournay (Frémin de)...................	1310
992	Villers (Hugues de)...................	1413

AUDITEUR À LA PRÉVÔTÉ DE FOUILLOY.

993	Motte (Jean de la)....................	1455

AUDITEURS EN PONTHIEU.

994	Clabaut (Jacques)....................	1476
995	Englard (Jean).......................	1476
996	Sellier (Antoine le).................	1487

CHERQUEMANANTS D'AMES.

997	Bailli (Renaud le)...................	1346
998	Vasseur (Graud le)...................	1346

SERGENTS.

999	Silly (Oudart de), sergent au bailliage d'Amiens. xvᵉ siècle.	
1000	Vignon (Jean le), sergent au bailliage d'Amiens.	1392

1001	Grangier (Aleaume le), sergent de la prévôté de Beauquesne.	1316
1002	Velly (Simon de), sergent de la prévôté de Beauquesne.	1316
1003	Basin (Colart), sergent de la prévôté de Laon..	1402
1004	Bouconville (Adam de), sergent de la prévôté de Laon.................	1382
1005	Comte (Colinet le), sergent de la prévôté de Laon.	1480
1006	Couillu (Robert le), sergent de la prévôté de Laon.	1404
1007	Saint-Thomas (Rigaud de), sergent de la prévôté de Laon.................	1391
1008	Jeune (Henri le), sergent de la prévôté de Noyon.	1511
1009	Canterel (Polet), sergent au bailliage de Senlis.	1428
1010	Canterel (Polet), sergent au bailliage de Senlis.	1440

CLERCS DE COURS.

1011	Brossart (Benoît), clerc du bailliage d'Amiens...	1332
1012	Briquet (Jean), clerc juré de la prévôté de Beauvais.	1473
1013	Bichette (Simon), clerc du procureur du roi au bailliage de Vermandois.............	1395

OFFICES DE GUERRE.

CHÂTELAINS.

CHÂTELAIN DE BRETEUIL.

1014	Raoul.............................	1230

CHÂTELAIN DE CHAUNY.

1015*	Jean, sire d'Oulches.................	1269

CHÂTELAINS DE COUCY.

1016	Gui.............................	Fin du XIIᵉ siècle.
1017	Gui.............................	1200
1018	Simon...........................	1265

CHÂTELAINS DE LAON.

1019	Sart (Raoul du)...................	1205
1020	——— (Simon du)...................	1229

CHÂTELAINS DE MONTMÉLIANT.

1021*	Vernon (Guillaume de), seigneur de Gouvieux..	1273
1022	——— (Alix de Néhou, femme de Guillaume de)......................	1260

CHÂTELAIN DE PONT-SAINTE-MAXENCE.

1023*	Pont (Jean de)....................	1277

CHÂTELAIN DE THOUROTTE.

1024*	Honnecourt (Jean, sire d').........	1301

GOUVERNEURS.

1025	Nédonchel (Gilles de), gouverneur du comté de Clermont.	1363
1026	Mortagne (Hugues de), gouverneur de la châtellenie de Picquigny.................	1380

SCEAUX ECCLÉSIASTIQUES.

Xᵉ SÉRIE. — PAPES, CARDINAUX, CLERGÉ ROMAIN.

XIᵉ SÉRIE. — ARCHEVÊQUES ET ÉVÊQUES.

1061	Thibaud d'Heilly.	1170
1062	Thibaud d'Heilly.	Vers 1184
1063	Thibaud d'Heilly.	1200
1064	Richard de Gerberoy, évêque élu.	1205
1065	Richard de Gerberoy.	1206
1066*	Évrard.	1217
1067*	Geoffroi d'Eu.	1230
1068	Arnoul.	1243
1069*	Gérard de Conchy.	1247-1258
1070*	Robert de Fouilloy.	1312
1071*	Simon de Goucans.	1324
1072	Jean de Cherchemont.	1370
1073	Jean de Boissy.	1403
1074	Jean d'Harcourt.	1429
1075	Jean Avantage.	1452
1076	Ferri de Beauvoir.	1458
1077*	François de Hallewyn.	1530
1078	Pierre Sabatier.	1731

ÉVÊQUES DE BEAUVAIS.

1079	Henri, fils de Louis le Gros.	1156
1080	Philippe, évêque élu.	1181
1081*	Milon, évêque élu.	1218
1082	Milon.	1222
1083*	Guillaume de Grez.	1261
1084	Jean de Dormans.	1361
1085	Jean de Bar, vidame de Gerberoy.	1489
1086*	Louis de Villiers, vidame de Gerberoy.	1518
1087	Nicolas Fumée, vidame de Gerberoy.	1577
1088	Toussaint de Forbin-Janson, vidame de Gerberoy.	1679-1713
1089	Toussaint de Forbin-Janson, vidame de Gerberoy.	1700

ÉVÊQUE DE BOULOGNE.

1090	Augustin-César d'Hervilly.	1738-1742

ÉVÊQUE DE CHÂLONS-SUR-MARNE.

1091	Boson.	1156

ÉVÊQUES DE LAON.

1092	Barthélemy de Vir.	1121
2093	Gautier de Saint-Maurice.	1152
1094*	Albert de Roye.	1336
1095	Jean Juvénal des Ursins.	1447

ÉVÊQUE DE MASSA-LUBRENSE, DANS LA TERRE DE LABOUR,
AU ROYAUME DE NAPLES.

1096	Pierre.	XVIᵉ siècle.

ÉVÊQUE DE MEAUX.

1097	Étienne de la Chapelle.	1164

ÉVÊQUES DE NOYON.

1098	Simon de Vermandois, évêque de Noyon et de Tournay.	1124

1099	Simon de Vermandois, évêque de Noyon et de Tournay.	1140
1100	Baudouin.	1167
1101	Renaud.	1178
1102*	Guermond de la Boissière.	1271
1103	Gui des Prés.	1294
1104	Jean de Mailly.	1458
1105	Jean-François de la Cropte de Bourzac.	1734-1766
1106	Charles de Broglie.	1766-1777
1107	Louis-André de Grimaldi.	1777-1790

ARCHEVÊQUE DE REIMS.

1108*	Gui, cardinal Paré.	1204-1206

ÉVÊQUE DE SENLIS.

1109	Amauri.	1166

ÉVÊQUE DE TÉROUANE.

1110*	Adam.	1228

OFFICIALITÉS DIOCÉSAINES.

1111*	Officialité d'Amiens.	1237
1112*	—— d'Amiens.	1252
1113*	—— d'Amiens.	1322
1114	—— de Beauvais.	1189
1115	—— de Beauvais.	1190
1116*	—— de Beauvais.	1256
1117*	—— de Beauvais.	1316
1118	—— de Laon.	1292
1119*	—— de Laon.	1393
1120	—— de Noyon.	1751
1121	—— de Rouen.	1290
1122	—— de Senlis.	1290

OFFICIAUX.

1123	Amiens (L'official d').	1505
1124	Térouane (L'official de).	1302

OFFICIER DIOCÉSAIN.

1125	Quesnes (Jean des), notaire en la cour spirituelle de l'évêque d'Amiens.	1457

JURIDICTION TEMPORELLE DES ÉVÊQUES.

1126	Prévôté de l'évêque d'Amiens.	1416
1127	Jone (Robert le), bailli de l'évêque d'Amiens.	1416
1128	Cordier (Jacques le), bailli de l'évêque d'Amiens.	1428
1129	Rohault (Jean), lieutenant du bailli de l'évêque d'Amiens.	1482
1130	Rohault (Jean), lieutenant du bailli de l'évêque d'Amiens.	1487
1131	Goudares (Robert), prévôt de l'évêque d'Amiens.	1334
1132	Valavergny (Simon de), prévôt de Laonnois.	1291

XII° SÉRIE. — CHAPITRES.

XIII° SÉRIE. — PAROISSES.

DOYENS RURAUX.

1263	Guillaume, doyen d'Abbeville	1225
1264	Guillaume, ancien doyen d'Abbeville	1243
1265*	R. doyen d'Abbeville	1267
1266	Pierre, doyen d'Airaines	1225
1267	Bouchard, doyen de Chambly	1220
1268	Landri, doyen de Chambly	1253
1269	Th. doyen de Crépy	1226
1270	Pierre, doyen de Hermes	1219
1271	Robert, sous-doyen de Laon	1226
1272*	Le doyen de Montdidier	1296
1273*	Le doyen de Roye	1308
1274*	Robert, doyen de Saint-Quentin	1231

CURÉS.

1275	Jean de la Motte, curé de Saint-Martin-en-Bourg d'Amiens	1458
1276	Le curé d'Anizy	xiii⁰ siècle.
1277	Guillaume, curé de Saint-Sauveur de Beauvais	1214
1278	Jacques, curé de Bernes	1253

1279	Le curé de Crèvecœur	xiii⁰ siècle.
1280	Arnoul de Bruyères, curé de Saint-Remy-Porte à Laon	1230
1281	Guillaume, curé de Monchy	1224
1282	Raoul, curé de Noircourt	xiv⁰ siècle.
1283	Eudes, curé de Picquigny	xiii⁰ siècle.
1284	Enguerran le Caron, curé de Quiry	1454

CHAPELAINS.

1285	Guillaume, chapelain du Saint-Sépulcre d'Abbeville	1223
1286	Université des chapelains de la cathédrale d'Amiens	1452
1287	Université des chapelains de la cathédrale d'Amiens	xviii⁰ siècle.
1288	Arnoul Jacquemin, tabellion et notaire du chapitre, chapelain d'Amiens	1495
1289	Les chapelains de Laon	xii⁰ siècle.

PRÊTRES.

1290	Thomas Moinet d'Aulnois	Vers 1336
1291	Guillaume de Hancourt	xiii⁰ siècle.

XIV⁰ SÉRIE. — UNIVERSITÉS.

1292	La basoche de Laon	xviii⁰ siècle.
1293	Le collége des Espagnols à Bologne	xvi⁰ siècle.

CLERCS.

1294	Aigle (Pierre de l')	xiv⁰ siècle.
1295	Argonne (Thomas d')	xiii⁰ siècle.

1296	Chapon de Wailly	xiv⁰ siècle.
1297	Cocu (Arnoul le)	1343
1298	Morlancourt (Simon de)	1225
1299	Moulin (Jean du)	xv⁰ siècle.
1300	Mouy (Pierre de)	xiv⁰ siècle.
1301	Sains (Raoul de)	xiv⁰ siècle.
1302	Saint-Lubin (Jean de)	xiii⁰ siècle.

XV⁰ SÉRIE. — ABBAYES.

ABBAYES D'HOMMES.

1303	Amiens (Saint-Jean d')	1500
1304	——— Saint-Martin-aux-Jumeaux d')	1301
1305	Arouaise (Saint-Nicolas d')	1318
1306	Beauvais (Saint-Lucien de)	1366
1307	——— (Saint-Quentin de)	1229
1308	——— (Saint-Quentin de)	xiii⁰ siècle.
1309	——— (Saint-Quentin de)	1503
1310*	——— (Saint-Symphorien de)	1414
1311	Breteuil (Abbaye de)	1183
1312	——— (Abbaye de)	1193
1313	——— (Abbaye de)	1205
1314	——— (Abbaye de)	1469
1315	Châlons (Saint-Memmie de)	xii⁰ siècle.
1316	Chaumont (Abbaye de)	1215
1317	Citeaux (Abbaye de)	1360
1318	——— (Abbaye de)	1447

1319*	Compiègne (Saint-Corneille de)	1197
1320	Forest-Monstier (Abbaye de)	xiv⁰ siècle.
1321	Gard (Notre-Dame du)	1367
1322	——— (Notre-Dame du)	1394
1323	Ham (Abbaye de)	1171
1324	Laon (Saint-Martin de)	1173
1325	——— (Saint-Vincent de)	1121
1326*	——— (Saint-Vincent de)	1447
1327	Marmoutiers (Abbaye de)	1783
1328	Meaux (Saint-Faron de)	1209
1329	Mont-Saint-Éloy (Abbaye du)	1165
1330	Nogent-sous-Coucy (Abbaye de)	1228
1331	Prémontré (Abbaye de)	xiii⁰ siècle.
1332*	Saint-Acheul (Abbaye de)	1252
1333	Saint-Fuscien-au-Bois (Abbaye de)	1336
1334*	Saint-Germer de Flay (Abbaye de)	1234
1335	Senlis (Saint-Vincent de)	1384
1336	Soissons (Saint-Médard de)	xviii⁰ siècle.

ABBÉS DE SAINT-VINCENT DE LAON.

1393	Hugues................................	1180
1394	Enguerran............................	1206
1395*	Jean.................................	1229
1396*	Jean.................................	1285
1397	Simon................................	1447

ABBÉ DE MUREAUX.

1398	L'abbé de Mureaux....................	1283

ABBÉ DE NOGENT-SOUS-COUCY.

1399*	Gautier..............................	1228

ABBÉ DE SAINT-BARTHÉLEMY DE NOYON.

1400	Hugues...............................	1181

ABBÉS D'OURSCAMP.

1401	Baudouin.............................	1206
1402	J....................................	1211
1403	W....................................	1242
1404*	Gilles...............................	1259
1405*	Guillaume............................	1286
1406*	Jean.................................	1289

ABBÉS DE PRÉMONTRÉ.

1407	Hugues...............................	1181
1408	Hugues...............................	1185
1409	Hugues...........................	1186-1189
1410	Hugues...............................	1189
1411	Pierre...............................	1197
1412*	Guillaume............................	1291
1413	Adam.................................	1310
1414	Simon................................	1463

ABBÉ DE RURICOURT OU SAINT-MARTIN-AU-BOIS.

1415*	Guillaume Baudreuil..................	1491

ABBÉS DE SAINT-ACHEUL.

1416	Jean l'Hôte.......................	1497-1528
1417	Jacques du Chemin....................	1549

ABBÉ DE SAINT-DENIS EN FRANCE.

1418*	Philippe.............................	1399

ABBÉS DE SAINT-GERMER DE FLAY.

1419	Eustache.............................	1205
1420	Girard...............................	1234

ABBÉ DE SAINT-JUST.

1421	Pierre...............................	1190

ABBÉS DE SAINT-RIQUIER.

1422*	Hugues de Chevincourt................	1231
1423*	Hugues de Roigny.....................	1387

ABBÉS DE SAINT-PIERRE DE SELINCOURT.

1424	Godefroi.............................	1170
1425	Eudes................................	1227

ABBÉ DE SAINT-VINCENT DE SENLIS.

1426*	Jean.................................	1303

ABBÉ DE SIGNY.

1427*	L'abbé de Signy......................	1273

ABBÉ DE SAINT-MÉDARD DE SOISSONS.

1428	Artaud...............................	1322

ABBÉ DU VAL SAINTE-MARIE.

1429	E....................................	1240

ABBÉ DE VÉZELAY.

1430	Girard...............................	1130

ABBESSES.

ABBESSES DE BERTAUCOURT.

1431	Ava..................................	1225
1432	Isabeau..............................	1290

ABBESSE DE SAINT-MICHEL DE DOULLENS.

1433	Adèle................................	1246

ABBESSE DE NOTRE-DAME D'ÉPAGNE.

1434	Guillame.............................	1428

ABBESSE DE FONTENELLES, PRÈS VALENCIENNES.

1435	Marie................................	1274

ABBESSE DE GOMERFONTAINE.

1436	Emmeline.............................	1234

ABBESSE DE MONTREUIL.

1437	O....................................	1224

ABBESSES DU PARACLET.

1438	L'abbesse du Paraclet.............	XIIIᵉ siècle.
1439	Éléonor de Matignon..................	1690
1440	Marie-Anne de Mailly.................	1745

OFFICES CLAUSTRAUX D'ABBAYE.

PRIEUR D'ABBAYE.

1441	B. prieur de Saint-Lucien de Beauvais.......	1220

TRÉSORIER D'ABBAYE.

1442	Le trésorier de Saint-Martin d'Ivoy.......	XIVᵉ siècle.

XVI° SÉRIE. — PRIEURÉS.

XVII° SÉRIE. — CORPORATIONS RELIGIEUSES.

XVIII' SÉRIE. — ORDRES MILITAIRES RELIGIEUX.

XIX' SÉRIE. — HÔPITAUX ET MALADRERIES.

XX' SÉRIE. — DIVERS ET INCONNUS.

TABLE ALPHABÉTIQUE.

FIN.

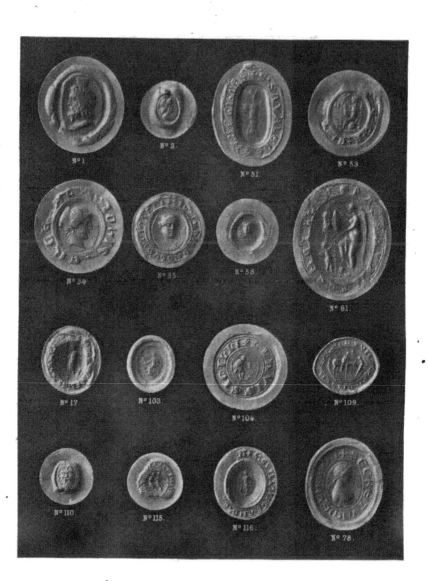

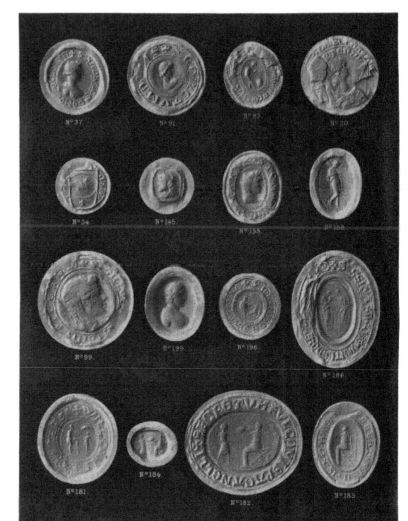

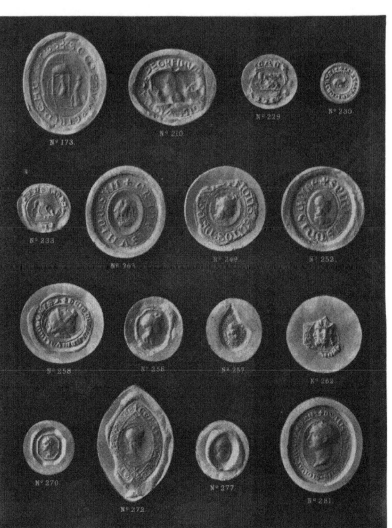

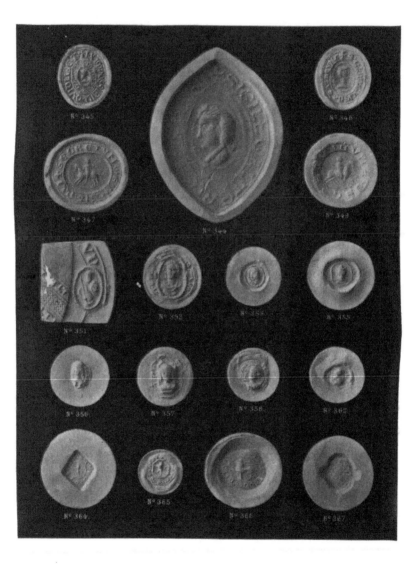

N° 9. Louis, comte de Blois. — N° 12. Philippe le Bon, duc de Bourgogne.

N° 31. Jean de Châtillon, comte de Saint-Pol. — N° 37. Jean, comte de Soissons. — N° 40. Gérard de Picquigny, vidame d'Amiens.

N° 51. Jean de Picquigny, vidame d'Amiens.

N° 53. Jeanne d'Eu, vidamesse d'Amiens. — N° 124. Enguerran de Baillon. — N° 139. Garin de Belloy.

N° 148, 148 *bis* et 148 *ter*. Renaud de Béthist. — N° 155. Alix, femme de Renard de Bonneuil.
N° 174. Robert, seigneur de Boves. — N° 216 pour 217. Eudes de Cauffry. — N° 258. Robert de Conty.

N° 260. Raoul Coquel. — N° 271. Thibaud de Crépy. — N° 290. Philippe de Domesmont.
N° 309. Marie, dame de la Fère. — N° 369. Bouchard de Guise. — N° 477. Jean de Montataire.
N° 533. Éva de Boves. — N° 573. Jean de Ravenel.

N° 625. Pétronille, femme de Robert Maucion. — N° 655. Robert de Varmaises.

N° 666. Rense, femme d'Enguerran de Vilaincourt. — N° 745. Doullens. — N° 752. Renaud, maire de Breteuil.

N° 776. Jean de Bory, bourgeois d'Amiens. — N° 783. Thiard, bourgeois de Chambly.

N° 792. Gilles de Montigny, gouverneur de l'horloge de Laon. — N° 795. Pierre le Maçon.

N° 822. BAILLIAGE DE PICQUIGNY. — N° 828. BAILLIAGE DE VERMANDOIS, à Chauny.

N° 894. TRIBAUD, prévôt d'Amiens. — N° 912. ANDRIEU CARDON, lieutenant du prévôt de Mouy.

N° 923. MICHEL LE CHANDELIER. — N° 1013. SIMON BICHETTE, clerc. — N° 1016. GUI, châtelain de Coucy.

N° 1022. ALIX DE NÉHOU, châtelaine de Montméliant. — N° 1066. ÉVRARD, évêque d'Amiens.

N° 822. Bailliage de Picquigny. — N° 828. Bailliage de Vermandois, à Chauny.

N° 894. Thibaud, prévôt d'Amiens. — N° 912. Andrieu Cardon, lieutenant du prévôt de Mony.

N° 923. Michel le Chandelier. — N° 1013. Simon Bichette, clerc. — N° 1016. Gui, châtelain de Coucy.

N° 1024. Alix de Néhou, châtelaine de Montméliant. — N° 1066. Évrard, évêque d'Amiens.

N° 1061. Thibaud d'Heilly, évêque d'Amiens. — N° 1080. Philippe, évêque élu de Beauvais. — N° 1113. Officialité d'Amiens.

N° 1117. Officialité de Beauvais. — N° 1136. — Chapitre d'Amiens. — N° 1142. Saint-Michel de Beauvais.

N° 1166. Raoul des Fossés, archidiacre de Ponthieu. — N° 1169. G., archidiacre de Laon. — N° 1197. Hippolyte, chantre d'Amiens.

Nº 1302. Jean de Saint-Lubin, clerc. — Nº 1304. Saint-Martin-aux-Jumeaux d'Amiens. — Nº 1311. Abbaye de Breteuil.
Nº 1316. Abbaye de Chaumont. — Nº 1367. Richard, abbé de Sᵗ-Corneille de Compiègne. — Nº 1394. Enguerran, abbé de Sᵗ-Vincent de Leon.
Nº 1431. Ava, abbesse de Bertaucourt. — Nº 1525. Jean du Quesnoy. — Nº 1526. Jean Quillart.

Lightning Source UK Ltd.
Milton Keynes UK
UKHW052239150321
380376UK00007BA/1621